大展好書　好書大展
品嘗好書　冠群可期

大展好書　好書大展
品嘗好書　冠群可期

道家養生與生命科學 ⑪

華山陳摶
丹道修真長壽學

陳摶　原著
蘇華仁　總主編

唐明邦　邊智中
趙中道　李靜甫　編著

大展出版社有限公司

中國道家內丹養生之道祖師　中華民族神聖祖先 皇帝 聖像

中國道家丹道養生祖師老子聖像

中華易祖伏羲聖像

華山陳摶老祖讀經圖

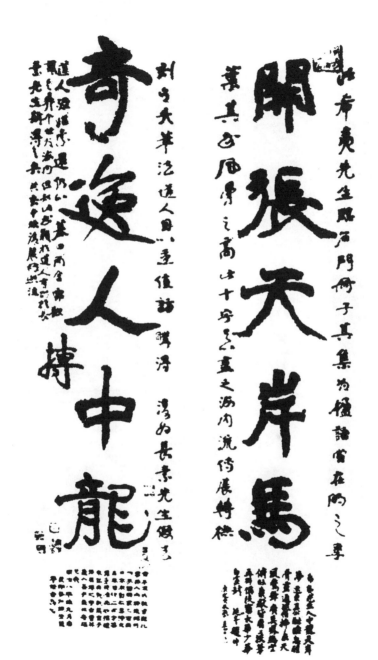

陳摶老祖墨宝

皇帝、老子丹道當代傳人吳雲青坐像

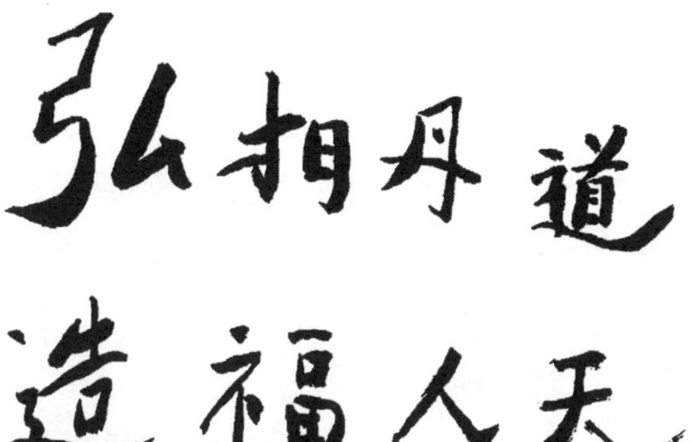

弘揚丹道

造福人天

贈天下善士

吳云青书

丙子年秋

世界著名《老子道德經》養生之道當代傳人吳雲青墨寶

華山陳摶老祖易道醫當代傳人百歲道長李靜甫

先天大易誰揭秘

闽洛道學云希夷

華山派　通玄題

華山道教協會會長鄒通玄題詞

丹道回春

蘇華仁道長

丙戌秋

唐明邦

當代易學與道學學術泰斗武漢大學唐明邦教授墨寶

《中國道家養生與現代生命科學系列叢書》第 2 輯
編委會名單

本叢書所載中國道家丹道修真長壽秘傳師承

1. 吳雲青（1838～1998）

中華聖祖黃帝，老子創立道家丹道修真長壽當代 160 歲傳師，世界著名壽星。（詳況登陸央視四台發現之旅「肉身不腐之謎」

2. 邊智中（1910～1989）

中國道家華山派丹道修真長壽當代傳師，世界著名生物學家牛滿江道功師父。

3. 李理祥（1893～1996）

中國道家龍門派丹道修真長壽當代百歲傳師，中國當代著名道家醫學傳師。

4. 李嵐峰（1905～1977）

中國道家金山派丹道修真長壽當代傳師，張三豐太極拳與丹道修真長壽當代傳師。

5. 唐道成（1868～1985）

中國道家武當派丹道修真長壽當代 117 歲傳師，中國當代著名道家醫學傳師。

6. 趙百川（1876～2003）

中國道家青城山丹道修真長壽當代 127 歲傳師，中國當代著名長壽老人。

7. 李靜甫（1910～2010）

中國當代華山丹道道醫著名百歲道長、華山道教協會原會長。

《中國道家養生與現代生命科學系列叢書》第 2 輯
編委會名單

華山 陳摶 丹道 修真長壽學

14

《中國道家養生與現代生命科學系列叢書》
總主編蘇華仁簡介

・蘇華仁與恩師吳雲青1996年合影於西安樓觀台老子說經台

蘇華仁道長，道號蘇德仙，20 世紀中葉出生在舉世聞名的《周易》發源地和世界文化遺產殷墟與甲骨文的發祥地——中國古都安陽（古都安陽同時是中華智聖鬼谷子的故鄉）。

為追求宇宙天地人大道，年輕時曾雲遊四海、尋真問道，三生有幸於 1980 年被 1998 年 160 歲坐化、至今金剛肉身不壞的世界著名丹道養生老人吳雲青收為入室掌門弟子，精心培養長達十八年。（世界著名壽星吳雲青老人修道養生和坐化肉身不朽情況主要載《人民日報》1980 年 9 月 10 日、中央電視台四台國際頻道「發現之旅」欄目 2010 年 11 月 25 日晚）間以「肉身不腐之謎」節目播出，登錄央視網站即可觀看）；蘇華仁道長還曾師從當代道功名師李嵐峰、當代華山道功名家邊智

中、117 歲的丹道高師唐道成、終南山百歲道醫李理祥、青城山 127 歲道長趙百川、當代佛門禪宗泰斗虛雲法師弟子九華山佛學院首座法師釋明心、佛門密宗泰斗釋圓照、佛門淨土宗百歲禪師釋淨嚴，有緣學得中國道家內丹與佛家禪修秘傳。

蘇道長曾於 1980 年被中國禪宗祖庭少林寺行正禪師委任為副主持，二人同住一屋。現任中國道教十大名山羅浮山軒轅庵、紫雲洞道長。

他將中國道家內丹養生學傳授給海內外有緣的國家、地區和人士，同時用中國道家內丹養生修真學為攻克聯合國公布十七種疑難雜症中的十六種（艾滋病除外）進行了多年探索，取得不少科研成果，康復患者無數，享譽海內外。

蘇華仁道長數十年從事內丹養生修煉，基本上已達先天境界，對各種中國道家內丹養生理論和功法有全面而獨到的精煉解釋。如今，揮手之間，口中金津玉液泉湧無窮，身輕如燕、行走無聲、皮膚已煉至橘子色……是不可多見的理論與實修兼具、有正宗傳承、用生命證明了丹道絕學的當代道家高人。

蘇華仁道長還兼任中國老子道學文化研究會常務理事，中國作家協會河南分會的會員，中國安陽《周易》研究會常務理事，中國珠海市老子道學文化研究會名譽會長，中國珠海市古中醫養生發展研究會會長、新加坡道家養生學會名譽會長等職。

近年來，蘇華仁道長與世界著名易道泰斗唐明邦、董應周和山西科學技術出版社副總編趙志春等同道精心編著《中國道家養生與現代生命科學系列叢書》（共十二冊），蘇道長擔任總主編。本叢書由山西科學技術出版社出版後受到海內外同道好

評。書目如下：（正體字版：大展出版社有限公司）

1. 《老子<道德經>養生之道》
2. 《藥王孫思邈道醫養生》
3. 《道家內丹功與現代生命科學》
4. 《太極拳祖師張三豐內丹養生》
5. 《<周易參同契>與道家養生》
6. 《世界著名壽星吳雲青談中國傳統養生之道》
7. 《<黃帝外經>丹道修真長壽學》
8. 《<鬼谷子>與茅山道派丹道修真學》
9. 《葛洪<抱朴子>道醫丹道修真長壽學》
10. 《呂洞賓丹道修真長壽精華》
11. 《華山陳摶老祖丹道修真長壽學》
12. 《道家南宗丹道修真長壽學》

通訊地址：中國廣東博羅縣羅浮山寶田國際會議大酒店
　　　　　中醫養生理療中心轉軒轅庵　蘇華仁道長收。

郵　　編：516133　　手機：13138387676，13542777234

電子郵箱：su13138387676@163com

公開郵箱：su13138387676@126com　密碼：510315

網　　站：www.djyst.com

博　　客：http：//blog.sina.com.cn/suhuaren
　　　　　http：//hi.baidu.com／蘇華仁

北京愛心中立高文化有限責任公司，是一個專門研究、傳承、創新、傳播經典文化的組織，公司以全真和合論為指導理論，以提升全民文化自覺自信為己任，以健康國民身心為宗旨，以促進和平和諧為目的，秉承傳統，契合當代，弘揚國學經典文化，傳承孝道養老美德，結合傳統工藝精髓，發展身心健康事業。

公司目前在北京、河北、山東、甘肅等地共有連鎖店 18 處，公司秉著「誠信合作、互利共贏」的理念誠邀社會文化精英與愛好者共謀發展、共促和諧。

電話：010-51811253

地址：北京豐台區小屯路 9 號立高大廈

目錄

第七章◆

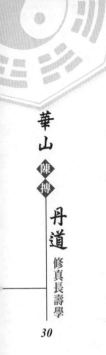

※ 緒 論 ※
華山陳摶老祖傳承的中華聖祖
黃帝、老子秘傳道家內丹養生
修真學與先天易道之學造福世人

　　靜觀記載中華五千年文明史的中國《二十四史》之後，自然而然會明白：

　　繼中華聖祖黃帝、老子創立中國傳統文化主幹中國道家文化之後，中國道家文化重要傳承高師呂洞賓和與呂洞賓祖師互為師友的中國華山陳摶老祖，被古今道家高人公認為「奇逸人中龍」。因為《宋史・陳摶傳》明確記載他生於西元 871 年，仙逝於西元 989 年，壽高 118 歲。（中國近代道家養生名家肖天石撰寫的《陳希夷先生新傳及其道法》「華山處士留眠法」一章中、考證陳摶老祖壽高 178 歲，此說可與《宋史・陳摶傳》中陳摶壽高 118 歲並列，以供行家再細考證之。）

　　陳摶老祖一生大多高臥華山潛修丹道，曾四辭朝命。陳摶老祖上繼承中華聖祖伏羲、黃帝、老子之先天易學與先天道學，特別是陳摶老祖繼承的中華聖祖黃帝、老子創立公認為全人類康壽超凡、掌握宇宙天地人運動規律的法寶中國道家內丹養生長壽修真大道。

　　下開後世先天易學和先天道學與中國道家內丹養生長壽修真一代大道之風：陳摶老祖直接培養出或間接培養出一大批、

在中國道學與易學領域影響深遠的先天易學與先天道學和中國道家內丹養生長壽修真人才，其中佼佼者如下：

1. 中國道家華山派內丹高道火龍真人。

2. 中國太極拳與武當道派祖師張三豐。

3. 中國道家南宗道源祖師劉海蟾。

4. 中國道家南宗開山祖師張伯端。

5. 中國易學高人，《梅花易數》作者邵雍。

6. 中國易道名家朱熹、張無夢、周敦頤、程顥、程頤等一大批名家與行家。

華山陳摶老祖繼承與發展的由中華民族神聖祖先黃帝、老子秘傳中國道家內丹養生長壽修真大道，是中國傳統文化的核心，古稱「中華仙學。」《宋史‧陳摶傳》記載：「陳摶好讀易，手不釋卷，常自號扶搖子，著《指玄篇》八十一章，言導養及還丹之事。」此足見陳摶為中國易學和中國道學與中國道家內丹養生長壽修真之道高師與真人。

令人遺憾的是歷史滄桑，諸因所致，華山陳摶老祖關於易學和道學與中國道家內丹的寶貴經典文章散失不少。

但蒼天有眼，大道不絕。華山陳摶老祖易學和道學與中國道家內丹養生被華山陳摶老祖親傳弟子火龍真人的弟子、舉世聞名的太極拳祖師張三豐所全面繼承，在張三豐的大力繼承和傳教下，華山陳摶老祖繼承的中華聖祖黃帝、老子創立的中國道家內丹養生之道廣為流傳。

譽滿古今中外的太極拳祖師張三豐，靜觀《張三豐全集》、《明史‧張三豐傳》一目了然：他平生主要精力為：「外煉太極，內煉內丹。」他平生對人類的最大的貢獻：一是他根據陳摶傳承的中華易祖伏羲創立的先天易學與先天太極理論和陳摶

創立的六合八法拳發展而來的太極拳。二是他從華山陳摶老祖親傳弟子火龍真人處學習來的中國道家內丹養生修真之道。上述之論《張三豐全集》，文章和詩詞歌賦中記載的很清楚：

其一：陳希夷摶

浩浩希夷，守正懷奇。不誇丹道，不露元機。

不令人測，只求己知。華山高臥，吾師之師。

其二：詠蟄龍法

五龍飛躍出深潭，天將此法傳圖南。

圖南一派誰能繼，邋遢道人張豐仙。

其三：終南呈火龍先生（為陳摶老祖親傳弟子）

白雲表靄望中無，已到仙人碧玉壺。

拼卻芒鞋尋地肺，始瞻大道在天都。

乾坤一氣藏丹室，日月兩丸曜赤爐。

實與先生相見晚，慈悲乞早度寒儒。

在中國當代，華山陳摶老祖傳承秘煉的黃帝、老子丹法：靜功被曾經在華山修道多年的世界著名丹道壽星吳雲青傳承。（世界著名壽星吳雲青老人，生於清道光十八年，即西元 1838年，於 1998 年坐化，壽高 160 歲而鶴髮童顏，其修道養生和坐化中國古都安陽靈泉寺肉身不朽情況主要載《人民日報》1980 年 9 月 10 日、中央電視臺四台國際頻道「發現之旅」欄目 2010 年 11 月 25 日晚間以「肉身不腐之謎」節目播出，登錄央視網站即可觀看）。

2001 年秋天，時任中國道教協會會長、在華山與吳雲青老人共同修道多年的玉溪道人閔智亭，特意赴中國古都安陽靈泉寺瞻仰吳雲青不朽肉身後講：「吳雲青老道長是我的老道友，他平生修煉丹道有大成，這是我們中華民族的驕傲，也是我們中國道教的驕傲。他傳承的丹道和他修道的經驗，頗值得我們

學習，我以後會常來瞻仰他不朽肉身。」隨後，閔智亭道長乘興揮筆留下墨寶：「靈泉聖境」。今收入本書聊供同道瞻仰之。

華山陳摶老祖傳承秘煉的黃帝、老子丹法動功由世界著名生物科學家牛滿江學習道功的師父、享譽海內外的中國道家華山派十九代傳師邊智中道長（俗名邊治中）傳承（邊智中事蹟主要載《世界日報》、《人民日報》、《香港明報》等海內外多家報刊）。另外，值得我們慶幸，同時令我們感到神奇的是：根據《宋史•陳摶傳》記載，與華山陳摶老祖關係甚為密切的宋朝開國皇帝宋太祖趙光胤的直系嫡孫、壽高 118 歲的趙中道老人（生於清道光 23 年，西元 1844 年，甲辰 11 月 18 日，卯時，卒於 1962 年，2 月 11 日，申丑，正月初七日，申時，享年 118 歲）、傳承了華山陳摶老祖的先天太極柔術——太極尺。趙中道老人傳承的華山陳摶先天柔術——先天太極尺，竟與當代華山道功傳人邊智中道長傳承的華山丹道動功功理功法和下手功夫同出一轍、異曲同工、珠聯璧合，故將兩位老前輩傳承的華山丹道動功一併收入本書。

華山陳摶老祖先天易學與先天道學學術思想，當代主要由世界著名易學泰斗、中國《周易》研究會創會會長、中國武漢大學博士生導師唐明邦等一大批海內外專家學者繼承。唐明邦教授平生素慕陳摶丹道與易道，特以生花妙筆寫出《陳摶評傳》，本傳將華山陳摶老祖寫得活龍活現，躍然紙上，呼之欲出……在海內外易道界頗有影響、受到好評。另外，中國近代聞名海內外的道家養生名家肖天石親撰的《陳希夷先生新傳及其道法》與唐明邦教授《陳摶評傳》有異曲同工之妙，故今將兩位高人撰寫的陳摶本傳一起收入本書內。

今天的華山，在華山陳摶老祖傳承的由中華聖祖伏羲、黃帝、老子創立的中國道家內丹養生長壽修真和中華先天易學思

想指引下，華山依然在海內外影響深遠、具有不可替代的歷史地位，華山依然高道輩出：當代百歲道長楊仙洲，百歲道醫李靜甫，擔任中國道教協會會長的閔智亭，擔任中國道教協會理事的曹祥貞，現代華山道教協會會長的鄒通玄，擔任《中國道教養生功法集要》一書顧問的王靜澄等高道。

本文作者作為《中國道家養生與現代生命科學系列叢書》的總主編，在漫長的學習中國道家內丹養生和先天易學道路上，素從內心深處仰慕華山陳摶老祖，並從其史傳和著作中，與我在華山訪道修道時獲益甚深、甚廣、甚遠……故在和有關師友編著《華山陳摶丹道長壽修真學》一書時，為進一步弘揚中國華山陳摶老祖傳承的由中華民族神聖祖先黃帝、老子創立的中國道家內丹養生長壽修真之道造福世人，除將華山陳摶老祖傳世的丹經、易道文章盡力收錄，還特意將下列名家易道經典要文墨寶編錄如下：

1.太極拳祖師張三豐傳承陳摶老祖的《丹經秘訣》。

2.世界著名丹道壽星吳雲青真人傳承丹道靜功秘訣。

3.邊智中道長傳承的道家華山派丹道動功中國道家養生長壽術。

4.趙中道老人傳承華山陳摶先天太極柔術——太極尺。

5.唐明邦教授親筆撰寫的《陳摶評傳》。

6.中國近代道家養生名家肖天石親撰《陳希夷先生新傳及其道法》。

7.當代華山百歲道醫李靜甫撰錄《華山古方精編》。

8.閔智亭道長為吳雲青老人不朽肉身題寫的墨寶：「靈泉聖境」。

9.鄒通玄道長為陳摶老祖易學題寫的墨寶。

本文結束之際，筆者為感恩中華聖祖黃帝、老子丹法傳人

華山陳摶老祖對我的影響和恩澤，今特將我分別於 1980 年秋
吟的《登華山贊陳摶》、1999 年春在新加坡道家養生學會吟的
《華山陳摶老祖禮贊》，和 2006 年夏吟的《陳摶傳丹道育真人》
三首小詩附上與同道共進，懇請大家雅正：

一、登華山贊陳摶

世人來此觀美景，

我登華山覓仙蹤，

陳摶丹成飛升後，

代有真人隱山中。

二、華山陳摶老祖禮贊

風神脫俗古今罕，

高臥華山煉內丹，

帝王誠邀至皇宮，

陳摶高志樂九天。

三、陳摶傳丹道育真人

呂祖師友名陳摶，一心煉得內丹圓，

傳出先天太極圖，華山高臥世難見，

上承黃帝、老子道，下啟內丹大道源，

火龍真人隱終南，育出三豐太極拳。

蘇華仁（吳雲青師父賜道號：蘇德仙）

於羅浮山中

❊第一章❊
陳摶傳記

第一節 《宋史‧陳摶傳》

陳摶字圖南，亳州真源人。始四五歲，戲渦水岸側，有青衣媼乳之，自是聰悟日益。及長，讀經史百家之言，一見成誦，悉無遺忘，頗以詩名。後唐長興中，舉進士不第，遂不求祿仕，以山水為樂。自言嘗遇孫君仿、獐皮處士二人者，高尚之人也，語摶曰：「武當山九室岩可以隱居。」摶往棲焉。因服氣辟穀歷二十餘年，但日飲酒數杯。移居華山雲台觀，又止少華石室。每寢處，多百餘日不起。

周世宗好黃白術，有以摶名聞者，顯德三年，命華州送至闕下。留止禁中月餘，從容問其術，摶對曰：「陛下為四海之主，當以致治為念，奈何留意黃白之事乎？」世宗不之責，命為諫議大夫，固辭不受。既知其無他術，放還所止，詔本州長吏歲時存問。五年，成州刺史朱憲陛辭赴任，世宗令齎帛五十匹、茶三十斤賜摶。

太平興國中來朝，太宗待之甚厚。九年復來朝，上益加禮重，謂宰相宋琪等曰：「摶獨善其身，不干勢利，所謂方外之士也。摶居華山已四十餘年，度其年近百歲。自言經承五代離亂，幸天下太平，故來朝覲。與之語，甚可聽。」因遣中使送

至中書，琪等從容問曰：「先生得玄默修養之道。可以教人乎？」對曰：「摶山野之人，於時無用，亦不知神仙黃白之事、吐納養生之理，非有方術可傳。假令白日沖天，亦何益於世？今聖上龍顏秀異，有天人之表，博達古今，深究治亂，真有道仁聖之主也。正君臣協心同德、興化致治之秋，勤行修煉，無出於此。」

琪等稱善，以其語白上。上益重之，下詔賜號希夷先生，仍賜紫衣一襲，留摶闕下，令有司增葺所止雲台觀。上屢與之屬和詩賦，數月放還山。

端拱初，忽謂弟子賈德升曰：「汝可于張超谷鑿石為室，吾將憩焉。」二年秋七月，石室成，摶手書數百言為表，其略曰：「臣摶大數有終，聖朝難戀，已於本月 22 日化形於蓮花峰下張超谷中。」如期而卒，經七日支體猶溫。有五色雲蔽塞洞口，彌月不散。

摶好讀《易》，手不釋卷。常自號扶搖子，著《指玄篇》81 章，言導養及還丹之事。宰相王溥亦著 81 章以箋其指。摶又有《三峰寓言》及《高陽集》、《釣潭集》，詩六百餘首。能逆知人意，齋中有大瓢掛壁上，道士賈休復心欲之，摶已知其意，謂休復曰：「子來非有他，蓋欲吾瓢爾。」呼侍者取以與之，休復大驚，以為神。

有郭沆者，少居華陰，夜宿雲台觀。摶中夜呼令趣歸，沆未決；有頃，復曰：「可勿歸矣。」明日，沆還家，果中夜母暴得。心痛幾死，食頃而癒。

華陰隱士李琪，自言唐開元中郎官。已數百歲，人罕見者；關西逸人呂洞賓有劍術，百餘歲而童顏，步履輕疾，頃刻數百里，世以為神仙；皆數來摶齋中，人咸異之。大中祥符四年，真宗幸華陰，至雲台觀，閱摶畫像，除其觀田租。

第二節　龐覺撰《希夷先生傳》

先生姓陳名摶，字圖南，西洛人。生於唐德宗時，自束髮不為兒戲，年十五，詩禮書數及方藥之書，莫不通究，及親喪，先生曰：「吾向所學，足以記姓名耳，吾將棄此遊太山之巔，長松之下，與安期黃石論出世法，合不死藥，安能與世俗輩汨沒出入生死輪廻間乎？」乃盡以家資遺人，惟攜一石鐺而去。

唐士大夫挹其清風，欲識先生面，如景星慶雲之出，爭先睹之為快，先生皆不與之友。由是謝絕人事，野冠草服，行歌無止，日遊市肆，若入無人之境，或上酒樓，或宿野店，多遊京洛間。僖宗待之愈謹，封先生為清虛處士，乃以宮女三人賜先生，先生為奏謝書云：「趙國名姬，後庭淑女，行尤妙美，身本良家，一入深宮，各安富貴，昔居天上，今落人間，臣不敢納於私家，謹用貯之別館。臣性如麋鹿，跡若萍蓬，飄然從風之雲，泛若無纜之舸。臣遣女復歸清禁，及有詩上浼聽覽。詩云：『雪為肌體玉為腮，深謝君王送到來。處士不生巫峽夢，空勞雲雨下陽臺。』」以奏付宮使，即時遁去。

五代時，先生遊華山多不出，或遊民家，或遊寺觀，睡猶經歲月。本朝真宗皇帝聞之，特遣使就山中宣詔先生。先生曰：「極荷聖恩，臣且乞居華山。」先生意甚堅，使回具奏其事。真宗再遣使齎手詔茶藥等，仍仰所屬太守縣令，以禮遣之，安車蒲輪之異，寵迎先生。

先生乃回奏上曰：「丁寧溫詔，盡一札之細書，曲軫天資，賜萬金之良藥，仰荷聖慈，俯躬增感。謝云：臣明時閑客，唐室書生，堯道昌而優容許由，漢世盛而任從四皓，嘉遁之士，何代無之？伏念臣性同猿鶴，心若土灰，不曉仁義之淺

深，安識禮儀之去就，敗荷作服，脫籜為冠，體有青毛，足無草履，苟臨軒陛，貽笑聖明，願違天聽，得隱此山。聖世優賢，不讓前古，數行丹沼，徒煩彩鳳銜來。一片閒心，卻被白雲留住。渴飲溪頭之水，飽吟松下之風，永嘲風月之清，笑傲雲霞之表，遂性所樂，得意何言。精神高於物外，肌體浮於雲煙，雖潛至道之根，第盡陶成之域，臣敢仰期睿眷，俯順愚衷，謹此以聞。」

當時有一學士，以先生累詔不起，因為詩譏先生云：「只是先生詔不出，若還出也一般人。」

先生覆答云：「萬頃白雲獨自有，一枝仙桂阿誰無。」

後先生亦稀到人間。先生或遊華陰，華陰尉王睦知先生來，倒屣迎之、既坐，先生：「久不飲酒，思得少酒。」睦曰：「適有美酒，已知先生之來，命滌器具撰。」

既飲，睦謂先生曰：「先生居處岩穴，寢止何室，出使何人守之？」

先生微笑，乃索筆為詩曰：「華陰高處是吾宮，出即凌空跨曉風。台殿不將金鎖閉，來時自有白雲封。」睦得詩愧謝。

先生曰：「子更一年，有大災，吾之來，有意救子、守官當如是，雖有數理亦助焉。」

睦為官廉潔清慎，視民如子，不忍鞭打，心性又明敏，故先生乃出藥一粒曰：「服之可以禦來歲之禍。」睦起再拜，受藥服之。飲至中夜，先生如廁，久不回，遂不見。

睦歸汴，忽馬驚墜進汴水，善沒者急救之，得不死。先生亦時來山下民家，至今尚有見者，今西嶽華山有先生宮觀，至今存焉。

第三節　唐明邦：《陳摶評傳》

一、「圖南」未遂遁玄門

　　陳摶是我國 10 世紀著名易學家、道教學者和詩人。他精研易學，注重象數，傳授《先天太極圖》，對邵雍影響特深，開宋代圖書學之先河，為宋明理學的發展作出獨特貢獻。作為卓越的道教學者，陳摶對道教思想及修煉方法有許多新創造，為道教從注重外丹符籙轉向注重內丹修證，架上可靠橋樑，形成陳摶學派，被道教界尊奉為「陳摶老祖」。陳摶熟讀經史百家之言，博學多才，是有名詩人，其大量詩歌產生廣泛社會影響，當時人們就以一睹陳摶風采為幸。

　　陳摶不是一般書生，有雄才大略的經世之志，雖身居名山，而其匡時濟世的政治思想，影響五代及北宋的幾位君主，深受尊仰，先後賜號清虛處士、白雲先生、希夷先生。陳摶自撰楹聯云：「開張天岸馬，奇逸人中龍」，對自己一生的奇偉精神作了恰當寫照。

　　陳摶，字圖南，自號扶搖子。他活了 118 歲，卒於宋太宗端拱二年（989），經推算，當生於唐懿宗咸通 12 年（871）。陳摶出生於唐末亂世，在農民起義的大風暴日子裏長大，經歷五代離亂，而竟然活了百多歲，若無獨到的養生方術，是很難辦到的。從這點看，他堪稱令人起敬的奇人。

　　陳摶不但出生年月不為人所知，連他的父母，家世也無人知曉，而今只留下兩節民間傳說。

　　《群談采餘》記載「陳圖南，莫知所出。有漁翁舉網得物甚巨，裹以紫衣，如肉球狀，攜以返家。溉釜燃薪，將煮食之。俄而雷電繞室大震，漁人惶駭，取出擲地，衣裂兒生，乃

從漁人姓陳。」從這節故事，不止陳摶父母的名字不知道，連姓氏也不知道，本是無父無母從河中冒出的一個肉球。可能是其先人參加唐末黃巢農民大起義，失敗後隱姓埋名，故諱莫如深。

《玉壺清話》還記載「陳摶四五歲，戲于渦水側，一青衣媼抱於懷內乳之，曰：『令汝更無嗜欲，聰悟過人。』」這是說陳摶之所以特別聰明，因為吃了特殊人物「青衣媼」的乳汁的緣故。

陳摶的出生地點，更是一個有爭議的問題。亳州、普州二說較為流行。

一說他是亳州真源人，即今河南鹿邑，漢代名苦縣，隸屬亳州，道教始祖老子的出生地。傳說陳摶幼年戲於渦水，與此說相應，此說的根據是《宋史‧陳摶傳》。

一說為普州崇龕人，根據是《宋文鑒》收錄陳摶著作《易龍圖序》，署名「西蜀崇龕陳摶序」，崇龕在今四川安岳，古稱普州。有學者考證崇龕遺址在今四川潼南縣龍場瓦子堡。[1] 陳摶的里籍長期是個謎，大抵古代隱者，浪跡天涯，隱姓埋名，少與世人接觸，時移世易，故難以考證。二說未有定論，一般都遵循《宋史》陳摶傳記載。

注釋

〔1〕胡昭曦：《陳摶里籍考》。

1. 志在「圖南」時不利

陳摶生活的 118 年，可分前後兩大時期，大體各占 60 年。無論前半生還是後半生，陳摶的生活都是神秘的。

陳摶前半生 60 年，唐代末年占 36 年，是他的青少年時

代；五代時期占 23 年，是他的壯年時期。後唐年間，「舉進士不第」，乃棄儒崇道，轉入後半生。這漫長的 60 年間，陳摶時時在兵荒馬亂中過日子。他深信亂世出英雄，樹立雄心壯志，力圖撥亂反正，有所作為。

陳摶 5 歲那年，唐僖宗乾符二年（875），中國大地，捲起農民大起義風暴，王仙芝、黃巢領導的農民大軍席捲山東、河南，安徽、湖北廣大地區，勢如破竹，所向披靡。仙芝戰死後，黃巢自號沖天大將軍，率眾數十萬，先由北而南，破杭州、福州、廣州；復渡淮北上，攻克東都洛陽，破潼關，直搗長安，建立中國歷史上第一個農民政權——大齊政權。黃巢本來熱心科舉仕途，由於舉進士不第，販鹽為生，才毅然與封建統治決裂。奮戰 10 年，雖敗猶榮，名垂青史。這對幼年時期的陳摶，無疑留下了深刻印象。

農民大起義失敗後，唐朝統治雖仍苟延殘喘 20 多年，畢竟元氣大傷，再無回天之力。諸州節度使，紛紛擁兵自重，長期爭戰不休，社會無有寧日。唐亡後，五代十國，政權急劇更替，猶如走馬燈。

正是在社會危難之時，陳摶奮志刻苦讀書。他自幼聰穎，志趣廣泛，熟讀經史百家之言，往往一見成誦，琴棋書法，無不精通。史稱：「年十五，《詩》、《禮》、《書》、《數》之書，莫不通究考校。」[1] 方藥之書，也能兼通、應用。陳摶在唐末及五代戰亂中度過童年、青少年及壯年時代，正是他增長知識，增長才幹的時期。

陳摶長於詩，才華出眾，史稱「頗以詩名」[2]。「唐士大夫挹其清風，欲認先生，而如景星慶雲之出，爭先睹為之快。」[3] 這已是他的壯年時期了。

陳摶出身寒微，時時想透過科舉道路，躋身士大夫行列，

發揮其經邦濟世才能，幹一番驚天動地偉業。他的名字寓有重大政治抱負，取自《莊子·逍遙遊》，以鯤鵬為喻，「有鳥焉，其名為鵬，背若太山，翼若垂天之雲，摶扶搖羊角而上者九萬里，絕雲氣，負青天，然後圖南，且適南冥也」。陳摶字「圖南」，一語雙關，不止若鵬之徙南冥（天池），直是勵志南面而治天下。

陳摶的雄才大略，究竟曾有哪些舉措，已無可考。他前 60 年的生活事蹟，純是一片空白。只是陳摶家鄉亳州一帶，留下一些傳說。他曾經以一介布衣，在家鄉興修水利，發動鄉民，開鑿了一條南北河，南接渦水，北通河南商丘地界，取名「陳治溝」，可灌溉廣大地域，為人民做了一件好事。

在亳州，民間至今流傳關於陳摶的其他故事，有《十里荷花出陳摶》、《隱羊山上誦〈老〉、〈莊〉》，《陳摶老祖返故鄉》，和陳摶釀造「希夷酒」等，實際上，陳摶並未成家，是在四處雲遊浪中過日子。

陳摶在家鄉嶄露頭角小有名氣時，西元 926 年，後唐軍人李嗣源領導兵變，殺莊宗自立，稱明宗。此人不識字。聽說陳摶博學多才，派人召他進宮，向他請教軍國大計。

陳摶進宮不向明宗行跪拜禮，僅鞠躬而已。李嗣源不加計較，反更敬重。賜號「清虛處士」，還賜給他三位宮中美女。陳摶以一介寒儒，不敢領受，寫信辭謝道：「趙國名姬，漢廷淑女，行尤婉美，身本良家。一入深宮，久膺富貴。昔居天上，今落人間。臣不敢納於私家，謹用安之別館。臣性如麋鹿，跡若萍蓬，飄若從風之雲，泛如無繫之舸。臣送彼復歸清禁。」末附詩一首，然後逃之夭夭。詩云：

雪為肌體玉為腮，多謝君王送將來。

處士不生巫峽夢，空煩雲雨下陽臺。[4]

　　唐末至五代，是一個以武力稱霸的時期。神州動盪，人民塗炭；社會希望安定，而安定無期，人民渴望統一，而統一無望。武將支配一切，「兵權所在，則隨之以興；兵權所去，則隨之以亡」。傳統文化，科舉制度，一律不受重視。儘管如此，後唐長興二年（931），陳摶仍抱著極大希望參加了科舉考試，企圖實現其躋身仕途，經邦濟世的夙願。結果，「舉進士不第」。這位行年 60 的老儒生，經受了畢生最大的打擊，毅然採取行動，同科舉仕途告別，造成他一生中的最大轉折，棄儒修道，決心做一名清靜無為、抱樸守拙的道士。數十年寒窗苦讀，只落得白費心機。

　　圖南之志的破滅，陳摶起初十分痛苦，由於他早已為老莊思想所浸潤，這份痛苦漸漸置之淡然。「路漫漫其修遠兮，吾將上下而求索」。前半生的神秘生涯，難以揭穿，後半生的陳摶，依舊是一個神秘人物。

注釋

〔1〕《青瑣高議前集》卷八。
〔2〕《宋史·陳摶傳》。
〔3〕龐帕覺：《希夷先生傳》。
〔4〕《太華希夷志》。所記時間不一。

2.隱居武當參玄理

　　科場失敗後，陳摶強忍痛楚，變賣全部家財，只懷揣一塊家鄉的石瑥，浪跡天涯。先是遊歷河南一帶名勝，然後南下蘇杭。大江南北，處處留下他的足跡。這一段時間，陳摶進一步

觀察社會，瞭解人情世故，深入地瞭解人民的怨氣，軍閥的霸氣，逐步看破紅塵。

當他正在人生歧途上徘徊時，在山東遇到兩位道人，孫君仿和麞皮處士。三人萍水相逢，一見如故，意氣相投，「相與談《易》與《老》、《莊》，七日不輟」[1]。二位道人，亦隱居不仕的隱者，年逾古稀，而鶴髮童顏，談道論玄，通達異常，深為陳摶所佩服，使陳摶萌發超脫紅塵，皈依道門的念頭。他向二位道人坦露了自己的內心世界，深受二位道人的賞識。

他們秘傳丹道丹訣給陳摶，然後指點陳摶道：「武當山九室巖，可以隱居。若隱居此山修煉，可成正果。」陳摶馬上拜謝道：「二位道長，高尚之人也，有幸相遇，多謝點化之恩。」[2]陳摶回鄉，把一切家事託付予胞兄陳拊，毅然離家，千里跋涉，去投湖廣均州武當山。此時是後唐清泰元年（934），陳摶已63歲。

陳摶來到武當山，方知果然是一座仙山。方圓八百里，共有七十二峰，主峰天柱峰，海拔1612公尺。「黑谷冥冥，翠壁巉巉，笮棧履空，繞通下巖。徑若窮而復永，石欲墜而相銜。……林集孔翠，穴產鸞鳳。息海運之鵬，巢戾天之鶴。虎吟風而振迅，豹隱霧而溟溟。」[3]真是「亙古無雙聖地，天下第一名山。」[4]武當山有三十六巖，各具特色。或峭壁萬丈，高聳雲端，蒼巒突出，祥雲彌漫；或金碧障空，瑞光交映，夕陽回景，飛虹絢彩；或竹木交翠，紫雲繚繞，松篁花卉，穎秀可愛。

武當山下，溪澗縱橫，有廿四澗。夏秋季節，河水猛漲，激流奔突，聲聞十里；「冬春時分，水流清淺，澄溪淺渚，細魚輕翔；深潭石泓，碧若翡翠；竹木掩映，雜花綴岸，清奇幽麗。人臨其境，塵氛皆去，俗念頓消」[5]。相傳「真武大帝」

住世時，曾在此山修煉 40 年，後得道「飛升」。秦漢以來被譽為「洞天福地」，歷代道客羽士來隱居修持。

尹軌、戴孟在此隱居；馬明生、陰長生在此煉丹；陳摶來到，不虛此行。陳摶最初隱居九室岩。此岩不在武當山三十六岩之中，屬房縣，居武當山系南脈，又稱九室山，一名爛柯，《輿地紀勝》稱，「山下有九室，唐置九室宮。山巒重疊，如牆，如堂，穿雲躡蹬而上，古木蒼翠，天風清冷，為房城幽麗奇處。」[6]陳摶在武當山隱居 20 餘年，除九室岩外，還住過俞公岩、自然庵、誦經台、白雲峰等處。其所以一遷再遷，是有原因的。《武當總真集》敘述他遷居誦經台的原因說：「希夷聲譽遠著，倦於迎待，尋誦經台以避之。」該書還說：「白雲峰，……陳希夷避名，三遷於此。」可見陳摶雖隱居深山，慕名拜訪者仍絡繹不絕，不利於靜心修煉，只好一遷再遷。

陳摶在九室岩修道有得，寫過一本書，名為《九室指玄篇》，書名標出撰寫之地，表明他對九室岩的依戀。他在九室岩還寫了一首名詩，《方輿勝覽》記載：「陳圖南題詩云：『萬事若在手，百年聊稱情。他時面去，記得此岩名。』」《邵氏聞見錄》記載後唐末年，有位張鄧公把詩中「南面」二字，改為。「南嶽」，認為陳摶志大才疏，不當有「南面」之思。此位張鄧公名士遜，鈞州光化人，曾讀書於武當山。此公哪裡想到，陳摶此時尚未完全放棄一貫的「圖南」夢想。隱居玄門，可能是他掩飾自己，積蓄力量的障眼法。

陳摶亦曾隱居「五龍觀」側，周圍有松蘿、五龍、青筍等山峰，有飛雲、瀑布二澗環繞。背負高山，面臨深谷，好一個天然岩洞，乃怡靜修煉之勝地，他在此精研《周易》。一天，山中五位白髮老者向他走來，施禮道「聞先生于《周易》用功非淺，我等慕名前來向先生請教易學。」陳摶同五位老者切磋

學問，甚是相契。

陳摶見五位老者面若紅玉，動若仙童，轉而向老者請教養生之術，五老說：「我等堅持修煉『蟄龍法』，仿龜蛇之類，蟄伏不食不動之理。」這「蟄龍法」就是「睡功法」，陳摶以長睡道術聞名，即從五老傳授而來。據說，五位老者即五龍觀日月池的五條神龍顯現。

作此神話傳說者，是一位元代人，《武當總真集》中寫道：「陳摶誦《易》于五龍觀側，感五氣龍君，授之睡法。」[7]《太華希夷志》亦有此記載。這一傳說影響深遠，明代武當山道人張三豐，深信不疑，寫詩稱頌道：「五龍飛躍出深潭，天將此法傳圖南。」[8]

陳摶雖隱居武當山，仍不忘雲遊四方。大約後晉天福（937—944）年間（一說在後唐清泰三年），陳摶曾西遊四川邛州、普州、青城、峨嵋等地。聽說邛州天慶觀都威儀何昌一道長，道德高尚，精通道法，尤善「鎖鼻飛精」術。人稱「高公」。陳摶慕名而去拜他為師，留天慶觀專習此術。當他學得道門真傳道術之後，進一步看破紅塵。留詩一首向高公告別。

著名詩人陸游在其《老學庵筆記》中記載了他在天慶觀不但讀到陳摶的詩，而且還有陳摶自題序言，都刻在石頭上。「余遊邛州天慶觀，有陳希夷先生石刻云：『因攀奉縣尹尚書水南小酌回，舍轡特叩松局，謁高公，茶飯移時，偶書二十八字。道門弟子陳摶上。』」其詩云：

> 我謂浮榮真是幻，醉來舍轡謁高公。
> 因聆玄門冥冥理，轉覺塵寰一夢空。

末書太歲丁酉（937），即後晉天福元年。[9]這「鎖鼻飛

精術」，即道家胎息之術，同陳摶在武當山學的「蟄龍法」是同一原理。陳摶所留 28 字詩一首，天慶觀道眾十分珍惜，特地刻石留念。北宋時當地郡守崔公命進士文與可（字文同）為碑作跋，寫道「陳摶，字圖南，後晉天福中來遊蜀。聞是州天慶觀都威儀何昌一有道術，善鎖鼻飛精，漠然一就枕，輒月餘始蘇，遂留此學，卒能行之。」[10]

　　陳摶在蜀遊學訪道 8 年之久。結交道教學者譚峭（號景升），五代時人，生卒年代不詳，與陳摶同出何昌一門下。譚峭自幼好黃老思想，鑽研道教典籍。後離家學道，遍遊終南、太白、太行、王屋、嵩、華、泰岳諸名山，師從嵩山道士 10餘年，得辟穀養氣之術。入巴蜀，為何昌一得意弟子，從學多年，精通「鎖鼻飛精術」，成道教名流。

　　陳摶與譚峭，成為師兄弟，二人思想，多有相通處。譚峭後來移居終南山，著《化書》110 篇。以「道」為宇宙本源，道的變化，乃萬物發生、發展和消亡的根源，認為宇宙萬物無時不在流動變化之中。虛化神，神化氣，氣化形，復歸於虛（道）。陳摶《胎息訣》中同樣主張「夫道化少，少化老，老化病，病化死，死化神，神化萬物。」[11]足見二人同出師門，都十分注重道的變化。

　　譚峭的《化書》寫成後，曾被南唐大臣宋齊丘竊為己有，陳摶知道後，予以揭露道：「吾師友譚景升，世宗顯德四年（957），隱居終南山，著《化書》。因遊三茅，經歷建康，見宋齊丘有仙風道骨。……乃出《化書》送齊丘，云：『是書之化，其化無窮。願子序之，流於後世。』於是杖跋而去。齊丘竊為己有而序之。」

　　宋齊丘將《化書》改名《齊丘子》，陳摶的揭露很有力，使真相大白。《化書》乃收入《正統道藏》。

陳摶離開巴蜀，回到武當，潛心易學。修煉道術，撰寫著作，聲名遠揚。前往拜訪者日益增多。不難想像，這些拜訪者，有玄門高人，欲與之同參道學；也有社會名流，欲激發其實現圖南宏業；更有躍登龍庭的新君主及新顯貴，求他指點經世策略，視他為山中宰相。

在那「置君猶易吏，變國如傳舍」的動亂年月，想過「皇帝癮」的人不少，正過「皇帝癮」而唯恐不穩的人也有，無不期陳摶預測未來，指點迷津，以便趨吉避凶，逢凶化吉。而陳摶本人，亦未泯圖南之望，此時「潛龍勿用」，何嘗不希望有朝一日「飛龍在天」，大展鴻圖。

注釋

〔1〕《仙集總龜》。

〔2〕《武當山》，湖北人民出版社 1992 年版，第 18 頁。

〔3〕李方叔：《武當山賦》。

〔4〕《武當山》，湖北人民出版社 1992 年版，第 5 頁。

〔5〕王光德、楊立志：《武當道教史略》，華文出版社 1993 年版，第 13 頁。

〔6〕楊延烈：《房縣誌》卷二。

〔7〕劉道明：《武當總真集》。

〔8〕方春陽校點：《張三豐全集》，浙江古籍出版社 1990 年版，第 64 頁。

〔9〕《老學庵筆記》卷六。

〔10〕文同：《丹淵集·拾遺下》。

〔11〕《諸真聖胎神丹訣》。

3. 潛修華山悟大道

五代末年，四方鼎沸。後周顯德（954－959）間，陳摶離開武當山，遷隱華山。他遷入華山的原因，主要是武當山四通八達，知其下落者，隨時去找他，感到不勝其煩，不利於修真養性。華山險峻幽森，攀登不易，利於隱遁。自古華山一條路，「天下奇險第一山」。「遠而望之若蓮花狀」；《初學記》云「山頂有千葉蓮花。」故名華山。北臨黃河，南連秦嶺，巍然高聳，鬼斧神工，為道家十大洞天之第四洞天。

陳摶遷往華山，還有一個傳說：他在武當山九室岩，「夜靜焚香讀《易》，有五老人至，龐眉皓髮，容貌古怪，常來聽誦。居日久，摶問之，老人對曰：『吾儕即茲山日月池龍也。此間乃玄武據臨之地；華山乃先生棲隱之所也。』翌日，希夷默坐，五龍忽詣，令先生閉目，凌空御風，終宵至華山，置坐于磐石之上；開目視之，不見五老人去向。」[1] 五老人即教陳摶「蟄龍法」（睡功）的師父。

這既奇且險的華山，曾受到歷代著名詩人的稱美。唐代詩人崔顥稱讚華山確是修仙的最佳去處。詩云：

> 岧嶤太華俯咸京，天外三峰削不成。
> 武帝祠前雲欲散，仙人掌上雨初晴。
> 河山北枕秦關險，驛路西連漢畤平。
> 借問路旁名利客，何如此處學長生。

宋代寇萊公描繪華山磅礴氣勢云：

> 只有天在上，更無山與齊；
> 仰天紅日近，俯首白雲低。

陳摶來到華山，的確看到這真是神仙洞府之地，愛不肯離，連稱「仙鄉」勝境。題詩云：

> 為愛西峰好，吟頭盡日昂。
> 岩花作紅陣，溪水綠成行。
> 幾夜礙新月，半山無夕陽。
> 寄語嘉遁客，此處是仙鄉。

陳摶到華山，初居雲台觀，閉門獨臥，不與外間接觸，一臥經月乃至「百餘日不起」。「花竹幽窗午夢長，此中與世暫相忘；華山處士如容見，不覓仙方覓睡方。」[2] 明代道士張三豐吟《華岳》盛讚陳摶「高臥處」。

> 巉巉太華俯全秦，百二河山此地尊。
> 雲起謫仙搔首處，雨過女神洗頭盆。
> 閑從翠嶂尋松實，醉看青天枕石根。
> 我愛希夷高臥處，應攜後進入玄門。[3]

《青鎖高議前集》記述陳摶在華山的生活情趣：「詠嘲風月之情，笑傲雲霞之表。遂性所樂，得意何言。精神高於物外，肌體浮乎雲煙，雖潛至道之根，第盡陶成之域。」他在華山注重的是研究《易》理，證悟至道，窮宇宙之變化，探羽化之秘旨，時與高人往還。

後周世宗柴榮，「以四方未服，思欲牢籠英傑」。知陳摶有濟世之才，密令華陰縣令王睦訪問陳摶。王睦上山，只見漫山石頭，不見一間茅屋，大呼：「先生寢于何處？」陳摶吟詩答曰：

蓬山高處是我宮，山即凌空跨曉風。

台榭不將金鎖閉，來時自有白雲封。[4]

　　顯德三年（956），世宗命王睦邀陳摶入宮。陳摶當年已85歲，謁見天子，長揖不拜。世宗賜坐錦墩，一派恭維：「有勞先生遠來，得睹清光，三生有幸。」陳摶笑道：「山野之人，無用於世，過蒙陛下採錄，有負聖意。」

　　世宗封他為諫議大夫，他固辭不受；問他如何整治朝綱，他閉目不答；留宮中月餘，只閉門獨睡；世宗幾次探望，他熟睡不醒；世宗召見，他只進呈《睡歌》。世宗見他似無異志，不會威脅自己的統治，賜號「白雲先生」，放他還山。儘管如此，世宗仍不放心，密令華陰縣令，觀察陳摶動向。顯德五年，命成州刺史給陳摶送去帛50匹，茶30斤。陳摶在華山每聞朝代更替，總是愁眉不展，人問何故，則瞪目不答。

　　其實，陳摶對後周朝廷內外形勢，十分瞭解。明知五代十國的分裂混亂局面已達極點，人心思治是大勢所趨，國家的統一只是遲早問題。後周顯德七年（960），陳摶掌握到朝廷內外某些急劇變化情況，遼與北漢舉兵南下，世宗病故，嗣君恭帝年幼，陳摶估計此乃謀取政權有利時機，意圖有所舉動。

　　史載「摶乘白騾，從惡少年數百人，欲下汴州」，行至華陰，得到消息，後周禁軍統帥趙匡胤在陳橋驛兵變，黃袍加身，取代後周做了宋朝開國皇帝，陳摶聽後，從騾背上大笑墜地，人問其故，他說：「天下於是定矣。」[5]陳摶自知撥亂濟世的「圖南」之志，已無實現機會，只得返回華山，隱居修道，最後死了一條圖南之心。

　　陳摶對趙匡胤是瞭解的，有不少傳說。《神仙傳》記述道：「初兵紛時，太祖之母，挑太祖、太宗於籃避亂。陳摶遇之，

即吟道：『莫道當今無天子，卻將天子挑擔上。』」[6]是說當趙匡胤和他弟弟是嬰兒時，陳摶已知他們將來會當天子。

　　還有傳說云：趙匡胤參軍前，在家鄉闖下大禍，逃往華山腳下，陳摶挑一擔桃子下山，趙匡胤吃了桃子，陳摶向他只取一文錢，趙的確一文莫名，只好向他下拜。陳摶趕忙扶起，歎道：「一文錢難到英雄漢。」指點他說，柴榮在潼關招兵，可去從軍。趙匡胤從軍後，戰功赫赫，步步高升，想起挑桃老人指點之恩，來到華山尋其下落，在玉泉院見一老者擺著一盤棋，匡胤與老者對弈，戰到天黑，不分勝負，第二天再戰，匡胤把戰馬、佩刀都輸光了，老者提出以華山為賭注，立約為證，結果匡胤又輸了。就把華山輸給老者，那時趙匡胤還未當皇帝。後來趙匡胤果然成了開國之君，方知當年下棋的老者正是陳摶，朝廷下令免去華山的租稅，據說就是因這一公案，當今華山上留下博弈台遺址。

　　另一傳說：一天在長安街上，陳摶遇見趙匡胤兄弟二人和趙普在閒遊，就約他們去飲酒，到酒舍，趙普因足疲，偶坐席左。陳怒曰：『紫微帝垣一小星，輒居上次』，乃斥之，使居席右』[7]。說明陳摶早已看出匡胤兄弟當作天子，趙普只配作下手。宋太祖趙匡胤登基後，多次詔請陳摶入朝，都被他謝絕了；親筆下詔請他受封，陳傳回信說：「創業之君，必須尊重體貌。貧道謁見天子，多有不便，若下拜，有違我之野性；若不下拜，則褻瀆天子之體，故不奉詔。」

　　陳摶放棄圖南心願後，潛心修道，鑽研易學，深究老子《道德經》、莊子《南華經》，體驗內丹秘奧。然而朝廷對陳摶這類頗有影響的隱士，表面上十分敬重，暗中則嚴加監視，深恐他們同某些政治勢力結合，威脅朝廷統治。

　　趙匡胤「杯酒釋兵權」的謀略，據說也是陳摶授計的。只

讓其弟趙匡義統領禁軍，結果開寶九年（976）仍然出現趙匡義同其兄深夜密談之後，第二天趙匡胤突然駕崩，留下所謂「燭影搖紅」的千古疑案。

當趙匡義繼承乃兄帝位後，迫不及待地於次月即下令搜索全國數術之徒，規定「知天文數術者，傳送禁中，敢藏匿者棄市，募告者，賞錢三十萬」[8]。太平興國二年（978）再次下詔：「天文、相術、六壬、遁甲、三命及陰陽書，民間並不得私習，若有蓄者，限詔到一月，悉從送官。限外不送，及違詔私習者，悉斬。有能告者，賞錢 10 萬。」[9] 規定匿而不聞者亦重治其罪。陳摶以精通天文數術名重當代，當然在「傳送」之列。因其善於應變，終於隱居華山，以遂修真之志。

陳摶在華山，時與高士麻衣道者、李琪、呂洞賓等相往還，切磋道學，精研易理。對易學與道教理論多有心得。陳摶善於把儒家正心、誠意、修身功夫，同黃老清靜無為的修煉方法，佛教「即心即佛」的禪理融為一體。將易學與道學結合，摒棄道教符籙，而潛心發明易圖。這些思想特點，都是在華山同麻衣道者、呂洞賓等共同切磋形成的。

麻衣道者，是宋代高道（一說高僧），姓李名和，今河南內鄉人。陳摶在普州崇龕同他相識。在華山又相聚。道者長於相術，世俗所謂「麻衣相法」，據說是由他傳下來的。《搜神聖覽》描述此人特點，「麻衣道者，常以麻辮為衣，蓬面積垢穢，然顏若童稚，雙瞳凝碧。」「麻衣道者曾與陳摶同在崇龕修道，常遊天池（在今四川安岳縣境內），陳傳與麻衣道者朝夕相處，辟穀修煉。」[10] 陳摶對麻衣道者素很尊重，二人雖是一佛一道，但思想相通，情感極深。

在華山，陳摶是否收徒，都要先請他看相。有一次陳摶引一位舉子錢若水去見麻衣道者，麻衣道者只瞑目烤火，錢向他

作揖行禮，他「微開目」看了一眼。陳摶問道：如何？麻衣道者搖頭說「無此等骨。」若水告辭，陳摶不留。告訴他說「吾始見子，神貌清粹，謂子可學神仙。而此僧言子『無仙骨』，但可作貴公卿耳！」錢曰：「此僧何人耶？」希夷曰：「麻衣道者。」〔11〕陳摶十分敬重麻衣道者，稱讚他：「道德高傑，學通天人，至於知人，尤有神仙之鑒。」〔12〕太平興國二年（977），宋太宗連發三詔，召陳摶入京，前兩次都被陳摶謝絕，第三次，使者採取威逼手段，陳摶不得不跟使臣入京，適麻衣道者在場。陳摶吟詩一首，同他告別云：

　　　　華岳峰前兩路分，數間茅屋一溪雲。
　　　　師言耳瞶持知久，人是人非聞未聞。

麻衣道者以詩作答道：

　　　　獨坐茅庵迥出塵，亦無衣缽日隨身。
　　　　逢人不話人間事，便是人間無事人。〔13〕

　　詩中後兩句，正是麻衣道者向陳摶暗授機宜，要他「逢人不話人間事」，可保平安「無事」。陳摶「得詩，默喻其旨，相別訖，與來使不久至京師。」〔14〕可見陳摶與麻衣道者相契極深。
　　陳摶在華山的另一位道友，是鼎鼎有名的呂洞賓（798一？），呂也是唐末著名隱士，名喦，號純陽子，河中府永樂（山西永濟）人。唐會昌年間舉進士不第，浪跡江湖，善劍術，年已過百而童顏鶴髮，步履輕疾，頃刻可行數百里，被尊為八仙之一。
　　《宋朝國史》記載「關中道人呂洞賓，年百餘歲，而狀貌

如嬰兒，世傳有劍術，時至陳摶室。」他經常與陳摶在華山論道，結為師友。陳摶傳授的《無極圖》，是從呂洞賓那裏得來的。黃宗炎說：「河上公本圖，名《無極圖》，魏伯陽得之，以著《周易參同契》；鍾離權得之，以授呂洞賓，洞賓後隱華山，授予陳摶。摶刻之華山石壁。」〔15〕

　　呂洞賓在陳摶居處進進出出，十分隨便。一日，華州知州陳堯佐訪問陳摶，正談話間，「有一道士，風姿英爽，目如點漆，真神仙中人也。徑入坐次，希夷急避尊位，略談數語，皆方外之事。須臾，豹囊中取棗一枚與堯佐，卻而不受，希夷起接啖之。不久辭去。送於觀外。復會坐，堯佐曰，『此何人？』希夷曰：『即洞賓也。』堯佐悔愕不已。」〔16〕

　　陳摶與呂洞賓同隱華山。同參大道，共探內丹秘奧，情深意洽。後來，呂洞賓要外出訪友，陳摶同他告別，二人依依不捨。呂洞賓寫詩告別，《贈陳摶處士》云：

> 青霄一路少人行，休歎興亡事不成。
> 金榜雖云無姓字，玉京卻幸有仙名。
> 雲歸大海龍千歲，月滿長空鶴一聲。
> 後感清朝聖明主，屢頒丹詔起先生。〔17〕

　　詩中稱道陳摶雖然科舉落第，卻修煉得道，名列仙班，成為長壽道士，深受朝廷敬重。歷史傳說呂洞賓比陳摶更長壽，活了 178 餘歲。當他雲遊四方再次回到華山來看望老友時，陳摶已羽化登仙了。呂洞賓又寫一詩，以示悼念：

> 天網恢恢萬象疏，為君親到華山區。
> 寒星沒後留殘月，春雪來時向太虛。

三洞真人歸紫府，千年老鶴化蒼悟。

自從遺卻先生後，南北東西少丈夫。[18]

陳摶在華山隱居約 40 年，除與師友論道，就是閉門修煉睡功，一睡數十天乃至百餘日。陳摶精通道術，善預知人事。留下不少傳說。一次，清源王世則隨從主人去拜訪陳摶，主人已入室，「世則為僕隸，拜於階下。先生（陳摶）笑而降階曰：『侮人者自侮也。』揖世則坐諸生之右，曰：『將來君冠諸公。』明年，世則果一人及第。」[19]

有一天，道士賈休復拜望陳摶，見齋中掛有一瓢，心想求之，未敢言，「希夷謂之曰：『子來非有他意，蓋欲吾瓢耳。』命侍者取而與之。」[20]休復甚為驚異。

還有一位郭沆，家居華陰。嘗宿於陳摶隱居的雲台觀下。一天夜裏陳摶叫醒他，命他速速回家。郭沆嫌路遠，以為家中無事，不願動身，陳摶堅持陪他回去。剛走一二里地，果然家中有人來報信，說他母親死了。陳摶給他一種藥，說快快回去，還有救。回家一看，母親已死多時，連忙把陳摶給的藥灌下，一會兒就活轉來了。[21]陳摶不止能先知，並有救危急的醫術。

還有關於陳傳預知終南山隱士種放來訪的傳說。一天，陳摶命小道士灑掃庭除，說明日有貴客來臨。果然，次日種放（字明逸）來了。「作樵夫拜庭下，希夷挽之而上。曰：『君豈樵夫者，後當有顯官，聲名聞天下。』明逸曰：『放以道義來，官祿非所問也。』希夷笑曰：『人之貴賤，莫不有命。君骨相當爾，雖晦山林，恐不能安，異日自知之。』」[22]後來宋真宗召種放為司諫，攜其手，同登龍圖閣，論天下事，再拜諫議大夫，改工部侍郎，顯達一時。

陳摶預知自己登仙之期。宋太宗端拱元年（988），陳摶告訴弟子賈德升說：「汝可於張超谷，鑿石為室，吾將憩焉。」次年七月，石室成。陳摶欣然策馬，逕造其谷，登上石室，大笑再三。對弟子說：「巉岩太華，氣清景秀，吾之所歸乎！」隨後，寫了一份長達數百言的遺書，「其略曰：臣大數有終，聖朝難戀，已於本月 22 日化形於蓮花峰下張超谷中。」陳摶如期而卒，享年 118 歲。死後，「經七日，肢體猶溫，有五色雲蔽塞洞口，累日不散。」〔23〕

這段山谷，因名「希夷峽」，直到金朝末年，有人見到其靈骨仍在石室中。華山還有「希夷洞」，洞中有陳摶睡像，還有「希夷塚」，玉柱峰刻有「避詔岩」三字，西嶽廟保存陳摶所寫「福」、「壽」二字。

注釋

〔1〕《太華希夷志》卷上。

〔2〕周密：《齊東野語》卷十六，中華書局 1984 年版，第302 頁。

〔3〕《張三豐全集》，浙江古籍出版社 1990 年版，第 200頁。

〔4〕《太華希夷志》卷上。所記情節不一。

〔5〕《邵氏聞見前錄》卷七。

〔6〕《古謠諺》引《神仙傳》。

〔7〕《湖山野錄》。

〔8〕《續資治通鑒長編》卷十七。

〔9〕《宋大詔令集》卷一百九十八。

〔10〕王象之：《輿地聖紀》。

〔11〕《太華希夷志》卷下。

〔12〕《太華希夷志》卷下。

〔13〕《太華希夷志》卷上。

〔14〕《太華希夷志》卷上。

〔15〕黃宗炎：《太極圖辨》。

〔16〕《太華希夷志》卷下。

〔17〕《純陽帝君神化妙通紀》第九化。

〔18〕《純陽帝君神化妙通紀》第九化。

〔19〕《太華希夷志》卷下。

〔20〕《太華希夷志》卷下。

〔21〕《太華希夷志》卷下。

〔22〕《太華希夷志》卷下。

〔23〕《太華希夷志》卷下。

4.秘傳易圖啟後學

陳摶高臥武當和華山，達 60 年之久，同當代高人隱士時相往還，同參修真之大道，共研宇宙之玄理，琢磨易圖，深悟丹訣，終於創作了一些前所未見的易圖，秘傳後世。寫了數百首詩歌，編寫多種詩集。據初步統計，共有 11 種著作。

《易龍圖》一卷。《宋史·藝文志》列入易類。此書已佚，今存《易龍圖序》一篇。在《宋史鑒》中。

《九室指玄篇》一卷。又名《指玄篇》，《宋史·藝文志》列入神仙類，八十一章，言導養及還丹之事。宋宰相王溥，著八十一章，以解其要旨。此書已佚。

《人倫風鑒》一卷，又名《風鑒》。《文獻通考》作《高抬貴手》。《宋史·藝文志》列入五行類。劉康國《注館圖書目》列入刑法類。佚。

《三峰寓言》、《高陽集》、《釣潭集》，均陳摶詩集。共

600 餘首詩。佚。《太華希夷志》中保存其詩歌十餘首。

《周易直解》四卷，見《道藏闕經目錄》。還有《入室還丹訣》、《趨苦海詩》，王處一《西嶽華山志》中提及，均佚。

現存兩種著作。《陰真君還丹訣注》（存《正統道藏》）、（《麻衣道者正易心法注》）（存汲古閣《津逮秘書》，題為陳摶注，未辨然否。）

陳摶的著作因得到范文正公的指教，他的弟子得以及早收集整理。《太華希夷志》：「先生歿後，有弟子曾孫武尊師，因文正范公指教，得《入室還丹詩》于京師凝真院。得《三峰寓言》于太華李寧處士，得《指玄篇》于赤城張無夢，得《釣潭集》于張中庸進士，共三百篇餘，乃纂先生集。」[1] 陳摶的著作，可能不止 11 種，可惜都未保存下來。師徒傳承下來的只有一些易圖及其思想。

陳摶的易學思想及道教思想，多透過弟子傳播，影響後世。「希夷先生好讀《易》，以數學授穆修伯長，修授李之才挺之，挺之授康節邵堯夫，修以象授種放，放授盧江許堅，堅授范諤昌，一枝傳於南方也。」[2]

陳摶無愧為唐末宋初的一位著名隱士，長壽奇人。當代學者蒙文通先生對陳摶一生的評價十分公允，可謂蓋棺論定：「圖南不徒為高隱，而實博學多能；不徒為書生，而固有雄武大略。真人中之龍耶！方其高臥三峰，而兩宋之道德文章，已系於一身。」[3]

注釋

〔1〕《太華希夷志》卷下。

〔2〕《太華希夷志》卷下。

〔3〕《陳碧虛與陳摶學派》，《古學甄微》，巴蜀書社 1980

年版。

二、高臥華岳傲王侯

北宋政權確立後，陳搏的「圖南」希望徹底破滅，乃一心高臥華岳，做一個超塵脫俗，清虛自守的隱者，結交羽林高人，鑽研道教經典，深悟道教理論，精通易圖易理。然而陳搏畢竟是一個知名度很高的人，主觀上想日益遠離塵世，從現實政治生活中超脫出來，過清閑山林生活；可是現實的政治糾葛，並不是那麼輕易擺脫得了的。朝廷內外的政治角逐，總要灌進耳裏；廣大民眾的痛苦生活，常展示在眼前；當朝權貴從政治需要出發，難免不時找上門來，洞天福地並不那麼清靜。

陳搏是一個頭腦清醒的人，在處理現實政治干擾中，始終注意自己的分寸，他抱定主意，以道抑尊，傲視王侯，同王權政治盡可能保持疏遠關係；站在同情民眾的立場，必要時說幾句公道話；無可避免需要向統治者進言時，不妨從道家價值觀立場，略加指點。從這些方面，不難發現隱者陳傳的政治態度和政治傾向。

1.傲視王侯　堅持政治疏遠

在中國歷史上，存在兩種政治思想傳統。「窮則獨善其身，達則兼濟天下。」一些在政治上失意的人，慣於表現為「不事王侯，高尚其事」，隱居山林，同世俗政治鬥爭保持疏遠關係，這是一種在野的思想傳統；同時，也有另一面，一些得勢的統治者，往往熱衷於「舉逸民，天下歸心」。千方百計籠絡在野「遊士」，以示自己的寬厚仁德。這也形成一種在朝的思想傳統。兩種傳統的交合，形成隱士同王侯之間的微妙關係。

正史的《逸民列傳》、《隱逸列傳》和稗官野史，都有豐富記載，流為美談。

陳摶隱居武當山和華山，歷史記載和民間傳說，前後有五代和北宋的四位君主召見他，力圖說服他入朝做官，輔佐君主治理國家。這些帝王在陳摶面前一個個都十分恭敬。可是沒有一位能真正打動陳摶的心，三次都被他巧妙地謝絕了。陳摶遁入道門，自以為游離于現實政治鬥爭之外，形成與常人不同的政治心態，表現出古代隱者、「遊士」的共同特徵：「上不臣于王，下不治其家，中不交于諸侯。」[1]「紅顏棄軒冕，白首臥松雲。」不慕榮利，不圖爵祿，自由自在，無牽無掛。傲視王侯，以道抑尊，充分顯示自己的獨立人格。

陳摶一生，受到過四位君主的垂青。第一位君主是向陳摶賜號「清虛處士」的後唐明宗李嗣源。這是一位目不識丁的草包皇帝，陳摶當然不屑於同他對話，顯示了自己的清高氣節。那時陳摶只在社會上小有名氣，還未遁入道門。為了避免糾纏，只得不辭而別，溜之大吉。

第二位是後周世宗柴榮。此人可稱五代時期一位英明君主。他懂得民間痛苦，進行過一些政治改革，嚴懲貪官，裁減冗員，整頓賦稅，取消豪紳特權；整頓地方組織，以百戶為一團，實行聯防治安。廢除寺院，使晚唐以來混亂百餘年的中原地區，開始出現一線澄清的跡象，為中國的統一，打下一定基礎。

此人明白收攬天下英雄的重要性。於顯德三年召見 85 歲的陳摶，表示「得睹清光，三生有幸」。陳摶只笑道：「山野之人，無用於世。」世宗說：「周室初興，四方未服」，向他請教治世良策。陳摶答非所問云：「總角慕道，壯歲遊山，性同猿鳥，心若死灰」，希望放他還山。世宗投其所好，轉而請問黃白之術。陳摶不卑不亢指點道：「陛下為四海之主，當以致治為念，奈何留意黃白之事乎？」[2]世宗封陳摶為諫議大夫，陳

第一章 陳摶傳記

摶固辭不受。寫了一首《歎世詩》以表心志：

南辰北斗夜頻移，日出扶桑又落西。
人世輕飄真野馬，名場爭擾似醯雞。
松篁鬱鬱冬猶秀，桃李紛紛春漸迷。
識破邯鄲塵世夢，白雲深處可幽棲。[3]

世宗云：「寡人詔卿來，方期陰陽燮理，整治朝綱，以安庶民。」陳摶閉目不答。陳摶留宮中月餘，一味閉門長睡。世宗再次召見時，他進呈《睡歌》一首。

臣愛睡，臣愛睡，不臥氈，不蓋被。蓑衣覆地，片石作枕，南北任眠，東西隨睡。
轟雷掣電泰山摧，萬丈海水空裏墜。
驪龍叫喊鬼神驚，臣當恁時正鼾睡。
閑想張良，悶思范蠡，說甚曹操，休言劉備；
兩三個君子，只爭些小閑氣。
爭似臣，向清風嶺頭、白雲堆裏，展放眉頭，解開肚皮，只一覺睡。
更管甚，玉兔東升，紅日西墜。[4]

這首詩一氣呵成，音韻鏗鏘，抑揚頓挫，節奏明朗。闡明了不管電閃雷鳴，大浪濤天，他只是「展放眉頭，解開肚皮」，一睡了之的超然心態；闡述了他「不臥氈，不蓋被，片石枕頭，蓑衣覆地」，與自然打成一片，逍遙自在的豪情逸致；更表明他認為歷史上的傑出人物，曹操、劉備之類，南征北伐，不過「兩三個君子，只爭些小閑氣」，到頭來都是匆匆過客，

沒甚意思。

這首詩充分展示了一位隱者與世無爭,「天子所不得臣,諸臣所不得友,」[5] 力求保持自己的人格獨立與尊嚴的處世之道。同封建統治者表示疏遠的態度,異常鮮明。世宗見無法挽留他,只得賜號「白雲先生」,以遂其還山隱居之志。

在歷史記載中,第三位召請陳摶的君主,就是宋代開國之君趙匡胤。宋太祖曾多次詔請陳摶入宮受爵,都被他一次又一次謝絕了。趙匡胤對陳摶仰慕是可想而知的,他希望陳摶能為他進獻濟世良策之心,肯定是十分真誠的。然而在陳摶看來「伴君如伴虎」,統治集團內部為財產與權力的再分配,鬥爭十分激烈,「愁聞劍戟扶危主」,已是常事。他無意介入那權力鬥爭的漩渦之中,寧肯做一個超然物外的散淡人。哪怕是趙匡胤親筆詔書,他也不肯接受,表示不能違背自己的「野性」,去向君王下拜,其「傲視王侯」的性格十分堅強。儘管陳摶似未見過趙匡胤,可是民間仍然流行一些傳說,描述他如何從趙世胤的相貌,早就看出他一定會當皇帝。這也許是某些為了逢迎趙匡胤又想神化陳摶的人故意編造的。

其中有一傳說,突出陳摶未卜先知本領,說宋太祖召見陳摶,向他請教宋朝的國運前途。陳摶回答八個字:「一汴、二杭、三閩、四廣。」太祖不明其意,請他予以解釋,陳摶避而不答,表明天機不可洩漏。後來的人猜測,是這位陳摶老祖,預知宋代朝廷步步南遷,由汴州而杭州,而福建,最後至廣東崖山而亡。[6] 這類政治寓言,肯定是宋代以後神化陳摶的人所編造。陳摶傲視王侯,不與之交往,編造者總要說曾經同帝王交往過;不過雖有交往,畢竟只能使帝王猜啞謎,而無可奈何。這個故事既不讓宋太祖過分失望,又不失陳摶「以道抗尊」的隱者身份。

第四位召見陳摶的是宋太宗趙匡義。這次的召見同前面三位君主不同，歷史上有相當詳細的記載。陳摶同趙匡義有來有往，打了不少筆墨官司，頗費心思；而前後三次詔請，終於如願，使臣們也費盡心機。這可以說是廟堂同草野之間一次唇槍舌劍的交鋒。

宋太宗詔請陳摶，連續三次，都在即位之初。太平興國元年（977）四月，[7] 趙匡義第一次詔請他久已仰慕的陳摶，他知道其兄在位時，多次詔請均未如願，於是差遣殿東頭供奉官陳宗顏為特使，帶著他的詔書和御詩，前往華山雲台觀宣詔，陳宗顏四月十五日到達雲台觀。道士鐘希晦向陳摶通報說：「皇帝宣師父」。陳摶洗手、焚香，然後答禮，聽宣詔。這個詔書寫得頗有內容。

> 朕自即位以來，克服八方，威臨萬國。遐邇悉歸於皇化，華夷亦致于隆平。知卿抱道山中，洗心物外，養太素浩然之氣，應上界少微之星。節配巢由，道遵黃老。懷經綸之長策，不謁王侯；蘊將相之奇才，未朝天子，卿不屈于萬乘，身奚隱於三峰？乘風猶來，舉朝稱賀。[8]

使臣還帶去一首御詩，云：

> 華岳多聞說，知卿是姓陳。
> 雲間三島客，物外一高人。
> 丹鼎為活計，青山作近鄰。
> 朕思親欲往，社稷去無因。

華山陳摶丹道 修真長壽學

這詔書和御詩，包含了四方面內容，首先，宣揚皇帝的功德，「克服八方，威臨萬國」，天下已太平，有意「舉逸民」；其次，稱讚陳摶「節配巢由，道遵黃老」，「物外一高人」，上應「少微星」令人尊敬；第三，恭維陳摶，「懷經綸之長策」，「蘊將相之奇才」因此期望他能入宮相見，為朝廷提供濟世良策；最後，皇帝表示本想屈尊枉駕，學劉備三顧茅廬，奈何已登帝位，不便離開社稷，你若前來，定會「舉朝」歡迎。

趙匡義料到陳摶不會輕易來朝，態度的確是謙虛而謹慎的。可是他忘了，一方面在謙虛下士邀請隱者，另一方面又一再下詔舉報「數術」之人，這一點陳摶不會不知道。

果然不出所料，陳摶拒絕了皇帝的第一次詔請。對使臣說：「貧道棲真物外，修煉山間，無意求名，有心慕道，不願仕也。」同樣寫了一件回表和一首《謝詔詩》，請使臣帶回去交差。這表和詩也是寫得十分得體的。《表》云：

> 伏念山野，生居吳地，長自漢南。成童以習業儒林，壯歲而遍遊洞府。性同猿鶴，心若土灰；不曉仁義之淺深，安識行藏之去就。敗荷作服，脫籜為冠，體有青毛，足無草覆。有意慕羲軒之道，無心誦管樂之篇。《道德》、《南華》頻看，黃閣玉堂絕念。數行紫詔，徒煩采鳳含來；一片閒心，已被白雲留住。苟臨軒陛，貽笑聖明。

陳摶《謝詔詩》寫道：

> 九重特絳紫泥宣，才拙深居樂靜緣。
> 山色滿庭供畫障，松聲萬壑即琴弦。

無心享祿登臺鼎，有意求仙到洞天。

軒冕浮榮絕念慮，三峰只乞睡千年。[9]

表與詩反覆申明「不曉仁義」，「心若土灰」；「有意求仙」，「無心享祿」；「浮榮絕念」，只乞長睡。陳摶不為勢利所動，對宋朝沒有說一句恭維話。同時表明，「敗荷作服，脫籜為冠，體有青毛，足無草履」，如此不成體統的山野粗人，來到朝堂，皇帝屈尊接見，豈不貽笑大方。這第一次詔請，就這樣委婉地謝絕了。

趙匡義得知陳摶大擺其高道的架子，不買他這位皇帝的賬，心中很不是滋味。當年六月，再派使臣張素真去詔請。使臣來到雲台觀，見山童正在掃地，問道：「師父在否？」答曰：「師父于庵中熟睡正濃。」問，怎麼才能叫醒他？山童說：擊頭邊的金鐘他就會醒。果然，一撞金鐘，陳摶就醒了，整好道服，便問使臣：「為何再來？」使臣說：「陳宗顏來請先生，先生不入朝，皇帝甚為失望，特派我再來請先生。」焚香禮畢，再次宣讀詔書。云：

> 朕伏維先生白雲隱士，碧洞高人。悟大道之玄門，達希夷之奧理。朕歎韶光甚速，迅景難留，忽暑往以寒摧，漸顏衰而鬢改。雖達治世之略，未諳煉性之機，廢寢忘餐，思賢若渴。暫離洞府，跨鸞鶴以飛來，佇立宮闈，列簪纓以敬侍。[10]

詔書同樣先稱讚陳摶「悟大道之玄門，達希夷之奧理」，令人敬慕。可能經過分析，上次詔書未提煉丹養性之事，故請陳摶不動；這次不妨投其所好，提出「韶光甚速」，「顏衰鬢

改」，「雖達治世之略，未諳煉性之機」，恭請陳摶去教他煉丹養性，說不定這會打動他的心。

不料陳摶矢志學道，不慕浮榮，仍然修表詠詩，請來使帶回辭謝。他對使臣說：「貧道山野之人，鹿豕同群；登高望遠，臨流漱齒。松君桂父，吾之友也；雲峰霞嶺，吾所遊也；孰羨浮榮之富貴哉？」請來使住一宿，帶表而歸，其回表云：

> 伏念愚拙，深潛澗壑，誤蒙天恩。臣無諸葛之奇才，君邁漢皇之厚德。臣山麋之性，野鶴之姿。冠簪獨羨乎逍遙，軒冕難禁乎羈束。高臥蒼龍之嶺，蝶夢悠揚；閑看玉井之蓮，詩魂浩蕩。餐煙霞於洞口，採薇蕨于林間。杖履徜徉，身心懶散。煉爐中之丹藥，遠擬登仙；避世上之虛名，屢防嫁禍。賴遭逢乎堯舜，可疏放其巢由，幸盡餘生，遐瞻聖代。[11]

同時還請使臣帶呈七絕詩二首：

> 坐逢聖代即堯年，草澤愚民也被宣。
> 自笑形骸元懶散，才疏安敢望朝天。
> 調和四氣憑燒藥，修煉千方只望安。
> 黃閣高官無意戀，閑居佳境勝為官。[12]

表與詩充分表露陳摶的隱者心態，「形骸懶散」，無意做官，有意避開虛名，「屢防嫁禍」；一心燒煉丹藥，以圖登仙，高臥華山，比做官強多了。同上次的回表不同，把宋朝稱許了兩句，說什麼「坐逢聖代即堯年。」他恭維太宗「賴遭逢乎堯

舜」，目的是要他效法唐堯榜樣，任隨巢、由隱居遂志。

許由是唐堯時代的高士，隱於沛澤，堯欲以天下禪讓於他，許由不受，堯又召他為九州長，許由聞之，以為汙其耳，乃洗耳於穎水；其友巢父正牽牛飲水，知穎水為許由洗耳所汙，趕忙把牛牽到上游飲水去。事見《莊子》等書。

太宗上次詔書中既已稱許陳搏「節配巢由」，故陳搏順水推舟，希望太宗「疏放其巢由」，以成全其隱居求道之志，故恭維宋朝，正是陳搏「欲取姑予」的策略。

太宗的兩次詔書，陳搏的兩次回表，來來往往，無異筆箭交鋒。朝堂欲召請處士，為我所用；處士則力圖擺脫權勢的騷擾，敬而遠之。雙方僵持不下，看來還免不了另一番交涉。

注釋

〔1〕《戰國策‧齊策》。

〔2〕《宋史‧陳搏傳》。

〔3〕《莊子‧田子方》：「丘之於道也，其猶醯雞與！」醯雞，亂飛的小蟲。

〔4〕《太華希夷志》卷上。

〔5〕《後漢書‧逸民列傳》。

〔6〕《群談采餘》。

〔7〕《太華希夷志》為「至道」元年（995），時陳搏已卒六年。

〔8〕《太華希夷志》卷上。

〔9〕《太華希夷志》卷上。

〔10〕《太華希夷志》卷上。

〔11〕《太華希夷志》卷上。

〔12〕《太華希夷志》卷上。

2. 勉為帝師　略陳濟世箴言

隱士在中國封建社會裏是一種特殊社會勢力。他們雖遠離朝堂，卻以特殊方式接近各階層民眾，往往更能瞭解國家的弊端，人民的疾苦。常言道「旁觀者清」。正由於隱士們能超脫於勢利網路，故在必要時能敢怒敢言。高人、隱士常常又成為社會批判意識的擔當者，身在山林，心憂天下，觀察問題，入木三分，指陳時弊，輒發人之所未發，故受到統治者的重視。在朝君主，受奸佞小人包圍，唯命是從，唯唯諾諾，難有犯顏直諫之士，一新君主耳目。

宋太宗兩次詔請陳摶失敗後，並不死心，千方百計，非詔請陳摶入朝不可，否則有損這位皇帝的尊嚴。張素真六月十六日回京稟告，陳摶執意不入朝。太宗「龍顏大不樂」，氣急敗壞地於六月廿九日，傳問百官之中，有誰能言善辯，可去再召陳摶。有人推薦內藏庫副使葛守中。太宗馬上召見此人，面授機宜，令他前往華山，務將陳摶請下山。七月七日，葛守中帶著太宗三請陳摶的詔書和御詩，到達華山雲台觀。方知陳摶早已離開此地。

知觀道人楊子真告訴使臣，「先生恐皇帝再來宣，上玉泉院遁逃坐靜去了。」使臣讓道士引路，直奔玉泉院，要見陳摶。焚香禮畢，向他宣詔云：

> 朕上承天命，下撫民心；兵銷而四海咸寧，化出而八方無屈；位臨有眾，含脯鼓腹以同歌，道體無為，鑿井耕田以安業，知大賢之生世，海晏河清；望君子以救時，風行草偃。身未離於岩壑，名滿寰區；志恒想於蓬瀛，心遊寥廓。朕素知軒後博施之德，實歎廣成修養之方。地僻雖深，王澤所

及。伊尹就徵而適亳,孟軻隨聘以至梁。命有相從,禮無多讓。

同時還交給陳摶御詩一首。寫道:

三度宣卿不赴朝,關河千里莫辭勞。
鑿山選玉終須得,點鐵成金未見燒。
紫袍綽綽宜披體,金印累累可掛腰。
朕賴先生相輔佐,何憂萬姓輒歌謠。[1]

詔與詩可說是威逼與利誘並施的典型。先是美化自己的統治,「上承天命」,「道體無為」,「四海咸寧」,「八方無屈」,天下太平,人民安樂,表明自己是個英明君主。接著以官爵利祿加以勸誘,入朝做官,可望「紫袍披體」,「金印掛腰」;最後露出威逼口吻,「鑿山選玉終須得,點鐵成金未見燒」,意是說,美玉終將弄到手,鐵石不燒不成金,這一把火是燒定了的。「命有相從,禮無多讓」,望效法伊尹就徵為是。

本來陳摶讀了詔與詩,仍想堅決辭謝。可是既然皇帝已安下機關,使臣就容不得客氣。憑其三寸不爛之舌,反覆開導陳傳。他說:「宣命三次,先生不可固辭。豈不聞《魯論》云:『君命召,不俟駕,行矣。』詔旨豈宜抗拒!又周書云:『率土之濱,莫非王臣。』不可辭也。」接著使臣賦詩一首,再婉轉勸說「華嶽三峰客,幽居不記年。煙霞為活計,雲水作家緣。種藥茅亭畔,栽松澗壑邊。暫離仙洞去,可應帝王宣。」

陳摶權衡形勢,認為再僵持下去,難免造成更多麻煩。只好勉強應詔,幹一件違心之事。他強忍苦楚,忿忿然吟詩向華山告別。

鶴氅翩翩即散仙，蒲輪爭忍名利牽。
留連華嶽傷心別，回顧雲台望眼穿。
涉世風波真險惡，忘機鷗鳥自悠然。
三峰才欲和衣倒，又被天書下日邊。[2]

陳摶已是 106 歲高齡的老道士，傷心地告別華嶽，冒著酷暑，跟隨使臣去京師，親自領略這「涉世風波」的「險惡」境況。臨行寫詩向老友麻衣道者請教處理「人是人非」的原則，老友的答詩，教他「逢人不話人間事」，可保成為「無事人」。陳摶心領神會，就上路了。不久到達京師。

陳摶來到京師，既沒有什麼「佇立宮闈，列簪纓以敬侍」，更說不上什麼「乘風猶來，舉朝稱賀」。而是到一個冷冷清清的建隆觀安歇。這一夜陳摶實在睡不著，這位「睡仙」，在床上輾轉反側。先是聽得禁鼓響，幾分淒厲，乃吟《歎世詩》二絕：

千門萬戶鎖重開，星斗排空靜悄然。
塵世是非方欲歇，六街禁鼓漏初傳。
銀河斜轉夜將闌，枕上人心算未閑。
堪歎市塵名利者，多應牽役夢魂間。[3]

陳摶初到京師，所聽到和想到的，是「是非欲歇」，而「心算未閑」，「名利」糾纏，「夢魂」牽繞。這是非之地，名利之鄉，的確不是百歲高齡的隱者所當居住之地。「睡仙」好不容易捱到五更，又聽得曉鐘敲響。浮想聯翩，不免又吟詩一首：

玉漏將殘月色沉，一聲清響透寒音。

能催野客思鄉切，暗送離人起恨深。

窗下驚開名利眼，枕前喚覺是非心。

皇王帝伯皆經此，歷代興亡直至今。[4]

　　陳摶想到的是熙熙攘攘的市民及官吏的「名利眼」、「是非心」，而勾引起來的，卻是自己「思鄉切」、「起恨深」。淒厲的禁鼓，寒沉的曉鐘，一再警醒這位初次面聖的隱者。「逢人不話人間事」。

　　第二天昧爽，陳摶身穿羽衣，頭戴華陽巾，草履垂條，去見宋太宗。賓客之禮畢，皇上賜坐。開始用詩對話。太宗問：

知卿得道數餘年，鎮日常吞幾粒丹？

可訝鬢邊無白髮，還疑臉上有紅顏。

終宵寢向何方觀？清曉齋登甚處壇？

肯為眇躬傳妙訣？寡人欲似先生閑。[5]

　　想必太宗為了解除陳摶的疑慮，減輕緊張氣氛，先從陳摶的日常生活問起，以示君主對臣民的體貼之心。陳摶當然只得依君主的關心，回答他幾個問題。詩云：

臣今得道幾經年，每日常吞二氣丹。

仙釀飲時添漆鬢，蟠桃食後駐童顏。

夜深只宿雲台觀，曉起齋登法籙壇。

陛下問臣修養法，華山深處可清閑。[6]

　　趙匡義看了陳摶的答詩，十分高興。在一種寬鬆的心態下對話。馬上改變了話題。當時朝廷正要舉兵征河東，前途未

卜;陳摶知有不妙,表示勸阻。實際上部隊已經出動了。後來,班師回朝,不出陳摶所料,果然毫無戰果。

太宗請陳摶遷入御園居住。陳摶到那裏,首先顯示自己的睡功,「睡百餘日方起」。太宗深感驚異,知陳摶善睡非虛,恩禮特厚。

一次,太宗從容對希夷說:「先兄太祖,功高德厚,宣先生弗至;寡人功卑德薄,煩先生降臨丹陛。」這樣說,無非是想陳摶恭維自己。可是陳摶對答十分巧妙,說:「先帝不須貧道來,陛下不免臣一遭耳。」不但沒有恭維的意思,反而指出太宗同太祖大有差別,還免不了要靠人關照。

太宗又改換話題,問道:「昔在堯舜之為天下,今可致否?」同樣,是想陳摶稱讚當今朝廷。陳摶具有博古通今的歷史教養,又能言善辯,他隨即根據道家政治原則,借題開導太宗說:「堯舜土階三尺,茅茨不翦,其跡似不可及。然能以清靜為治,即今之堯舜也。」[7] 這「清靜為治」四字,具有豐富內涵,太宗是不明白的。

從道家思想來說,「清靜為治」就是《老子》所說的:「我無為而民自化,我好靜而民自正,我無事而民自富,我無欲而民自樸。」[8]「治大國若烹小鮮。」[9]「處無為之事,行不言之教。」[10] 這些當然都是太宗做不到的。太宗聽了陳摶的話,表面上仍稱讚他講得很好。

一次,太宗把陳摶請入宮中談話。對宰相宋琪說:「陳摶獨善其身,不干勢利,真方外之士。」還派人送陳摶到首腦機關中書省走一走,看一看。宰相宋琪問陳摶道:「先生得玄默修養之道,可以授人乎?」陳摶回答說:

摶逋跡山野,無用於世。修煉之事不知,無所

傳授。然設使白日飛升，何益於治？聖上龍顏秀
異，有天人之表，洞達古今治亂之旨，真有道仁聖
之君。正當君臣合德，以治天下。勤行修煉。無以
加此。[11]

　　陳搏拒絕談論修煉之事，反而開導大臣們當「君臣合德，
以治天下」，這是從全國百姓著想。肯定太宗「仁聖之君」，是
他在京師觀察數月得到的印象，的確非一般無原則的逢迎之
詞。北宋兩位開國皇帝，太祖和太宗，在唐末五代大混亂之
後，能夠一統天下，保持了百年左右的相對太平，抗擊了外
敵，發展了生產，全國經濟日益繁榮，科學技術有較大發展，
陳搏的適當肯定，無可厚非。主張「君臣合德」就是希望再不
要發生五代時期 君篡權的動亂事件，這也符合國家、人民的利
益。足見陳搏的政治頭腦相當清醒。

　　一日太宗與陳搏同登東角樓，閑觀市肆。見紅日已高，而
樓下富人剛才起床。太宗寫詩道：「人人未起朕先起，朝來萬
事攢心裏，可羨東京富豪民，睡至日高猶未起。」[12]這分明是
太宗表白自己起早睡晚，為百姓操心。陳搏站在臣民角度回詩
云：「昨夜三更夢裏驚，一聲鐘響萬人行，多應又是朝金闕，
臣自無官睡到明。」[13]

　　這本是說為了「朝金闕」，臣民比帝王起得更早，只有自
己是例外。太宗讀詩，發生誤會，以為陳搏是說「自己無官」，
所以才不起早。次日上朝，要拜陳搏為諫議大夫。陳搏堅辭不
受，作了一首《退官歌》：

　　　　道能清，道能靜，清靜之中求正定。
　　　　不貪不愛任浮生，不學愚迷多慳吝。

時人笑臣不求官，官是人間一大病。
官卑又被人管轄，官高亦有人趨佞。
或經秦，或經鄭，東來西去似繩引。
直至百年不能歇，算來爭似臣清靜。
月為燈，水為鏡，長柄葫蘆作氣命。
出入雖無從者扶，左有金龜右鶴引。
朝日醉，長不醒，每每又被天書請。
時人見臣笑呵呵，臣自心中別有景。〔14〕

　　這《退官歌》表述了一位隱者的超然氣質，只圖「清靜」，
不願做官。看破世態。做了官很難正定，往往趨炎附勢，被人
牽著鼻子走。隱者則不同，「月為燈」，「水為鏡」。日有金龜
仙鶴伴隨，長睡不醒，何等自在。宋太宗以為陳摶是要官做，
無異以凡人之志度仙人之心。
　　太宗見他執意不做官，就開宗明義，請他留下濟世良策。
他說：「先生有濟世安民之良策，留下可也。」陳摶答道：「臣
總角慕道，壯歲遊山，處心淡泊，默悟玄風。濟世良策，未暇
知也。臣頗好睡，幸放還山可也。」陳摶又寫了一首《口號》
詩，類似後世《竹枝詞》，以表心態。云：

問君世上何事好，無過曉起睡當早。
庵前亂草結成衣，饑餐松柏常令飽。
因玩山石腳絆倒，不能起得睡到曉。
時人盡道臣憨癡，臣自憨癡無煩惱。〔15〕

　　太宗知陳摶堅辭不仕，一心還山。就命百工聚貨物於午門
前，歌呼喧鬧，以誇示萬民之富庶，約陳摶登樓觀玩。問道

「京師豐盛若是，安肯棄寡人還山，不同治世乎？」陳摶堅持隱者立場答道：「鳥獸棲于林藪，魚鱉游於江湖，各有所樂耳。」[16]太宗指著人煙輳集之地，問道，「見否？」曰：「見。」帝問：「見甚？」陳摶答曰：「見富者貪生，貧者競命。」[17]太宗聽後默然無語。

過了一會兒，太宗同陳摶走下午門，回到宮中。太宗懇請陳摶授他以濟世安民之術。陳摶看情況不給太宗出點主意，是不可能放他還山的，勉為帝師，索紙與筆，為書「遠，近、輕、重」四字。太宗不明其意。陳摶為之解釋道：「遠者，遠招賢士；近者，近去佞臣；輕者，輕賦萬民；重者，重賞三軍。」[18]此四字箴言乃陳摶研究歷史經驗，結合現實情況，站在勞苦大眾立場，從富國強兵發展國力的願望出發，提出的四條深中時弊的政治原則，的確具有重要政治參考價值。說明已106歲高齡的隱士陳摶，其政治思想是十分清晰明白的，也證明他確有經邦濟世的才能。

太宗看了四個字，聽了四句話，非常高興，總算達到了目的。即賜宴於便殿，令文武大臣參加，賦詩送行。並賜給陳摶龜鶴鞍馬等物。陳摶辭謝一切貴重物品，只領受茶、藥而已。太宗下詔賜封云：

> 陳摶，一代高人，累朝逋客，慕我隆平之化，
> 來修覲謁之儀。不有嘉名，何彰貞範？宜賜號希夷
> 先生。[19]

陳摶重新回到雲台觀，繼續修真證道。陳摶此次入朝，可說是一位隱士在權勢利祿面前的一場重要考驗。陳摶淡泊名利，傲視王侯，以道抗尊，高揚修道隱者的獨立人格，表現得

光明磊落，與某些以入道隱居為入官終南捷徑的利祿之徒，形成鮮明對比，為後世隱者樹立典範。

太平興國九年（984）陳摶曾第二次入朝。這時陳摶已 113歲。太宗待之甚厚，屢與之唱和詩賦，數月後乃還山。在京師期間，太宗正為立太子之事犯愁，知他善看相，就讓他給八個兒子看相，問哪一個適合繼承王位。

陳摶到壽王（即後來的宋真宗）門前，沒有進屋就回去了，太宗問他何故，陳摶回答說：「王門廝役皆將相也，王可知矣。」[20] 於是太宗立壽王為太子，解決了一大疑案。實際上陳摶早知太宗傾向，故投其所好。在京師日久，不少士大夫爭相拜訪，請他指教處世為人之方，陳摶對他們說：「優游之所勿久戀，得志之處勿再往。」[21] 人們將其作為座右銘。

十月甲申日，太宗下詔賜號「希夷先生」，[22] 賜紫衣一襲。派人送陳摶還華山，並令有司增葺華山雲台觀。第二次入宮乃賜號，似於情理多有不合。考之歷史、傳說，關於兩次應詔入京師，情節多有交錯，莫可一是。陳摶傲視王侯的態度，前後一貫，是可以肯定的。

陳摶留京師期間，「聞其風而慕之者，不可勝數。」將出京師，寫了一首《辭朝詩》云：

> 十年蹤跡踏紅塵，為憶青山入夢頻。
> 紫陌縱榮爭及睡，朱門雖富不如貧。
> 愁聞劍戟扶危主，悶聽笙歌聒醉人。
> 攜取舊書歸舊隱，野花啼鳥一般春。[23]

陳摶再次擺脫政事干擾，回華山過隱士生活。

注釋

〔1〕《太華希夷志》卷上。

〔2〕《太華希夷志》卷上。

〔3〕《太華希夷志》卷上。

〔4〕《太華希夷志》卷上。

〔5〕《太華希夷志》卷上。

〔6〕《太華希夷志》卷上。

〔7〕《太華希夷志》卷上。

〔8〕《老子》第五十七章。

〔9〕《老子》第六十章。

〔10〕《老子》第二章。

〔11〕《太華希夷志》卷上。

〔12〕《太華希夷志》卷上。

〔13〕《太華希夷志》卷上。

〔14〕《太華希夷志》卷上。

〔15〕《太華希夷志》卷上。

〔16〕《太華希夷志》卷上。

〔17〕《太華希夷志》卷上。

〔18〕《太華希夷志》卷上。

〔19〕《太華希夷志》卷上。

〔20〕《宋史·陳摶傳》。

〔21〕《玄品錄》卷五,《正統道藏》第三十冊。

〔22〕《太宗實錄》卷三十一。

〔23〕《太華希夷志》卷上。

三、承傳易圖留後世

《周易》本由符號系統和文字系統組合而成,具有象、

數、理、占諸方面內容。漢人研究《周易》偏重象數。曾經創造了不少易圖。由於過於繁瑣，走向自己的反面。王弼掃象而言理，南北朝、隋唐易學家踵事增華。

義理之學大盛；象數之學幾於湮沒，民間暗中流傳，不絕如縷。直到陳摶交遊八方羽客，漸得易圖秘傳，經他的整理創造。傳下一些易圖，經過邵雍、周敦頤和劉牧的發揚，開創了宋明以後的易學圖書學派。

從此易圖的創作，一發不可收拾，宋元明清時期製作易圖的易學家，不下百十人，創作的易圖，在千幅以上，陳摶成為宋代圖書之學的開山祖師。

陳摶傳下的易圖究竟有多少。已無可考，其傳授世系相當清楚。南宋易學家朱震（1072～1138）在其所撰《漢上易傳》中，記述宋代易學傳授系統云：「濮上陳摶以《先天圖》傳種放，放傳穆修，修傳李之才，之才傳邵雍。放以《河圖》、《洛書》傳李溉，溉傳許堅。堅傳范諤昌，諤昌傳劉牧。修以《太極圖》傳周敦頤，敦頤傳程顥、程頤。」[1]種放、穆修是陳摶易圖的主要承傳者。

歷史記載陳摶所傳易圖有三種，一是《先天圖》、一是《易龍圖》、一是《無極圖》。種數不多，影響特大。現在我們可以從邵雍的《皇極經世》、劉牧的《易數鉤隱圖》、周敦頤的《太極圖》考見陳摶承傳的易圖底蘊及其易學思想。陳摶的易學思想，缺乏文字著述，只有前人引述的少數思想資料。流傳有陳摶《正易心法注》，是否可靠有些爭議，但它對研究陳摶易學思想有重要參考意義，可以肯定。

陳摶的易圖及易學，大體分兩大部分，一是象學，一是數學。《先天圖》是其象學代表，《易龍圖》是其數學代表。茲予以分別論述。《無極圖》同內丹關係密切，放在下一節分析。

注釋

〔1〕《漢上易傳·繫辭》。

1.《先天圖》與先天易學

陳摶傳授《先天圖》，今稱《古太極圖》，同近世盛行的陰陽魚《太極圖》有所區別，故人稱之為「天地自然之圖」。如圖1。

圖 1　天地自然之圖（先天太極圖）

這幅《先天圖》，幾乎失傳。是朱熹的學生蔡元定從四川找到的。蔡元定找到後，秘而不宣。朱熹生前未見此圖，故其《周易本義》卷前所附九幅易圖中，唯獨沒有《先天太極圖》。

這幅《先天圖》直到明初易學家趙撝謙才公之於世。他說：「此圖世傳蔡元定得於蜀之隱者，秘而不傳。雖朱子亦莫之見。今得之陳伯敷氏，嘗熟玩之，有太極含陰陽，陰陽含八

卦之妙。」[1]這幅《先天圖》後來成為邵雍傳授的《先天八卦圖》的底本。

　　趙撝謙把這幅圖說得十分神奇，稱它為《天地自然之圖》，說伏羲時代龍馬負圖，所負的正是這幅圖；《尚書・顧命》所說陳列於東廂的《河圖》即是此圖；《周易》講「河出圖」，「聖人則之」以畫八卦，也是此圖，稱它為「萬世文字之本原，造化之樞紐。」趙氏的話雖然十分武斷，可是他將此圖分為八等分，從其中陰陽比分上看出八卦的卦畫結構，的確有說服力。這八分後的《古太極圖》，清代學者胡渭在《易圖明辨》中有表述。如圖2。

圖 2　古太極圖

　　據考證這幅《先天太極圖》(《古太極圖》)不一定是陳摶首創，其創意之根源在《周易參同契》。《周易參同契》最早提出乾南、坤北、離東、坎西四正卦說，寫道：「天地設位，而

易行乎其中矣。天地者，乾坤之象也，設位者，列陰陽配合之位也，是謂坎離。」陳摶也認為古代易學思想，沒有文字解說「止有一圖」，唯《先天方圓圖》。

明代學者楊慎（號升庵）引用有陳摶論《易》的一段話，說：「《易》學，意、言、象、數四者不可缺一。其理具見於聖人之經，不煩文字解說，止有一圖，謂《先天方圓圖》也。以寓陰陽消長之說，與卦之『生變圖』，亦非創意所作，孔子《繫辭》述之明矣。」[2]《先天方圓圖》，即後來的《先天圖》，這《先天圖》是誰傳給陳摶的？明代學者黃宗炎說是麻衣道者。「陳（摶）又受《先天圖》于麻衣道者，皆以授種放，放以授穆修與僧壽涯，修以《先天圖》授李挺之，挺之以授邵天叟，天叟以授子堯夫。」[3]麻衣道者是一位僧人，他的《太極圖》從何而來，已無可考察。這主要說明《先天太極圖》不一定為陳摶所創制，他只是一位傳授者。

佛學著作中也是如此記載的：「處士陳摶受《易》于麻衣道者，得所述《正易心法》四十二章，理極天人，歷詆先儒之失。摶始為之注。及受《河圖》、《洛書》之訣，發《易》道之秘。」[4]由於這張圖長期以來採取秘密傳授方式，外人莫知其來歷。因其由陳摶的後傳弟子所公開，故謂陳摶乃傳授此圖的祖師。陳摶本人未立文字，而其後傳弟子形之于圖與文字，從而開創了易學象數學發展的新時期。

飲水思源，追本於陳摶。若無陳摶所傳之圖，及口頭傳下的言與意，先天易學就不知何時出現了。

現在歸納起來，存在兩個問題，第一，《先天圖》的基本內涵何在？第二，先天易學的特徵為何？這是值得深入研究的。

關於《先天圖》（《天地自然之圖》）的基本內涵。

按此圖的構造。所包含的意義，大體可分四個層面。

（1）《先天圖》的外層為一大圓圈：○。這大圓圈表示無極的宇宙；天地萬物，無不包藏其中；圓又表示無窮運轉，萬物生生滅滅，無始無終，永無休止。蘊涵無極即太極，太極本無極之意。

（2）圓圈之內的陰陽二儀，白色象徵陽，為動態，黑色象徵陰，為靜態，一動一靜，妙合而凝，動靜互含而「長於變」。陰氣盛於北方，為純陰，居坤位；陽氣盛於南方，為純陽，居乾位。黑白兩條魚形作環抱之狀，象徵陰陽二氣絪縕交合，是「太極生兩儀」之意。

（3）陰陽消長表示為漸進過程，其中蘊含八卦之象。陰氣極於北，陽氣始生，震卦表示一陽二陰；發展到離位而陽二陰一，陰氣居中為陽氣包圍；到兌而二陽一陰，陰呈消亡趨勢，到乾而純陽無陰。陽氣極於南，陰氣始生，巽卦表示一陰二陽；發展到坎位而陰二陽一，陽氣居中為陰氣包圍；到艮而二陰一陽，陽呈消亡趨勢，到坤而純陰無陽。陰陽二氣此長彼消，呈漸進有序的變化規律。故趙為謙肯定此圖「有太極含陰陽，陰陽含八卦之妙。」此亦包含《周易參同契》月體納甲說的陰陽消長過程。

（4）陰陽二儀中的白黑二點，俗稱魚眼，白點為陽精，黑點為陰魄。黑中顯白點。代表陰中有陽，象徵月中含陽精；白中顯黑點，代表陽中有陰，象徵日中有陰魄。本於《參同契》：「蟾蜍與兔魄，日月雙氣明。蟾蜍視卦節，兔者吐生光。」此圖像對修煉內丹有特殊啟迪意義，故周敦頤有詩贊道：「始見丹訣信希夷，蓋得陰陽造化機。」

這幅《先天圖》，其所以又稱《天地自然之圖》，正因其陰陽二儀（即天地）衍化中，顯露四時、四方陰陽變化的自然規律。邵雍的《先天八卦方點陣圖》（《小圓圖》）即由陳摶這幅

《先天圖》轉化而來，成為他整個先天易學的基本圖式之一，在思想文化史上影響極大。

關於陳摶先天易學的基本特徵。

（1）以圖解《易》，「辭外見意」。這是先天易學的顯著特點。

先天易學主張「不立文字」，只用簡單的易圖，解釋《易》理。認為上古伏羲設卦，本來就是如此。自從周公、孔子繫了辭，作了傳，人們就專在文字上下功夫，致使易圖的奧妙反而隱晦。陳摶主張恢復伏羲畫卦的本來面目。明代學者焦竑《焦氏筆乘》中，引一段陳摶的話：「羲皇始畫八卦，重為六十四，不立文字，使天下嘿觀其象而已。如其象則吉凶應，違其象則吉凶反，此羲皇氏不言而教也。《易》道不行。乃有周、孔；周、孔孤行，《易》道復晦。蓋上古卦畫明，《易》道行；後世卦畫不明，《易》道不行。聖人於是不得已而有辭，學者一著其辭，便謂《易》止於是，而周、孔遂自孤行，更不知有卦畫微旨。」[5]這的確是「一石擊破水中天」的「畫前有《易》」論。

在宋以前，《易》學家中從未有人發表過如此大膽議論。儒家學者如果堅持此種觀點，就是離經叛道了。這種觀點，只可能從道教學者陳摶口中講出來。陳摶所作的《正易心法注》中，還有類似的話，「學《易》者，當於羲皇心地中馳騁，無于周孔語言下拘攣。」[6]又說：「羲皇畫卦，不作紙上功夫也。」[7]陳摶的意圖很清楚，欲一反王弼以來掃象言理的傳統，主張掃辭而尊象，先把《周易》經、傳的權威打掉，將先天易學建立起來。陳摶另闢蹊徑，只傳《易》圖，以象數明《易》，意在重新樹立象數易學的權威。

（2）以「心法」通《易》，意、言、象、數四者貫一。這

是先天易學的根本。

陳摶認為《周易》的基本原理，無非陰陽之道。陰陽原理普遍適用於宇宙萬物。原理只此一個，而三教九流各有其認識和詮釋。由於各自悟性不同，所領悟的道理當然各異。他說：「《易》之為書，本於陰陽。萬物負陰而抱陽，何適而非陰陽也。是以在人惟其所入耳。」[8]

他舉例加以說明，《易》道在各方面的應用，都是各自領悟不同的結果：「文王周公以庶類入，宣父以八物入，斯其上也。其後，或以律度入，或以曆數入，或以仙道入。以此知《易》道無往而不可也。」[9]既然對易道的認識千差萬別，因人而異，就應提倡隨心所欲，各悟其理，而不應以周公的卦爻辭與孔子的《易傳》為唯一根據。因此他提倡「辭外見意」，即拋開《周易》的卦辭、爻辭和孔子所作的《易傳》，尊重易圖，別開生面、自行領悟。

他稱這種學《易》方法為「活法」。他說：「惟苟束於辭，《訓》則是犯法也，良由未得悟耳。果得悟焉，則辭外見意，而縱橫妙用，惟吾所欲，是為活法也。」[10]「束於辭，《訓》則是犯法」，這是說研《易》者如果受儒家奉為經典的卦爻辭和《易傳》的束縛，則陳摶所寫的《正易心法注》，就是離經叛道之論。陳摶將其為麻衣道者《正易心法》所作的解釋稱為「訓」，又稱「消息」。

《正易心法注》開宗明義寫道：「正易者，正謂卦畫，若今經書之正文也。據周孔辭、傳，亦是注腳。每章四句者，心法也；訓於其下，消息也。」[11]

陳摶認為伏羲作易只有圖，不立文字。圖乃《易》之正本，周孔所加的辭、傳，均是注腳。故學《易》只需從易圖上下功夫，用心領悟；堅持這種「活法」學《易》，才是正道。

一味「于周孔言辭下拘攣」，只會受束縛於言辭，如鸚鵡學舌，不可能有新思想，更不可能深悟《易》道。

古代隱者，往往先尊奉周孔之道，幾經碰壁，此路不通，乃反其道而行之，從而形成思想異端，否定周孔之道，自行其是。對宇宙社會和人生諸方面的問題，開始新的思考，另闢蹊徑進行探索。他們十分明白，不受周孔思想的束縛，別出心裁，往往就會被正統思想視為「犯法」；可是他們就是有「九死其無悔」的氣概，沿著自己的道路走下去，自詡所堅持的乃是「活法」。陳摶解《易》正是這樣的思想典型。

（3）將易學進一步道學化。這是先天易學的本質特性。

陳摶堅持「活法」，「辭外見意」另闢蹊徑，探討《易》的本源，彷彿堅持了新思想，其實只不過把他推崇的老莊思想奉為正宗，用老莊思想解《易》理，使易學進一步道學化而已。所謂「於羲皇心地中馳騁」，無非是將道家思想合理地補充進《易》學中去。

《周易》本是儒家經典，道家早已接過去，成為「三玄」之一，透過玄學方式，與老莊思想合流；同時，歷代道教徒也大量利用《周易》的圖像與文辭宣揚道教理論。陳摶所謂的「活法」，道教學者貫徹起來是得心應手的。陳摶拋開《周易》卦爻辭和《易傳》思想體系，按照道家思想原則和道教教義的需要，特別是道教內丹術的需要，著力改造《易》學。提出一些改造《易》學的基本觀點。

一則曰：「人間萬事，無有定實」。他說：「六子假乾坤以為體，重卦合八卦以為體，若分而散之，則六子、重卦，皆無定體也。……以是知人間萬事，悉是假合陰陽一氣，但有虛幻，無有定實也。」〔12〕這實際是把道教從佛教那裏接過來的空無本體論。塞入易學，開以佛學思想解《易》之先河。麻衣道

者是佛教徒，又成為道教學者陳摶的老師和摯友，一個寫《心法》，一個作「消息」。難怪二人一唱一和，自然合拍。

二則曰：《易》乃「戒動」之書。《老子》主靜，認為「歸根曰靜，靜曰復命」。陳摶解《易》，認為《易》道「運之則分為四象，靜之則總歸太極」。宇宙是個太極，人體是個小太極，要依據太極圖去「心」悟其理，「只需冥心太無，體認生身受命之處」。「必須以守貞為主。故《易》者，戒動之書也。」[13] 這同僧肇鼓吹「日月歷天而不周，江河競注而不流」的觀點是相通的。

三則曰：天下吉凶禍福，「未始有常」。《老子》謂：「狂風不終日，驟雨不終朝」，事物總要發生轉化。佛教更謂事物總是成住壞空時刻變動無常。陳摶利用《周易》「反動」說，否定事物有常，他寫道：「世雖知有『反動』之說，不能知聖人密意在是也。蓋二卦『反』而為二，『動』而為四，既列序之，又以《雜卦》推明其義者，以為天下吉凶禍福，富貴貧賤，其實一體也。別而言之，其代謝循環，特倒正之間耳，未始有常也。」[14]

《周易》本是講運動變化的書，主張「不可為典要，唯變所適」，「窮則變，變則通，通則久。」陳摶以道家「主靜」思想別解《易》理，認為這才符合「人身未生之前之面目」，他說：「兩儀即太極也，太極即無極也。兩儀未判，鴻蒙未開，上而日月未光，下而山川未奠，一氣交融，萬氣全具，故名太極，即吾身未生之前之面目。」[15] 陳摶將「兩儀」比喻呼吸之氣，「兩儀未判」，即呼吸之氣未發；「鴻蒙」比喻人的思想，「鴻蒙未開」，即人身尚無思想的狀態；「日月」比喻人身知覺，「日月未光」，即人身知覺未萌；「山川」比喻人身運動之體，「山川未奠」，即人身運動之體尚未成形，總之這是一種靜止狀

態，太極雖是「萬氣全具」，尚處在靜止狀態時，則「兩儀未判，鴻蒙未開，日月未光，山川未奠。」這就是所謂「靜之則總歸太極」。「守貞」、「戒動」，就是要以心承受「太極未判之時一點太虛靈氣」。[16]

（4）傳授易圖意在闡明丹道。這是先天易學的終極目的。

研究《易》學，有多方面的意義和目的。或汲取經邦濟世的社會政治思想，或繼承其革故鼎新的社會變革理論，或借鑒其樸素辯證法思想作為探討宇宙和生命奧秘的指導原則，或弘揚其「立人之道曰仁與義」的人道原則作為調協人際關係的指標。仁者見仁，智者見智。易學足以滿足不同階層人民的思想文化需要。

陳摶宣導先天易學，其主導思想並不在經邦濟世，亦不在調協人際關係，而在於指導羽林進行內丹修煉，以期人與自然同一，而達於真人之境。

陳摶說：「太極，即吾身未生之前之面目。」煉內丹的靜功，要求人體回復到「胎息」狀態，也就是「未生之前」的相對靜止狀態。

陳摶《先天圖》表達的思想，八卦方位說，陰陽消息說，都是煉內丹所當掌握的。

陳摶的《先天圖》本來取法「萬古丹經王」《周易參同契》，他又曾用先天易學思想注釋道士陰長生所寫《陰真君丹訣》，周敦頤曾經讀到陳摶所寫的丹訣注，以詩稱讚道：「始見丹訣信希夷，蓋得陰陽造化機。」認為陳摶以陰陽消息講內丹術，是悟得「造化之機」。足見陳摶在武當山、華山，「手不釋卷」深研易理，其最終目的正在用以闡明內丹秘奧。這恰是陳摶先天易學的特徵之一。

陳摶將道教從注重符籙、外丹，轉向注重內丹修煉，對中

國後期封建社會道教的發展作了重要貢獻。學《易》不離丹道，煉丹必通《易》學。正是他創立先天易學的基本目的。

注釋

〔1〕趙撝謙：《六書本義》。

〔2〕《楊升庵全集》卷四十一《希夷易圖》。

〔3〕黃宗炎：《太極圖辨》。

〔4〕《佛祖統紀》卷四十四。

〔5〕焦竑：《希夷說易》，《焦氏筆乘》卷一。此觀點亦見於《正易心法注》第四章。

〔6〕《正易心法注》第四十一章、第一章。

〔7〕《正易心法注》第一章、第四十一章。

〔8〕《正易心法注》第四十一章。

〔9〕《正易心法注》第四十一章。

〔10〕《正易心法注》第四十一章。

〔11〕《正易心法注》首卷。

〔12〕《正易心法注》第二十一章。

〔13〕道教經典《玉詮》引陳摶語。

〔14〕《正易心法注》第十六章。

〔15〕《玉詮》卷五引自《太極陰陽說》。（《玉詮》，作者不詳，載《道藏輯要》鬼集五）

〔16〕《玉詮》卷五引自《太極陰陽說》。

（5）《易龍圖》與天地之數

陳摶著有《易龍圖》一卷，此書不傳，遺《易龍圖序》一篇，存《宋文鑒》。他用《先天圖》描述天地陰陽自然變化之象，又用《易龍圖》描述《易傳》所說的「天地之數」。前者

第一章 陳摶傳記

91

屬象學，後者屬數學，引人注目。

《易傳‧繫辭下》第九章曰：「天一、地二；天三、地四；天五、地六；天七、地八；天九、地十。天數五，地數五。五位相得而各有合。天數二十有五，地數三十，凡天地之數五十有五。此所以成變化而行鬼神也。」「天地之數」被說得神乎其神。此「天地之數」奧妙何在？歷代易學家都想破譯它。

陳搏之前，還未見有人畫出圖來。陳搏共畫有 20 幅圖，描述「天地之數」的分合變化，可惜失傳了。

宋元之間道士雷思齊可能見過這些畫，對之略有記述。他說：「由漢而唐，《易經》行世。凡經傳疏釋之外，未有及於『圖書』之文刊列經首者。迨故宋之初，陳搏圖南始創意，推明象數，自謂因玩索孔子三陳九卦之義，得其遠旨，新有書述，特稱《龍圖》，離合變通，圖餘二十，是全用《大傳》天一、地二至天五、地十、五十有五之數，雜以納甲，貫串《易》理。」

雷思齊說這 20 幅圖，「並無傳例言說」、「別無義例辭說」。至於陳搏如何從孔子「三陳九卦之義」，[1] 得到深刻啟發，從而「創意」畫出 20 幅《龍圖》來，因無文字說明，已難推論。雷思齊說「雜以納甲，貫穿《易》理」，對天地之數加以「離合變通」，是 20 幅《龍圖》的基本內容。

《易龍圖》向有爭議。朱熹認為那是「假書」；《宋文鑒》的編者呂伯恭（東萊）認為乃陳搏之作，故將其《序》收錄。本來《易龍圖》已不全，又別無文字說明以予研究。好在有《序》存在，可以略窺端倪。

《易傳》說過：「河出圖，洛出書，聖人則之」，以畫八卦。陳搏的《易龍圖》，簡稱《龍圖》，說是古代「龍馬負圖」的顯現。陳搏在《易龍圖序》中開宗明義，論及「龍圖」發展

的過程，「天散而示之，伏羲合而用之，仲尼默而形之」。他寫道：

> 且夫龍馬始負圖，出於羲皇之代，在太古之
> 先。今存已合之序，尚疑之；況更陳其未合之數
> 邪？然則何以知之？答曰：「于夫子三陳九卦之
> 義，探其旨，所以知之也。況夫天之垂象，的如貫
> 珠，必有差，則不成次序矣。故自一至於萬，皆累
> 累然如繫於縷也。且若《龍圖》本合，則聖人不得
> 見其象；所以天意先未合其形其象，聖人現象而明
> 其用。是《龍圖》者，天散而示之，伏羲合而用之，
> 仲尼默而形之。」

《易龍圖》形成的過程是這樣的：首先，「天意先未合」。即「散而示之」，成天地未合之數的圖形；

第二，伏羲合而用之」，即「今存已合之序」，成天地已合之位的圖形；

第三，「仲尼默而形之」，可惜未明白地畫出圖形，以傳後世。其實正是龍馬所負之圖，陳摶「創意」繪製，可補仲尼之缺。

這《龍圖》形成的過程，稱為「龍圖三變」。元代易學家張理的《易象圖說》，載有「龍圖三變」的具體圖式。大體上是根據《易龍圖序》中所示思路繪製出來的，共有六圖。

第一變，用兩種圖式，描繪「天地未合之數」。

《序》云：「始龍圖之未合也，惟五十五數。上二十五，天數也。中貫三、五、九，外包之十五，盡天三、天五、天九，並十五之用。……茲所謂『天垂象』矣。下三十，地數也，亦

分五位，皆明五之用。「三」十分而為六，形地之象焉。」[2]

　　所謂「未合之數」，指天數五與地數五分開，用兩種圖式表述。如圖3、圖4。

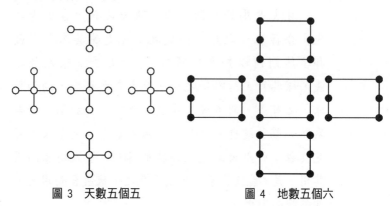

圖3　天數五個五　　　　　　圖4　地數五個六

　　圖3，描述未合之五天數，1、3、5、7、9，其和為25。按5數一組進行組合，得5個5。這是天數、陽數，用「○」表示。5個5，排列成十字陣，其中橫、豎都是三個5，故稱「天三」，每個5均由5個○組成，其中軸線上共有9個○，故稱「天九」。橫、豎的「天三」其總數為15，稱「十五之用」。

　　圖4，描述未合之五地數，2、4、6、8、10，其和為30。按6個數一組進行組合，得5個6。這是地數、陰數，用「●」表示。5個6，排列成十字陣。「「三」十分而為六」，亦分五位。顯示地方的形象。

　　兩圖上下並列，天數在上，地數在下。總數為55。即「龍圖之未合，惟五十五數」。天數5個5，地數5個6，「皆明五之用」。

　　第二變，用兩種圖式，描繪「天地已合之序」。

　　《序》云：「後形，一、六無位，又顯二十四之為用也。……六分而成四象，地六不配。在上則一不配，形

二十四；在下則六不用，亦形二十四。」

「天地已合之序」，由天數五與地數五交錯配合而成，使10 個數各安其位。奇特之處在於，陳摶規定無論天數還是地數，依上二圖的 5 個 5、5 個 6 的組合，有的有位，有的無位。這種規定是沒有充分理由的。其圖天數與地數交合排列，雖雲已合，亦分二圖，如圖 5、圖 6。

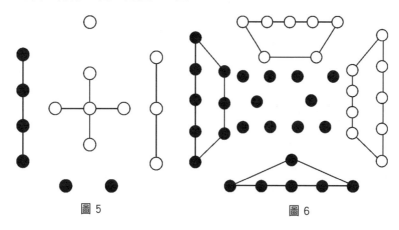

圖 5　　　　　　　　　　　圖 6

圖 5，由天數五（圖 3）變來。其中包含三個天數，天 1、天 3、天 5；兩個地數，地 2、地 4，是為三天二地，五行中 5 個生數。天數上 5 一組，其一不動，去 4 個陽數，即「在上則一、六不配，形二十四。」左 5 一組去 1 存 4，右 5 一組去 2 存 3，下 5 一組去 3 存 2。中 5 一組持原數。「三天二地」，共去掉天數中 10 個數。只存 15，此謂「並十五之位」。

圖 6，由地數五（圖 4）變來。其中包含兩個天數，天 7、天 9；3 個地數，地 6、地 8、地 10。由圖 5 中的 5 個數，各加以 5，合併而成。即天 1 加 5 為地 6。地 2 加 5 為天 7，天 3 加 5 為地 8，地 4 加 5 為天 9，天 5 加 5 為地 10。圖 6 中的 5 個組為 6、7、8、9、10 之數，代表五行成數。兩圖合併總數為

五十有五，乃「天地之數」。天象與地象各有奇偶之組相配合，稱之為「已合之序」。

第三變，用兩種圖式，描繪「河圖」與「洛書」，即完成「龍馬負圖」的形象。

《序》云：「後既合也，天一居上為道之宗，地六居下為地之本。三干、地二，地四為之用。三若在陽，則避孤陰；在陰，則避寡陽。大矣哉！《龍圖》之變，歧分萬途，今略述其梗概焉。」

第三變是將第二變中的兩圖按一定規則加以合併。合併之後，就是龍馬所負之《河圖》。如圖 7，再予以方位調整，則成為《洛書》，如圖 8。兩圖的名稱，北宋與南宋恰好相反。茲從南宋稱呼。

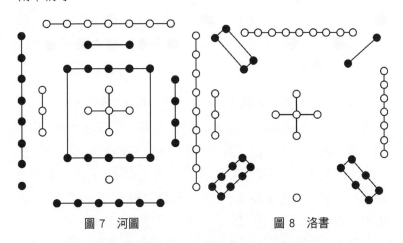

圖 7　河圖　　　　　　　　圖 8　洛書

《河圖》形成的過程是：圖 5 的天 1 居圖 6 的地 6 之上；即「天一居上為道之宗，地六居下為地之本」。圖 5 的天 3、地 2、地 4 亦依上述規則，同圖 6 的天 7、地 8、天 9 相配，這叫做「三干、地二、地四為之用」。其中有一補充規定，「三若在陽」，則不能配「孤陰」，「（三若）在陰」，則不能配「寡陽」。

這裏的「三」，是指天數中的 1、3、5，地數中的 6、8、10。「孤陰」，指地數中的 2、4；「寡陽」，指天數中的 7、9。即是說兩圖合併時，天數 1、3、5，不與地數 2、4 共處；地數 6、8、10，不與天數 7、9 共處。這叫做「避孤陰」、「避寡陽」。

其實簡單地說來，就是五行之生數與五行之成數相配合，漢代早已如此，其歌訣是：「天一生水，地六成之；地二生火，天七成之；天三生木，地八成之；地四生金，天九成之；天五生土，地十成之。」或者換一種說法，就是「一與六共宗，二與七為朋，三與八同道，四與九為友，五與十相守。」[3] 分居東西南北中五位。

《洛書》的形成過程，是圖 5、圖 6 相交，圖 5 中的 5 不動，圖 6 中的 10 隱藏不見，只餘天數 1、3、5、7、9，地數 2、4、6、8，共 1 至 9 數。凡奇數（天數），居四方之正位；凡偶數（地數），居四偶之位，乃成九宮圖。其歌訣是：「戴九履一，左三右七，二、四為肩，六、八為足。五居中央。」[4] 由右向左橫讀其數則為「二九四、七五三、六一八」，古代將其看作一組神秘數字，最初見於《大戴禮》，用以代表明堂九室的建制。由於無圖，這些數字曾經長期未能破譯。

不難看出，陳摶經過「《龍圖》三變」，而得到《河圖》與《洛書》，是中國傳統文化中早已流傳的一些神秘數字，這些數位在《黃帝內經・素問》、《靈樞》中，在《呂氏春秋》、《禮記・月令》中，在揚雄《太玄經》中都出現過。

安徽阜陽雙古堆汝陰侯墓（西元前 165 年）出土的「太乙九宮占盤」，已是文物證據。只在漢唐易學家著作中，尚未以圖式出現，所以有人懷疑《河圖》與《洛書》是否由陳摶「創意」製作。《易龍圖序》畢竟給我們提供了一種對「天地之數」的新的解釋，由「未合之數」，到「已合之序」，是一種新的猜

測，確有「創意」。

總之，《易龍圖》20 幅雖不可見，由以上 6 圖，大體可以看出陳摶的用心。無非是誘導人們不安於古聖人對易學的既有解釋，要用力去探討「畫前之《易》」。

探討上古有圖而無書的漫長年代先賢們是如何思考、創作象數圖式的，這些圖式如此古老，它究竟反映了古代智者的哪些思想？陳摶的後學者范諤昌，著《太易源流》，論述《龍圖》的意義，說「龍馬負圖出河，羲皇窮天人之際，重定五行生成之數，定地上八卦之體。故老子自西周傳授孔子。造《易》之原，天一正北，地二正南，天三正東，地四正西，天五中央。地六配子，天七配午，地八配卯，天九配酉，地十配中，寄於未，乃天地之數五十有五矣。」[5]

范諤昌這段話，主要肯定《龍圖》不止誘導羲皇畫八卦，並定五行生成之數，把五行同八卦看作一個源頭；而且「天地之數」的特殊組合，更是古人用以制定時間（子、午、卯、酉）和空間（東南西北中）相統一的圖式。

陳摶先天易學另一後學者雷思齊，著《易圖通變》，進而指示《龍圖》在認識宇宙衍化規律中的重要意義。他說：這是羲皇「為天地立心」的良苦用心。「是知數之有生有成，而不知所以生且成者，徒得其貌，而無以得古聖人之所以『為天地立心、為生民立極』者，千載可為之長太息，則古猶今也。」[6]又說：「參伍以變，錯綜其數，通其變遂成天下之文，極其數遂定天下之象，非天下之至神，孰能與於此？其曲盡乎至妙之用者，《河圖》法也。」[7]這是說，陳摶傳授的《龍圖》包括《河圖》與《洛書》，所構成的五行生剋和八卦運化原理，正是古人為後世提供的宇宙生成，萬物衍化的巧妙圖式。也可說是人們藉以探索宇宙奧秘的一張指示圖。

由《龍圖》的傳承，可知陳摶治《易》尤在掌握「物理之本宗」。他在《正易心法注》中，詳細闡述了自己的觀點：「大衍之數五十，其用四十有九。掛一而不用之義，學者徒知一為太極不動之義，而不知其義實落處也。何則？一者，數之宗本也。凡物之理，無所宗本則亂矣；有宗本焉，則不當用，用則複亂矣。且如輪之運，而中則止；如輅之行，而大者後；如網之有綱，而綱則提之；如器之有柄，而柄則執之；如元首在上，手足為之舉；如大將居中，士卒為之役；如君無為而臣有為；如賢者尊而能者使。是知凡得一者，宗也，本也，主也；皆有不動之理。一，苟動焉，則其餘錯亂而不能施設者矣。」[8]

陳摶是用黃老道家貴「一」思想解釋太極為「一」，及其不動之理。《先天太極圖》、《易龍圖》都貫徹了貴「一」思想。邵雍的先天易學，正是闡發這「太極」，一也，不動；生二，二則神矣」的道理。

這是從宇宙本體論的高度作出的概括。

朱熹對邵雍根據《先天太極圖》和《易龍圖》所作的闡發，予以充分肯定「據邵氏說，先天者伏羲所畫之《易》也，後天者文王所演之《易》也。伏羲之《易》，初無文字，只有一圖以寓其象數，而天地萬物之理，陰陽終始之變具焉。」又云：「其曰畫前之《易》，乃謂未畫之前，已有此理。……非謂畫前已有此圖，畫後方有八卦也。此是《易》中第一義也。」[9]朱熹的評論，深入到《易龍圖》、《先天圖》的哲學本體論意義。圖書之學在宋代興起，成為宋明理學的重要組成部分，都是從哲學本體論上引人注目的。認定陳摶的先天易學，成為宋明理學的先驅，也是從本體論上著眼。

《易龍圖》所涵的《洛書》，無論是否為陳摶「創意」製作，在科學史上的價值，值得大書特書。著名科學史家錢寶琮對此

有高度評價。他稱讚《洛書》說:「三數相加都得十五,這是很令人驚奇的。n^2 個自然數排列在每邊 n 格的方圖裏,縱橫斜 n 數相加都得相同的和,南宋算學家叫它『縱橫圖』,日本叫它『方陣』,西洋人叫它『幻方』(magic square)。上面所畫的第二圖(指《洛書》),是世界上最古的三行縱橫圖。北宋的《易》學大師叫它《河圖》,南宋人又叫它《洛書》,都說是伏羲畫八卦時候的奇蹟。」[10]

　　《易龍圖》失傳,《易龍圖序》卻得以保存,這不是偶然的。當代學者蒙文通對此有過中肯的論述:「觀於希夷,鴻蒙受詔酬對之際,正其宗風所在,視林靈素輩之術,非能之而不言,殆有不屑為者。則已厭上來隋唐之舊轍,而極深研幾於圖書象數,此又新舊道流之大限也。呂東萊編《宋文鑑》,於希夷取《龍圖序》一篇,此正宋之道家,所以異于隋唐符籙丹鼎之傳者,故東萊取之耳。」[11]

　　陳摶集中精力研究圖書象數,創立先天之學,是中國道教思想發展的新階段的需要,也是陳摶對道教思想文化的重大貢獻。蒙先生的觀點,為我們研究陳摶的易學思想和道教思想,指明了關鍵之處。

注釋

〔1〕《繫辭下》第七章。指三次論析履、謙、復、恒、損、益、困、井、巽九卦義理。

〔2〕「『三』十分而為六」,原缺「三」字。

〔3〕揚雄:《太玄·玄圖篇》。

〔4〕《黃帝九宮經》。

〔5〕《易圖通變》引。

〔6〕雷思齊:《易圖通變》卷三,《河圖傳》(中)。

〔7〕雷思齊：《易圖通變》卷三，《河圖傳》（中）。

〔8〕《正易心法注》第三十五章。《道法宗旨圖衍義》卷下引（《正統道藏》第 54 冊）。

〔9〕《朱子大全》卷三十八。

〔10〕《錢寶琮科學史論文選集》，科學出版社 1983 年版，第 229～230 頁。

〔11〕《陳碧虛與陳搏學派》，《古史甄微》，巴蜀書社 1980年版。

四、參悟內丹指玄機

前期封建社會，中國道教的主要修煉方式是煉金丹。自葛洪以來，道士們將煉金丹作為重要法術加以渲染、傳播、炫耀，深受封建貴族歡迎。士大夫以煉丹、服丹自豪。封建統治者受還丹升仙所誘惑，信之如神，大肆服食。服食仙丹的長生術，因受到眾多帝王、大臣、文士的信從，聲譽日隆。

煉丹過程中的某些化學變化，由於可以重複實驗，的確相當令人迷惑。然而，事實往往不如道士的理想，服丹者多，而真正長生、成仙者百不見一；事實恰好相反，帝王因濫服金丹而夭亡者，在唐代中期屢屢發生。

人們對金丹的長生效應大加懷疑，佛教和社會輿論，乘機大肆攻擊，不斷予以揭露。道教的威信日漸低落。金丹術在唐代發展到頂峰，同時又將道教引入困境。擺脫困境的出路何在？道教學者在深思。

煉食金丹長生，此路不通。羽林高人紛紛改弦易轍另謀出路。集中精力在其他道術上下功夫。房中術早已受到攻擊，不再大肆申張了。辟穀、守一、存神、吐納、胎息、服氣、坐忘，成了注意的中心。隋代蘇元朗重新解釋《參同契》，以之

指導內丹修煉的思想，逐步獲得唐代道士們的普遍重視，於是內丹術著作，相繼出現，自唐末至五代，外丹術日益衰落，內丹術大為興盛，道教的修煉方術，由注意燒煉五金八石的外丹術，逐步轉變為注重心性修煉的內丹術。強調修身養性是延續生命、改善體質、防治疾病的重要法門。在唐末五代社會大動亂的歷史條件下，這無疑為廣大苦難民眾指出了一條自我修煉、擺脫煩惱的宗教途徑。陳摶正是在道教發展的重大歷史關頭出現的卓越人物。

陳摶在參加科舉考試失敗後，正徘徊在歧途中，面臨著選擇生活道路的轉折關頭，因得到孫君仿、麞皮處士兩位高人指引，皈依玄門，隱居武當山；幸遇五位老人（五條龍）點化，授以「蟄龍法」，將他引入內丹修煉道路。陳摶不滿足於一得之功，遍遊名山，訪謁高道，得蜀中高公何昌一秘傳的「鎖鼻飛精」之術，由此而內丹功夫進入高層。

陳摶是博學深思的隱者，自然不限於僅掌握幾種內丹方術，力圖從道教理論上探討人體奧秘和生命哲學。他所搏授的《無極圖》和寫下的《指玄篇》、《陰真君丹訣注》，是他對內丹理論探討的結晶。

1.《無極圖》中悟丹道

陳摶傳授下來三種易圖。《先天太極圖》講宇宙萬物的演化；《易龍圖》講「天地之數」的變通。還有一幅《無極圖》，是他運用《易》學研究內丹而悟出的絕妙道理，這幅圖可用以解釋生命奧秘，詮釋內丹理論，有道教意義。也有哲學意義。

《無極圖》的哲學意義，在於此圖幾經傳授，到周敦頤那裏，略加改造。成為周氏《太極圖》，為闡發宋明理學的宇宙衍化論，提供了一幅前所未有的精巧圖式。

陳摶傳授《無極圖》，主要在闡述內丹思想。這是道教學

者所一貫重視的。本來利用《周易》理論與圖式解說煉丹過程，《周易參同契》早已開其端；唐末五代以來，更加成為風氣。五代彭曉所注《周易參同契》，就有《明鏡圖》，《水火匡廓圖》、《三五至精圖》。陳摶以圖式代替文字，解說《周易》，解釋丹道，本不為奇。不過陳摶傳授《無極圖》，並將此圖刻在華山石壁上，垂之永遠，畢竟是一大功勞。關於此圖的來歷，清代易學家黃宗炎《太極圖說辨》中指出：「考河上公本圖，名《無極圖》，魏伯陽得之以著《參同契》，鍾離權得之以授呂洞賓。呂洞賓後與陳圖南同隱華山，而以授陳；陳刻之華山石壁。」根據這一說法《無極圖》首創於漢代河上公，鍾離權得到後傳之呂洞賓，呂洞賓再傳與陳摶，陳摶無比珍惜，唯恐有失，乃刻之華山石壁。

圖 9　無極圖

　　這一《無極圖》，在促成宋元時期的道教由注重外丹黃白術，轉向內丹修煉術過程中，起了極為重要的作用。正因陳摶在發展道教、傳授內丹的歷史功績，羽林尊之為「陳摶老祖」。

　　《無極圖》，如圖9，其重要內容如何？清代學者黃宗炎對之作了細緻的解釋，他的解釋分總論及五個層次：

　　（1）總論全圖之奧妙。他說「其圖自下而上。以明逆則成丹之法，其重在水火。火性炎上，逆之使下，則火不熛烈，惟溫養而和煦；水性潤下，逆之使上，則水不卑濕，惟滋養而光

澤。滋養之至，接續而不已；溫養之至，堅固而不敗。」這是說《無極圖》當由而上逆看，蘊涵著「逆則成丹」的道理。所謂逆，也指逆水火之性。火性炎上，逆而使之下。水性潤下，逆而使之上。這裏的水火，指的是腎水與心火；一上一下，乃可臻於水火既濟的生命妙鏡。

（2）釋最下一圈。「其最下圈，名為玄牝之門。玄牝即谷神。牝者，竅也；谷者，虛也。指人身之命門，兩腎空隙之處，氣之所由以生，是為祖氣。凡人五官百骸之運動，知覺，皆根於此。」這裏說的是方士修煉，由提升「祖氣」開始；「祖氣」貫通五臟、百骸，人的運動、知覺均根於此。而「祖氣」是寄於「命門」的所謂丹田之氣。「命門」，指人身兩腎之間空虛之處。中國傳統醫學，十分重視「命門」的作用。

著名醫藥學家李時珍專門有著有《命門考》。《本草綱目》寫道：「（命門）下通二腎，上通心肺，貫屬於腦。為生命之源，相火之祖，精氣之府，人物皆有之，生人生物皆由此出。」[1]李時珍稱命門為「精氣之府」，黃宗炎說它是「祖氣」所生之地，二者是一致的。

（3）釋下數第二圈。「於是提其祖氣，上升為稍上一圈，名為『煉精化氣，煉氣化神』。煉有形之精，化為微芒之氣；煉依希呼吸之氣，化為出入有無之神。」這是說「祖氣」上升，加以提煉，乃發生變化，有形之精，化為微芒之氣；煉依希呼吸之氣，化為出入有無之神。也就是化精氣為呼吸之氣；使呼吸之氣化為人的精神。這精氣（祖氣）是先天具有的，呼吸之氣是後天運化的。由於先天之氣與後天之氣的交合運化，生命得以延續，精神得以產生和煥發。

在《無極圖》中，「玄牝之門」用一「○」作代表，表示虛空的玄牝，及所產生的無形之「祖氣」。「煉精化氣，煉氣化

神」同樣用一「〇」作代表，表明無論「精氣」、「呼吸之氣」，還是「精神」，依舊是一「無形」虛空的存在。

（4）釋下數第三圈。「（氣與神）使貫徹於五臟六腑，而為中層之左木、火，右金、水，中土相聯絡之一圈，名為『五氣朝元』。行之而得也，則水火交媾而為孕。」這是說所煉之氣，貫通於臟腑，統帥水火木金土五氣，凝聚為一體，是為「五氣朝元」。五氣之中，水火二氣最關緊要，居於圖中上位。煉氣過程即是使火氣下降，水氣上升；火不燥熱，水不卑濕；水火交媾，達到溫養之至。

由於人體五臟屬陰，六腑屬陽，五臟六腑本相貫通，交互作用，它們之間的關係呈現網路結構，凝結為一體。關鍵在於水火交媾，可發生新變化，產生新效應。

（5）釋下數第四圈。「又其上之中分黑白而相間雜之一圈，名為『取坎填離』，乃成聖胎。」這是說水火二氣交媾，而又不燥、不濕，溫養之至，引起質的變化，形成「聖胎」，也就是「仙胎」。「聖胎」的形成，是經過長期修煉，「取坎填離」，水火交濟，心火腎水不斷交流，達到中和之至的境況而產生的最終結果。

《無極圖》中，那黑白間雜的一圈，是有規則的，黑色代表陰，白色代表陽。左半部，二白中黑，為陽、陰、陽，乃離卦（）之象；右半部，二黑中白，為陰、陽、陰，乃坎卦（）之象。二卦相合，表示坎離相交之形，亦水（腎）火（心）相濟之象。坎離二卦之中有一小白圈。即是所孕之「聖胎」。

（6）釋《無極圖》最上一圈，「又使復還於無始，而為最上之一圈，名為『煉神還虛，復歸無極』，而功用至矣」。這是說「聖胎」修煉，已進入最高境地，即所謂「神仙」境界。這種境地是虛無縹緲，無形無象，無聲無色，無有極限的，下同

「祖氣」所出的「玄牝之門」相應，故謂之「煉神還虛，復歸無極」。達到此種境界，就是道家煉養的最高成就。

由玄牝之門產生的無形無象、無聲無色的「祖氣」開始，經過「煉精化氣、煉氣化神」，進而達到「五氣朝元」這是修煉過程中從無到有的過程；然後，由「五氣朝元」，進一步「取坎填離」，「水火交濟」，而結「聖胎」，再進而達到「煉神還虛，復歸無極」，這是修煉過程中從有到無的階段。整個過程可概括為無──有──無的往復過程，故此圖名為《無極圖》。從無化有，由有化無，就是《老子》主張的「有無相生」原理，也就是所謂「有之以為利，無之以為用」。

《老子》曰：「知其雄，守其雌，為天下谿；為天下谿，常德不離，復歸於嬰兒。知其白，守其黑，為天下式；為天下式，常德不忒，復歸於無極。」[2]《無極圖》解析的是一本「無極」經，其思想淵源，導自《老子》。

不難看出，陳摶《無極圖》借用並改造《周易參同契》中的一些內容，如「五氣朝元圖」，本於《參同契》的「三五至精圖」，「取坎填離圖」本於《參同契》的「坎離交媾圖」。不同之處在於，《參同契》主要講的是外丹黃白之術，《無極圖》所講的卻是「內丹」修煉之法。

陳摶的《無極圖》傳到周敦頤後，從探討生命哲學進而探討宇宙衍化理論，將此圖改造成為周氏

復歸無極　　煉神還虛

填離　　取坎

火　　水

五氣朝元　　土

木　　金

煉氣化神　　煉精化氣

之門　　玄牝

圖10　太極圖

《太極圖》，如圖 10。這兩個圖，從圖式上看，可以說基本相同；從其所涵內容看，則大有區別。關鍵在於周敦頤對此圖作了完全不同的解釋。兩者的根本區別，黃宗炎《太極圖辨》講得比較明白。他寫道：「周子得此圖而顛倒其序，更易其名，附于《大易》，以為儒者之秘傳。蓋方士之訣，在逆而成丹，故從下而上；周子之意，在順而生人，故從上而下。」這裏所謂「顛倒其序」，不是說將圖形顛倒，只是說閱讀此圖時，與讀《無極圖》的順序相反，不是從下而上，而是從上而下，上下次序顛倒。方士講的是「逆則成丹」，故從下起；思想家講的是宇宙萬物生成次序。講「順而生人」，故從上起；黃宗炎的這一詮釋，恰中的鵠，使人豁然開朗，易於領會此圖要領。

　　周敦頤的《太極圖》是如何揭示宇宙生成次序的？他寫了一篇《太極圖說》，這篇文章可稱千古奇文，用 248 字，以精煉的語言，揭示極為深奧的宇宙生成原理，令人傾倒，全文如下：

　　　　無極而太極。太極動而生陽，動極而靜，靜而生陰，靜極復動。一動一靜，互為其根；分陰分陽，兩儀立焉。陽變陰合而生水火木金土，五氣順布，四時行焉。五行一陰陽也，陰陽一太極也，太極本無極也。五行之生也，各宜其性。無極之真，二五之精，妙合而凝。乾道成男，坤道成女。二氣交感，萬物生焉，萬物生生而變化無窮焉。唯人也得其秀而為靈。形既生矣，神發知矣，五性感動而善惡分，萬事出矣，聖人定之以中正仁義（自注：聖人之道，仁義中正而已矣）而主靜（自注：無欲故靜），立人極焉。故聖人與天地合其德，日月合

其明，四時合其序，鬼神合其吉凶。君子修之吉，
小人悖之凶。故曰立天之道曰陰與陽，立地之道曰
柔與剛，立人之道曰仁與義。又曰原始反終，故知
生死之說。大哉《易》也，斯其至矣。

《太極圖說》言簡意賅，揭示了圖中十分豐富的內涵，包
含著《周易》全書的要領。歷代學者對此圖多有解說，心悟不
一，詳略各別。大體說來，闡述了宇宙萬物衍化的四個階段。

第一層，無極階段。無陰無陽，無動無靜，無形無象，無
始無終，唯存「太極」，以為天地之始。故名「無極而太極」。

第二層，太極分化階段，原初物質之氣，分化為陽陽二
儀，陽動陰靜，形成天地。

第三層，五行交合階段。從陰陽二氣生出特性不一的五行
之氣，二五之精凝聚，形成化生萬物的物質材料，蘊涵萬物的
共同本性。

第四層，萬物形成階段。陰陽、男女（雄雌），兩性交合，
產生萬物。稟二五之秀氣者，乃為人類，與其他物類不同之點
在於有知覺、精神。萬物與人，物物一太極，人人一太極，原
始反終而運化無窮。

馮友蘭先生評論周子《太極圖說》的貢獻云：「周濂溪取
道士所用以講修煉之《太極圖》，而與之以新解釋、新意義。
其解釋此圖之《太極圖說》為宋明道家中有系統著作之一。宋
明道學家講宇宙發生論者，多就其說推衍。」[3]

當代易學家朱伯崑先生更對周敦頤《太極圖》的內涵，作
了詳細解析和公允評價。指出：「這種從宇宙開始到人類的演
變過程，即無極──太極──陰陽二氣──五行之氣──萬物
和人類，是以前的儒家哲學所少有的，也是對漢唐易學中的宇

宙論和李覯的太極元氣說的發展。其以無極為世界的本源，這是客觀唯心主義的說法，但是從太極元氣以下，其對於世界形成的論述，則是唯物主義的。」[4]

周敦頤揚棄道教煉丹術，重新解釋陳摶《無極圖》，而發展儒家的宇宙本體論，這固然是他本人經過深思熟慮，「不由師說，默契道體」，而作出的理論貢獻；但推其本始，陳摶傳下《無極圖》，形象地展示了從無到有，再從有入無的思維模式，對周敦頤產生重要啟迪作用，其功績是不可磨滅的。《無極圖》之所以能啟迪新的思路，當然並非陳摶本意。但陳摶也好，周敦頤也好，都充分利用傳統文化中的陰陽學說、五行學說、太極觀，這是一致的。

無論陳摶的《無極圖》，還是周敦頤的《太極圖》，都可以說是對易學思想的創造性運用和發展，是中華民族智慧的結晶，其在思想文化史上的貢獻，都是超越時代的。

注釋

〔1〕《胡桃·發明》，《本草綱目》校點本第三冊，人民衛生出版社 1979 年版，第 1804 頁。

〔2〕《老子》第 28 章。

〔3〕《中國哲學史》下冊，中華書局 1961 年版，第 824 頁。

〔4〕《易學哲學史》第二卷，華夏出版社 1995 年版，第 98－99 頁。

2.《指玄篇》裏授功法

陳摶傳授《無極圖》，意在剖示修煉內丹的基本原理及其步驟，從圖上看是五個層次；就內丹原理而言，是講修煉的四個階段：即「築基，煉精化氣，煉氣化神，煉神還虛」。[1] 或「得竅」、「練己」、「和合」、「得藥」、「脫胎求仙」五個步驟。

可見陳摶不止剖示內丹原理，更注意具體修煉方法。在這方面，他寫有兩種著作，一是《九室指玄篇》（簡稱《指玄篇》），一是《陰真君丹訣注》（或稱《陰仙丹訣注》）。

前一種，《宋史・陳摶傳》有記述：「（摶）著《指玄篇》八十一章，言導引及還丹之事。宰相王溥亦著八十一章，以箋其旨。」《指玄篇》由一位宰相為之作箋注，可見其影響之大。關於第二種著作，周敦頤讀到過，並予以稱讚。南宋咸淳元年（1265）眉山人楊棟在《東陽樓記》中說：「余曩登平都山，訪濂溪周子舊遊，亂碑中得小片周子題兩絕句。」……其一詠《陰仙丹訣》云：「始觀丹訣信希夷，蓋得陰陽造化機；子自母生能致立，精神合後更知微。」[2]

陳摶在一首詩中，提倡煉內丹，不贊成煉外丹。詩云：

　　求仙不識真鉛汞，閑讀丹書千萬篇。
　　內裏明來是至真，外邊入者即非親。

關於內丹的奧秘，他在《指玄篇》中說：「邈無蹤跡歸玄武，潛有機關結聖胎。」[3]所謂「聖胎」即指仙胎，《陰真君還丹訣》中有句名言：「無質生質是還丹。」陳摶注釋道：「從無入有，從有入無，將無質氣結為陰氣，交感是也。大丹無藥，五行真氣是也。」[4]說明內丹之大藥，無非人身內部的「五行真氣」，而不是自然物質三黃八石。

元代道教學者俞琰在其《周易參同契發揮》中，引用了一段陳摶總結其內丹修煉經驗的話，將煉內丹的過程及要點講得十分具體。他寫道：「眼含其光，耳凝其韻，鼻調其息，舌緘其氣，疊足端坐，潛神內守，不可一毫外用其心也。蓋眼既不視，魂自歸肝；耳既不聽，精自歸腎；舌既不味，神自歸心；

鼻既不香，魄自歸肺；四肢既不動，意自歸脾。然後魂在肝而不從眼漏，魄在肺而不從鼻漏，神在心而不從舌漏，精在腎而不從耳漏，意在脾不從四肢孔竅漏。五者皆不漏矣，則精、神、魂、魄、意相與混融，化為一氣而聚於丹田也。」[5] 這說明修煉內丹的訣竅，在於排除一切物質欲望，排除思慮雜念，使精神處於絕對寧靜專一狀態，讓「五行之氣」在體內平靜舒緩地運化，最後聚於丹田。

用內氣的力量推動血脈，均勻有序地流行。離形去知，抱樸守一，達到「形神兩超越」。這種精神狀態，朱熹深有體悟，他在一首詩中有過很好的描述：「空山初夜子規鳴，靜對琴書百慮清。喚得形神兩超越，不知底是斷腸聲。」[6]

陳摶透過自己依照「蟄龍法」、「鎖鼻飛精術」，進行長期潛心修煉，總結一套方法與心得，口耳相傳授予弟子，張無夢（鴻蒙子）、陳景元（碧虛子）、劉海蟾得其秘傳。海蟾弟子張伯端（紫陽真人）著《悟真篇》，繼承、發展《指玄篇》思想，全面闡述道教內丹理論，宣傳內丹修煉方法，成為內丹學重要著作。張伯端在《悟真篇》中稱頌陳摶及《指玄篇》云：「夢謁西華到九天，真人授我《指玄篇》。其中簡易無多語，只是教人煉汞鉛。」[7]

《指玄篇》並沒有許多精言妙語，無非教人「煉汞鉛」的新方法。這汞與鉛不再是山中出產的礦物，是人體自備的「五行真氣」。《悟真篇》寫一首詩說得明白：「未煉還丹莫入山，山中內外盡非鉛。此般至寶家家有，自是愚人識不全。」[8]「五行真氣」是人人具有的「至寶」，是煉製仙丹的大藥，只有愚人不識身中「至寶」，才到深山去找煉丹材料汞與鉛。

《悟真篇》中另一首詩，講得更透徹。「休泥丹灶費工夫，煉藥須尋偃月爐。自有天然真火候，不須柴炭及吹噓。」[9] 這

是說練丹原來無須泥灶，無須柴炭，不用鼓風，有了五行真氣，只在自身具備的「偃月爐」中，調節「天然火候」就行了。

陳搏所說的內丹，實際上是根據道教一貫提倡的內視、吐納、守一、存神、胎息、辟穀等道術，加以總結，概括而成的一種養生功夫。流傳於後世的陳搏睡功，就是這位內丹家獨具的一種內丹功夫，能夠一睡數月乃至數年，陳搏的後學者，紛紛傳授所謂華山十二睡法，先天睡功，小修丹睡法、小搭橋臥功法，大搭橋臥功法、抱龍眠睡功法以至張三豐睡丹訣等，都是從陳搏那裏繼承傳授下來的。

陳搏睡功是一種內丹術，具有相當高的層次，其關鍵之點不離修煉腎水、心火，使臻水火既濟。陳搏指出，同樣是睡眠，有兩種不同的性質，分世俗之睡與至人之睡，二者有天壤之別。世俗之人迷失宦海情場之中，名利聲色汩其神識，脂酒膏體昏其心志，即使在睡鄉夢境，亦惡夢糾纏，無片刻安寧。至人則不同，他的睡就是一種修煉。「至人之睡，留藏金息，飲納玉液，蒼龍守乎青宮，白虎伏於西室，真氣運轉于丹池，神水循環於五內，然後神出軀體，出沒崑崙紫府，遍遊福地洞天，冉冉如祥風，飄飄如白雲，履虛如履實，升上若就下。不知歲月之遷移，何愁陵谷之改變。」[10]

陳搏還留下兩首詩，描寫至人之睡同世俗之睡，形成鮮明對照，描述了至人之睡所進入的玄妙精神世界。詩云：

> 常人無所重，惟睡乃為重。
> 舉世以為息，魂離形不動。
> 覺來無所知，貪求心欲動。
> 堪笑塵世中，不知身是夢。
> 至人本無夢，其夢乃遊仙。

真人亦無睡，睡則浮雲煙。

爐裏長有藥，壺中別有天。

欲知睡夢裏，人間第一玄。[11]

　　陳摶所說的至人之睡，同常人大不一樣。後者借睡覺作為短暫休息手段，睡夢中亦難排除世俗煩惱，常被噩夢驚醒，醒來之後，依舊在塵世中掙扎，在名利場中苦鬥，為貪慾之心所驅動，睡覺對他們來說，只是短暫的休戰而已。至人之睡，則是排除塵世干擾，置身逍遙境界，清清靜靜，坦坦蕩蕩，無憂無慮，無牽無掛，正如陳摶在《睡歌》中描寫的：「不臥氈，不蓋被；片石枕頭，蓑衣覆地。轟雷掣電泰山摧，萬丈海水空裏墜；驪龍叫喊鬼神驚，臣當恁時正鼾睡。」

　　陳摶的《指玄篇》，講的是內丹秘訣，卻具有深刻的理論意義。其弟子鴻蒙子張無夢在所著《還元篇》中闡述尤為明晰。「鴻蒙子曰：國憂心也。心無為則氣和，氣和則萬寶結矣；心有為則氣亂，氣亂則英華散矣。遊玄牝之門、訪赤水之珠者，必放曠天睨，囚千邪，翦萬異，歸乎抱樸守靜。靜之復靜，以至於一。一者，道之用也；道者，一之體也。一之道，蓋自然而然者焉。是以至神無方，至道無體，無為而無不為，斯合於理矣。」[12]治國之道，在無為而無不為；內丹養生之道，亦在無為而無不為。首先，無心於物，保持和氣，而結「萬寶」。其次，欲「無心」，則當去情慾，「囚千邪，翦萬異」；最後，自然而然，抱樸守一，冥合至道。這是《老子》無為、無慾、守樸思想的創造性運用。

　　歸結起來，陳摶是一位隱士、內丹家，也是一位易學家，更是一位博學多才的道教學者。他對道教的貢獻大體有四大方面：

首先，他用新的觀點研究《易》學，不重經、傳，而重象數，開宋明圖書之學的先河，也樹立了道教易學的新風範，為後期封建社會，道教融合儒佛，打開新境界；

第二，用新的思路詮釋《周易參同契》，改變道教注重符籙金丹為注重內丹修煉，為道教的後期發展打開新思路，注入了新血液；

第三，陳摶在傳播道教思想和道術方面，採取了新的傳承方式，注重圖式，注重口耳相傳，不以文字為主要手段，強調學道者首在心悟，吸取佛教禪宗的優點，對爾後道教的發展亦有深刻影響；

第四，陳摶同現實政治採取疏遠態度，潛心研究道學，發展道教理論，同隋唐時期，道教攀附權貴，結納上層人物，以入道為躋身仕途的終南捷徑的作風，形成鮮明對照。

陳摶式的道教人物是不可多得的，根據他對發展後期道教的卓越貢獻，尊稱他為「陳摶老祖」是當之無愧的。

陳摶之後，繼承丹道而堪稱睡仙者，最突出的有武當道人張三豐。張三豐寫有《蟄龍吟》，稱讚陳摶睡功，並述其志云：

> 五龍飛躍出深潭，天將此法傳圖南。
> 圖南一派儔能繼？邋遢道人張豐仙。

張三豐在《雲水前集》中，用四言詩，對陳摶老祖作了極高的評價：

> 浩浩希夷，守正懷奇。
> 不誇丹道，不露玄機。
> 不令人測，只求己知。

華山高臥，吾師之師。

陳摶更用一首詩，對自己隱居求道一生，作自我論定：

一氣淘今古，陰陽造化奇。
問餘名與姓，睡漢老希夷。

綜上所述，陳摶無愧五代宋初道學大師，當社會大動亂年代，他選擇一條特殊的成功之路，在學術上作出重大貢獻，其思想成就絢麗多彩。手不釋卷，鑽研易學，以圖像反映獨到心悟，開宋明圖書學之先河，成為宋明道學先驅；酷愛老莊，行清靜無為、抱樸守拙之教，指引道學理論新發展；苦練內丹，參悟內修理論，創立陳摶學派，經後繼者精心闡揚，綻出燦爛之花。陳摶以一代高隱，影響五代宋初幾代王朝政治，其高風亮節，化育北宋一大批道教學者、文人學士。寫完《陳摶評傳》，有感奇人風采，不禁擊節讚歎：

佼佼易俠，隱士陳摶。
玄思宇宙，回歸自然。
高臥華岳，參悟內丹。
勉為帝師，名列仙班。

注釋

〔1〕黃宗炎：《太極圖辨》。

〔2〕轉引自卿希泰主編：《中國道教史》第二卷，四川人民出版社 1992 年版，第 679 頁。

〔3〕轉引自朱伯崑：《易學哲學史》第二卷，華夏出版社

1995 年版，第 11 頁。

〔4〕轉引自《中華文化論壇》1995 年第 2 期，第 95 頁。

〔5〕轉引自《中華文化論壇》1995 年第 2 期，第 95 頁。

〔6〕朱熹：《崇春客舍夜聞子規》。

〔7〕《悟真篇集注》，上海古籍出版社 1989 年版，第 139
頁。

〔8〕《悟真篇集注》，上海古籍出版社 1989 年版，第 132
頁。

〔9〕《悟真篇集注》，上海古籍出版社 1989 年版，第 127
頁。

〔10〕轉引自《中國十大名道》，延邊大學出版社 1991 年
版，第 142 頁。

〔11〕轉引自《中國十大名道》，延邊大學出版社 1991 年
版，第 143 頁。

〔12〕《道樞》卷十三。

第四節　蕭天石撰《陳希夷先生新傳及其道法》

> 博大參天地，高明徹古今。
> 道存書契外，學共聖人心。
> 高臥乾坤合，先知世運新。
> 不談玄妙事，自得萬年春！

華山萬古一超人

陳希夷先生，名搏，字圖南，安徽亳州真源人。宋史有列

傳，唯不詳贍，且事多疏漏。平生於經史諸子百家之學，無所不窺。尤邃於易學，深造有得，自伏羲畫卦以來，為先天易學之創始者，世稱「陳摶易學」，其象數學遞傳至邵堯夫而大放異彩。先天學脈，僅此一線耳。世之「大合天」功法，亦係胎源於斯，唯真訣早已失傳，現傳之於世者，偽也。先生並傳先天無極圖與太極圖，玄門稱「陳摶圖學」，遞傳至周濂溪而援之入儒，因開宋明理學之先河。其人品氣骨與書法，尤冠絕千古。足跡遍天下名山大川，初隱居武當，繼隱於華山。在華山勝事最多，為時最久，其最後羽化亦於華山，故又有「華山處士」之稱；南宋玄真子，則更以「華山萬古一超人」頌之。撰諸先生一生史實，與其學養上之造極玄微而論，亦非虛譽。

玄真子於其《玄天秘要》一書中說：「希夷先生之學，由儒轉道後。益見博大閎深，高明純粹，神思曠遠，玄妙莫窮。於老子之河上公一脈，獨得不傳之秘。復得別傳之學於丹家，於魏伯陽之《周易參同契》，尤能獨造奧窔，遠非朱子等輩或一般丹家所可企及。既能通老於易，又能融儒入道，括百家而一之，圓融無礙，肆應成宜。不放於象外，不拘於象內；故能超然自在，解脫形骸，超絕塵俗，逍遙世外。」故其人可頂天而立地，其道可繼往而開來！以其所守者大，所見者遠，所事者高，故其所立者得能「透出乾坤外，不落五行中。」而為人世間罕見的特立獨行之隱士也。

希夷先生為道家歷史人物中最富傳奇色彩的人物之一。氣宇軒昂，神韻清逸，一生常以本分接人；唯恒能於平實無華中，特顯得聲光燦然，使人有如坐春風，如對秋月之感，此其所以為難能也。先生秉性恬澹，天真渾樸，故能輕爵祿而薄名利，小天子而賤王侯，高臥華山，超然世外，卓爾自隱於山水之間，身如閑雲野鶴，心似明月清風。任運而行，故能無處而

不自得，無適而不自安。

正如先生所謂：「自足於內，則無求於外。自定於內，則無動於外。」又云：「自大其心，則天地為小。自寂其心，則萬境自冥。」此皆為至理名言，雖萬世以俟聖人而不惑者也。人能於富貴功名壽夭生死皆無動於衷，湛然寂然，一念不生，一塵不染，則自心中別有天地，而能超凡脫俗，自在逍遙矣。心中別有天地，則足以外天地，別有世間，則足以外世間，而獨與宇宙精神往來。此則在人之自造自為也。故先生有曰：「生死自我通，天地自我造，我命自我立，世間自我超。」斯言也，其中有無限玄機，有無限哲理，切不可囫圇吞過。

道家重「齊壽夭，通生死，一物我，勝天命，超世間，外天地！」先生潛修道妙，自謂係從此中切入，故能博大高明，神化無方。其華山九室岩遺文中之「日月兩爐火，天地一窟籠。」「八卦爐中烹日月，陰陽鼎內煮山川。」及其「丹存天地外，道在有無中。」等類名句，舉不勝舉。要皆清新可誦，使人有銷盡塵埃之感！而與其「開張天岸馬，奇逸人中龍」之名聯，可以永垂不朽者。一個人，心中能別有天地，不於小處近處著眼，復不為天地所限隔，而唯道是守，唯道是從，以獨行其志！不與時俯仰，隨俗浮沉；眾人之所貴者·我獨能賤之；眾人之所趨者，我獨能捨之；則自可如天岸馬，如雲中龍，而獨創一格於天地間矣。

先生嘗語賈得升曰：「人生在世，堯舜禹湯有堯舜禹湯之天地，巢父許由有巢父許由之天地。秦皇漢武有秦皇漢武之天地，赤松王喬有赤松王喬之天地。唯在富貴功名中行，遠不若在無聲無臭中行之為上。且通其分為一，則萬殊無不同，窮達隱顯無不一，無成無敗，無得無失，故去彼取此。」此正李白詩所謂：「華髮不耐秋，一一成衰蓬；古來聖賢人，一一誰成

功？君子變猿鶴，小人成沙蟲；不及廣成子，乘雲駕輕鴻。」
這即是說，廣成子的天地與神仙家的天地，遠非一般帝王將相
中人所可企及。先生之為人，要亦廣成子之類也。

李白又有一首《懷仙歌》，曾寫出千古來恒河沙數人的心
聲和願望，非僅代表他一人而已。其歌曰：

一鶴東飛過滄海，放心散漫知何在？仙人浩歌望我來，應
攀玉樹長相待。堯舜之事不足驚，自餘囂囂直可輕！巨鼇莫載
三山去，我欲蓬萊頂上行。

夫堯舜之事不足驚，則秦皇漢武之事當更不足道矣！先生
一日語得升曰：「人不可為事功名利所縛，為生老病死所困！
能透出天地外，與太虛合一，方是無極真境。」先生在華山，
一身以外無長物，然所以能名動一時直超千古者，即以其能透
出天地外也。

希夷雖贏得「華山萬古一超人」之盛名，然實非華山人。
其出生地為亳州，於北周屬譙郡，宋曰亳州譙郡，清屬安徽省
穎州府，在阜陽縣西北，辛亥革命後始改亳州為亳縣。民風淳
樸，多質直，不重機巧，性情渾厚，不尚詐偽；凡曾至其地
者，類多能道之，此或亦先生遺風之所致也。

希夷之出生年月無可考，《宋史•陳摶列傳》與《歷世真
仙體道通鑒》及其他史傳，均無記載，唯《詩話總龜》云：「先
生生於唐德宗時，至僖宗封為清虛處士。」明道《隱逸傳》則
僅云：「陳摶生於唐季。」《辭源》亦然，未舉所據。

就其事蹟多在宋代而言，中經梁唐晉漢周五代，時間上或
難使人深信不疑，然亦唯有存而待考矣。唯道家人物，向多棄
考，年在一二百餘歲以上者，恒比比皆是。蓋道家中人，凤以
養性養生養壽著稱，如史稱以「養性得壽」之老子，司馬遷於
其傳中，即有「蓋老子百有六十餘歲，或云二百餘歲；以其修

道而養壽也。」故即使生於唐德宗時為無誤，其壽至於宋太宗時，亦非全不可能之事。

　　按唐德宗係於西元 780 年即位，在位 25 年，即西元 804 年。先生朝見宋太宗時，為太平、興國年間，即西元 976～977 年。如為德宗晚年生，則此時尚僅 173 歲。以德宗初年生言，則為 197 歲。方之道家丹宗中人與老子之「或云二百餘歲」，實亦不為高也。

石破天驚動地來

　　希夷先生不但其確實出生年月無可考，其父母亦然。唐與五代史傳及《宋史》之《陳摶列傳》，均無記載。據《群談采餘錄》云：「陳圖南莫知所出，有漁翁舉網得物甚巨，裹以紫衣，如肉球狀，攜以返家，溉釜爇薪，將煮食之。俄而雷電繞室大震，漁人惶駭，取出擲地，衣裂兒生，乃從漁人姓陳。」鑿破混沌，石破天驚動地來，其生即有異於常人也。其後卒得成為震古鑠今，獨來獨往於天地間之人物，實非偶然。玄真子曾頌之曰：

> 來時隱形，住世隱名；
> 生為隱聖，死為隱神。

　　先生實當之無愧。關於生如肉球一點，例雖不多，唯非烏有事；近代聖僧虛雲老和尚，即生而為肉球，其母一見驚絕而卒。事見其自述年譜，此當非虛構也。

　　據《體道通鑒》載：陳摶「生而不能言，始四五歲，戲渦水之濱，有青衣媼召置懷中乳之，自是始能言。聰悟過人，及長，經史一覽無遺。」生不能言一語，明洪自誠著之《仙佛奇

蹤》，作「初生不能言」，他書無之。《玉壺清話》述及此事時略云：「陳摶四五歲時，戲于渦水側，一青衣媼抱置於懷內，乳之曰：『令汝更無嗜欲，聰慧過人。』」後即一聞百悟，讀書過目不忘，遠非常人所可及。此一佚事，當全非子虛。

《宋史・陳摶列傳》亦云：「始四五歲戲渦水，岸側有青衣媼乳之，自是聰悟日益。及長讀經史百家之言，一見成誦，悉無遺忘。」以上「生不能言」，僅二書有之，青衣媼乳之而慧悟大開，則各書皆同。查《王陽明傳》載：陽明生時，初名雲，五歲尚不能言。有異僧撫其身，改名守仁，始能言。故實不可以先生為傳奇人物，而疑之也。

上述之渦水，又稱渦河，古為浪蕩支津，後涸，不能盡考，現河南扶溝縣尚有遺跡一段。今之渦河，源出通許縣，經杞縣、太康、鹿邑，而至亳縣，復經渦陽而入淮水。希夷為亳州真源人。故戲於渦水側，即為流經亳州之渦水。而其所敘逸事，當亦可信而無訛也。

希夷少時，初業儒，無書不讀，博通經史與諸子百家之言，融會條貫，深入堂室，而每多獨得之趣。復以其慧光耀人，才華絕世，故早歲嘗有澄清天下之大志，且曾應進士試，並及第。《邵氏見聞錄》稱先生為「唐長興進士，遊四方，有大志，隱武當山，詩云：他年南面去，記得此山名。」其圖南之名，即取此意也。

於此，《宋史列傳》之記載，頗有出入，其傳曰：「後唐長興中舉進士不第，遂不求祿仕，以山水為業。自言嘗遇孫君仿、鹿皮處士；二人者，高尚之人也。語摶曰：『武當山九室岩，可以隱居。』摶往棲焉！因服氣辟穀 20 年，但日飲酒數杯。」此證之事實《類苑》一書所記，謂其「嘗舉進士不第，隱武山，辟穀煉氣」之言，若合符節。以常情測之，舉進士不

第，經異人指點，隱武當山，潛修道妙，當較為可信。此一由儒轉道之開始，乃為其一生中之最大轉捩點。至此已大有「但求蓬萊藥，豈思農扈春」之心境矣！

希夷性本沖淡，少有山林隱逸之氣，於進士不第後，復丁親喪。「適與孫君仿、鹿皮處士遇，相與談易與老莊，直七日夜不輟。『遊心天地外，脫出五行中』之心，便油然而生。」（引自《仙籍總龜》）

又據洪自誠先生記云：「先生天性純孝，丁親喪，慨然曰：向所學，但足記姓名，博功名而已！人生在世，大有貴於天下者在。吾將棄此，遠遊武當之巔，于白雲之下，與安期、黃石輩，論隱世法，修虛無道；與王喬、伯陽等，論長生法，合不死藥；安能與世俗輩脂韋汩沒，出入生死輪廻間哉？乃盡散其家財與人，僅攜一石鐺而去。繼而梁唐士大夫挹其清風，得識其面，如睹景星慶雲然，爭相交親；先生皆不以為意。深覺仍未能放下一切，乃更謝絕人事，足不下山，矢志潛修，自期證道者有年。」洪先生此記，與《歷世真仙體道通鑑》略同。其上武當山修道，丁親憂，與其天性夙緣，為其最大主要原因，至其進士之第與不第，乃其小焉者矣，不足道也。

武當山一名太和山，屬大巴山脈，在湖北省均縣南，共 27 峰，其最高之峰曰天柱峰，又名紫霄峰，峰巔直與天接，又曰金頂，危岩聳翠，緊峭嶙峋，為道家聖地。山有一天門，二天門，三天門，及東天門與西天門。殿宇以南岩、朝天兩宮為最著，對峰相峙，金碧陸離，遙望之，霞霧迷濛，遠岫隱隱，宛如海市蜃樓。以玄帝殿（又稱金殿）為最高。楹棟拱梲，皆為銅鑄，鍍以黃金，燦燦奪目。餘如會仙樓、仁威觀、紫霄宮等均有可觀。有王子喬、陰長生、呂純陽、張三豐、周巔等遺跡，昔真武嘗修道於此，明永樂中尊真武為帝，故此山又有泰

岳與玄岳之稱。

中國拳術著名海內外之武當派，即由洞玄真人張三豐在此山開創而得名。武當拳屬內家拳，乃修道之助道品，不足以入道也。希夷居武當山凡二十年，於魏伯陽之《周易參同契》，潛修不息，故其集中有「小得參同契，即在此山中」之句。而其「年高伏羲非為壽，悟徹南華亦是迷」之名句，亦即為其武當答洞賓語。二十年，非虛度也！

希夷在武當山，曾撰《玄門秘要》一書，中有云「吾此玄門，以無門為道門，以無玄為至道，以無修為大修，以不秘為至秘。大道之要，在清心寡慾，尊道貴德，以超凡入聖為始基」。又云：「仙道以入道為起點，以聖道為中程。大而化之謂聖，聖而不可知之謂神，神而不可測之謂仙，仙而與日月同光，與天地同流之謂道。」又答虛靜道人云：「道不可道，可道者非道；此為老子旨意。道不可傳，可傳者非道；此為莊子旨意。老子有曰：『人法地，地法天，天法道，道法自然。』此四句五層功夫，便是玄門無上秘要。」故賈德升恒謂「先生平時教人，大抵以『因任自然，無修無為』為第一真詮，而徹根徹底以『做人做聖人』為入手方法，以『了心了性，無意無念』為不二法門」。由此可見希夷先生之最平實一面，而其最平實一面，亦即其最偉大處也。

武當岷山數往還

先生自隱武當初，攜影人間，煉心方外，塵俗全消，神形日化，常往來於天柱峰與九室岩，仙風道骨，超然世表。《釣潭集》中「武當山頭紅日近，乾坤鼎內九重天」之名句，至今尤為玄門中人所樂誦。其玄旨則非丹家過來人，不易得真解。先生潛修武當山，以靈異之事特多，盛譽亦日遂遠揚，卒聞於

後唐明宗。

據《武當搜隱記》云：「希夷先生入山之初，後唐明宗聞其名，親為手詔，召之。至則長揖不拜，對答持論甚高，發人深省，明宗待之愈謹。賜號清虛處士，及宮女三人侍之，先生婉謝。辭歸武當山九室岩，恬默自處，服氣辟穀，煉養陰陽。前後凡 20 餘年，日唯飲酒數杯而已。」其《指玄篇》81 章，《入室還丹》詩五十首，及《玄門秘要》與《釣潭集》，即完成於九室岩。其在山曾修「服氣辟穀」與「日唯飲酒數杯而已」一點，與《宋史列傳》所載同。

唯據《體道通鑒》所記，則此事係發生在遁隱武當山之前。編者趙道一所忽略的，即當後唐明宗召見時，係在入山之初期，辭別後，仍歸隱武當山，一作「遁歸武當山」。《搜隱記》與《釣潭集》之了玄子後跋所述相同，應較可信。《體道通鑒》中尚有一表謝上，其文曰：

趙國名姬，漢庭淑女，身本良家，行尤婉美；一入深宮，久膺富貴，昔在天上，今落人間。臣不敢納於私家，謹用安之別館。臣性如麋鹿，跡若萍蓬，飄若從風之雲，泛如無纜之舸；故特送彼復歸清禁，並附詩上浼聽覽。詩云：「雪為肌體玉為腮，多謝君王送到來；處士不生巫峽夢，空煩雲雨下陽臺。」

以書奏付宮使，即時遁去。辭無矯飾，文極淺明，讀來可使人鄙吝之情自泯，而淫佚之心頓息也。

希夷先生日夕必飲酒，唯從不儘量，每飲僅數杯，多亦不過十數杯而已，以無醉意或小醉即止為度。酒杯不用金玉，多為蟠桃核雕成，品極精雅絕倫，年代愈久者愈名貴，得之不易。先生所自用者，上並刻有「千載蟠桃核。萬古酒一杯」十字。此見之《武當搜隱記》，然徵之《後蜀紀事》，便可證即此

等小事，亦無訛傳。

《後蜀紀事》云：「孟昶時，舍人劉祚獻蟠桃核酒杯，云得之陳摶。」後蜀為五代時十國之一，其始祖孟知祥，於後唐莊宗時為劍南西川節度使，明宗時封蜀王，閔帝時國號蜀，史稱後蜀。知祥卒，子孟昶繼立，後為宋太祖所並。《搜隱記》並謂先生曾遊青城、峨嵋及洞庭、南嶽等地，此亦不無可信。

《老學庵筆記》載云：「邛州天慶觀石刻希夷詩：『我謂浮雲真是幻，醉來舍轡謁高公，因聆元論冥冥理，轉覺塵寰一夢空。』末書太歲丁酉，蓋孟昶時也。」文與可跋云：「此觀都威議何昌一也。希夷從之學鎖鼻術。」故有「謁高公」之言。在灌縣青城山亦有希夷仙跡可尋，此可見於天師洞藏本之《青城秘錄》，所記語錄尤為不少。如其語道士王抱一云：「塞兌閉門，忘言絕慮，抱元守一，神氣相合，為學道之最吃緊功夫。」又云：「抱獨無言，無思無慮，無意無欲，虛極靜篤；心息相依，神氣相注，金水相生，天地相合。為玄修大道之八條目，切不可輕易放過。」皆非常人所能道出

又如其於天彭闕答洗心子問道曰：「終日乾乾，只是收拾此心向裏，不外放心。念不可起，欲不可生，氣不可暴，神不可散；洗心退藏，靜守其一，而冥入於無，則此心自是寂然不動。」繼曰：「寂然不動。則虛靈不昧；虛靈不昧，則神明自生；神明自生，則感而遂通；感而遂通，則神應無方，而應無不驗。故事無不知，理無不明，幾無不見，義無不徹，而妙用無窮也。」（按：天彭闕，一名天彭門，在灌縣灌口山，西嶺上有兩石聳天，對立如闕故名）。先生一生常多先見先知之明，其修養所得，或即出於此乎？

關於鎖鼻術，《青城秘錄》無記及，唯稱其「曾從武當道士學鎖心術」。玄門中有「閉心術」之訣，亦稱「定心術」、「定

神術」。修莊子之「宇泰定」者，恒能得此大定之境，一個人的修持，能入於宇泰定境界中，遠非禪宗中之禪定所可及。道佛門中常謂「坐脫立亡尋常事」，蓋在最高定境中人，恒能生死在乎手，而來去自由也。先生世稱「長睡仙翁」，每一睡可累月經年不起，其道法當係由此門中入，無疑也。

道家先天道，其歷史思想線索，係於先天易學而來，一脈相承，概係先生所傳。四川岷山先天道派傳人羅春浦真人，世稱羅門，其門弟子遍西南各省，與劉門、唐門相埒，唯其著述之富，則稍遜於劉門創始人之劉止唐先生。羅門所傳之「先天道」，就哲學上言，則為先天學，就功夫上言，則一為坐功，一為睡功，一為神功；係奉祀先生為開祖。在岷山有希夷先生祠，又稱陳摶老祖殿，並祀老子及河上公。一提及陳摶老祖，在北方各省，幾婦孺皆知。在成都開道時，概須先迎奉明人所畫之先生神像，儀式隆重，師道尊嚴，功夫立竿見影，神效至極。成都來台人士中，年事稍長而得入其門者，類能道之也。

岷山在四川松潘縣北，其脈自青海巴顏喀喇山，東經甘肅岷縣而入川境，主峰即起頂於此，上聳雲天，難極其目。其跗曰羊膊嶺，先生祠在焉。其下即岷江所出。山脈南下一支為岷山山脈，有青城山、大雪山，其盡處為峨眉山。東行一支為巴山山脈，有左擔山、劍山，其盡處為巫山。祀先生於此，其亦有冠冕天下之意乎？

羅春浦自述係先生之嫡傳，幼時即由一道人攜往武當山學道，首從四書五經讀起，而以丹家易學為主科，在易學中又以《陳摶易學》及魏伯陽之《周易參同契》為神髓。彼在武當住山四十年中，參易煉丹習靜服氣二十餘年，始得先生之「先天無極道」正法。唯辟穀法，據其先師胡玄子云：「此法早已不傳。」由上可知先生道法，於住武當山時，即已西傳至岷山，

且在遷隱華山之前。四川易學之發達，復多散在隱士中，如箍桶翁，賣醬翁等，均受先生之影響甚大也。

川中與先生為友者，尚有陳花子其人，其道則無傳者。據《體道通鑒》云：「陳花子在青山得道，常剪紙花子於市中賣之，只買酒，與陳摶為友，往來青城山人常見之。」其佚事不少，近人易道士心瀅，猶能道先生與花子故事，娓娓動人，唯未及其所據耳。

華山歲月與人同

希夷之由武當徙居華山，年月各書均無可考；時在後周顯德中，則各書皆同。華山亦曰太華山，又名西嶽，在陝西華陰縣，與武當山同為道家列為修道之名山勝地。上有蓮花峰，先生間常棲止其間。據《華山記》曰：「山頂有池，生千葉蓮花，服之羽化，因曰華山。」韓愈詩曾有句云：「太華峰頭玉井蓮，花開十丈藕如船，冷比霜雪甘比蜜，一片入口沉疴痊……」所謂山頂、峰頭，亦即指蓮花峰也，蓋蓮花峰為華山中峰，亦山之最高處。同時《華山記》又有一則云：「王元仲，欲登蓮花峰，約寺僧云：到峰頂當起煙為信，翌日持火而登，僧候之果有煙起，留二旬乃下，僧問之云：峰頂有池，菡萏盛開，其中又有破鐵舟存焉。」此華山蓮花峰之異景也。先生之改隱斯山，要有數存乎其間，其原委據《體道通鑒》載稱：

先生嘗夜立庭間，見金人持劍呼曰：「子道成矣，當有歸成之地。」先生意度金人謂歸成之地，其秋為萬物之所斂而歸者歟？吾其當終隱於西方乎？是時年已七十餘。俄徙居華山，得古雲台觀基，辟荊榛而居之，以契歸成之語。時境內有虎食人，先生至虎自去，自是不為害。………常閉門臥，累月不起。

此與《武當搜隱記》所載略同，唯年已七十餘，作年已

九十餘，接著並多「金者西方，俄、於是歲秋間，徙居華山。攜一驢負書，並一琴一石磴往」數語。《宋史‧陳摶列傳》，謹記曰：「移居華山雲台觀，又止少華石室，每寢處多百餘日不起。」先生善睡，世人皆知，有「長睡仙翁」之稱，並曾有句云：「坐中觀日月，靜裏息乾坤。」「山中無所事，常伴白雲眠。」考雲台觀與少華石室，均為玄門歷代修真之地，於其中羽化登真之士不少。如；「雲台遙望碧天高，風捲太華萬樹濤，若遇蟾光歸月窟，丹霞隱處接金鼇。」即深含玄機道訣於其中也。

希夷居華山不久，隱士種放曾來問道，並謂之曰：「此去蓬萊無多路，華山歲月與人同。」又曰：「家家明月中天照，處處春花遍地紅。」此蓋天地間處處如是，故華山亦如是；華山如是，天地間亦莫不如是，只在日用常行間認取即得。歲月相同，聖凡各別，山水相同，修為各別；能自在會取，自在修為，則天地間，無處不是聖地，亦無處不是道山，故曰華山歲月與人同也。

希夷於華山時，曾遇女真毛女，間相往還。先生集中曾有遇毛女詩云：「藥苗不滿笥，人更上危巔，回指歸去路，相將入翠微。」又詩云：「曾折松枝為寶櫛，又編栗葉作羅襦；有時問著秦宮事，笑撚仙花望太虛。」蓋以毛女自言為秦時人，故有問秦宮事一語。

按《過庭錄》亦稱范文正公祖唐公，贈希夷詩有「曾逢毛女話何事」之句，故當非虛構也。《列仙傳》與《體道通鑒》中均有《毛女傳》，自言為秦始皇時人，《抱朴子》亦曾敘及漢成帝時，有人曾見毛女於終南山，形影如飛，即魚道超與魚道遠二女真。或曰，此謂秦時人，係指後秦，為晉時十六國之一，無可考。或非子虛，姑錄之。

毛女在華山，常住毛女峰，亦曾有詩酬希夷曰：「誰知古是與今非，閑躡青霞繞翠微，簫管秦樓應寂寂，彩雲空惹群蘿衣。」殊清醒可誦，而無人間煙火氣。毛女贈希夷詩中另有名句云：「帝王師不得，日月老應難。」《詩話總龜》則以此詩為成都單妓所贈。二者孰是孰非，除質之先生外，其誰定之？至於仙家所謂「長生久視」之事，言者不知，知者不言。「萬金不換長生訣，千載難逢接命人！」毛女事，不能謂之即無；或謂以其體生毛而名之，非也。

　　《宋史》載：「周世宗好黃白術，有以摶名聞者，顯德三年，命華州送至闕下，留止禁中月餘，從容問其術，摶對曰：『陛下為四海之主，當以四海為念，奈何留意黃白之事乎？』世宗不之責，命為諫議大夫，固辭不受。」世宗令齎帛五十匹，茶三十斤賜摶。此事《資治通鑒》亦有記載，唯摶之對語為：「陛下為天子，以治天下為務，安用此為？」餘無甚出入。

　　據《體道通鑒》載，聞之於世宗者，為其州將羅彥威。拜諫議大夫，固辭不受，世宗不但不以為忤，並「令齎帛五十匹，茶三十斤賜摶」，復賜號白雲先生，還山後，仍詔州縣長吏，不時存問之，蓋所以示禮賢之意。

　　先生深於先天易數，《宋史列傳》亦稱：「摶好讀《易》，手不釋卷。」尤有得於老莊之微傳，長河洛，精術數，明理氣，善觀人。天玄子稱其「有術通天地，無事不先知」。具撥亂反正之才，有旋乾轉坤之略，然不輕用其鋒！歷五季亂，享不世名，而未事一主；與楊凝式之歷事數朝者，不可同日而語也。自晉漢以後，每聞一朝變革，輒顰蹙數日。嘗有詩云：

　　　十年蹤跡走紅塵，回首青山入夢頻。
　　　紫陌縱榮爭及睡，朱門雖貴不如貧。

愁聞劍戟扶危主，悶聽笙歌聒醉人。

攜取舊書歸舊隱，野花啼鳥一般春。

又《華山吹笛記》，錄有其與玄真子詩，意尤清新，詩云：

動愛行雲靜愛山，風光懶困每忘餐。

行仙地上天留命，睡眼觀花霧裏看。

老子騎牛蹤跡渺，莊生曉夢蝶痕殘。

息心不語忘機久，中天明月自團團。

華山在陝西省華陰縣南，亦曰太華山，為五嶽之西嶽。前言「吾其當歸隱於西方乎？」即徙居華山，以其當歸成於西嶽也。太華與少華雄峙，與嵩山太室相垺。山之中峰曰蓮花峰，東峰曰朝陽峰（一名仙人掌），南峰曰落雁峰，世稱華岳三峰者是。又有雲台、公主、毛女諸峰，環拱中峰，杜甫詩謂「諸峰羅列似兒孫」，即指此也。

雲台峰亦即北峰，先生養真之雲台觀在焉！俯視岩壑，壁峭萬仞，白雲環繞，備極奇觀。入山之張超谷，谷口之玉泉院，亦問為先生棲息之所，迄今尚有先生酣臥之後像在焉！「一醉千愁解，一睡萬慮空。」先生非好睡也，蓋欲隱於睡也；故居恒小睡數月，大睡年餘，宴如也。

華山全山各形勝地，皆為道觀，無一僧寺；每年八月後，即冰雪封山，至春末夏初始開，山中道人多以松子黃精為食，壽至期頤而鶴髮童顏者，比比皆是。

少華道險未闢，遊人足跡鮮至，故少華石室先生棲息之時尤多。石壁間圖有先生像，神采奕奕如生，下並刻有句云：「千古仙名垂宇宙，華山神采拂雲煙。」刻者姓名及餘文，均剝

蝕無可辨認矣。

山之蓮花峰頂有金天廟，廟前之「玉女洗頭盆」，相傳為毛女來時，恒在此洗頭。盆實為天然古井，壯似玉盆，泉水清冽滑膩，澄澈可以鑒人。先生與毛女之佚事，不勝枚舉，山中道士與樵子，至今猶每津津樂道之。

虛靈無物自通神

在華山，希夷先生亦偶赴華陰，《東軒筆錄》載云：「一日乘驢遊華陰，市人相語曰：『趙點檢作官家』。摶驚喜，大笑曰：『這回天下定疊也。』按趙點檢係指趙匡胤，趙為人孝友而勇略，從周世宗征淮南、揚州、壽春等地有功，官至檢校太尉，節度歸德，兵權在握。顯德七年出師禦契丹，軍駐陳橋驛，諸將擁朝，乃受周禪，即登位，國號宋，是為宋太祖。距顯德三年世宗召見先生者凡四年。五代之世，擾攘五十餘年，至此乃告一統。希夷嘗自謂「虛靈無物自通神」，世人亦恒稱先生「有術通天地，無事不先知」。此即為其一端也。

此事《仙鑒》記：「一日乘驢遊華陰，聞宋太祖登極，大笑曰：天下自此定矣，遂歸隱華山，不復出，太祖召不至。」先生雖不應召，太祖亦不以為忤，並為詔免華山征捐。相傳太祖微時，曾相與對弈於華山，先生詢以何為注，太祖隨應之曰：「即以華山為注何如？後太祖棋敗。故特為免捐，即賜以華山之意。世傳「輸卻華山一局棋」者，即指此一掌故也。

宋太祖在位十六年崩，其弟匡義繼立，是為太宗。太平興國初，遣使持詔召先生，並賜以詩云：

曾向前朝出白雲，後來蹤跡杳無聞；
如今若肯隨朝詔，總把三峰賜予君。

此次先生曾下山赴召，《宋史》則書為「太平興國來朝，
太宗待之甚厚。」據《體道通鑒》云：「先生將至闕，曾上言求
一靜室休息；上乃賜憩建隆觀，扃戶熟寐月餘方起。羽服華陽
巾草屨垂條，以賓禮見於延英殿，賜坐延問甚久。時上方欲征
河東，先生諫請止，謂非時不貞。會軍已興，上未聽其言。詔
即息於御苑。及兵還，果不利。經百餘日，乞歸山，許之。太
平興國四年，復應召來朝，始云河東可取。及王師再舉，果大
捷，執劉繼元平並州，遂平其地。」由此，可證先生料事如神
之一端矣。

　　大凡先知之事，主在心能虛明而不滯於物，故能慧照空靈
而不蔽於物。心中無一物，自亦無利害之端，無人我之見，故
能神光炳耀，洞燭機先，而料無或失。且先生精於易學，深於
河洛理數，故能算無遺策，而萬世萬變，亦無不盡在個中也。
如先生語賈得升之言曰：「心虛則意誠，意誠則念寂，念寂則
氣定，氣定則神閑，神閑則慧生，慧生則知無不至，而料無不
中，非另有神助也。」又曰：「神人合一之學，只在一心。心外
無道，道外無心。修道，只是修此一心，誠此一心，明此一
心，盡此一心而已！」又曰：「心誠而能虛靈無物，自能感格
神天。天人合一，須自天人感通始；神人合一，須自神人感通
始。無感則無應，無應則無通，無通則不能合一矣。」此見《華
山吹笛記》，理極平易，而奧妙莫窮。

　　希夷還山後九年，帝以其居華山久，復遣宰相宋琪往致意
焉。並曰「摶獨善其身，不干勢利，所謂方外之士也，宜優禮
之。」琪至山，從容相詢曰：「先生得玄默修養之道，可以教人
否？」所謂玄默之道，意即指神仙黃白之術，為太宗遣宋琪往
之主要目的。據《宋史》載，此時「摶居華山已四十餘年，度
其年久已逾百歲矣。」摶以無可告，當對曰：

摶山野草人，於時無用，亦不知吐納養生之術，神仙黃白之事，非有方術可傳；即令白日沖天，亦何補於世教？今聖上龍顏秀異，有天人之表，博通今古，深究治亂，通盛衰之理，審成敗之機，真有道仁明之主也。正君臣同心協力，興化致治之秋。勤行修煉，無以加此！舉凡百事，不但要為天下人著想，尤要能為萬世後人著想！本此直心行去，便是無上修行矣。

琪等聞之，稱善不已。據以白上，太宗以是益敬重之，復召見，並下詔賜號希夷先生。詔曰：

華山隱士陳摶，晦跡丘樊，棲心岩穴，跌宕世表，涵泳道腴。往在周朝，物色幽遁。當應鶴徵之詔，終遂鴻冥之心。自爾以來，多歷年所，超然物外，益見清虛。今復道極玄微，來儀帝庭；不有嘉名，曷彰清範！可賜號希夷先生，以式來茲。

世稱摶為希夷先生，即自此而來。此次召見，據《華山搜隱記》載：先生並勸帝「多致力於文治與聖學」，並謂「取天下以武，守天下以文，制天下以法，安天下以禮，明天下以教，威天下以兵」。以是太宗居恒勤於讀書，每日自晨至酉，得暇輒手不釋卷。嘗命大臣樂史、李昉等撰《太平御覽》、《太平廣記》、《太平寰宇記》三部巨著。有宋一代，文治較優於唐代，學風尤盛，創開宋明理學之局，先生之言，當亦與有力焉。後帝復問「堯舜事業，今可致否？」當對曰：

土階三尺，茅茨不剪，其跡似不可及。然能以仁民愛物為懷，以天下為公為心，以清靜無為為治，以明禮強法為紀。則天下可無兵而強，不戰而威，不治而治；斯即今之堯舜也。聖人之道，貴與時偕新；大易之機，貴通變乘化。能乎此，豈有堯舜事業不可致哉！

其言深得體要，簡約而易操，事少而功多。由是而太宗動容，愈益尊禮有加。上所引對帝語，係據《華山搜隱記》，其

辭與《體道通鑒》所載，文字上略有出入，唯無關宏旨也。通鑒並稱太宗曾與先生屬和詩什，詩則未錄，各書均然。

先生天縱睿智，才華超邁，心懷高遠空靈，性致清淡沖寂，故得洞見幽隱，悟徹玄微。一日宰相宋琪等曾以「先知」之事相詢，先生當告以：「無物心自空，無心境自寂，無知神自清，無念感自靈。如能超於象外，自能得其圜中也。」又曰：「為學務求心活，為道務求心死；心死則神活，心活則神死。故曰起念宜截，生心宜殺！即此之謂也。」

此事後亦得聞於太宗，太宗深然之曰：「此道言也，亦玄言也。其旨深矣！遠矣！」

袖裏乾坤藏天命

宋承唐後，結束五代擾攘之亂，開創兩宋（北宋南宋）三百二十年之帝業，文教鼎盛，學人輩出，太宗之功，固不可滅；而太宗於無形中受希夷博學之影響，實亦不鮮。希夷嘗告太宗問「聖人可學而至否」，曰：「聖人可學而至。」又曰：「聖人之道無他，唯好學不倦，修德不輟而已矣。」太宗生平手不釋卷，並影響及北宋之學風丕盛，即由此一問對而來。太宗對希夷，信重有加，言無不聽，即皇室「建儲」之大事，亦曾相詢於希夷，並即因而取決之，即可想見其一斑矣。

據《郡氏見聞錄》云：「帝以其（指希夷）善相人，遣詣南衙見真宗，及門亟還。問其故？曰『王門廝役，皆將相也，何必見王！』建儲之事遂定。」唯據《體道通鑒》所載，則稱太宗「曾出諸子使覘之」，先生並曾密陳「天命實在章」，而建儲之事，即以是定焉。

《搜隱記》亦謂：「太宗覽天命實在章文，而定儲之事遂決；不立嗣以長，而立三子恒為太子。」後當太宗晏駕時，宣

政使王元佐忌太宗英明，與李昌齡、胡旦等，承皇后旨意，主立嗣以長，而謀立楚王元佐，幸同平章事（即宰相）呂端，力言先帝立太子，正為今日，豈容有異議，並奉太子恒至福寧殿即位，即為真宗。此皆一如先生所料。

　按太宗生有九子七女，長子元佐，少聰慧，貌亦類帝；真宗則為其第三子，字恒名侃，英明奇瑋，沉謀果斷，貌尤出眾。依太祖傳弟之先例及杜太后傳位遺囑，則太宗應傳位於其弟光美（即太祖長子）後再由光美傳位於長子元佐或次子元侃。此一決定，不但光美深表不滿，元佐亦曾力加諫阻，太宗不之聽，竄光美，虐德昭（亦太宗弟），廢元佐。執意唯先生之言是聽，其信重為何如可知也。宋室傳弟之事，亦至太宗而告終。其中原委，當非正史所及，王船山讀《通鑑論》，評此事甚詳，唯亦未一言及於天命章之內幕，以其為密呈，知之者少耳。董大釗詩謂：「袖裏乾坤藏天命，壺中日月隱玄機。」指此事而言也。

　關於建儲密章一事，真宗亦知之，故即位後，於大中祥符四年，祀汾陽回華陰，幸雲台觀瞻仰先生之遺像。詔除其觀田租，召對道士賈得升，賜武子華等紫服。復建聖祖及真宗本命、星官、元辰三殿，又繪遺容於北壁。賈得升復以所賜材建北極殿、無極宮，以為祈真修煉之所。凡此皆所示真宗不忘先生之德也。自建儲一事，深獲太宗旨意，得成定論後，上欲拜諫議大夫。先生志不在此，而在於山水之間，固辭，乞歸山。並進詩云：

　　草澤吾皇詔，圖南摶姓陳，
　　三峰四載客，四海一閒人。
　　世態從來薄，詩情自得真，
　　乞全麋鹿性，何處不稱臣。

詩上，太宗知其為「天子不能臣，諸侯不能友」之孤高隱士，不可強留，即於便殿賜宴，詔宰臣兩禁赴宴，為詩以寵行，並厚賜龜鶴鞍馬束帛，又詔華陰刺史王祚，時就存問，其敬重之情為如何？可知矣。先生居華山，遠近聞之，願屈節操几杖，執弟子禮，終身隨侍左右者，不可計數。先生在山好為人講易，尤喜以無字教人。天玄子謂：「無為天地始，無為造化基；能曉無為用，便與伏羲齊。」良以一無妙萬有，萬有出自無。就道言道，人能守「無」，則無窮造化，自在其中矣。此無字教，即「先天易教」，亦即「老子教」之也。「無極門」中，法無多子。能無極，則萬物皆備於我，宇宙皆備於我矣！

先生返華山後，太宗又常存念之，復再遣中使入山宣召。先生婉謝來使，執意乞居華山。使回具奏其事，太宗無可奈何。在先生看來，大凡修道隱逸之士，首宜超凡塵，脫俗氣；凡事尤宜看得開，放得下；方能談第二步修聖功神化邊事。看不開，則格局不能大，眼識不能大，氣宇不能大；放不下，則心意識不能冥極於無，不能解脫淨盡；人也就難得做一個「自由自在閑道人」。總在富貴功名與現實世界中浮沉，人便永遠無法超凡脫俗，而即現實世界以透出現實世界矣！故先生語舍道子曰：

修道人，須力求多優游於山林之中。多一份山林氣，即少一份塵俗氣；塵俗氣質脫盡，聖賢氣質即油然而生。修道人，唯有優游於天地之中，方能與天地冥合！唯有優游於自然之中，方能與自然冥合。冥合無間，則自與天地為一，與自然為一矣！老子曰：「人法地，地法天，天法道，道法自然。」此亦即夫子「一以貫之」的功夫次第，不可輕易放過。

此為先生不願再出山的內在原因，唯太宗仍不肯放過。稍後，復遣中使齎手詔茶藥等物往山賜先生，並飭所屬太守縣令，

以禮遺之安車軟輪之異數敦迎。先生乃為表婉謝之。表曰：

丁寧溫詔，盡一扎之細書；曲軫宸恩，賜萬金之良藥。仰荷聖慈，俯躬增感。臣明時閑客，唐室書生。堯道昌而優容許由，漢室盛而善存四皓；嘉遁之士，何代無之。再念臣形同槁木，心若死灰。不曉仁義之淺深，安識禮儀之去就。敗荷作服，脫籜為冠‧體有青毛，足無草履，倘臨軒陛，貽笑聖明。願回天聽，長隱斯山。聖世優賢，不忝前古。數行丹詔，徒煩彩鳳銜來；一片閑心，已被白雲留住。獲飲舊溪之水，飽聆松之下風；詠嘲日月之清，笑傲雲霞之表。遂性行樂，得意忘言。精神超於物外，形體浮於雲煙。雖潛至道之根芽，盡陶聖域之水土，敢祈睿眷，俯順愚衷，謹此以聞。

表上，太宗覽至「一片閑心，已被白雲留住」時，知不可強，乃罷，唯仍不時存問寵賜，先生亦無動於衷，蓋心中別有天地在也。閑從麋鹿戲，倦擁白雲眠，山中無甲子，高臥不知年。與「雨過山添潤，風搖斗柄移，嶺梅香暗吐，無事寫新詩。」即可為先生此時在山中生活之寫照。

此種不求富貴不重帝王，與隱逸自安、山林自樂之精神，自可止奔競之情，而袪貪夫之欲也。「日月籠中鳥，乾坤水上漚」。會得此旨，則自能以「天地為橐籥，周流行六虛」。而有洞賓「一粒粟中藏世界，半升鐺內煮山川」之心情矣！富貴云乎哉？

心有神光通萬世

希夷先生雖自隱於仙道之中，縱情於山水之間，然得閑仍潛心於先天易學，及河洛理數，與無極圖像之學，陰陽方技之術，觸類旁通，小大無遺。以是，亦常多神通妙用等神異之跡，留傳於人間。故《體道通鑒》稱：「先生經史浩博，尤精

易學，鑒人察物，辨別聖凡，毫釐不爽。」《宋史・陳摶列傳》亦謂先生「能逆知人意，及預占天機。」蓋心能「虛極靜篤」時，自能與天地相應，與萬物相通；以神會神，以心印心，故能「心有神光通萬世，人間無事不先知」也。

《道林雜記》云：宋太祖太宗龍潛時，與趙忠憲公遊長安市，先生與之俱同入酒肆小飲，趙忠憲公逕坐上席，先生曰：「汝紫微帝垣一小星耳，敢據上位乎？」又周世宗宋太祖太宗同行，先生則云：「城外有三天子氣。」當種放初從先生遊，先生曰：若當逢明主，名動天庭。名者，古今之美器，造物者所忌。子名自有物敗之，終當老隱於南也。後卒如其言。

按：種放，字名逸，宋洛陽人，天資穎悟過人，少時沉默好學，以講學為業，名動一時，從遊者眾，資以養母。放從先生處，得先天圖學與無極圖學，亦從學易。以嗜酒故，常自號雲溪醉侯。其母亦樂道，不喜世務，故後奉母隱居終南山，躬耕自給，終身不娶。所著有《蒙書》及《嗣禹說》。轉運使宋唯幹言其才行，帝詔使召之為左司諫。其母恚曰：「嘗誡汝勿聚徒講學，身既隱矣，何用文為？果為人知，使余不得安處，餘將棄汝入深山矣。」放乃辭，稱疾不起，其母並毀其筆硯，免其再事為文。卒時盡焚其所著，焚書前並整服道衣，聚諸生列飲，酒數行，談笑自若，焚竟自云：「無須留以遺禍後世蒼生也。」端坐而去。先生之學，種為傳人，後當另及之。

希夷佚事甚多，據《體道通鑒》稱：「忠定張公詠為布衣時，希夷一見而奇之。公曰願分華山一半居可乎？曰可。及別去，贈以毫楮。公解其意，曰是將嬰我以世務乎？贈詩云：『征戎入蜀是尋常，鼎沸笙歌救火忙，乞得東南佳麗地，亦應多得鬢邊霜。』後果登第以名動天下。將赴劍南時，有詩寄先生云：『性愚不肯林泉住，剛要清流擬致君；今日星馳劍南

去，回頭慚愧華山雲。』及還，亦有詩云：『人生大抵重官榮，見我東歸夾道迎；應被華山高士笑，天真喪盡得浮名。』忠定晚年疽發於首，並出守升州。綜其一生，凡先生所贈詩，無有不驗者。」此正前所謂「人間無事不先知」也。

　　又如《宋史列傳》言其「能逆知人意」時云：「齋中有大瓢掛壁，道士賈體復心欲得之。摶已知其意，謂休復曰：『子來非有他，蓋欲吾瓢爾。』呼侍者取以與之。休復大驚，以為神。」此事在《華山搜隱記》中亦載及之，唯言「賈休復意欲先生贈一蟠桃酒杯，專往雲台觀謁先生，教請道妙，未敢言及核杯事，恐先生不允。及拜別，先生謂之曰，『子來意不在道，蓋欲吾一蟠桃核杯也。』命侍者取一與之。休復拜伏於地，驚以為神。」此乃遊戲人間事，無他巧妙，心於虛極靜篤中，神思一動，類能感通之，亦即屬於感應原理中之「他心通」者是。《大易》曰：「寂然不動，感而遂通。」我能湛然寂然於內，則有感即通；唯對方心念不動，則不知，心念一動即知。不但對面如是，即遠在千里外，亦恒能「起念即覺，動心即知。」此在道佛門中過來人，皆能信及之。故曰：「虛極天人合，靜極能通神。」非虛言也。

　　《宋史列傳》與《體道通鑒》中，又敘及郭沆一事。謂有郭沆者，嘗夜宿雲台觀下，一日先生於中夜呼沆起，令即歸。沆憚遠而猶豫未決，先生促之，並願與俱，未二里，即遇報其母喪者，沆跪泣不已。先生慰之，因遺之藥，使急返可救。既抵家門，其母果卒，以藥灌服之，遂得蘇。此則較前舉更難矣。又《華山搜隱記》云：「摶正與施肩吾弈於少華石室，忽命侍者曰：『有客自遠方來，速往迎。』果道士李守微自蜀來訪。」李守微者，四川峨眉人，為岷山派之先生傳人，著有《先天道要》，《無極門玄旨》等書，暢言還丹之事。凡此等事，不

一而足。故華山道士蕭無塵頌先生有句云：「心有神光通萬世，手擎日月轉乾坤。」其後楊無為道人曾有《題石室》詩云：

　　玉京高謝黃金榜，石室歸來白鹿車。
　　山後暗通天寶洞，眼前便是地仙家。
　　時聞清夜雲中犬，回視紅塵井裏蛙。
　　五百年前人未到，芭蕉源上鎖煙霞。

　　希夷住華山，亦間遊華陰及其他名山洞天。一日至華陰，華陰令王睦為官清正，有廉聲，視民如子，不妄取民間一財一物。聞先生至，倒屣相迎，並出酒小飲，先生言其更年後當有大災，以其為官積有陰功不少，當得神佑免患，並與藥服之。飲中王睦曾詢先生寢止何處；及離山遠遊時，由何人守護觀宇；先生莞爾以詩答之曰：

　　華山高處是吾宮，出即凌雲跨曉風。
　　台榭不須金鎖閉，來時自有白雲封。

　　睦聞之，愧謝不已。良以隱士有隱士之風光，山居有山居之天趣。據云雲台觀之大門，嘗經年累月不關，先生離山時即丹室亦不之鎖也。昔石屋大師山居時言此中況味有詩云：

　　柴門雖設未嘗關，閑看幽禽自往還。
　　白璧易埋千載恨，黃金難買一身閑。
　　雲消曉嶂聞寒瀑，葉落秋林見遠山。
　　古柏煙銷清晝永，是非不到白雲間。

此即所謂山林隱士之逸趣，輕鬆閒適，優游自在，放下一切，無牽無掛，其樂也融融，絕非富貴中人所能體會到其萬一也。一個人，唯能陶融於自然，方能與自然合一！能放懷於天地，方能與天地合一！冥化於宇宙，方能與宇宙合一！莊周化蝴蝶，蝴蝶化莊周，同在一化中也。

大道無中生體用

雲台峰之雲台觀，係建於唐初，年月不可考。晚唐詩人鄭谷，即曾於斯觀編次其遊華山詩，名《雲台編》，凡三卷，詩饒思致。鎮陽龍興觀道士蘇澄隱，曾來觀從希夷先生習先天無極道坐丹法及精思煉氣之術。宋開寶間，太祖召先生不至，復召蘇往朝，詢攝養之術。蘇當對以「帝王之養生，實有異於草野山人之養生。為人主者，用老子『我無為而民自化，我無欲而民自正』之玄旨，以無為無欲，凝神太和，內聖外王之道，無過於是矣。」

太祖又詢及希夷先生修道之玄旨，蘇對曰：「先生係以造化為爐，以天地為鼎，以日月為藥，以先天為歸。復以無身為身，無生為生，無修為修，無心為心，無意為意，無極為極。非常人之所可得窺其徑也。」太祖稱善，遣返雲台觀。事見蘇著《玄門雜拾》，《對答》與《皇朝通鑒》，小有出入。

蘇又云：「先生直得老子神髓，居恒以無字教人。並曰：『我此門中，一字也無，道亦不立。當無之極，便自無中有物，無中有象矣。』」後來邵子堯夫言天機命理極深之──「忽然夜半一聲雷，萬戶千門次第開；若識無中含有象，許君親見伏羲來」一詩，亦全係老子希夷一脈。

在山中常從希夷遊者，尚有劉若拙、張虛白、混沌道士等，均為宋開寶與太平興國同時人。若拙從先生習服氣，九十

餘猶有童顏，健步如飛。虛白善飲酒，天才敏贍，思如泉湧，佯狂嘯傲，目若無人。曾注先生之《指玄篇》與《釣潭集》，見解超異。對先生之「大道無中生體用，莫從有處起經綸」之句，尤為愛誦，蓋其中有無窮哲理在也。混沌道士則自太祖禪極後，不復見，行蹤無定，並於岷山住二十年，足跡未出羊膊嶺一步。今希夷祠旁，尚有混沌廟遺址在焉。

華山道士，無有不從學于希夷先生者，有之則唯丁少微耳。據《皇朝通鑑》載：「宋太宗太平興國三年四月乙卯，召華山道士真源丁少微至闕。少微善服氣引年，與陳摶齊名。然少微志向清醇，摶嗜酒放曠。雖居室密邇，未嘗往來。少微來謁，以金丹、巨勝、南芝、玄芝等獻上，留數月遣返。」少微性恬靜孤介，好獨坐冥思，善草隸，曾書道經百餘卷。自謂其書法遠不隸先生，先生書法有仙氣縱橫於其間，非人力所能及也。

希夷道高寰宇，故來往中常多奇人異事，亦復滲入不少極富神奇色彩之故事於其中。如《體道通鑑》所稱宋琪、呂洞賓、鍾離子、壺公、赤松子等，均曾數至希夷觀中飲酒賦詩，及陳康肅公堯咨之南庵事，要皆難言矣。唯其所著書，除前所舉之《指玄篇》八十一章，《玄門秘要》與《釣潭集》外，在華山所著之《三峰寓言》、《高陽集》、《河洛理數》，《續入室還丹詩》，與先天無極圖等，均得大昌於世，為道門要籍，實為無可置疑之事。希夷尤精於易學，《宋史》極稱之，其能預知天地氣運，世事演變，與乎未來之吉凶禍福災異，要皆半自此中來也。

賈得升曾謂「先生為學與修養宗旨，係以先天為體，以後天為用；以無極為體，乙太極為用；以大易為體，以老莊為用。」其言極得旨要。李元復詩曰：「為尋希夷知住處，認得先

天是本鄉。」此雖係改用白居易詩，然極中肯綮。又如「無極先天道不窮，壺中日月自玲瓏，三星半落三峰外，便覺華山掃翠空」一詩，亦極饒玄趣。

關於先天與後天，首見於《易》。《易‧乾》曰：「先天而天弗違，後天而奉天時。」希夷先生所傳之易學，為「先天易學」。而其所傳之道，世亦稱「先天道」。所謂先天易，亦即伏羲氏之易也。乾寶《周禮》「太卜掌三易之法」。注曰：「伏羲之易，小成為先天；神農之易，中成為中天；黃帝之易，大成為後天。」路史謂「伏羲氏之先天，神農易之為中天，神農之中天，黃帝易之為後天。」先生再丹道煉養中。亦重先天，而不重後天，故世稱「先天道派」，實即老子道也。如其語種放曰：「先天者，道之體；後天者，道之用。」又曰：「天地萬物未生未形前為先天，天地萬物已生已形後為後天。」「為學致用，貴乎立本，本者，先天也，本立而道生，道生而德備，德備而萬物治矣。」

正如天玄子之《玄門秘要》曰：聖人以天地萬物人我為一體，以宇宙終始死生為一條。故能同天地，合萬物，一人我，通宇宙，貫終始，合死生。而復歸於一，冥合於無，返還於虛。虛者，一之所存，無者，一之所自生；一者，太極也；太極者，天地之心，造化之原也。

無非真無，無中有有；真無則天地或幾乎息矣。言無極者，所以明天地萬物之始生，皆根於無也。至虛之極則靜，至靜之極則無，至無之極則動，動則一生焉。一者，太極也。故無極之為道，在太極之先而不為先，生天生地生萬物而不為大，生生不息妙化無形而不為神，終始天地條貫宇宙而不為久，神通變化妙用無方而不為奇。

由上可知希夷之道大，與希夷之學難窺也。道家中人物，

皆宗老子，以自隱無名為務。務名則足以累道，務用則足以累生，務利則足以累身，務知則足以累神。無所不務，則無所不累；一無所務，則一無所累！而得解脫塵鎖，透出樊籠，而自在逍遙矣。故白居易詩亦曰：「習隱將時背，干名與道妨。外身宗老氏，齊物學蒙莊。疏放遺千慮，愚蒙守一方。」又其《讀老子道德經詩》云：

> 玄元皇帝著遺文，烏角先生仰後塵。
> 金玉滿堂非己物，子孫委蛻是他人。
> 世間盡不關吾事，天下無親於我身。
> 只有一身宜愛護，少教冰炭逼心神。

此詩雖未得老子之最上一乘玄旨，然亦可由此窺見其後來學道與煉丹之初意所在。道家教人，大抵亦以此為入門處。由此入，方能超然世外，超然物外！並由「有我而無我」，復由「無我而有我」，最後復「通有無為一」而入於「玄同境界」，亦即「先天境界」。使人能由超凡入聖，而超聖入神，而超神入化，而與化為體矣！此亦可以說，即為先生平時教人之功夫次第。

在此種境界中人，自能獨與宇宙精神往來，獨與造化精神通消息。天人感通，神人感通，迄乎天人合一，神人合一，皆須自此中修來。良以無為天地之始，萬德之母，萬物之基，萬法之本，體用兼攝，造化同融也。

兩宋理學開先河

世稱希夷學脈之傳承，較主要者凡三。一曰無極圖學，一曰先天易學，一曰玄門丹學。前二大學旨，並因之而開兩宋理

學之先河。玄門丹學，實即出於無極圖與先天易，為希夷別傳之學。無極圖本之於河上公所傳，周濂溪得之，顛倒其序，而易名為太極圖，並補太極圖說，周子不但為宋六子之巨擘，且亦被世人尊為兩宋理學之開祖。而其圖實為希夷所傳。邵堯夫之先天易學，亦同為其所傳出，故世又恒直稱為「陳摶易學」者（《清史‧王夫之傳》即如是舉稱）。其傳承系統，據黃宗炎《晦木太極圖辯》云：

考河上公本圖名無極圖，魏伯陽得之以著《參同契》，鍾離權得之以授呂洞賓，洞賓後與陳圖南同隱華山，而以授陳，陳刻之華山石壁。陳又得先天圖於麻衣道者，皆以授種放。放以授穆修與僧壽涯，修以先天圖授李挺之，挺之以授邵天叟，天叟以授子堯夫。修以無極圖授周子，周子又得先天地之偈於壽涯。

壽涯之先天地偈原旨，亦係陳摶與種放一脈相傳。凡先天之教，皆出於易老，秦漢以來，方士與道家中人類能言之，而由希夷首傳其秘。其先天無極圖首在明天地之根源，究萬物之終始，參丹道之煉養，極自然之化育。黃宗炎云：「周子得之，而顛倒其序，更易其名，附於《大易》，以為儒者之秘傳。」北宋二程，曾師事周子，唯所得不多；迄朱子集理學之大成，而大尊之，並極闡其圖學，不遺餘力，認聖人之道，端在是矣。

清朱彝尊撰《太極圖授受考》，亦云斯圖之傳，是出於陳摶。並溯其源流，認唐代即有。實則應更遠溯之河上公，玄真子曾謂：「河上公傳老子之學，並傳無極圖。書存而圖無可考。」此蓋圖在於功夫授受，重口訣而無文。至先生恐其久而湮也，遂刻之於華山石壁，因得以廣事流傳不絕。朱氏之《太極圖授受考》有云：

　　自漢以來，諸儒言易，莫有及於太極圖者；唯道家者流，有《上方大洞真元妙經》，著太極三五之說；唐開元中，明皇為序；而東蜀衛琪注《玉清無極洞仙經》，衍有無極太極諸圖。按陳子昂感遇詩云：「太極生天地，三元更廢興，至精諒斯在，三五誰能徵？」三元本《律曆志》陰陽至精之數，三五本魏伯陽《參同契》。要之，太極圖說，唐之君臣，已先知之矣。

　　陳摶居華山，曾以無極圖刊諸石。為圜者四位五行，其圖自下而上：初一曰玄牝之門；次二曰煉精化氣，煉氣化神；次三五行定位，曰五氣朝元；次四陰陽配合，曰取坎填離；最上曰煉神還虛，復歸無極，故謂之無極圖，乃方士修煉之術也。相傳摶受之呂岩，岩受之鍾離權，權得其說于伯陽，伯陽聞其旨於河上公。在道家未嘗詡為千聖不傳之秘也。

　　元公取而轉易之，亦為圜者四位五行，其圖自上而下；最上曰無極而太極，次二陰陽配合，曰陽動陰靜；次三五行定位，曰五行各一其性；次四曰乾道成男，坤道成女；最下曰萬物化生。更名之曰太極圖，仍不沒無極之旨。由是諸儒推演其說，南軒張氏謂為元公自得之妙，蓋以手授二程先生者，自孟氏以來，未之有也。晦庵朱子謂先生之學，其妙具於太極一圖。

　　周子之太極圖說，朱子特為注解，推崇備至，並謂「得千聖不傳之秘，孔子而後一人而已」。全祖望亦云：「予謂濂溪誠入聖人之室，而二程子未嘗傳其學。」許白云答客問有曰：「太極圖原出於《易》，而其義則有前聖所未發者，周子探大道之精微，而筆成此書。」玄真子則曰：「周子之太極圖，原出於希夷之無極圖；希夷之無極與先天數，均原于易。周子為其圖書之傳人，邵子為其數學之傳人。希夷之學，至二子而大昌，後世傳其學不絕。」其言得之。

　　易學為中華文化之源，而深潛於易道者，實莫過道家。希

夷先生則獨得千古來道家不傳之秘而傳之，故其有功於儒道二家文化者，實非淺鮮也。

關於邵子之先天易數，係得之於希夷，不但道家中書多有記載，據《宋史‧邵雍本傳》亦有云：

邵雍，子堯夫，其先范陽人。父古，徙衡漳，又徙共城。雍年三十，遊河南，葬其親伊水上，遂為河南人。……北海李之才，攝共城令，聞雍好學，嘗造其廬，謂曰：「子亦聞物理性命之學乎？」雍對曰：「幸賜教！」乃事之才，受河圖洛書伏羲八卦六十四卦圖像。之才之傳，還有端緒。而雍探頤索隱，妙悟神契，洞徹蘊奧，汪洋浩博，多其所自得者。

北海李之才，即前說之李挺之。挺之則係受於穆伯修，伯修受之於種放，放受之於希夷先生，此為其學脈之源流；黃百家亦謂邵子之「先天卦圖，傳自陳摶，摶以授種放，放授之才，之才以授先生（指堯夫）。」故邵子之學，上溯其師承，實亦希夷先生之所傳也。

《道門雜記》云：「希夷精易，不主文王之後天易，而主伏羲之先天易。配以河洛理數，而開先天象數之學，深明天地之運化，陰陽之消長，氣運之盈虛，世變之大數。故恒能預知古今未來，億中如神。連其先天圖與無極圖，並以傳種放，放傳先生象數之學于李之才，之才傳于邵雍；皆不世之逸才也。」堯夫曾兩以遺佚被薦，授官均不赴，嘗自號安樂先生。曾作先天卦點陣圖，並著有《皇極經世》、《伊川擊壤集》、《觀物篇》、《漁樵問答》等書名於世。與濂溪及二程、橫渠、晦庵五先生，共被世人尊為宋六子，而構成為兩宋理學之洪流，融儒道於一爐而創開新儒學，祖述源流，實應尊希夷先生為兩宋理學之開祖也。

關於太極圖之授受源流，除上述諸說外，《宋史‧儒林傳‧

朱震傳》亦有載及。《朱震傳》云：震經學醇深，有漢上易解。
其《經筵表》有云：「陳摶以先天圖傳種放，放傳穆修，修傳
李之才，之才傳邵雍。放以河圖洛書傳李溉，溉傳許堅・堅傳
範諤昌，諤昌傳劉牧。穆修以太極圖傳周敦頤。」此言修以太
極圖傳周子，更易其名者，是否始自穆修，無可考，唯更易其
序，改由下而上之序，為由上而下之序，始自周子之太極圖
說，則可信而無疑。其圖則周子所傳之太極圖，與希夷先生所
傳之無極圖全同；不同者在說。此圖並見之於《道藏》，《道藏》
上方大洞無妙經品中之先天太極圖，與希夷之圖全同，該經並
有唐明皇御制序，應係唐代之作無疑。同時，《道藏》中呂純
陽八品仙經圖中之第一品圖，亦與此圖同（前三圖圖見卷一，
頁一八、一九。呂圖見本文末）。故謂洞賓于華山傳之希夷，
自當可靠（參卷一第一篇）。

洞賓八品仙經圖之第一品圖，與上方大洞元妙經品之先天
太極圖，在玄門丹宗亦稱無極圖。陳致虛曰：「先天太極者，
即無極也。太極未形之先，渾渾沌沌，鴻蒙未判，陰陽未分，
混元一炁，無形無象，無聲無臭，斯既無極。亦即太極之先
天，圖無可圖，象無可象，故只能以一圈象之。迄由無極衍而
為太極時，陰陽已形，其為圖也，負陰而抱陽，此世之所謂太
極也，亦可命之曰後天太極。」

其圖上溯實脫胎於漢魏伯陽之《周易參同契》，伯陽得傳
自河上公。黃百家曾云：「周於太極圖，創自河上公。……河
上公本圖，名無極圖。」河上公師傳自老子，老子注本至今猶
存有纂圖本，河上公《道德經注》則無圖。魏伯陽之《參同
契》，世稱為丹經王，原有圖，今坊間流行本，則均被刪削，
刪自何人，不可考。

據毛奇齡《太極圖遺議》云：「《參同契》諸圖，自朱子注

後，學者多刪之。唯彭本（按即彭耜本）有水火匡廓圖，三五至精圖等。周濂溪太極圖之第二圖，即取《參同契》之水火匡廓圖。第三圖即取《參同契》之三五至精圖。」實則濂溪先生之太極圖與希夷先生之無極圖。完全相同，無稍更易。所不同者，只是在文說上顛倒其序而已。黃百家謂無極圖之義係在自下而上，以明逆則成丹之法。周子之太極圖，係在自上而下，以明順而生人之說，其說同不可厚非。

唯究極論之，希夷無極圖之奧義所在，旨在明天道。因天道以垂丹道，故主逆修。易，逆數也。老子哲學重「反」，重返還，皆取「逆用原理」（亦即反用原理），其「人法地，地法天，天法道，道法自然。」亦即為逆而上修之基本原理。周子之太極圖，旨在明人道，本人道以合天道，故主順成，並盡捨丹家修煉之說，以其有乖道家之上乘旨要，屬小術而非大道也。此在黃百家亦曾慨乎言之。

《華山搜隱記》云：「穆修少時，嘗隨種放來山謁先生，侍立極恭。先生曾語之曰：『大抵有心求富貴，到頭無份作神仙。』又顧種放曰：『龍潛海底寧憂釣，鶴上九天豈患羅。』視穆修久之，曰：『他日器也，當可聞道。』後穆修卒得放之所授。」按：穆修為宋之渾州人，字伯長，於真宗時，賜進士出身，累官穎州文學參軍，後徙蔡州。性剛直耿介，博學多聞，得放傳道，而不能盡捨名利，遁隱深山，其修持則不如放遠矣。希夷善相人，其言當有因也。修邃於古文，一時士大夫言文辭者，必推曰穆參軍，有《穆參軍集》行於世。

道則僅傳李之才，臨終囑之曰：「慎所受，汝當為名吏，斯道後當大昌，唯非自汝也。」之才後聞堯夫名，親造其廬，一見即驚為奇器，當以所得者，傾囊相授。堯夫尤能聞一知十，深造玄微，常多獨得之妙。

李溉，自署散原道人，與種放同隱終南山，習河洛理數。性沖寂，寡言笑，善推先天大數。曾示許堅以陳摶老祖有言曰：「河圖之運行，其序自北而東，左旋順行而相生。其對待之位則相剋。相生之中，恒寓相剋。蓋造化之妙，在生必有剋；生而不剋，則所生者無從而裁制矣。」又引其言曰：「洛書之運行，其序自北而西，右轉逆行而相剋。其對待之位則相生；相剋之中，恒寓相生。蓋造化之妙，在剋必有生；剋而不生，而所剋者必趨於滅絕矣。」又引其言曰：「天地之間，凡事莫不相對相生，相生相剋，互為倚伏。利生於弊，害生於恩，禍生於福，福生於禍。一利一害，循環周生而不息，盛衰治亂存亡，亦復如是。物不可極，極則必反，乃天之道。」希夷此三段傳授，實為河洛與易數之精蘊所在。邵子所述先生之河洛理數，其大要亦不外是。天道人道，莫不盡賅而無遺矣。

關於河圖洛書之順行逆行與相生相剋一點，係為宇宙間之一大定理與不變之定律。一順一逆，一正一反，一動一靜，一生一克，一陰一陽，一消一長等等，皆互為對待，互為倚伏；宇宙間萬物（疑為「事」）萬物，亦莫不相對以生，相待以存，相涵為體，相須為用。有順必有逆，有正必有反；現代科學家甚至謂尚有一「反宇宙」存在，蓋以現存之宇宙為「正宇宙」也。有順行之正宇宙，則必有逆行之反宇宙，方能收制衡之效於無形。生剋動靜之理亦然。唯河洛精蘊，尤在於數。

無極太極之學在明理，河圖洛書之學在明數。濂溪傳圖書，邵子傳數學，在兩宋理學上，均各有千秋，且亦復均有聖人氣象。正如邵子詩所謂：「廓然心境大無倫，盡此規模有幾人？我性即天天即我，莫於微處起經綸。」此非自家於修道中體認有得者，難能道得出來。

道家中人，以其能見得大，守得大，自能不為富貴功名所

動。故於天地間，常能心定神閑，虛極靜篤；久久養得純厚，自能寂然不動，湛然虛靈；而看得天下事理精明，算得未來運會準確，凡事有若先知。過來人，便知靜極了，自家自然會如是，並非冥冥中有神在。一個到了「我性即天天即我」時，不但人天合一，且時空亦打成一片，而心中另有天地在矣！

據安徽《九華山志》載稱：陳希夷先生，與呂洞賓、李琪、張果老等。時會於九華山勝跡之紫雲觀及浙江天目山紫雲觀，均值希夷先生來住之時，蓋先生預知天地氣運流行，演變先天易數，明天人合一大道。邵康節親受李之才所傳自先生之大易道術，復據河洛原旨，著成《皇極經世》，闡揚易理傳世，參贊造化多矣。《宋史·陳摶傳》亦云：「華陰隱士李琪，自言唐開元中郎官，人罕見者。關西逸人呂洞賓，有道術，百餘歲而童顏，步履輕疾，頃刻數百里，世以為神仙，皆數來摶齋中，人咸異之。」故前稱呂傳陳以無極圖等，當非虛構，因呂祖年譜與《呂祖全書》中，均亦曾提及之。

《呂祖全書》云：「雍熙間，呂祖同劉海蟾西遊華山，教希夷以養神煉精出神訣法。……高隱華山（指希夷），自稱蓮峰道士，得蟄龍法，恒長臥不起。呂祖與海蟾時往過之。祖贈以詩云：『蓮峰道士高且潔，不下蓮宮經歲月；星辰夜禮玉簪寒，龍虎曉開金鼎熱。』並勉其及時溫養，借睡全真（下略）。」

《匣記》中云：「呂祖在華山，曾授希夷以三元丹法，先天隱訣，及太上混元無極圖。陳刻無極圖于石壁，時種放侍，謂之曰：『此圖法後當大昌，逢南則止，遇水則行。汝長隱而章。』」丹經中有太乙混元無極妙經，佚其著者與傳人，是否即為先生所傳之無極圖，則不得而考矣。

《兩同通書》載有希夷先生與種子之語數條，義極精圓，特錄之。

天地始於無，無形無象，無有無名。故道不可道，可道非道；道不可傳，可傳非道。

先天有「無」，無有無「無」，亦無「無有」，亦無「無無」。由無生有，有即為一，一即太極，一分為二，陰陽判矣。陰陽交而生三，三生而遞至無窮，萬物出矣。出於無，原於一，衍而為萬，萬複歸無。故天地萬物以一為本，以無為體。

天地萬物，莫不由無而生，由一而分。易有太極，是生兩儀，一分為二也。兩儀生四象，二分為四也。四象生八卦，四分為八也。再分而六十四卦，卦立而象在其中矣。六十四遞分而至於無窮，數在其中矣。象數變化，幾在其中矣。幾動而盈虛消長見，理在其中矣。幾發而吉凶悔吝生，義在其中矣。幾彰而禍福存亡著，運在其中矣。當其未彰未發未動之前，幾不可見，而神在其中矣。神無方而象無體，道無極而數無窮。極天下之幾，窮天下之理，原始要終，明體通變，而易在其中矣。易行而先天地之心見，妙造化而生生不息，體物而不遺，應物而不傷，悠久而無疆，道在其中矣。

此全是希夷先生衍老子之「無字教」。老子開宗明義即說：「無，名天地之始，有，名萬物之母。」又曰：「常無，欲以觀其妙。常有，欲以觀其徼。」老子之「歸根復命」、「歸真返樸」、「返樸還醇」，其旨要全落在「復歸於無極」一語上。由無生有，由有返無，與由無而有，有復歸無，乃道家宇宙論與本體論之中心主旨所在。濂溪先生得之，衍之為「無極而太極」與「太極本無極也」。觀乎上文，即知其與希夷先生之學旨一貫，並因太極圖說一文，而建其儒家之宇宙論與本體論以至人生論，妙契無間，誠不愧為聖人之徒也。

是故天玄子曰：「自古聖賢修為法，全憑無字用功夫。」又曰：「先天大道一字無，無心無意是功夫。」無心無意者，非真

無也，係指無心之心，無意之意，無念之念，無神之神；以此用事，則可不慮而知，不行而至，不修而得，不為而成。所以者何？在「道法自然」，不假人力於其間，而能自知自至自得自成也。《華山搜隱記》載，「先生一日語名逸與得升」（按：名逸即種放）有云：老子曾謂「聖人常無心（按：各《道德經》本均作聖人無常心），以百姓之心為心。」此乃就聖王之治天下而言也。就修道人而言，則應曰「道人無常心，以天地之心為心」。是故人心一動，人欲一起，即須截斷。觀天地無天地，觀萬物無萬物，觀人我無人我，觀世間無世間，則此心自即寂然不動，雖有心而似無心矣！此為道門無心法要。

道心乃清靜不動、湛然渾然之心，無心之心也。人心乃思慮營營、憧憧往來之心，有心之心也。聖人之心常靜，雖應亦靜，常應常靜，是乃真心用事。凡人之以為常動，應固動，不應亦動，是乃妄心用事。截斷心頭，即在於心動之先，從念頭起處截斷。亦即在喜怒哀樂未發時截斷，使其不動不起不發，此即是先天境地與無極境地。

修行人欲至此境地，孔門中可從克己復禮歸仁做起。下手則在顏子之四勿，即非禮勿視，非禮勿言，非禮勿聽，非禮勿動。謹乎外，戒慎恐懼，不敢有違，則存乎內者，便自止於至善之地，純然一片天理流行，而此心亦即天心矣。故修道人，切忌人心用事，務宜道心作主，先明其道心，再存其道心，而去其人心，滅其人欲；操存既久，自然純熟，人心退聽，道心用事，自能常應常靜，常用常無。此乃大聖大神，內外合一之道也。此內外合一之道，亦可以說卻是動靜合一之道。修天人合一之功，不從此中入，便無下手處。且欲變化食色之性，變化氣質之情，使返歸於本然之性，而上合天地之性，長與造物者遊，亦捨此蔑由矣！

書法千古稱神品

賈得升在華山，嘗語人曰：「我先生無事不超人，故能與天地同大。作書作畫，無不筆勢奇偉，銥厲奇崛，風路險峻，妙契自然。」又曰：「先生字畫，剛勁挺然，有雷霆萬鈞之勢，有筆撼五嶽之氣。要非天地輪誠，造化鍾靈，便難能有此振古邁今之奇蹟也。」希夷先生之書畫，畫則絕難得見，書法亦極稀有。

黃龍山人亦曾以「書法千古稱神品」頌先生，平實論之，先生在書法中之地位，確較秦之李斯、漢之蔡邕、張芝、魏之鐘繇，晉之王羲之、王獻之父子，初唐之歐陽詢、虞世南、褚遂良，與盛唐之李邕、張旭、顏真卿等諸名家，有過之而無不及。歷代名家書法，均可學而至．希夷之書，得之神功，別有仙致，故不可由學而至。

近人康有為於北魏用力極深，後一度曾學先生體。亦僅得四五分形似耳。先生書法，現仍流傳人間可得一窺究竟者，唯衡山趙恒惕先生所保存之一聯。唯一向不肯輕易示人，去歲夏秋之間，與張大千、馬壽華、張維翰、梁寒操、賀衷寒、與余等十數輩，擬發起籌建「陳希夷祠」，始以複製品公之於世，然為數亦極有限。其聯為：

開張天岸馬　　奇逸人中龍

見者無不歎為觀止，確具有聖功神化、天造地設之極致，大氣盤旋，勢走龍蛇，譽之為千古神品，實不為過。聯之旁端，明成祖國師沙門道衍，題有「希夷仙跡」四字。北宋大書家石延年觀後曾題詩云：

希夷先生人中龍，天岸夢逐東王公。

酣睡忽醒骨靈通，腕指忽忽來天風。

鸞舞廣漠鳳翔空，俯視羲獻皆庸工。

投筆下拜稱技窮，太華少華白雲封。

　　是詩署康定庚辰歲十二月十四日，原跡裱存於希夷一聯之
上端。羲之在唐時即有書聖之稱，獻之為其第七子，亦擅書，
唐張懷瓘品次書家，於草書曾置獻之於羲之之上，今延年竟謂
「俯視羲獻皆庸工」，由此亦可想可一斑矣。

　　按：石延年，字曼卿·宋之宋城人，性倜儻，尤任氣節，
明辨是非，不苟許人，文筆勁健，聲光譁然。真宗時官大理寺
丞，仁宗遷太子中允。其在書法之地位，備極崇高，故其貶抑
二王在希夷先生之下，當非諛詞。

　　朱文長《墨池編》稱其書法有云：「曼卿正書入妙，尤善
題壁，不擇紙筆，自然雄逸。」陳繼儒亟稱其大字妙天下。王
氏《直方詩話》亦言其以書法名世，大字愈妙，而龜山寺所書
三佛名榜，最為雄偉。其榜係捲氈濡墨而作，字大方丈，一掃
而成，人以為絕筆。故蘇東坡云：

　　「曼卿大字，愈大愈奇。張文潛詩云：『煌煌三佛榜，鐵貫
金石鈕。張開官室正，渾實山嶽厚。井水駭龍跧，蟻封觀驥
驟。』真能道其妙。」延年卒，范仲淹為文誄之曰：「延年之
筆，顏筋柳骨，散落人間，實為神物。」歐陽修亦有詩云：「延
年醉題紅粉壁，壁粉已剝香煙煤，河傾崑崙勢曲折，雪壓太華
高崔嵬。」

　　其為名流推許如此，而傾服於希夷先生之書法者，又如彼
之甚，黃龍道人許之以「書法千古稱神品」，當不為過。

　　祝嘉著《學史》中論宋朝之書學時有云：「陳希夷書，流

傳無多，然其『開張天岸馬，奇逸人中龍』石刻，字大盈尺，逼真石門，恐山谷見之，亦當退避三舍。石門銘本有『龍』字，而學『隴』字右旁之龍字，（走翟）筆允為難能而絕妙。宋代書家神通廣大如此者，吾見亦罕矣。」所評實深中肯綮。蓋先生之書，獨得之於山水清韻與天地靈氣者特多，故能如飛龍舞天，妙干造化也。

近代名書家曾熙、農髯觀後手注云：「此十字冊，向藏嵩山，好事者改為十字聯。海內轉相句刻，但具皮相。今觀墨蹟，直使古今書家，一齊俯首！蓋別有仙骨，非臨池所能。」此數語，真可謂為先生在書法上之知己矣！

髯老繼跋云：「此物李文潔得之。歡天喜地，因以所藏乾隆舊錦付裝池，乞熙詳題。未一月，康長素假去，苦索未歸，及文潔歿，始歸之。置熙篋，又兩載，卒以建造玉梅花庵乏款，遂以之讓與彝午世友。此物既為文潔、長素與熙所寶愛。願世友秘之。」前注署癸亥八月，此跋署癸亥十月。跋中所提文潔即梅庵，一字笏庭，自號天岳樵夫。長素即康有為，字更生，長素其號也。彝午即衡山趙恒惕老先生，亦常署為夷午、炎午；為人恬淡沖寂，晚年更爐火純青，飄逸絕塵，見之者咸稱其有仙風道骨，工隸書，為當代巨匠。對希夷先生此聯，視為國寶，珍秘逾恒。

庚子春，夷老擬將希夷先生此聯影印行世，得款用作興建陳希夷祠之基金，曾親自書題長跋，古茂挺健，謹嚴蒼秀，鋒穎逸發，神理超妙；得未曾有，要亦為神來之筆所處也。其跋云：「『開張天岸馬，奇逸人中龍』墨蹟，為宋陳希夷所書。按是聯略有三奇：相傳宋太祖趙匡胤，微時在華山與希夷對弈，夷詢以何為注？太祖戲曰：即以華山為注何如？太祖棋敗。後即帝位，為希夷令免華山征捐，世所謂『贏得華山一局棋』是

也！是人奇。宋書家石曼卿延年，謂是聯『俯視羲獻皆庸工』，清書家曾農髯世伯熙，更謂是聯『直使古今書家一齊俯首』，是書奇。是聯造語豪邁，破石驚天，是語奇。抑有進者，凡盛朝開國，恒有高人奇士，點綴其間，為江山生色。如嚴子陵之于漢光武，虯髯客之于唐太宗皆是。是聯存吾篋數十年，無人言及。近張岳軍先生屢促影印，小兒佛重，遵即印就。而此聯出，英光逸氣，儼如嚴子陵、虯髯客之重履人間。」宋初名聯，今猶重得出於人間，希夷先生有知，其亦當莞爾矣。

華山處士留眠法

希夷先生在武當山時，即曾得「睡丹訣」於鹿皮處士，居恒寢處月餘不起。改隱華山後，復得洞賓所傳之「蟄龍法」，及「姤復契睡丹訣」；因而睡功大進，超前絕後，獨步千古。《華山搜隱記》云：「先生在山，恒以睡為隱，小睡數月，大睡經年不起，世有長睡仙翁之稱。」一日壺公訪先生，以正在睡中，久未得見，洞賓語之曰：「摶不欲見公，故以睡拒耳。」又曰：「摶非欲長睡不醒也，意在隱於睡，並資修煉丹養，非真睡也；唯非得姤復契睡訣者，不足以語此。」睡中忘歲月，無夢解千愁。

莊子謂至人無夢，修睡丹者，不能有夢，由睡而使靈根能得大定，先定其身，次定其心，次定其息，次定其神。且復無出無人，無意無念，無生無滅，方能返樸全真。唯因有丹家之內煉功夫在，故遠非禪宗之禪定，或世人所恒稱之老僧入定可比，所謂「姤復契睡丹訣」，亦可釋之為先天胎息法；所謂「蟄龍法」以現代語言之，亦可釋為教人效法動物之冬眠。現西方科學家正在研究人類如何能效法動物之冬眠，且謂大有益於人類之長生不老，故不可對先生之善隱於睡，即以神秘虛無之事

視之，何況較之冬眠，不啻又有天壤之別矣。

　　邵堯夫先生之《天根月窟》詩，或亦即由於先生此一千古不傳之道脈而來。堯夫詩云：

　　　　耳目聰明男子身，鴻鈞賦與不為貧。
　　　　因探月窟方知物，未躡天根豈識人。
　　　　乾遇巽時觀月窟，地逢雷復見天根。
　　　　天根月窟閑來往，三十六宮都是春。

　　此詩最富玄機神理，又富晦澀美，歷代解者千百家，理學家與丹道家，無不各具其勝義。如能由此詩契入，即可悟得先生「姤復契」三字之微傳矣。

　　姤復契睡丹訣，《吹笛記》中存其名，並謂與「蟄龍法」同為先生得之於呂祖者，訣佚無可考。蟄龍法則道書中多載及之，其法有云：

　　　　龍歸元海，陽潛于陰；人曰蟄龍，我卻蟄心。
　　　　默藏乾神，真息深深；白雲高臥，世無知音。

　　道門語要注：此於流傳略有不同，當注意。

　　呂祖並稱希夷為「真得睡仙三昧者」，並曾題一律以表之，事見《呂祖全集》。其詩曰：

　　　　高枕終南萬慮空，睡仙長臥白雲中。
　　　　夢魂暗入鴻蒙竅，真息潛施造化功。
　　　　玄訣誰知藏混沌，道人先要學癡聾。
　　　　華山處士留眠法，今與倡明醒眾公。

明陸西星先生並為之跋曰：「或言希夷先生別有睡訣傳世，其所傳者皆偽書也。」隨之《象辭》曰：「君子以向晦入宴息。」夫不曰向晦宴息，而曰入宴息者。其妙處正在入字，入即睡法也。以神入氣穴，坐臥皆有睡功，又何必高枕石頭眠哉？三十二字蟄龍法，益使人豁然大悟。呂翁表而出之，其慈悲之心，即糾謬之心也。其所言別有睡訣傳世，皆偽書者，實亦不可一概而論，唯蟄龍一法，確極高妙玄微。

又據《搜隱記》言及玄門五龍蟠體睡功訣時有云：「五龍蟠體睡功訣，傳者未留姓名，當本之于陳希夷先生之蟄龍法，則不言可知。」《吹笛記》所載該法，文淺而易明，法簡而易行，世人恒多習之者。四川岷山派羅門所傳先天道睡功，除口訣略有出入外，大抵無甚差異。羅門則直指係肇希夷法脈者，故當為先生所傳無誤。其訣云：

東首而寢，側身而臥，如龍之蟠，如犬之曲，一手曲肱枕頭，一手直撫臍珠。一隻腳伸，一隻腳縮。顛倒乾坤，凝神寂照。未睡心，先睡目。誠意在前，止念在後。致虛極，守靜篤。神炁自然歸根，水火自然既濟。不調息而息自調，不伏氣而氣自伏。三車運轉，復歸無極。依此修行，七祖有福。陳希夷已留形於華山，蔣青霞曾脫殼於王屋。

按：蔣青霞嘗自號王屋道人，南宋終南山人，又署終南樵夫。於終南坐而論道者垂三十年，唯不欲以詩文名也，稿多自焚。最後羽化於王屋山之接天壇。王屋山在山西陽城縣西南，河南濟源縣境內，為道家勝地。山有三重，其形如屋，相傳為黃帝訪道處，東有日精峰，西有月華峰，中有黑龍洞，洞前有太乙池；接天壇則在山之最高峰頂，矗聳入雲。全山風景絕佳，仙人岩壁立千仞，下臨深壑，尤為幽寂宜人。青霞是否為希夷所傳，抑同為呂翁所傳，不得而知。唯據上文最後直呼二

公之姓名而言，則又似非二公之門人直傳可知。羅門口訣，至復歸無極一語止。此外世間尚有另一傳文，較簡略，實不如《吹笛記》所載此段之較為詳盡而深入也。

據《體道通鑒》稱，希夷住西華時，多與山下崔古往還。有金礪者，曾因崔古之介薦，而得謁見並聞睡道。先生認為世俗人多被「名利聲色淚其神識，酒醴膏膻昏其心志，故難入道。」又謂：「若至人之睡則不然，留藏金息，飲納玉液，金門牢而不可開，土戶閉而不可啟。蒼龍守乎東宮，青虎臥於西室，真氣運轉於丹池，神水循環乎五內，呼甲丁以值其時，召虛靈以衛其室。」「尤在能一念回光，返照神穴；由忘心忘念，而至息心息念，而至無心無念，便自可超入聖功神化境地矣。」並賜以云：「至人本無夢，其夢乃遊仙。真人亦無睡，睡則浮雲煙。爐裏長存藥，壺中別有天，欲知睡夢理，人間第一玄。」其餘詩訣言睡丹訣者不鮮，不贅及。

又據《體道通鑒》載稱：「端拱元年，一日語門人曰：吾來歲中元後，當遊峨嵋。明年遣門人鑿石室于張超谷。既成，先生往視之，曰鑱石太華，斯谷猶為勝處，吾其歸於此乎？即草遺表，略謂臣大數有期，聖朝難戀，已於今年 12 月 22 日，化形于蓮華峰下，張超谷中。又草奏疏，人莫見其言；遣賈得升，並龜鶴鞍馬詣闕以進。上獨覽久之。以前賜先生遺物復賜得升，並加紫服，賜號曰悟真。又予錢五百萬，俾營北極殿，以完先生遺志。當先生示化時，有異香繚繞於石室中，至期以左手支頤而終。逮七日容色不變，肢體尚溫，復有五色雲蔽其谷口，彌月不散，享年一百七十八歲，使得升繼其觀事。」最後復謂有中使至峨嵋山，仍得見先生者，要亦為神話之事矣。此等神奇傳說之事蹟各宗教史中，類皆有之，不足以為道也。

◈ 第二章 ◈

陳摶丹訣

第一節　陳摶：《陰真君還丹歌・注》

陰真君原著　陳摶注釋

北方正氣為河車

【希夷注】北方黑帝，極尊也。人之下元，陰也。正氣者，屬水，人之血也。河車者，北方氣流歸南方，以火煉水，成塵得變，為河車下元，精也。北方黑帝屬水，人之腎也。腎為人生根本，分作日月之精、虛無之氣，腎王即化為赤子也。

東方甲乙名金砂

【希夷注】東方為青帝，主肝。甲乙者，以北方水、南方火，火生於木，以水養之，鬱鬱生於青翠，故曰甲乙也，屬木，主人丹田也。生金砂者，今天下水，有恆河沙數隻，如漢之江中、嘉陵之江中，自生金砂，工人淘取，煉成黃金也。故又法，以採於人身者，居上有屋宅，號為玉泉洞，洞中有玉泉水，名為清淨源，採之功志，名號大功德神水，不知涯岸，納至下丹田，日久自結為砂。

兩情含養歸──體

【希夷注】兩者，陰陽也。天為陽，地為陰，左為陽，右為陰。陰陽者，夫妻也。在身，上丹田屬陽，下丹田屬陰。陰陽含養四時、運動五行，天地交感，百物自生。日含月，自然光明；月含日，自然生星宿。夫順妻和，遂生男女。今以法採上丹田、大功德神水修煉，納至下元玉室含運。

朱雀調養生金華

【希夷注】朱雀者，火也。在地者，南方丙丁火；在天者，熒惑星也。在地為火，在人為心，其火生滅由人，大包天地，細入毫釐；制之則止，放之則狂，經中呼為明火。調運者，修煉為泥，以火燒作瓷瓦，千萬年不朽；木以燒作炭，在土中以得千萬年，其炭還在人以調，伏採上丹田玉泉中水，以心火修煉之，入下丹田鎖之、玉牢之。關玉牢之關，別有陰丹之法，自然別生其魂；日月久深，自然色煥以結成，號曰金池也。《大丹訣》云：「金父木母，真鉛汞也。」鉛含玉彩，屬北方水，水中有金，金作堤防，故號金華。

金華生出天地寶

【希夷注】金華者，似漢江之水中金砂，自然生其中也。採丹於水中，居人下部精室之中，日久水中精成塵，自然為珠，以號水中火出。

又一法，留下部之精，以心火運轉，居上元，自然結為珠，居泥丸宮，以號火中出水。故《黃庭經》云「玉清池水灌靈根，審能修之可長存」也。

人會此言真正道

【希夷注】會者，非凡人。人不通道，道號虛無。故經曰：「大道非常，道道如虛，空無所依。」訣云：「魚在水中不見其水，人處道中不見其道。龍不見其山石，鬼不見其土。」此言者，豈妄說也。真正道者，人之精華也，多失泄於婦女。即生男女、更面貌形神，真似父母根性若也，結留住在己身。又採上元之水，用合下田為丹，名曰珍寶。故《陰符經》云：「陰陽相推，自然調和。」人會此言，真正道畢矣。

子稱虎，卯為龍，龍虎相生自合同

【希夷注】此二語兩支事。子虎者，屬陰，陰者屬女。女之水陰性，故號北方壬癸，此是水之位。黃帝訣云：「呼之為黑鉛，能伏汞為砂。若人得真道，入陽丹田以用之，子後午前是也。」龍屬木，木者東方木。訣云：「汞也，汞者屬火，又呼為水銀是也。」一云綠水銀。若有藥制伏，得伏火即成世寶，若人身中，即精華是也。訣云：「以陰煉陽，其真可長。」其法須在一支，屬陰也。《丹論》云：「陽動不能伏陰，殺不可伏也。若養之令伏，陰死陽生。」生者，如水銀伏火以成世寶，陽汞伏于陰不動，定為身寶。故經云：「溉養靈柯不復枯，閉塞命門保玉都。」舌上採結行之，子後午前，採上玉泉中水，亦曰陽汞。將含陰時採者，鉛水號曰雙龍虎。故《上豐經》云：「始青之下月與日，兩物相和合成一。出彼玉池入金室，人各有之慎勿失。子若得之萬事畢。」豈在於外乎！

龍居震位當其八，虎數元生在一宮

【希夷注】此是朔至望行之，採上法行道增魂，從望至晦

減之，益魄也。男八歲，齒生，十六為之，中十歲以下，得法修真為上，餘並得屍解者也。

採有日，取有時，世人用之而不知

【希夷注】上法行之，取避晦，望朔起下法者，候天上月圓，人神遍體採之。日月順則有時，子後午前卯是也，採陰氣歸上泥丸宮。故經云：「溉養靈柯不復枯也。」雖不施精亦還美，日日於珠，常為大空，空無可望可為，空中有物元，其空是陰氣轉上，歸泥丸宮，卻取玉池中水，灌入下丹田金室之中，其元頭來，人亦不知，從何處來去？歸何方位？安排哪裡？各有神化，日久自然變為寶珠。所以人皆不死是也。故經云：「大道無形也。」

收取氣候若差錯，萬般工力徒勞施

【希夷注】或遇天地禁忌，安排不知去處，或值陰戶不開，取意行為，害令人速老也。故云：得一之時崑崙後，雖當截舌不忽道。妄言傳之於世人，必定流血身先天。法文若常人，則不可受也，其文傳在太一宮。經云：太一有君，皆云在心景中不思議，誰能得先，不可度量也。居人頭為崑崙上宮室，神明居泊，各有室宅。自項上至頭、自上九宮，其神各有名字，在太一上《素》、《靈》中，別有要文。至下臍室，別有三宮。此依前十二宮，各有樓臺。故《內景經》云「內有重樓十二級」，此是也。又丹田有十二樓，應十二時，用轉法也。

至神至聖極容易

【希夷注】智者，其採二件藥在身。雖不知涯岸，身有神明知也。但人只以浮花，皆不知變化。故云：「知長生道，敵

隔萬山。」是知凡間世人不可知也。求宮中者，向身上十二宮求覓，方知大道之鼎器者，神聖也。

先向宮中求鼎器

【希夷注】其法不傳，不可露天文。故老子道德經云：「金玉滿堂莫之能守，富貴而驕，自遺其咎。」是為人生下緣，天地人須皆近，驕奢富貴，不尋於大道也。

溫養火候審陰陽

【希夷注】溫養者，令人無喜怒也。火候者，以心為火。四季之月，加減行之。兩數其法在口傳。養陰陽者，別識真陰真陽，居人二命，採合為命。《級從歌》云：「二物同一體。」

安排爐室須擇地

【希夷注】安排者，採上真氣水安於下元，採下陰氣水運於上元，安排各著爐室，自神化之功，若安排不著去處，於身有禍。爐室者，妙法在別女，在陰丹一訣。丹上法爐室者，以身口為爐也。灶者，以宮室為灶是也。破不堪使用者是也。人用過者，弊物不堪使用是已不中也。房中至甚五級者，大肥不堪用，大瘦不堪用。道三合五級者，是十五已上、二十已下是中道，人氣二十已上並是不堪使用。可用，須借其氣合汞者，方住以無制之，被鬼神偷他也。上擇地者，是知宮室、時候。

不得地，莫妄為

【希夷注】凡欲煉其陰者，若不依前說，年紀人及鼎器之物，不可成寶。不及年，借氣用之，即得暫住，有卻患除魔之功，又不得上救助之力也。若在法度，須不失度數行之，少年

成寶也。若只欲取意行之，萬無一成也。

切須隱密審護持

【希夷注】凡欲行道，靜隱閒居、導引、叩齒、集神、握固、平坐，密而行之。護持者，減食、少語、莫喜怒。

保守莫泄天地機

【希夷注】保守者，盡一身之行用。若行年十歲，頭尾至心行用，久即慢易，有頭無尾，定虛費工夫也，千萬不成矣。

此藥變化不思議

【希夷注】其服藥之功、九年不失候，增減十六，兩數足功，滿三千行有八百，藥成易矣。天不能殺，地不能埋，其功不可思議。注：天地有變化，其身堅固，其功有三，上者得上仙，中下者只得屍解也。

陽真砂，陰真汞

【希夷注】下元陰精，法結為砂。上元陰時採者，沉以為砂，屬陽氣。上元氣結成寶，下元氣入崑崙泥丸，注為珠，可照三千大千世界矣。

時人求之莫妄動

【希夷注】世人多取五金、八石，諸般草木燒之，要覓大還丹，豈不妄也！

無質生質是還丹

【希夷注】從無入有，從有入無，將無質氣結為陰氣，交

感是也。大丹無藥，五行真氣是也。

凡汞凡砂不勞弄

【希夷注】世人取砂銀為汞，取朱銅鐵為砂，是也。若將此求道，不成也。

逢此訣，會此言，煉之餌之成真仙

【希夷注】若逢此歌免妄為諸事，遂默心修煉，靜意保持，不退初心，勤進前志，方乃煉之、餌之，成真仙耳。

（全文錄自《道藏》，洞真部，玉訣類，成上卷）

附：

陰長生傳記（文言文）

陰長生者，新野人也，漢陰皇后之屬。[1]少生富貴之門，而不好榮位，專務道術。聞有馬鳴生得度士之道，乃尋求，遂與相見。執奴僕之役，親運履之勞。鳴生不教其度世之道，但日夕與之高談當世之事，治生佃農之業，如此二十餘年，長生不懈怠。[2]同時共事鳴生者十二人，皆悉歸去，獨有長生不去，敬禮彌肅。[3]鳴生乃告之曰：「子真是能得道者。」乃將長生入青城山山中，煮黃土而為金以示之；立壇四面，以《太清神丹經》受之，乃別去。長生歸，合丹，但服其半。即不升天。乃大作黃金數十萬斤，佈施天下窮乏，不問識與不識者。[4]周行天下。與妻子相隨，舉門而皆不老。後於平都山白日升天，臨去時，著書九篇，云：「上古得仙者多矣。不可盡論。但漢興以來，得仙者四十五人，連余為六矣，二十人屍解，餘者白日升天焉。」[5]

抱朴子曰：「洪聞諺書有之曰：『子不夜行，不知道上有夜行人。』故不得仙者，亦安知天下山林間有學道得仙者耶？[6]陰君已服神丹，雖未升天，然方以類聚，同聲相應。便自與仙人相尋索聞見，故知此近世諸仙人之數爾，而俗民謂為不然，以己所不聞，則謂無有，不亦悲哉！夫草澤間士，以隱逸得志，以經籍自娛，不耀文采，不揚聲名，不循求進，不營聞達，人猶不識之，豈況仙人！[7]亦何急急，令聞達朝闕之徒，知其所云為哉！」

陰君自序云：「維漢延光元年，新野山北，予受和君神丹要訣。[8]道成去世，副之名山，如有得者，列為真人。[9]行乎去來，何為俗間？不死之道，要在神丹。行氣導引，俯仰屈伸，服食草木，可得少延，不能度世，以至天仙，子欲聞道，此是要言。[10]積學所至，無為為神。上士聞之，勉力加勤；下士大笑，以為不然。[11]能知神丹，久視長存。」[12]

於是陰君裂黃素寫丹經一通，封以文石之函，著嵩山；一通黃櫃簡，漆書之，封以青玉之函，置大華山；一通黃金之簡，刻而書之，封以白銀之函，著蜀經山；一通白縑，書之，合為一卷，付弟子，使世世當有所傳付。[13]又著書三篇，以示將來。

其一曰：「唯余之先，佐命唐虞，爰逮漢世，紫艾重紆。[14]余獨好道，而為匹夫，高尚素志，不事王侯。[15]貪生得生，亦又何求？超跡蒼霄，乘虛駕浮，青腰承翼，與我為仇。[16]入火不灼，蹈水不濡。逍遙太極，何慮何憂？遨戲仙都，顧愍群愚：[17]年命之逝，如彼川流。奄忽未幾，泥土為儔。[18]奔馳索死，不肯暫休。」

其二曰：「余之聖師，體道如貞。升降變化，松喬為鄰。[19]惟余同學，十有二人。寒苦求道，歷二十春。中多怠慢，

志行不勤。痛呼諸子，命也自天。天不妄授，道必歸賢。身投幽壤，何時可還？〔20〕嗟爾將來，勸加精研。勿為流俗，富貴所牽。神道一成，升彼九天。〔21〕壽同三光，何但億年？」〔22〕

其三曰：「惟余垂髮，少好道德。〔23〕棄家隨師，東西南北。委於五濁，避世自匿。〔24〕二十餘年，名山之側。寒不遑衣，饑不暇食。〔25〕思不敢歸，勞不敢息。奉事聖師，承顏悅色。面垢足胝，乃見哀識。〔26〕遂授要訣，恩深不可測。妻子延年，咸享無極。黃金已成，貨財十億。役使鬼神，玉女侍側。余得度世，神丹之力。」

陰君留人間一百七十年。色如童子，白日升天也。

注釋

〔1〕新野：縣名。治在今河南新野。陰皇后：陰麗華（5—61 年），漢光武帝皇后，南陽新野人。以美麗著稱。生漢明帝，明帝即位，尊為皇太后。屬：族。

〔2〕治生：謀生計。佃（ㄉㄧㄢˋ）：耕種土地。

〔3〕彌肅：更加恭敬。彌，更加。肅，恭敬。

〔4〕佈施：以財物與人。

〔5〕平都山：山名。又作豐都山。位於四川省豐都縣城東北隅。相傳漢代王方平、陰長生曾先後於此山中修道成仙。

〔6〕抱朴子：本書作者葛洪自號抱朴子，著書名《抱朴子》。

〔7〕草澤：荒野之地。也指草野之士。隱士。文采：文辭，才華。

〔8〕延光元年：西元 122 年。延光，漢安帝劉祜的年號，107—114 年。和君：指馬鳴生，馬鳴生姓和。

〔9〕副：通「付」，託付，置放。真人：道家稱「修真得道」或「成仙」的人。《楚辭‧九思‧哀歲》：「隨真人兮翱翔。」王

逸注：「真，仙人也。」

〔10〕行氣：修煉名詞。亦稱服氣、煉氣。是一種以呼吸吐納為主，兼之以導引、按摩相結合進行的修持煉養方法。道教十分重視氣對人的作用，稱之為人身三寶之一。「不能度世」庫本原作「不求未度」，不通，今參記本改。

〔11〕上士：道德高尚之士。勉力：盡力。下士：相對於上士而言，這裏指領悟性差的人。

〔12〕久視長存：即道家的「長生久視」，謂生命長久的意思。

〔13〕文石：一種礦物名。黃櫃簡：當時的一種書簡名。不詳。大華山：即華山。蜀經山：地名。不詳。縑（ㄐㄧㄢ）：雙絲的細絹，古人常用來做書畫。

〔14〕唐虞：指堯舜。堯，陶唐氏。名放勳，史稱唐堯。舜，姚姓，有虞氏，名重華，史稱虞舜。愛：及。逮：及，到。紫艾重紆：比喻地位顯貴。紫艾，紫艾綬，即紫和綠色綬帶，為王公大臣所佩。艾，綠色。紆，屈曲，迴旋。

〔15〕匹夫：平民。素：質樸。

〔16〕青腰：主霜雪雨的神。仇：同伴。

〔17〕仙都：仙人居住的地方。

〔18〕儔（ㄔㄡˊ）：伴侶。

〔19〕松喬：指仙人赤松子和王喬。後也指隱遁出世的人。

〔20〕幽壤：地下深處。

〔21〕九天：指天的中央及八方。一說九為陽數，九天即指天。

〔22〕三光：日、月、星。

〔23〕垂髮：即小孩。《後漢書•呂強傳》：「垂髮服戎，功成皓首。」注「垂髮，謂童子也。」

〔24〕五濁：稱人世為五濁惡地。《妙法蓮華經・方便品》：「諸佛出於五濁惡地。所謂劫濁、煩惱濁、眾生濁、見濁、命濁。」

〔25〕不遑（ㄏㄨㄤˊ）：來不及。遑，閒暇。

〔26〕胝（ㄓ）：即胼胝，老繭。哀識：憐愛賞識。

陰長生傳記（現代文）

陰長生，新野人，與漢光武帝陰皇后同族。他出生在富貴之家，而不好榮譽地位，專心務道。當陰長生聽說馬鳴生得到脫離世俗的道法，就去找他，終於得與相見。他給馬鳴生作奴僕，親自給馬鳴生拿要穿的鞋子。馬鳴生不教他脫離世俗的道法，只是從早到晚與他大談當時世間的事和謀生種地務農之業。這樣二十多年，長生毫不怠慢。一同奉事鳴生的有十二個人，全都走了，只有長生沒走，對老師更加恭敬有禮。鳴生對他說：「你真是能得到道的人。」於是帶長生入青城山中，煮黃土成金給長生看；又在四面立壇，把《太清神丹經》授予長生，然後告辭而去。

長生回去後，煉的丹只服吃一半，就沒有升天。他大變黃金幾十萬斤，佈施給天下的窮困人，不管相識不相識。他周遊天下，帶著妻子孩子，全家人都不衰老。後來陰長生在平都山白日升天，臨去時著書九篇，說：「上古成仙的人很多，不能一一論述，只漢興已來，成仙的四十五人，連我四十六人，二十人成屍解，其餘都是白日升天。」

抱朴子說：「我聽到諺書上有這樣一句話：『你不夜行，不知道路上有夜行人。』所以沒有成仙的人，怎麼能知道天下山林中有學道得到成仙的呢？陰先生服了神丹後，雖然未升天，然而正在以同類相聚，同聲相應，便自然與仙人們相互尋找以

求相見，所以知道這些近代所有仙人的人數。而俗世之人說這不是真的，自己不知道就說沒有，不也是一種悲哀嗎？草莽大澤間的隱士，以隱居安逸為志，以讀經籍自娛，不顯耀文辭才華，不顯揚聲名，不追逐功名進取，不謀求聞達諸侯，人們連他們都不知道，何況仙人呢！又何必急急切切地讓那些顯達朝廷的人，瞭解他陰君所說所作呢？」

陰君自序說：「漢延光元年，新野山北，我接受和先生的神丹要訣。道成離開世俗，將此經放置於名山，如有能得到的，可以成為真人。來來去去，什麼是人世俗間？不死的道法，要領在神丹。行氣導引，俯仰屈伸，服食草木，可以稍稍延長一下壽命。不能度世，以成天仙，你要學道，此是要言。多學才會成功，無為才是神仙。道德高尚之士，聽到這話會更加勤奮；領悟性差的人大笑，不以為然。能夠瞭解神丹，才會生命長久。」於是陰先生撕下一塊兒黃色生絹，在上面寫了一份丹經，封存在一個文石的匣子裏，放在嵩山；一份黃櫃簡，用漆書寫，用青玉匣子封存，放在大華山；一份黃金的簡書，用刀刻上丹經，用白銀匣子封存，放在蜀經山；一份用白色細絹書寫，合成一卷，交給弟子，使世世代代有所傳交。又著書三篇，給後人看。

第一卷寫到：「我的先世前輩，輔佐受命堯舜。直到如今漢世，歷世蒙受恩寵。但我只是好道，甘願只為平民。志向高尚質樸，不去事奉王侯。戀生命得長生，還有什麼追求？超跡蒼天霄漢，乘空駕馭浮游；青腰托起羽翼，與我結為同伴；入火不會焚燒，踏水不會沾濕；逍遙漫步太極，還有什麼憂慮？遨遊神仙住地，回頭憐憫群愚：年齡壽命消逝，如那河水流去。時光瞬忽而過，已與泥土為伴。奔命急馳尋死，不肯稍作休息。」

第二卷寫到：「我的聖明老師，體道如此堅貞。上升下降變化，赤松王喬為鄰。只是我的同學，共計十有二人。寒心茹苦求道，歷盡 20 春秋。其中多有怠慢，志向修行不勤。痛心各位同學，命運來自上天。天不胡亂傳授，道必歸與賢者。身投地下深處，何時才能回還？嗟歎你們將來，勤奮再加精研。不要成為俗流，不為富貴所牽。神道一旦修成，飛升登上九天。壽命如同三光，何是僅只億年。」

第三卷寫到：「只有我從童子，少年喜好道德。捨棄家庭隨師，遍走東西南北。委身五濁之地，避開世俗自匿。經過 20多年，居住名山之側。冷來不及穿衣，餓無空閒吃飯。想家不敢回去，勞累不敢休息。奉事聖明老師，看其臉色行事。臉汗腳穢生繭，才見憐愛賞識。於是傳授要訣，師恩深不可測。妻子壽命延年，全都享受無極。黃金已經煉成，貨財達到十億。能夠役使鬼神，玉女左右侍側。我得脫離世俗，都是神丹之力。」

陰君停留在世間 170 年，面色如同童子，後白日升天。

第二節　陳摶老祖《呂祖‧葫頭集》序

白雲老人，自宋迄今，臥華山巔，不聞天地聲色已多年歲。倏人間庚辛，有雙童乘古鶴，止左右，祥禽瑞獸，鳴吼其旁。老人驚寤，拭其睡眼，更見紫氣纏度，於燕山之陽、軫星之野，為龍為馬，變幻萬端。老人危坐而怪，叩二童曰：「何為其然也。」童子始笑答曰：「僕乃敲針劍奴，呂真人吟詠之弟子也。師願洪深，駐鸞度世，蚍蜉諸子，擬題求句，師遂以聲格體調為寓言，興比賦訓為奧旨。以醒迷津，先生所怪異者，得無是乎？」

老人曰：「假弄聲色者，純陽原是慣家。老人夢魂顛倒，不知天地物我之機，純陽不能以黃粱試之，復以龍馬之氣，亂人耳目耶？」童子曰：「不然，龍馬之氣，非師有相為之，乃諸子所錄葫頭草也。願先生引其言。」老人笑允而為言曰：「天地之大，大莫葫蘆，天地之理，盡在葫頭。葫頭之訣，揚而復幽；葫頭之韻，鏗而若流；葫頭之相，載沉載浮。龍馬會舞，逼以鬥牛；鸞鳳之奏，遠之滄州。葫頭之況，安與塵侔？所謂淪劫，無以了休，真人發願，以濟世儔。世之有志，葫頭為謀，玄玄之秘，已矣葫頭。」

言畢，雙童謝之而去，見龍馬之氣，化霓而墮須彌世、銀漢界。老人復臥，欲其覺寤，更不知幾千年再可。

白雲老人陳希夷。

第三節　張三豐傳承陳摶丹訣名著 《丹經秘訣》

張三豐道家內丹秘訣

一、添油接命

原人生受氣之初，在胞胎內，隨母呼吸，受氣而成。此縷與母相連，漸推漸開，中空如管，氣通往來，前通於臍，後通於腎。上通夾脊，由明堂至山根而生雙竅，由雙竅下至準頭而成鼻之兩孔，是以名鼻祖，斯時我之氣通母之氣，母之氣通天地之氣，天地之氣通太虛之氣，竅竅相通，無有閡隔。及乎數足，裂胞而出，剪斷臍帶，「啊」地一聲，一點元陽落於臍輪之後，號曰天心虛靈一點是也，自此後天用事，雖有呼吸往來，不得與元始祖氣相通，人生自幼至老，斷未有一息注於其

中。塵生塵滅，萬死萬生，皆為尋不著舊路耳。故太上立法，教人修煉，由其能奪先天之正氣。所以能奪者，由其有兩孔之呼吸也。所呼者，自己之元氣，從中而出；所吸者，天地之正氣，從外而入。

人若使根源牢固，呼之吸間亦可奪天地之正氣而壽命延長。若根源不固，所吸天地之正氣恒隨呼吸而出，元氣不為己有，反為天地所得，則不得其門而入耳。蓋常人呼吸皆從咽喉而下，不能與祖氣相通，所謂眾人之息以喉也，若至人呼吸直貫明堂而上，蓋切切然以意守夾脊雙關，自然通於天心一竅。得與元始祖氣相連，如磁吸鐵，而同類相親，此即莊子所謂「至人之息以踵也。」踵者；深也，即真人潛深淵，浮游守規中之義。即潛深淵則我命在我，而不為大冶所陶矣。

此竅初凝，即生兩腎，次而生心，其腎如藕，其心如蓮，其梗中空外直，柱地撐天，心腎相去八寸四分，中餘一寸二分，謂之腔之裏，乃心腎往來之路，水火即濟之鄉。欲通此竅，先要窮想山根，則呼吸之氣，方漸次而通夾脊，透泥丸以達於天心祖竅。而子母會合，破鏡重圓。漸漸擴充則根本完固，救住命寶，始可言修煉功夫。行之既久，一呼一吸入於氣穴，乃自然而然之妙也。

了真子曰：「欲點長明燈，須用添油法。」一息尚存皆可復命，人若知添油之法，續盡燈而復明，即如返魂香點枯木而重茂也，油乾燈絕氣盡身亡。若非此竅則必不能添油，必不能接命，無常到來，懵懵而去矣，可不哀哉。

呂祖曰：「塞精宜急早，接命莫教遲。」接則長生，不接則夭死也。人生氣數有限，而盛不知保，衰不知救。

劉海蟾曰：「朝傷暮損迷不知，喪亂精神無所據。」細細消磨，漸漸衰耗，元陽斯去，闔闢之機一停，呼吸之氣立斷。

噫。生死機關，迅何如也。而世人不肯回心向道者，將謂繁耶，抑畏難耶，然於此著功法，最是簡易，但行，住，坐，臥，常操此心藏於夾脊之竅，則天地真氣隨鼻呼吸，以扯而進，自與己之混元真精凝結丹田，而為吾養生之益。蓋此竅之氣，上通天谷，下達尾閭，周流百節之處，以天地無涯之元氣續我有限之形軀，自是容易，學者誠能凝神夾脊之竅，守而不離，久久純熟，則裏面皎皎明明如月在水，自然散其邪火，消其雜慮，降其動心，止其妄念，妄念止則真息自現，真息現而真念無念，真息無息，息無則命根永固，念無則性體常存、性存命固，息念俱消，即性命雙修之第一步功也。

張崇烈云：「先天氣從兩竅中來，西江水要一口吸盡。」即此義也，嗟夫，人生如無根之樹，全憑氣息以為根株，一息不來，即命非我有，故修長生者，首節專以保固真精為本。精旺自然精化為氣，氣旺自然充滿四肢。四肢充滿則身中之元氣不隨呼而出，天地之正氣恒隨吸而入，久之胎息安鄞鄂固，斯長生有路矣。

按道家言性命，性乃精神，命即肉體。必先肉體堅強，始可修煉。此章言添油接命，注重固精調息，實為煉己築基之要道。而行，住，坐，臥常操此心，藏於夾脊之竅，尤為道家真髓。至人云人生如無根之樹，全憑氣息以為根株，一息不來即命非我有，實具至理。不知人身之根即在丹田，鍛鍊丹田即猶植物之灌溉其根也。丹田之重要如此。

真人嘗撰無根樹道情 24 首，其序曰：無根樹者指人身之鉛氣也，丹家於虛無境內。養出根株，先天後天都自無中生有，故曰說到無根卻有根也。煉後天者須要入無求有，然後以有投無，煉先天者，又要以有入無，然後自無返有，修煉根蒂，如是而已，24 首，皆勸人無根樹下細玩仙花，其藥物氣候

栽接採取之妙，備載其中，此道情之不朽者也。

其一

無根樹，花正幽，貪戀紅塵誰肯修？浮生事，苦海舟，蕩去飄來不自由。無邊無岸難泊繫，常在魚龍險處游。肯回首，是岸頭，莫待風波壞了舟。

其二

無根樹，花正微，樹老將新接嫩枝。桃寄柳，桑接梨，傳與修真作樣兒。自古神仙栽接法，人老原來有藥醫。訪明師，問方兒，下手速修猶太遲。

其三

無根樹，花正青，花酒神仙古到今。煙花寨，酒肉林，不犯葷腥不犯淫。犯淫喪失長生寶，酒肉穿腸道在心。打開門，說與君，無酒無花道不成。

其四

無根樹，花正孤，借問陰陽得類無。雌雞卵，難抱雛，背了陰陽造化爐。女子無夫為怨女，男子無妻是曠夫。歎迷徒，太模糊，靜坐孤修氣轉枯。

其五

無根樹，花正偏，離了陰陽道不全。金隔木，汞隔鉛，陽寡陰孤各一邊。世上陰陽男配女，生子生孫代代傳，順為凡，逆為仙，只在中間顛倒顛。

其六

無根樹，花正新，產在坤方坤是人。摘花戴，採花心，花蕊層層豔麗春。時人不達花中理，一訣天機值萬金。借花名，作花身，句句《敲爻》說得真。

其七

無根樹，花正繁，美貌嬌容似粉團。防猿馬，劣更頑，掛

起娘生鐵面顏。提出青龍真寶劍，摘盡牆頭朵朵鮮。趁風帆，
滿載還，怎肯空行到寶山。

其八

無根樹，花正飛，卸了重開有定期。鉛花現，癸盡時，依
舊西園花滿枝。對月才經收拾去，又向朝陽補納衣。這玄機，
世罕知，須共神仙仔細推。

其九

無根樹，花正開，偃月爐中摘下來。延年壽，減病災，好
結良朋備法財。從此可成天上寶，一任群迷笑我呆。勸賢才，
休賣乖，不遇明師莫強猜。

其十

無根樹，花正圓，結果收成滋味全。如朱桔，似彈丸，護
守堤防莫放閑。學些草木收頭法，復命歸根返本元。選靈地，
結道庵，會合先天了大還。

其十一

無根樹，花正亨，說到無根卻有根。三才竅，二五精，天
地交時萬物生。日月交時寒暑順，男女交時妊始成。甚分明，
說與君，只恐相逢認不真。

其十二

無根樹，花正佳，對景忘情玩月華。金精旺，耀眼華，莫
在園中錯揀瓜。五金八石皆為假，萬草千方總是差。金蝦蟆，
玉老鴉，認得真鉛是作家。

其十三

無根樹，花正多，遍地開時隔愛河。難攀折，怎奈何，步
步行行龍虎窩。採得黃花歸洞去，紫府題名永不磨。笑呵呵，
白雲阿，準備天梯上大羅。

其十四

無根樹，花正香，鉛鼎溫溫現寶光。金橋上，望曲江，月裏分明見太陽。吞服烏肝並兔髓，換盡塵埃舊肚腸。名利場，恩愛鄉，再不回頭空自忙。

其十五

無根樹，花正鮮，符火相煎汞與鉛。臨爐際，景現前，採取全憑渡法船。匠手高強牢把舵，一任洪波海底翻。過三關，透泥丸，早把通身九竅穿。

其十六

無根樹，花正濃，認取真鉛正祖宗。精氣神，一鼎烹，女轉成男，老變童。欲向西方擒白虎，先往東家伏青龍。類相同，好用功，外藥通時內藥通。

其十七

無根樹，花正嬌，天應星兮地應潮。屠龍劍，縛虎條，運轉天罡斡斗梢。煅煉一爐真日月，掃盡三千六百條。步雲霄，任逍遙，罪垢凡塵一筆消。

其十八

無根樹，花正高，海浪滔天月弄潮。銀河路，透九霄，槎影橫空泊斗梢。摸著織女支機石，踏遍牛郎駕鵲橋。遇仙曹，膽氣豪，盜得瑤池王母桃。

其十九

無根樹，花正雙，龍虎登壇戰一場。鉛投汞，陰配陽，法象玄珠無價償。此是家園真種子，返老還童壽命長。上天堂極樂方，免得輪廻見閻王。

其二十

無根樹，花正奇，月裏栽培片晌時。拿雲手，步雲梯，採取先天第一枝。飲酒帶花神氣爽，笑煞仙翁醉似泥。托心知，

謹護持，惟恐爐中火候飛。

其二十一

無根樹，花正黃，產在中央戊己鄉。東家女，西家郎，配合夫妻入洞房。黃婆勸飲醍醐酒，每日醺蒸醉一場，這仙方，返魂漿，起死回生是藥王。

其二十二

無根樹，花正明，月魄天心逼日魂。金烏髓，玉兔精，二物擒來一處烹。陽火陰符分子午，沐浴加臨卯酉門。守黃庭，養谷神，男子懷胎笑煞人。

其二十三

無根樹，花正紅，摘盡紅花一樹空。空即色，色即空，識透真空在色中。了了真空色相滅，法相長存不落空。號圓通，稱大雄，九祖超升上九重。

其二十四

無根樹，花正無，無影無形難畫圖。無名姓，卻聽呼，擒入中間造化爐。運起周天三昧火，鍛鍊真空返太無。謁仙都，受天符，才是男兒大丈夫。

二、凝神入竅

太上曰：吾從無量劫來，觀心得道，乃至虛無。夫觀心者，非觀肉團血心。若觀此心，則有血熱火旺之患，不可不慎也。夫人有三心：曰人心、道心、天心。人心者，妄心也；道心者，照心也；天心者，元關祖竅氣穴是也。太上觀心者，以道心而普照天心也。太上又曰：入竅觀心之法，凝神定息、清虛自然、六根大定。百脈平和，將向來夾脊雙關所凝潛入命府，謂送歸大冶牢封固。命門一竅，即臍後一寸二分，天心是也。

一名神爐，又名坤爐，息之起止，在此一穴。蓋自氣穴起息，狀如爐煜，隨吾呼吸，仍不外乎黃庭為之主張者，有元神在故也。調處之法，乃以道心而照天心，則此靈谷之中，氣機雖繁，有神以主，亦仍如不動，本體常存，神與氣合，緊緊不離，是名外煉而不失夫胎息。蓋如凝神於氣穴，時時收視反聽，照顧不已，則此氣穴亦自寐寐惺惺，永無昏沉。而睡魔自遣，且能應抽應添，運用自如矣。

楞嚴經云：「一根既返元，六根自能脫。」蓋無六根，則無六識；無六識，則無輪廻種子；既無種子，則我一點真心，獨立無倚、空空蕩蕩、光光淨淨、斯萬劫而常存也。每見專務頂門之性為宗者，是不知命也；專務坤爐修命為宗者，是不知性也。

呂純陽祖師曰：「修命不修性，此是修行第一病；只修祖性不修丹，萬劫陰靈難入聖。若此凝神入竅之法，乃性命雙修之訣，蓋得中央黃暈所結之神，以宰之耳。人若識於此處，而迎吾一點元神入于元始祖竅，天心氣穴之中，綿綿續續，勿助勿忘，引而親之，一若升於無何有之鄉，則少焉呼吸相含、神氣相抱，結為丹母，鎮在下田；待時至時，則攝吾身先天靈物，上引三才真一，油然下入，合我身中鉛汞，即成無上英華，融而化之，有如北辰居所，眾星皆拱之驗，是皆元神潛入氣穴所致，故諸氣歸根，萬神聽令。然而古哲謂是黃葉，非真金也。必須久久行之，先天性命真正合一，如汞投鉛而相制伏，而大丹真孕其中矣。蓋以此段功夫，神既入竅，則呼吸亦在竅內。而吾鼻中呼吸，只有一點、而微若無，方為入竅之驗。驗而不失，乃得真金也。」

按此章所論：皆丹經所未泄，了道成真，秘旨備焉，夫所謂太上觀心。

蓋即內觀外觀遠觀是也。人心雖妄。當於此心之後，而退藏之，妙用無窮，皆基於此。佛家天臺宗之觀止，即此道耳。其法蓋以觀虛觀無且觀靜寂也。如是觀若勿觀，玄竅始開，若一雜有意念，其弊便莫測耳。又凡修持者，每日以子，午，卯，酉四時為則，每時或坐一香三香，運雙關所凝之神，藏於氣穴，守而不離，則天地之始祖氣，得以相通而入，斯時毛竅已開，必須再坐一二香，將神斂下，方可出戶，否則恐干外邪，不可不慎。

三、神息相依

天谷之神，湛然寂然，真性也。神爐之中，真氣氤氲。而不息者，真命也。此二者即真水火，真烏兔，真夫婦。使二者紐結一團，混合一處，煉在一爐，二六時中，神不離氣，氣不離神，性不離命，命不離性。二者則二而一，一而二者也。其功與前章之功，一貫而下。每日子前午後，定息靜坐，開天門以採先天，閉地戶以守胎息。納四時之正氣，以歸正室，以養胎真，漸採漸煉，以完乾體，以全親之所生，天之所賦。真汞八兩，真鉛半斤，氣若嬰兒，陰陽吻合，混沌不分，出息微微，入息綿綿，內氣不出，外氣反入，久之神爐藥生。

丹田火熾，兩腎湯煎，此胎息還元之初，眾妙歸根之始也；則一刻工夫可奪天地一年之節候，璇璣停輪，日月合璧。真是：「萬里陰沉春氣到，九霄清澈露華凝」妙矣哉。真陽交感之候歟。蓋神入氣中，猶天氣之降於地；氣與神合，猶地道之承於天。《易》曰：「大哉乾元，萬物資始也。」蓋一陽不生於復而生於坤，坤雖至陰然陰裏藏陽，大藥之生，實根於此。藥將產時，譬如孕婦保胎一般，一切飲食起居，俱應小心謹慎。詩云：「潮來水面侵堤岸，風定江心絕浪波，性寂情空心

不動，坐無昏憒睡無魔。」此惟凝神氣穴，定心覺悔，元神與真氣相依相戀，自然神滿不思睡，而真精自凝，鉛汞自投，胎嬰自棲，三屍自滅，九蟲自出，其身自覺安而輕，其神自覺圓而明，若此便是長生路。

修真之士，果能將夾脊雙關所凝之神藏於氣穴，守而不離，則一呼一吸，奪先天元始祖氣盡入氣穴之中；久而真氣充滿，暢於四肢，散於百骸，無有阻礙，則自然神爐藥生，而腎湯煎，丹田火熾則關自開焉。

按此一段工夫，妙在照之一字，照者，慧日也。慧日照破昏衢，能見本來面目。心經云：照見五蘊皆空，空者，光明之象也。五蘊皆空，則六識無倚，九竅玲瓏，百關透徹，空空蕩蕩，光光淨淨，惟到此地，方為復我本來之天真，還我無極之造化，明心見性，汞去金存，再行添油入竅之功，神息永不相離只待嬰兒成形，移居內院，（即泥丸，又曰玉清宮）以待飛升之日也。

四、聚火開關

開關乃修真首務，胎息即證道根基。未有不守胎息、而望開關，不待開關、而能得長生住世者。許真人曰：「關未開，休打坐，如無麥子空挨磨；開得關，透得鎖，六道輪廻可躲過。」此不刊之論也。

開關之法，擇黃道吉日，入室靜定，開天門以採先天，閉地戶以守胎息，謹候神爐藥生，丹田火熾，兩腎湯煎，見此功效，上閉巽竅，塞兌垂簾，神息歸根，以意引氣，沉於尾閭，自與水中真火紐作一股，直撞三關，當此之時，切勿散漫，倒提金鎖，以心役神，以神馭氣，以氣沖火，火熾金熔，默默相沖，自一息至數百息，必要撞開尾閭，火逼金過太元關，而闖

口內覺刺痛，此乃尾閭關開之驗。

　　一意後沖，緊撮穀道，以鼻息在閭抽吸，內提上去，如推車上高坡陡處，似撐船到急水灘頭，不得停篙住手，猛烹急煉，直逼上升，再經夾脊雙關，仍然刺痛，此又二關開通之驗。以神合氣，以氣凝神，舌拄上腭，目視頂門，運過玉枕，直達泥丸頂上，融融溫暖，息數周天數足，以自左旋三十六轉。鉛與汞合，真氣入腦而化為髓。

　　再候藥生，仍行前功，每日晝夜或行五七九次，行之百日，任督自然交會，一元上下旋轉如輪，前降後升，絡繹不絕。內有一股氤氳之氣，如雲如霧，騰騰上升，沖透三關，直達紫府，漸採漸凝，久則金氣佈滿九宮，補腦之餘，化而為甘露，異香異美降入口中，以意送入黃庭土府，散於百絡，否則送爐，如是三關透徹，百脈調和，一身暢快，上下流通。所謂：「醍醐灌頂得清涼，同入混爐大道場」者此也。

　　百日之功，無間時刻，關竅大開，方可行採藥歸壺之事，不然縱遇大藥而關竅不開，徒費神機，採亦全無應驗。故余嘗曰：「不煉還丹先煉性，未修大道且修心，修心自然丹性至，性至然後藥材生。」還虛子曰：開關之法，妙在神守雙關一竅。蓋此竅，能通十二經絡，善透八萬四千毛竅，神凝於此，閉息行持，久之精滿氣化，氣滿自然沖開三關，流通百脈，暢於四肢，竅竅光明，此為上根利器也。然於中下之士，行功怠緩，則關竅難開。一旦丹田火熾，兩腎湯煎，依法運行，方能開通。故經云：「神行則氣行，神住則氣住。」開關功夫，不外乎此。

　　按呂純陽醫世功法入手，亦以開關為第一要義，蓋人身最重要之器管即為脊柱，自尾閭以至泥丸，滿蓄精髓。外有交感神經，分達全身。近代歐美盛行之按脊術，善治百病。脊柱之

重要，概可想見。道家修煉重在開關，以通精氣，甚有深意在也。此章功夫，始而妙在神氣紐作一股，默默透後上沖，次則直如推車上半山，渡江臨急流，必欲登峰達岸而後己，學者專心致志，努力行持，自有此效。

五、採藥歸壺

採藥必用夜半子時，其時一陽初動，太陽正在北方。而人身之氣在尾閭，正與天地相應，乃可以盜天地之機，奪陰陽之妙，煉魂魄而為一，合性命以雙修。蓋此時乃坤復之際，天地開關於此時，日月合璧於此時，草木萌蘗於此時，人身陰陽交會於此時，至人於此時而採藥，則內徵外應，若合符節，乃天人合發之機，至元而至妙者也。

經云：「食其時、百骸理，盜其機，萬化安。又云：每當天地交合時，盜取陰陽造化機。」於亥末子初之時，清心靜坐，凝神定息，收視返聽，一念不生，萬緣盡息，渾淪如太極之未分，溟涬如兩儀之未兆，湛然如秋江之映月，寂然如止水之無波，內不知乎吾身，外則忘乎宇宙。虛極靜篤，心於天通。先天大藥隨我呼吸而入於黃庭。周天數足，鉛汞交結，天然真火薰蒸百脈，周流六虛，沖和八表。一霎時，雷轟巽戶，電發坤門，五蘊空明，九宮透徹，玉鼎湯煎，金壚火熾，黃芽遍地，白雪漫天，鉛汞髓凝，結如黍珠。三十六宮花如錦，乾坤無處不春風。訣曰：「存神惟在腎，水火養潛龍，含光須脈脈，調息順鴻蒙」。此乃封閉之要訣也。

按金丹大藥，孕于先天，產于後天。其妙在乎太極將判未判之間。靜已極，而未至于動，陽將復而未離乎陰，斯時也，冥冥兮如煙嵐之罩山，濛濛兮如霧氣之籠水，霏霏兮如冬雪之漸凝漸聚，沉沉兮如漿水之漸澱漸清。俄頃，癢生毫竅，肢體

如綿，心覺恍惚而陽物勃舉矣。此時陽氣通天，信至則瓊鐘一扣，玉洞雙開，時至氣化，藥產神知，地雷震動巽門開，龍向東潭踴躍來。此是玄關透露，精金出礦之時矣。

邵堯夫云：「恍惚陰陽初變化，氤氳天地乍迴旋，中間些子好光景，安得工夫入語言。」白玉蟾云：「因看斗柄運周天，頓悟神仙妙訣，一些真陽生坎位，補卻離宮之缺。」自古乾坤，這些離坎，日月無休歇。今年冬至，梅花依舊凝雪。

先聖此日閉關，不通來往，皆為群生設，物物總含生育意，正在子初亥末。造物無聲，水中火起，妙在虛危穴。如今識破金烏，飛入蟾窟，所謂虛危穴者即地戶禁門也。其穴在於任督二脈中間，上通天谷，下達湧泉。故先聖有言；「天門常開，地戶永閉。」蓋精氣聚散常在此處，水火發端亦在此處，陰陽變化亦在此處，有無交入亦在此處，子母分胎亦在此處。故仙家名為生死窟。

《參同契》云：築固靈株者此也。拘畜禁門者此也。《黃庭經》云：「閉塞命門保玉都者，此也。」閉子精路可長活者，此也；蓋真陽初生之時，形如烈火，狀似炎風，斬關透路而出，必由此穴經過，因閉塞緊密，攻擊不開，只得驅回尾閭。連空焰趕入天衢。望上奔，一撞三關，直透頂門，得與真汞配合，結成大丹。非拘束禁門，安能採藥入壺耶。一陽動處眾陽來，玄竅開時竅竅開，收拾蟾光歸月窟，從茲有路到蓬萊。

六、卯酉周天

夫先天大藥。入於黃庭者。採藥也。卯酉周天，左右旋轉者，收功也。《餘撰鉛火秘訣》云：「大藥之生有時節，亥末子初正二刻，精神交姤含光華，恍恍惚惚生明月，姤畢流下噴泡然，一陽來復休輕泄，急須閉住太玄關，火逼金過尾閭穴，採

時用目守泥丸，垂於左上且凝歇，謂之專理腦生玄。右邊放下復旋折，六爻數畢藥升乾，陽極陰生往右遷，須開關門以退火，目光下矚守坤田。右上左下方凝住，三八數了一周天，此是天然真火候，自然升降自抽添，也無弦望與晦朔，也無沐浴達長篇。異名剪除譬喻掃，只斯數語是真詮。」此於採藥歸壺後行之，則所結金丹不致耗散。

大藥採來歸鼎，若不行卯酉周天之功，如有車無輪，有舟無舵，欲求遠載，其可得乎。其法先以法器頂住太玄關口，次以行氣主宰下照坤臍，良久徐徐從左上照乾頂少停，從右下降坤臍為一度。如此三十六轉為進陽火；三十六度畢，去了法器，開關退火。亦用行氣主宰，下照坤臍良久，徐徐從右上照乾頂少停，從左下降坤臍為一度，如此二十四，為退陰符。呂祖云：「有人問我修行法。遙指天邊月一輪。」此即行氣主宰之義也。

此功與採藥歸壺之功，共是一連。採取藥物於曲江之下，聚火載金於乾頂之上，乾坤交媾於九宮，周天運轉而凝結，故清者，凝結於乾頂，濁者，流歸於坤爐。逐日如此抽添，如此交媾，汞漸多而鉛漸少，久而鉛枯汞乾，陰剝陽純結成牟尼寶珠，是為金液大還丹也。

蓋坎中之鉛，原是九天之真精。離中之汞。原是九天之真氣。始因乾體一破，二物遂分兩弦，常人日離日分，分盡而死。而至人法乾坤之體，效坎離之用，奪神功，改天命，而求坎中之鉛，制離中之汞。取坎中之陽，制離中之陰，蓋陽純而復成乾元之體也。紫陽曰：「取將坎位中心實，點化離宮腹內陰。自此變成乾健體，潛藏飛躍盡由心。」丹經云：「移來北斗過南辰，兩手雙擎日月輪。飛越（越古本為趁）崑崙山頂上，須臾化作紫霄雲。」皆言周天之道也。

按乾坤交姤，後升前降，採外藥也。左旋三十六，以進陽火，右轉二十四，以退陰符，皆收內藥而使來歸壺，不致耗散也，日積月久，煉成一黍米之珠，以成真人者即此也。世人只知有乾坤交姤。而不知卯酉周天。是猶有車而無輪，有舟而無舵，欲望遠載，其可得乎。

書中謂用目守泥丸云云，蓋目者，陽竅也，人之一身皆屬陰，唯有這點陽耳。我以這一點之陽，從下至上從左至右，轉而又戰退群陰。則陽道日長，陰道日消，使真氣上下循環，如天河之流轉。眼之功用大矣哉，夫婦人小產，牛馬落胎，並抱雞之卵，俱雙目已全，而臟腑未成形，乃知目乃先天之靈，元神所遊之宅也。皇極經世書曰：「天之神，棲於日。人之神，發於目。」豈非目為吾身中之大寶也歟。

七、長養聖胎

三豐真人曰：「始初那點金精，渾然在礦，因火相逼，遂上乾宮，漸採漸積，日烹日熔，損之又損，煉之又煉，直至煙消火滅，方成一粒龍虎金丹。圓陀陀，活潑潑，輝煌閃灼，光耀崑崙，放則迸開天地竅，歸復隱於翠微宮。此時樂也不生，輪也不轉，液也不降，火也不炎，五氣俱朝於上陽，三花皆聚於乾頂，陽純陰剝，丹熟珠靈，此其候也。然鼎中有寶非真寶，欲重結靈胎，而此珠尚在崑崙，何由得下而結耶？必假我靈，申透真陽之氣以催之，太陽真火以逼之。催逼久則靈丹自應時而脫落，降入口中，化為金液而直射於丹局之內。霎時雲騰雨施、雷轟電掣，鏖戰片晌之間，而消盡一身陰滓，則百靈遂如車之輻轂，七寶直如水之朝宗矣。

許宣平曰：「神居竅而千智生，丹入鼎而萬種化。」然我既得靈丹入鼎，內外交修，煉之又煉至與天地合德，則太虛中自

有一點真陽，從鼻竅而入于中宮，與我之靈丹合而為一。蓋吾身之靈，盛天地之靈，內徵外應渾然混合。

老子云：「人能常清淨，天地悉皆歸。」當此兩陽乍合、聖胎初凝、必須時常照覺，謹慎護持，如小龍之初養珠，如幼女之初懷孕，牢關聖室不可使之滲漏。更於一切時中、四威儀內，時時照顧，念念在茲，混混沌沌，如子在抱，終日如愚，不可須臾間斷也。葛仙翁曰：「息息歸中無間斷，天真胎裏自堅凝。」陳虛白曰：「念不可起，念起則火炎；意不可散，意散則火冷。惟要不起不散，含光默默，真息綿綿，此長養聖胎之火候也。」

按道家之言聖胎也，與三豐真人相發明者綦夥。呂純陽云：「天生一物變三才，交感陰陽結聖胎。」白玉蟾云：「雞能抱卵心常聽，蟬到成形殼始分。」鍾離翁云：「胎內嬰兒就，勤加溫養功，時時照丹局，刻刻守黃中。」陳泥丸云：「男兒懷孕是胎仙，只為蟾光殼殼圓，奪得天機真造化，身中自有玉清天。」龍眉子云：「形如雀卵團團大，間似驪珠顆顆圓，龍子脫胎吞入口，此身已證陸神仙。」白真人云：「怪事教人笑幾回，男兒今也會懷胎，自家精血自交姤，身裏夫妻是妙哉。」王重陽云：「閑中偶爾到天臺，忽見霞光五色開，想是金丹初變化，取歸鼎內結嬰孩。」薛紫賢云：「四象包含歸戊土，辛勤十月產嬰孩。」張紫陽云：「嬰兒是一含真氣，十月胎圓入聖基。」陳致虛云：「饑餐渴飲困來眠，大道分明身自然，十月聖胎完就了，一聲霹靂出丹田。」此皆道家言聖胎之道也。

然佛家亦有言之，楞嚴經云：「如胎已成，人相不缺，名方便具足住，容貌如佛，心相亦同，名正心住，身心合成，日益增長，名不退住，十身靈相，一時具足，名童真住，形出成胎，親為佛子，名法王子住，表以成人，如國大王，以諸國

事，分委太子，彼剎利王世子長成，陳列灌頂，名灌頂住，夫入如來種者，以種性而為，如來之種子，以自造化，如來也。」故曰：「道胎又曰覺胤，其與婦人之嬰兒；玄門之胎仙，亦何異哉？及至形成出胎，親為佛子。豈不是真人出現大神通，從此天仙可相賀耶。」蓋丹書梵典，皆蘊妙諦，但人不知而驀直看過，猶如遺珠路旁而不拾，豈不惜哉！竊謂人身中之至要者曰電；即道家之所謂精氣神也，修煉至於長養聖胎，此電已煉成純熟，故名曰胎，一旦嬰兒現形出神脫殼，則此電已能運用自如，故獲不可思議之效也，丹書稱喻繁晦，識淺之徒，遂從而誣之，病在不肯虗心研究耳。

八、乳哺嬰兒

修真之士，一旦火候已足，聖胎已圓，猶果之必熟，兒之必生，彌歷十月脫胎。釋氏以此謂之法身，老氏以此謂之嬰兒。蓋氣穴原是神仙長胎住息之鄉，赤子安身立命之處。嬰兒既宴坐靜室，安處道場，須藏之以玄玄，守之以默默。始假坤母黃芽以育之，繼聚天地生氣以哺之，此感彼應，其中自呼自吸，自開自閉自動自靜自由自在，若神仙逍遙於無何有之鄉，縱到此大安樂處，仍須關元，勿令外緣六塵魔賊所侵，內結煩惱奸回所亂。若坐若臥，常施瑩淨之功；時行時止，廣運維持之力。方得六門不漏，一道常存，真體如如，丹基永固。朝夕如此護持，如此保固，如龍之養珠，如鶴之抱卵，而不敢頃刻之偶忘，方謂真人潛深淵，浮游守規中也。

其法以眼觀內竅，以耳聽內竅，潛藏飛躍，總是一心。則外無聲色、臭味之牽，內無意必固我之累。方寸虛明，萬緣澄寂，而我本來之赤子，遂怡怡然安處其中矣。

老子云：「外其身而身修，忘其形而形存。」如心空無礙、

則神愈煉而愈靈，身空無礙，則神愈煉而愈精。煉到形與神而相涵，身與心而為一，才是形神俱妙與道合真者。

古仙云：此際嬰兒，漸露其形，與人無異，愈要含華隱曜，鎮靜心田者，若起歡心，即為著魔。嬰兒既長，自然脫竅，時而上升乾頂，時而出升虛際，時而頓超三界外，不在五行中，出沒隱現，人莫能測。修道必經之境，古哲處之，惟循清虛湛寂焉，是為潛養聖嬰之至道。偈曰：「含養胞胎須十月，嬰兒乳哺要千朝，胎離欲界升內院，乘時直上紫雲霄。」

按火候已定，聖胎已完，全賴靈父聖母，陰陽凝結以成之。雖然嬰兒顯象，尚未老成，須六根大定，萬慮全消，而同太虛之至靜，則嬰兒宴居靜室，安處道場，始能得靈父聖母，虛無之祖氣以養育之。養育之法，神歸大定，一毫不染，開天門以採先天，閉地戶以守坤室，無晝無夜，刻刻提防，勿令外緣六塵所侵，內賊五陰瞋魔擾亂，心心謹篤，三年嬰兒老成，自得超升，天谷直與太虛不二矣。

九、移神內院

三豐真人曰：始而有作有為者，採藥結丹以了命也；終而無作無為者，抱一冥心、以了性也。昔達摩面壁九年，方超內院；世尊冥心六載，始脫藩籠。夫冥心者，深居靜室，端拱默默，一塵不染，萬慮潛消，無思無為，任運自如，無視無聽，抱神以靜，體含虛極，常覺常明，此心常明，則萬法歸一，嬰兒常居於清淨之境，棲止於不動之場，則色不得而礙之，有為功就又無為。無為有功夫在。

所謂居上界者，蓋即嬰兒之棲天谷也；空寂明心者，蓋即呂祖向晦宴息冥心合道之法也。無為也有功夫在者，蓋即太上即身即世，即世即心，遙相固濟之宗旨。其次蓋即譚長真所

云：「嬰兒移居上丹田，端拱冥心合自然。修道三千功行滿，憑他作佛與升仙也。」謂必移居天谷者，非必以地峻極於天，實以其純一不雜，嬰兒居此，自無一毫情念得起。但起希仙作佛之心，便墮生死窟中，不能得出。

夫此清淨體中，空空蕩蕩，晃晃朗朗，一無所有，一無所住，心體能知，知即是心，心本虛寂，至虛至靈。由空寂虛靈而知者，先知也。由空寂虛靈而覺者先覺也。不慮而覺者，謂之正覺。不思而知者，謂之真知。雖修空不以空為證，不作空想，即是真空；雖修定不以定為證，不作定想、即為真定，空定真極，通達無礙，一旦天機透露，慧性靈通，乍似蓮花開，恍如睡夢覺，忽然現乾元之境，充滿於上天下地而無盡藏。此正心性常明，炯炯不昧，晃朗宇宙，照徹古今，變化莫測，神妙無方，雖具肉眼，而開慧眼之光明，匪易凡心，而同佛心之覺照。此由見性見到徹處，修行修到密處，故得一性圓明，六根頓定。

何謂六通？玉陽太師曰：「坐到靜時，陡然心光發現，內則自見肺腑，外則自見鬚眉，知神踴躍，日賦萬言，說法談玄，無窮無極，此是心境通也；不出廬舍預知未來，身處室中，隔牆見物，此是神境通也；正坐之間，霎時迷悶混沌不分，少頃心竅豁然大開，天地山河猶如掌上觀紋。此是天眼通也。能聞十方之語如耳邊音，能憶前生之事如眼前境，此是天耳通也；或晝或夜，能入大定，上見天堂，下見地獄，觀透無數來劫及宿命所根，此是宿性通也；神通變化出入自如，洞見眾生心內隱微之事，意念未起，了然先知，此是他心通也。」

若是者何也？子思曰：「心之精神謂之聖」，故心定而能慧，心寂而能感，心靜而能知，心空而能靈，心誠而能明，心虛而能覺。功夫至此。凡一切善惡境界，樓臺殿閣，諸佛眾

仙，不可染著。此時須用虛空之道，而擴充之，則我天谷之神，升入太虛，合而為一也。再加精進將天谷元神煉到至極至妙之地，證成道果。

太上曰：將此身世身心融歸入竅，外則混俗和光，出處塵凡，而同流俗，往來行藏不露圭角，而暗積陰功，開誠普度以修以證是正性命雙修之妙用，究其旨歸，不外皇極闔闢之玄功。易曰：「先天而天弗違者，蓋言機發於心，兩大之氣機，合發而弗違也。」此即人能宏道之旨。

而功法不外神棲天谷，行夫不識不知，惟深惟寂。陽光不漏，故能愈擴愈大，彌遠彌光，自然變化生神。生之又生，生之無盡，化之又化，化之無窮。

東華帝君曰：「法身剛大通天地，心性圓明貫古今，不識三才原一個，空教心性獨圓明。」是言當以普濟為事，是即行滿三千，功圓八百之旨也。又曰：「世間也有修元者，先後渾凝類聖嬰，若未頂門開巨眼，莫教散影與分形。」是言雜有後天。後天有形，一紙能隔，況骨肉乎。若夫先天，金玉能透，何勞生開巨眼哉？惟其雜有後天。開眼而出，雖可變化無窮，未能與天合德，故須加以九年面壁之功，淘洗盡淨乃與天合。自然跳出五行之外返於無極之鄉，證實相、玄之又玄，得真功、全之又全，成金剛不壞之體，作萬年不死之人；自覺覺他，紹隆道種，三千功滿而白鶴來迎，八百行圓而丹書來詔，飛升金闕，拱揖帝鄉。

《中和集》云：「成就頂門開一竅個中別有一乾坤。」然此頂門豈易開哉！先發三昧火以透不通，次聚太陽火以沖之，二火騰騰攻擊不已，霎時紅光遍界，紫焰彌天，霹靂一聲，天門開也。

呂祖亦云：「九年火候真經過，忽而天門頂中破，真神出

現大神通，從此天仙可稱賀。」此言後天未淨，破頂而出也。至於積功累行，全在神棲內院之時，余（三豐真人自稱）昔有句云：「功圓才許上瑤京，無限神通在色身。行滿便成超脫法，飄然跨鶴覲三清。」「見今金闕正需材，邱氏功高為救災，止殺何如消殺劫，三千世界盡春台。」即言此事也。

按諸仙脫殼各有不同，有從寶塔出者，有從紅樓出者，有看月而出者，有對鏡而出者，未必皆由於沖頂門而出也，一旦功滿道成，乘雲氣、御飛龍、升玉京、遊帝闕。劫火洞燒、我則優游於真如之境，桑田變海、我則逍遙於極樂之天。聚則成形，散則成氣，隱顯莫測，變化無窮，入水火而不溺不焚，步日月而無形無影，刀兵不能害，虎兕不能傷，閻羅不能止其死，帝釋不能宰其生，縱橫自在，出入自由，信乎。

張紫陽祖師言曰：「一粒靈丹吞入腹，始信我命不由天，此大丈夫得意之秋，功成名遂之日也，人生到此寧不快哉，寧不快哉。」

十、煉虛合道

水邱子曰：「打破虛空萬億劫，既登彼岸舍舟楫，閱盡丹書萬萬篇，末後一句無人說。」李真人曰：「欲說未說今將說，即外即內還虛寂，氣穴為爐理自然，行滿功圓返無極。」高真人曰：「此秘藏心印，皆佛佛相授，祖祖相承，迄今六祖衣缽，止而不傳，世傳煉神還虛而止者，猶落第二義，非無上至真之道也。」

禪關一竅，息心體之，一旦參透，打開三家寶藏，銷釋萬法千門，還丹至理，豁然貫通，而千佛之秘藏，復開於今世。蓋釋曰禪關，道曰玄竅，儒曰黃中，事之事之，方能練虛合道。乃為聖諦第一義，即釋氏最上一乘之法也。此法無他，只

是復煉陽神以還我毗盧性海，以烹以煉、濁盡清純，送歸天谷；又將天谷之神退藏於密。如龍養頷下之珠，似鶴抱巢中之卵，即內即外、即氣即心，凝成一粒；謹謹護持，無出無入，眼前即是無量壽國，而此三千大千世界，咸各默受其益。無有圭角可露，虛寂之極，變化之至，則其所謂造化者，自然而復性命，自然而復空虛，到此則已五變矣，變不盡變，化不盡化，此通靈變化之至神者也。

故神百煉而愈靈、金百煉而愈精，煉之又煉，則爐火焰消虛空現，若微塵、塵塵蘊具萬頃冰壺世界，少焉神光滿穴，陽焰騰空，自內竅達於外竅。外大竅九，以應九州，大竅之中，竅竅皆大神光也；小竅八萬四千以應郡邑。小竅之中，竅竅皆大神光也，澈內澈外，透頂透足，在二皆大神光。再攝歸祖竅之中，一塵不染，寂滅而靜定，靜定之久，則紅光如奔雲發電，從中竅而貫於上竅，則更無論大小之竅。而神光動耀照徹十方，上天下地中人，無處不照耀矣。

如是更加斂攝、消歸祖竅之中、一塵不染，寂滅而靜定，靜定之久，則六龍之變化已全，而神更變為舍利之光。如赫赫日輪，從祖竅之內一湧而出，化為萬萬毫光，直上於九霄之上，普照大千世界。

一如大覺禪師所說偈言：「一顆舍利光烈烈，照盡億萬無窮劫。大千世界總皈依，33天咸統攝。」故太上有云：天地有壞，這個不壞。這個才是先天主人翁。這個才是真性本體，這個才是金剛不變不換之全真。這個是無始以來，不生不滅之元神。這個大神通、大性光，覺照閻浮提，普度一切，才是不可稱、不可量、不可思議之功德也。

一顆舍利光烈烈，照盡億萬無窮劫。

大千世界總皈依，三十三天咸統攝。

第四節　華山道人吳雲青傳承陳摶丹道靜功
《九轉還丹功》

第四節內容請參閱本系列叢書：

⑥《世界著名壽星吳雲青談中國傳統著重之道》

⑦《鬼谷子與茅山道派丹派修真學》

⑧《葛洪抱朴子道醫丹道修真學》

附錄 1：四禪解說

▶行禪

為何要緩步，眼視前五尺。關於學禪定之人，腳步若緊快，心決定不靜，且意亦亂動，所以定要緩步，輕輕而行，眼看直，勿亂視雜色，須知眼神收皈，不遠視，方能守竅，助心神不亂，亦不可經過後，而越頭亂看女色，恐動心阻道不進，又不符合學道規格，故須防人議論也。

▶住禪

指坐在椅上，切不可亂思想，須要統一心神，所說不離此個，不離那個，乃暗示學禪功之人，對此玄關及丹田兩竅，定要兼守，可以說每時，都不可忘去呼吸之出入，若知注意呼吸之出入，正是性命存在，若忘棄呼吸之出入，猶如失去性命相同，故兩竅兼守，為中和長生之道也。

▶坐禪

即坐蒲團上，心放空意收皈，將雜念一切除清，方得真靜，呼吸之出入，須要微細，初步若未得到溫暖之氣上升，漸

借精神力作用，用真意引精神循環全身，頭頂腳心手底，都要引透，此為卻病延年妙法也。

▶臥禪

此法為之吉祥睡，年老之人，可以多用，但睡中須覺勿開口，為何睡眠要覺，須知覺者醒也。因夜間貪睡，陰氣盛，即難鎮靜，所以大睡大死，少睡就不死，乃全重守靜功夫，而待一陽動之時，採取舍利也。

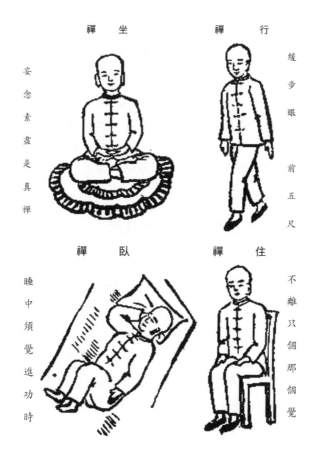

禪　坐

妄念素盡是真禪

禪　行

緩步眼前五尺

禪　臥

睡中須覺進功時

禪　住

不離只個那個覺

第二章　陳摶丹訣

附錄 2：《高上玉皇心印妙經》注解

一、《高上玉皇心印妙經》原文

上藥三品，神與氣精，恍恍惚惚，杳杳冥冥。
存無守有，頃刻而成，回風混合，百日功靈。
默朝上帝，一紀飛升，智者易悟，昧者難行。
履踐天光，呼吸育清，出玄入牝，若亡若存。
綿綿不絕，固蒂深根，人各有精，精合其神。
神合其氣，氣合其真，不得其真，皆是強名。
神能入石，神能飛形，入水不溺，入火不焚。
神依形生，精依氣盈，不凋不殘，松柏青青。
三品一理，妙不可聽，其聚則有，其散則零。
七竅相通，竅竅光明，聖日聖月，照耀金庭。
一得永得，自然身輕，太和充溢，骨散寒瓊。
得丹則靈，不得則傾，丹在身中，非白非青，
誦持萬遍，妙理自明。

二、《高上玉皇心印妙經》注解

——華山道人　閔智亭

《高上玉皇心印妙經》，也稱《無上玉皇心印妙經》，簡稱
《玉皇心印經》或《心印經》。

《玉皇心印經》是我們每日功課必誦經典，是修道之徑
路，是「命功」修煉功法。按照經中所講悉心做去，小則有益
身心，大則證道登真。誦持不退，不但能開通妙理，漸悟真
詮，且能感格高真上聖，資助道力。

「心印」者，即以心印道，以道印心，印無所印，心無所心。心印於事，則體必紛；心印於物，則體必淫。于無印，于無心，心從無宅，印從無精，一靈不昧，善果臻身。人本有心而自失之，人能印而自失之失非其失，則可有心；棄其所棄，則可能印。即知其心，既知其印。既知其印，即知非心有心。既知非心，即知有印非印。印不印印，心無心心，真神真氣，合我真精，一元三品，是印是心。斂情斂意，忘見忘聞。三年乳哺，一紀飛升，如此真道，名得真心，真心一得，七竅皆靈。上藥三品，神與氣精。

上藥，是上品大藥，非是尋常之藥物。此經所講的上藥「神」、「氣」、「精」，也不是思慮神、呼吸氣、交感精，而是元神、元氣、元精。

元神君思慮神，元氣母呼吸氣，元精長交感精。其應在天，則神象日，氣象斗，精象月。在地則神法火，氣法土，精法水。在人則神載性，氣載精，精載命。神浮而精沉，氣居浮沉之間。精不外妄泄則元氣混融，元氣混融則元神安逸。三者既固，則鼎器漸完，鼎器既完，方可言修煉。

就一個人的形體性命來說，離開神氣精，人就不能生存。所以說人的健康和智慧，都離不開這三者的維持。神氣精三者，精是基礎，《黃庭經》說「積精累氣以成真」，精是身中液體物質，包括身中各臟腑中的液體。氣有呼吸的空氣和液體為火薰蒸熔化而成之氣，如水蒸氣。神是身中氣化的微妙不可識見者，然而又是實有者，所謂「精氣足則神旺」。此三者運行於身，人便不死。

三者旺盛，人便健壯；三者損弱，人便衰病。所以說此三

者為之上藥。或謂：藥須服用，才能取得藥的功效，這種生命物質，譬之為藥，將如何服用？《心印經》講的就是如何服用，而服此上藥將達到的超凡入聖方法。

恍恍惚惚，杳杳冥冥。

《道德經》第二十一章說：「道之為物，唯恍唯惚，惚兮恍兮，其中有象；恍兮惚兮，其中有物；杳兮冥兮，其中有精；其精甚真，其中有信。」

恍惚者神氣之樞旋；杳冥者真精之胎蘊，此合三為一，乃太極之根，先天之宰，所謂從道妙一，孕玄分元，日月之所由判，天地之所由生也。

恍惚者指似來非來，若有若無，杳冥者深昧莫測也，這些聯兆景象只有在「至虛極」、「守靜篤」中體驗之，稍縱即逝。虛極靜篤，必須經過恍惚杳冥之時。恍惚杳冥之時，即是神氣交　而入於混沌之狀態。

在混沌狀態中，則昏昏默默，不識不知。識神之思慮念想，人欲之喜怒哀樂，一概捐除，而造化之大炁，一往一來，一呼一吸，一收一放，一開一闔，盡於此際可以體驗出來。當時景象，真有上下與天地同流之慨。故恍恍惚惚、杳杳冥冥實為超凡入聖修道學仙的必由之路。恍惚中之象，杳冥中之精，亦即丹經所說的先天一炁，叫做藥物。因此種藥物，完全是由神氣精三者混合一處；從恍惚杳冥中產生出來的，恍恍惚惚，杳杳冥冥，是由調呼吸之氣，漸為胎息，攝取為先天之炁，這就是服煉長生大藥。

存無守有，頃刻而成。

《道德經》云：無，名天地之始；有，名萬物之母。始即道，神之所由，君也。母即德，氣之所由，根也。無者易空，有者易物。存則空生，守則物化，顛倒之則竅妙同玄，有無相入。頃刻者，候中之候，此化三歸一，煉精而作地仙之道也。存無，就是致虛，致虛要一念不生。守有，就是心息相依，達於恍惚杳冥境界。恍惚杳冥中的精、象，就是真空中之妙有。所謂守有，即守此恍惚杳冥中之精、象，真空中發現之一靈妙有。但守不是有意識的用意，如用意，即不是自然無為了，而是要不守而守。

蓋所以存其無即所以守其有也。如不能存無，就決不能守有，無、有二者，實是一也。頃刻而成，是說妙有一到，周身泰和，融和舒暢，不可名狀。這一景象得之於頃刻。所謂成，即成此景象也。此景象之成，來自存無，故存無越久，妙有越旺，身中景象越奇。存無，即《悟真篇》所說「恍惚之中尋有象」。守有，即《悟真篇》所說「杳冥之內覓真精」。

回風混合，百日功靈。

風者，始於無，形於有，乘於水火土木。返之曰回。風遇火則疾，可以鼓火，可以滅火，鼓火之風順，滅火之風逆；風遇土則寂，可以燥土，可以潤土；風遇木則匹，可以散木，可以拔木；風遇水則激，可以漲水，可以竭水。回風則火木土水俱回而生金。混合者一也。百日者氣完基固也。此煉氣而結胎仙之道也。

人之呼吸，如橐籥之鼓風，故呼吸之氣即是風。呼吸既調，則氣來合神。神即火，回風混合，即回呼吸之風，與心神之火混合。風火混合，即神氣混合。神氣混合則神因氣靈，氣

因神旺。若能在百日之中，天天回風混合，則其功必靈。所謂功靈，即謂命功之築基完成也。

默朝上帝，一紀飛升。

上帝居高上洞元，即《參同契》所謂「上有神明居」也。朝者，以下奉上、復初返元之意。默者，回光襲明。一紀者，十二年，極月數也。飛升，則移居上苑。此煉神而化，飛仙之道也。行之三乘以漸，道則一也。

上帝，根據陳櫻寧的解釋，一是有形有相之上帝；一是無形無相之上帝。有形有相之上帝，為上帝之體相。即人心目中認為如人間帝王一樣，不過道德、神通、智慧三者異於人間之帝王。這個上帝，等於佛家所說的報身。道教很多稱作上帝的神，如：昊天上帝、玉皇上帝、玉虛上帝、五老上帝、玄天上帝等等。雖然名稱很多，實則可以說是由一個上帝分身變化出來的。這等於佛家所說的化身。儒家的經書中也有上帝，如：「惟皇上帝，降衷於下民」、「上帝臨汝，毋貳爾心」等，此則雖似指宇宙之主宰者，然儒家出於道家，儒家之上帝與道家之上帝有同意義。

至於無形之上帝，乃是言道之全體，神之妙用，是先天的主宰。《道德經》說「吾不知誰之子，象帝之先」，蓋有「有物混成，先天地生」者，即佛家所謂法身也。

吾身之中，亦有個上帝，這個上帝即指人之本性靈光，就是不思善不思惡之先天元神。默朝上帝，就是默朝這個先天元神。若能「惟精惟一，允執厥中」，三家相見，五氣朝元，日日如此，經過一紀之期，則可白日沖舉。或云默朝上帝，是指陽氣上升於泥丸。此說也是講得通的。

知者易悟，昧者難行。

道本無難，易知。行亦無二致。而人之智愚分焉。知者返求諸己，而徵於天地時物，故易悟。昧者馳心於外，而蔽於愛欲，故難行。

知者易悟，昧者難行，也就是說，對超凡入聖的道理，若有智慧夙根，必定容易明白。若是愚昧沒有夙根，就必定不懂這種道理，難以用功行持。

履踐天光，呼吸育清。

履者，循其跡。踐者，步其紀。天不自光，以日月星為光。循其跡，則日有昏時，月有弦望，星有建次，所以觀天也。步其紀，則迎日推月合辰，所以執天也。履踐有順有逆。順者人即地以法天。逆者人契道以先天並行一致者也。呼吸者，息也。呼則闢，吸則合。呼吸之間一生焉。清者天之一，即光之根也。動物之生恃乎息。息者人得天之一。以人一養天一，光風相搏，而道居焉。

履踐，就是腳踏實地，真履實踐的做工夫。天光是指天道是光明的。此句是說，要履踐天道的光明，必須善調其呼吸，以育清陽。調呼吸何以能育清陽？蓋一呼一吸之中，有真機在焉。

夫呼為陽，吸為陰。能將呼吸調和，則真機發動。於是一闢一闔，玄關顯現，真空之虛無竅中，有一靈之妙有發生。此一靈之妙有，即是真陽，故曰「呼吸育清」。

第二章 陳摶丹訣

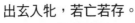

出玄入牝，若亡若存。

以其分而言之，玄天牝地。出也以為入，入也以為出。以其合而言之，玄牝一而已，出入有無，同門合化，存亡一其候若者其象其物之真。

《道德經》曰：「谷神不死是謂玄牝，玄牝之門是謂天地根」。谷神是虛谷中之靈氣，即天谷元神。玄牝即一陰一陽。心中神為玄，腎中氣為牝，神氣合一產生之虛無一炁，便是谷神。若以呼吸論，也可以說呼是玄，吸是牝，呼吸所育之清，便是谷神。玄牝是出入的門戶，門戶之中便有谷神在內。出玄入牝，就是出此入彼，出彼入此，陰陽溝通之象。」《黃庭經》說：「出清入玄二氣煥」，「出日入月呼吸存」。若亡若存，即若有若無，是說呼吸之細而深，由口鼻之呼吸至於胎息。

綿綿不絕，固蒂深根。

獨往獨來，無有斷際，柔若水，剛若金，道之自然，其妙如此。花有蒂，蒂在上；樹有根，根在下。固蒂深根，精神水火歸一之地也。

綿綿不絕，是呼吸出玄入化若亡若存之景象。綿者細也，細則若亡。不絕者，不間斷也，不間斷則若存。人之兩腎中間謂命門，丹經名之曰元海。常使元氣充滿其中，綿綿不絕如胎息，則可深根固蒂，長生久視之道也。此即「虛其心，實其腹」也。仙詩有云：「心在靈台身有主，氣歸元海壽無窮」。蓋心虛，元氣方能下降直貫於腹，腹實則深根固蒂下元鎮定。久而久之，其氣漸貫於四肢百脈，乃能周身通暢愉快融和也。

也有說「固蒂」謂固我命根。命根即人之兩小腰子。腰子去掉，人尚不死，小腰子去掉，人即立死，因為小腰子內有腎臟腺，所以它是命根子。

這個命根子處，稱之為人之命點，人體發育即從此處向上、向下發育。比之樹木，向上長枝葉，向下長根系。元氣充盈於此，則自然命根性蒂得以深固。

人各有精，精合其神。

人秉乾坤之真一以生，精雖藏而不見，乃為妙有生本。人以妄想感之，順而成人。不知先天真壬即含於癸。所謂上善若水，清而無瑕者是也。知其時，因其動而制之，使沉者就浮，以合於神，則壬丙相交，鉛投汞也。

人各有精之精，非指濁精，而指的是元精。元精是在恍惚杳冥中忽然間似有一覺一動，而非為外界的感觸所致之謂。精合其神的神。非指思慮之識神，而指的是元神，即人的靈明知覺。以元精投元神即坎離相交，水火既濟也。

神合其氣，氣合體真。

神無而氣有，神靜而氣動。有無相合，靈動相交，而神化致一。神回則明，氣定則變，明者有象，變者有物。人體者，人之形質也，乃宅氣之府。息之以踵，則大氣符妙氣，妙氣生真氣，故體亦真。元精合元神，精神合一，精化為神。然神之為物極其靈活，很不安守本分，必須牢牢擒住不使其飛走。擒之以何？

《陰符經》云：「擒之制在氣」。神能合乎氣，神則不飛矣。說明白點，就是心息相依，神入氣中。神氣既已合一，則

大藥將現，大藥即「真」。丹經稱之謂黍米玄珠，或金丹成像。

不得其真，皆是強名。

名所以表真，法于自然者也，失真則名不立。

修仙學道，得不到此玄珠真種，皆是外象形式，毫沒實際。就是《悟真篇》所說：「鼎內若無真種子，猶將水火煮空鐺」。此真乃是真真，是天地之至精，元始之祖炁。修道者不得此真焉能證果成仙，故不可不採擷以得此真也。

神能入石，神能飛形。

石金類，形屬土；石至頑，而含金玉；形塊然而化光明，皆神為之。自外渝內曰入，自伏之舉曰飛。《易》曰：「神也者，妙萬物而為言者也。」

神是虛靈的，石是冥頑的，神能入石者，因神之虛而靈也。譬之於電，電無形而有性。無形，故金屬不能礙；有性，故能傳電於金屬。或生光熱，或成動力，皆因具虛靈耳。此譬，僅就金屬而言，非是電同於神，電也還有不導電者。神本虛靈而輕清，故能飛。

但僅能飛而無形不足以自見。今神在形中，以神煉形，則神力愈旺，形隨神化，故神能飛，形亦能飛。形之能飛，賴神之力，故修仙者，但能出神屍解，則其次也。若能肉體飛升者，則是上乘也。

入水不溺，入火不焚。

水火一神而已，水能溺其非水者，而不能溺水。火能焚其

非火者，而不能焚火。入則渾然而一，一則道。

這是說神的功能。水至陰，火至陽，故水溺，火能焚。唯水入水而不溺，火入火而不焚。神者玄妙至靈，入水同於水，入火同於火，雖同於水火，而其至靈又不泯於水火，故神之為物，往而無礙。

神依形生，精依氣盈。

形為器，形者神之舍。氣為母，精者氣之子。
以燭、火喻之。神比之火，形比之燭。火無燭，則不可見，燭無火則不發光。神若無形，神隱於造化而無所憑依，故火依燭而發光，神依形而顯靈。燭之油量越充足，火光也越明亮。燭之油濁則神濁；形旺則神旺，形衰則神衰；形壞則神離也。故修性命之學者，重性（神）重命（形）之雙修也。

精之與氣，二者相須為用。精因氣而盈，氣因精而旺。精能生氣，氣亦能生精。比之雲水，水氣盛則密雲多，雲氣盛則雨水大。

不凋不殘，松柏青青。
木德之厚者松柏也，青帝之所始化也。人能返樸則受氣足，如松柏青青而長春。

既知神依形生，精依氣盈，則可知以形攝神，以神煉形；以氣生精，以精化氣。自然精氣充盈，形神俱妙，則如松柏之長青，永不衰老矣。

三品一理，妙不可聽。

神氣精，自道言之本一，自藥言之有三。三一其理可稽。以神為主者，則煉精氣以還元神。以氣為主者，則煉神精以還元氣。以精為主者，則煉神氣以還元精。曰三元三性三家三丹之說悉本於此。分而為六候，陳而為九鼎，序而為八十一之火符，其實一而已。一即神也，即精也，即氣也，即元也，即丹也，即道也。此元始以一音流轉者也。道不能無言，有言皆明三，三數無盡。言三則萬生，得三忘三則知一。知一妙一，言無可言，復無聲，何可聽。

後天之神氣精分而為三，到了先天則元神元氣元精混合為一，故曰三品一理。以其玄妙精微，無聲無臭，故曰妙不可聽。

其聚則有，其散則零。

得一聚三則有，失三散一則零。聖人逆而聚之，常人順而散之。聖人以無為聚，故有。眾人以執而散，故零。此者，已修煉成真，聚則成形，散則成氣也。

七竅相通，竅竅光明。

七竅皆居首，為載陽之器。火數七，眼耳口鼻四而七竅。火體金用而水注之者也。水即精也，金即氣也，火即神也。生之來謂之精水，為元即玄也，竅即牝也。而火金之用行焉。火金者，日月之體，光明之主也。火光而金明，玄牝之門在焉。相通則天門開，七竅為一而清玄育，故道立蔫。

七竅，有外七竅與內七竅。外七竅：耳目口鼻。內七竅屬心臟，聖人七竅皆開，愚人一竅不通。普通人或開一二竅，或

開二三竅。人欲內竅通，必須外竅閉。外閉則內通，內通則視聽食息不用耳目口鼻，天耳慧眼，皆從性光中發出，不但無所不聞，無所不見，無所不知，且渾身光明洞徹，萬竅齊開，即「元神來往處，萬竅發光明」（孫不二詩）。《悟真篇》云：「近來透體金光現，不與凡人話此規」也。

聖日聖月，照耀金庭。

日月者乾坤之至精。聖日聖月者坎離之真光，道主之，天地不得而私有之者也。金庭即黃庭，天之黃道也，日月行中而合符化金耀於其庭焉。

日月，有以左目為日。右目為月者；有以耳為月，目為日者，因耳為腎竅，腎屬坎，坎為水、為月；目為肝竅，而肝木生心火，實即心竅，心屬離，離為火、為目。總之是耳目要收視返聽，精神內守，則光明照耀乎金庭。金庭，指黃庭，即丹生之爐。

一得永得，自然身輕。

呂祖曰：天地三才，人得一。既得一，永無失。蓋以三致一，一得則永得矣。以一煉百骸，百骸無不一。煉一化一，斯化形仙矣。

一得，指得大藥而言。大藥得而不失，謂之永得。先天大藥秉純陽之性，其氣溫和而輕清，至柔中有至剛之德，至剛中含至柔之性，故能變化幻軀重濁之質，所以云自然身輕。此即質隨氣化，神能飛形之理也。

太和充溢，骨散寒瓊。

太和元氣自中達外，無不充溢。所謂黃中通理，潤澤達肌膚也。

此言太和元氣充盈周身，筋骨變換之景象。骨散者，骨節融化若酥軟而解散也。寒瓊者，骨節涼爽鬆透，周身若有瓊瑤之氣。總之是言周身舒暢，融融和和，妙不可名之象。

得丹則靈，不得則傾。

丹者金火之妙用，火性能煉金，能銷金，善用火者，金火相伏，食而還靈。不善用火者，火焚金而命失。慎哉。

金丹大藥既得，則能通靈變化，神妙莫測。不得則生老病死，終究傾喪其身。

丹在身中，非白非青。

白為金色，青為木色。丹由金木並一，則金木兩忘，無色可指。丹之形象不可形容。非白非青難可摹擬。

誦持萬遍，妙理自名。

《大丹賦》曰：千周燦彬彬，萬遍將可睹，道妙心明轉，經自得可也。

但能至誠誦持，則心能束氣，氣能束心。神會於理，理合於神。於是恍恍惚惚，杳杳冥冥，出玄入牝，若亡若存，綿綿不絕，固蒂深根等情形景象，於誦經之時，即能證其一斑。所謂妙理，不特經文之妙理，而身中之妙理亦能得經力之不可思

議而通明。《參同契》所謂：「千周燦彬彬兮，萬遍將可睹。神明忽告人兮，心靈乍自悟。」持誦經文之心力念力，一貫於身中，久之自可與大道相通，造化合一，精誠感格，天即人，人即天矣。誦是念誦，久誦而至誠可至開悟，明心見性。

這只是做的性功。持是行持，即以了悟之性靈做修煉大藥的工夫，即做陰陽合一，由無生有的命功。才能得到神能飛形的體道合真，肉體飛升。

《心印經》是闡敷至道之玄機，剖露性命之根蒂。實登真之路徑，為度世之梯航。學者苟能造其理，達其辭，窮神以知化，參玄以入妙，知心為一身之宗，操養不失；勿塞勿閉，四闥光明，天宇泰定，虛室生白，即心是印，即印是心，心印相融，上下洞徹，如月現于江，如星涵於海，真空寂照，一性超然，不知孰為心，孰為印，至於心印俱忘，神與道俱返其天真，則心印之妙，自我而得之矣。

附錄 3：二懶開關心話

序

二懶開關心話

斯二子不知何許人，亦不詳其姓氏。閱其心話，殆養生家而將從事於南宮者。余見而錄之，喜其言淺而深、粗而精，其間命意，似有所向，殆又非頑隱一流，趣味與余不二。爰去其不經，而存其常說，名之曰《二懶開關心話》。蓋以一號懶翁，一號大懶。按其懶字，從心不從女，是有取夫賴心而學之義

焉,是殆蘇懶翁之流亞也。蓋能從事夫天心道心者。嘉慶戊寅之十一月望日小艮肅錄並識。

萍逢

問曰:某所聞,惟識玄關一竅、心腎交媾而已。

答曰:玄關一竅開否,識之不難。開之有道,使此關尚未開也,我不知君如何交媾焉。

善問

問曰:古云玄機在目,我願究其微妙。

答曰:善哉問。人身遍體屬陰。賴以化陰還陽者,兩目也。此即人道第一口訣,君既知之,從此用以內照,則頭頭是道,玄關可望開矣。

問曰:內照從何下手?

答曰:冥爾目,調息片時。覺息調矣,始以意凝神於腦,以目光微向巔頂一看,覺得微明如黑夜月色然;隨即用意引此光映泥丸,待得腦中光滿而頭若水晶然(此即洗髓法也)。久之,乃引此明由重樓達絳宮,存之半响,覺我絳宮純白(此即洗心法也);隨以意引到中黃,亦如上法存之,覺中黃純白(此淨土法也);其光明自覺隨氣下降,又覺下田漸漸寬闊而更幽深焉(此即靖海法也)。

內照至此,愈之愈明而愈寬廣,久之又久,覺有氣動於中(此即龍從海底現也)。我則一念清虛,微以意引目光從海底兜照後去,未幾,覺此光明已透尾閭(此即虎從水底翻也);漸漸有光自下升上(此即黃河水逆流也),竟透大巔(此即還精補腦法也)。

我於斯時，用首尾照顧法。其法惟何？我之兩目光存在半天空，如日如月下照巔頂，直透三關，照至極深海底（此即聖日聖月照耀金庭之訣），幾若現有一輪月影，沉於海底，與上半天空月輪上下相映（此即水在長江月在天之訣）。我於斯際，萬籟皆空，惟用一意、上沖下透並行不悖之訣，行之久久，覺此清光上透九霄，下破九淵。斯時我身已不覺有焉。內照之人手如此，籲！說時容易，行時難也。

善疑

問曰：余此去從事內照，繼事無相，未幾而心地清朗，漸覺下部忽然若失，覺無邊際，深亦莫測。是從內拓加功許久，念寂至篤，乃現此景。惟覺遍體沖和，已而並此景象亦置之度外，惟覺呼吸之氣無，而下部騰騰氣熱；忽於極熱之際得有幾縷涼氣，或自胸腹下降，或自腑後脊前流下，溯洄於男根左右，若有走泄之機，恐非妙境（此正妙境），中道而止（若止不加火而煉則有弊）。出而蕭叩焉。

答曰：善哉疑也。此下部陰精，遇炁而化（此陰精即上所說幾縷涼氣四邊流下者是也），真炁力微，化而失煉（不能大熱者真炁微，故真炁即真火），則與凡氣合（凡氣即凡火，此際凡火，相火也），將成交感之精，不進陽火（閉息存思即名進陽火也），此物必將奪關而出。法惟有凝神集炁於海底，以兩目光推而蕩之，如轉磨然。

我於此際此心愈加寧靜，則呼吸氣停而真炁得注留下部（此真是進陽火之大秘訣），下部斯得熱如鼎沸（沸煮火水開貌），而陰精化氣，隨炁後攻，穿尾閭，升至泥丸，化為真液（此之謂還精補腑之實據），下降重樓，潤絳宮（此名後天甘露，乃是化血之物），從心後脊前分達兩腎（此時甘露已變紅

色化成血矣）。我則以兩目光降送至腎，左右分旋，急旋急轉，便熱如火（所以煉血化精也），由兩腎熱至臍輪（所以煉凡返真、煉氣返炁之訣也）。此一熱也，須比前倍熱數倍，斯此物由真精化而為炁矣。從此不住手（斷不可稍住也），其熱復降至海底，而仍行其存注之功（此為要囑），則如前云之陰精（此所必有且必多者，要煉到周身純陽之後方無矣），又得化氣而後升矣。

煉陰還陽之訣不外乎此，其效驗可時見（間斷則難見，故戒間斷也），而要妙在能恒久焉（切囑切囑）。故能循環無間、日行時作（必要如此如此方是），何悉不如前賢所許計月而成者哉（是可必可必無疑者也）！

問曰：然某聞之，法從心後分降兩腎云云者，女子之修訣如是也。蓋女子以血為本，故其玄關一竅開自絳闕，以其修訣加摩於兩乳中間，名曰乳谿，揉摩至百至千，則胸間火熱，惟覺氣悶，且有板木之景之象，其血生始旺，法惟以意退人心後脊前、分注兩腎。若如男子，一直從心降腹，則有血崩之虞。今君所述，乃氣也，氣升於腦，返化為液，斯已奇矣。既已化液，則直下下田何礙？而必欲如女子降至絳闕，退而後達，由兩腎轉上臍輪，方始化炁——斯理未明。況炁與氣一物也，性皆屬火，不過有先天後天之名耳！今聞君論，疑竇四開，莫自塞焉，願為開示。

答曰：善哉斯問，君真可稱善疑者矣。我所言半聞諸師、半得諸書者，今為略述其概也可。

男子之陽在腹，女子之陽在背，此乃天地自然不易之理。我之所言陰精者，其形似精而非精，乃飲食所化之液，未經化血，流滯於百絡之間乃成痰類，停滯中焦則成飲證，流注膀胱

則成滑液。我之一身三百骨節之縫、八萬四千毫竅之內，不乏此品盤踞期間，外邪乘隙入與此品朋比為奸，為害非細。今因我真炁周烘，斯物融活，隨氣護炁流注下田，其性陰寒，故其流注也機趣惟涼。

然使積而不之化，則又必化火而出，世人認為流火症亦此品也。故凡我於坐際，每逢真炁流行，則覺有颼颼涼氣自內而出，亦此品化而出之功效也。

故我於此品流注下田之候，須必大加真火以煆之（此皆至要訣也），則此品成如雲氣然，隨夫真炁由後上升達至巔頂；一聚一凝便成真液，如雨如露由鼻孔處滴下口際（此凡甘露也），潤至絳宮（到此須存多存一存）；又得心火一烘，便化成血。故須從心後脊前分降兩腎，一經煆煉，隨炁注臍，又經大煉，斯可成炁，此是一定之氣化，不分男女者也。

夫人孰不飲食，則飲食所化之液無日不有，苟昧由心一煉之訣，鮮不因而致病，是以十人九多痰。修持者每患遺泄，世人不悟，委之有念、或委之心腎不交、或委之克化不濟，皆非也。是皆不知從心一存其氣，則其津液橫流、積化成痰、流注下出；故有強而澀之，變成外症，發為疽毒，是又化火而出也。其流弊也，握發難數，我故詳為申說之。

若夫所謂真精者，渾而體之則有，握而取之則無。至如交感之精，尚是氣化之物，故有形色焉；而其來自內，故能生育焉。若此飲食之液，其來自外，不經心煉，血尚未化，不過形似精耳，焉能生育？原非至寶，偶而遺泄，亦何足恨，因而憂鬱焉，煩燥焉，不亦惑乎！與其服藥以澀之，不如如我言而煉之，此之謂釜底抽薪。

我於此節津津言之者，以此一品雖是凡物，如法一煉便成陰氣，到腦降心便可化血，已是寶物。再降至腎，升煉於臍，

得土一和，逐與真黑無二無別，居然至寶云爾。

先天為陽，後天為陰，我輩修持，無非煉陰還陽之道。其訣不外乎忘形以養氣，忘氣以養神，忘神以養虛。其所以必造夫忘字境者，以所聚之精之氣之神，皆得咸屬先天，始為無弊。況所重在身常受煉，其用惟火，火足則昌、火衰則敗，不忘則不聚，能忘火乃足，是乃修真之至要訣也。

問曰：某聞之，心有三，何謂也？

答曰：然。曰天心、曰地心、曰人心，其實惟一。經不云乎「心為神明之府，變化之道由焉。」蓋人一身咸秉心氣而行而止者，猶魚之處夫水也。古人云：「一身之實處，地也；一身之虛處，天也；屈之伸之、語言視聽，人也。」又曰：「天之心居腦，地之心居腹，人之心居絳宮。絳宮之心塊然，而虛靈不昧，是一物而含三有焉。」蓋其居腦居腹之心無形無質，乃即塊然居中形如垂蓮者之靈、之炁、之上透下注而誠存者也，我故曰其實惟一。

意者，心之所發也。心無聲臭者，念動而發，是名曰意。念也者，今心之謂，猶曰即心是也。意也者，心之音也，謂其念頭已發動也。

呂祖有言曰：「大道教人先止念，念頭不止亦徒然。」又曰：「不怕念起，只怕覺遲。」輕雲子曰：「念頭未離腔子裏，除之大易；放而出之，除便稍難矣。」故古有曰：「念起即除，神仙許汝。」

問曰：修仙之秘止於斯乎？某聞之有曰「修命不修性，修行第一病」，又曰「修性不修命，萬劫陰靈難入聖」，何謂也？

答曰：噫！命無性不靈，性無命不呈，謂必性命雙修也。

據我見，修得一分性，保得一分命，蓋以性命兩字不可分也，實以有時偏乎性而命在其中、偏乎命而性在其中，有如形影然得可分乎？第凡修道，先一我志，性功之始基也；惜身如玉，命功之始基也。從而進之，止念除妄，性功也；調息住息，運行升降，命功也。體而參之，念不止、息不調、妄不除，功不進也。凡夫調住運行升降及夫混合交結等功，總得於無思無慮之際而暢于萬籟皆空一塵不染之候也。我故曰：「修得一分性，保得一分命。」

問曰：惟丹道謂身有四海：心曰血海，胃曰穀海，腎曰氣海，腦曰髓海。其微妙未之悉，願為開示。

答曰：善哉問。入主一身，皆藉自然生炁，以生以成，惟胃一海，仰藉後天外來飲食，以消以化，補夫周身生炁之或缺。人人知之，無庸贅述。

夫養生家立論，每先自冥心一層始，其故何也？誠以心為血海，心涼則生血，心冥則心涼。夫冥心之訣，微以意引心氣，退存於夾脊之前，覺吾一身之溫氣氤氳然歸護於絳宮前後左右上下中間。如是，則凡溫溫然之生氣，一近絳宮便有油然白化為血，又自氤氳然達於肌絡之間。其至精者退後而降至兩腎，則赤灑灑者化而為純精天一之氣焉。夫養生家於未冥心前如曰閉目乎？

噫！其義玄、其旨精也。心之靈發竅於目，一也；兩目又藏有肝魂肺魄脾靈腎臟之精炁，二也；一冥心而目預之閉，則臟腑四肢內外生氣自來朝會于絳闕，三也；且凡其來朝，生氣自得，不期相化而自化為純血，其妙用亦在兩目，四也；更能使夫純血各隨其氣分佈流潤於脈絡肌膝之間者，總因我兩目懸如日月、周照乎內內外外高高下下遠遠近近，一若有意，一若

無意，似為引導而不引導之故，五也。君昔曰其機在目，即此可信古人之言不我欺也。

夫腎，水臟也。謂曰氣海，君疑，善疑也。雖然，要知水臟之為水臟，非謂膀胱之貯有濁水而云然也，乃吾身呼吸之氣之所歸，純是後天而又有陰陽之別——陽則名氣，陰則名液。此兩種也，不得我身太陽之火為之烹煉，則此二物滯而不化，為害非細。

其變而為病也不勝數其名目焉。煉之之訣惟何？總不外乎用我兩目，導彼真陽，存於海底。我則一念不雜，氣機通暢，無內無外，不知五臟焉、六腑焉、四肢焉、地天焉。惟時自省於海底沉一紅日（此至要之訣也）。忘失即須覺存，存即事乎忘（妙哉如是行也），失即覺為存，循環事之（此為要囑），則此一海泰定而無弊焉矣。

修道如牛毛，成道如兔角，何哉？廢棄於此海一關，天下比比然也。君果有志焉，從而堅持之。持之不堅、堅之不恒，亦無益也（切戒切戒）。君其勉乎哉（千萬千萬切囑切囑）！

君其識之，上所言雖示煉夫氣海一關，其間景象多多也，不勝述也。千言萬語，三教經書、諸子百家汗牛充棟，無非治心一法。——好不足喜，歹不足憂，一切好好歹歹景象似真而咸幻，有者心不可為之動、念不可為之搖、行不可為之阻。其所現之象總不外乎驚喜兩種。然其中變變幻幻每有出人意表者，總以不動為宗，須明皆是魔幻，或是上真遣來嘗試者。惟能不為魔動，方是大丈夫本來面目。

故凡遇夫魔擾。則宜益加堅定、益加勇猛為是。我之所以大聲疾呼者，邪正不兩立，而魔道每並存。何以故？無魔不顯道，魔而不退道乃成。君其勉之。

腦號髓海，其理顯明，毋庸煩說。然此一海，世說作用夥

矣！類皆地仙鬼仙之訣，非至道也，不可從也。君所向我所事天仙一宗，所煉以純返先天為了當者，故不可不慎所煉焉。

要明夫天仙之究竟與夫先天一炁之淳妙，其質至清至柔而至剛至銳，金鐵不能格也。所過者化，所存者神，大周天界，細入微塵，放之可包主幹大幹恒河沙世界，化之可結億億萬萬人物山水殿城宮觀（此等境界不愁不得，惟愁神著，何以故？一經念動，則此等境界變現不休，且必愈出愈奇，一經著相，便入魔道，小則成魔，大則立死。此間修道人著此而死者比比也。非惟本人不知，即其眷屬道侶亦且認為某果得道而去也，其誤人也不小矣。是故天仙家概不以此為效驗，且咸以此為魔擾。若坐而現此之境，又不可用意辟之，一用意辟，則又化成鬥境，有變現不測之相擾相降，必成狂疾而死。或竟為魔攝去而死。或竟入魔殼中，幾然戰勝，從此神通法力不煉而大，本人迷昧以為道得之明驗焉，孰知正為魔誘入殼，命終而去，適成修羅眷屬而已。又或因鬥不勝、全神離殼而去，其殼反為魔踞。外人不得而知也，以為斯人道成，試其神通法力與古仙無二。其魔踞試行其魔道，從者如雲。究其談論，以淫以瞋以貪以詐為無妨於真道，從之者咸入魔境、成魔眷屬。如今昔白蓮邪教之教首，類因修道迷誤，魔踞其殼而成斯等邪教也。此不可不知也。故凡修道者，總以見而不見，聞而不聞為降魔大秘訣，所謂憑他風浪起，我自不開船、此示以不之動念之大要訣也，凡煉髓海者切鑒之也可）。聚則成形，散則成炁，混三清而不二，合三教而為一者（此指一守我清空無住之念，一任他有有無無、青黃赤白焉而已。學者慎無著在聚散混合形色上）。此天仙之究竟，是亦先天一炁之妙用。我儕有志，自能造及，此非妄也，志則如是。

古仙有言：「學仙須得學天仙，惟有金丹最的端。」故志不

第二章 陳摶丹訣

可不自立也。煉此髓誨，其訣惟何？上與天通而下澈地局，四維四正無際無邊，氣象湛如寂如，不有山川城郭，惟存有赤灑灑黃金世界、明晃晃皓月當空，此為入手之秘。凡現有種種瑤台瓊室、十洲三島亦不視之（此即上德無為、有而不有之秘訣也），鐵圍無間、刀山劍樹、焰原沸池亦弗之察（此即不以察求之訣），惟存一無可著之正念而除其動心，此治髓海一關之要訣也。

若夫谷海之關。其煉法：惟有以手摩腹，助我陽氣，以消以化。故古之人，每於食後先以一手自中脘摩至腹，徐行約百步；又以手在腹際如磨鏡然，自內而外循環而行，約行三百步；其間左手如乏，易以右手，繼則靜審其氣機得以通泰乃止。嗣如得閒而坐，則接行冥心閉目存神絳宮一法，則中宮穀氣便可化血而達腎。兼行此功者，萬無津液化痰之弊，亦無液化陰精之虞。雖似有為之功而實無為之一助（此即下德有為、其用不休之一法也），慎毋以其小作而忽諸，此正我師預治陰精之秘道也。行亦簡易甚者。

問曰：某聞之，玄關不開，聖胎不結，乳哺失宜，聖嬰內疾，脫遷不道，真人夭卒。某以此懼，願垂訓示，若某也，玄關可幸開乎？聖胎可幸結乎？

答曰：君誤矣，抑君之自道乎？君之玄關已於前夜洞開矣。——「下部云云」，時正君開關以後之明驗焉。至夫胎結與否，須自問者：君可遍體通暢否？亦有氤氳氣象否？得夫物我兩忘。（此皆至要之功夫，勤乃得）

——曰：均已遇時有矣。（得常有為妙）

——曰：得夫萬籟皆空、一靈獨露境界否？

——曰：此均試有焉，而未之得久為恨。（如得之久，其

去結胎也近矣。）

——曰：君之坤腹，有何證驗？

——曰：每於坐時，覺有真炁縷縷自心而下；未幾，覺似自內豁然洞開，其大無外、其小無內，覺有種種真炁氤氳內注，且覺此中無底，唯覺此中溫然；又若有火、又若無火，而自有一種暖炁，悠悠揚揚，自下部騰騰然四周而升：第覺向後直上，濃然達背、達巔頂；又覺烘然下面下喉際，適至絳闕，忽覺化為涼液滴下；既過心坎，又忽化如熱湯奔下，滿腹火熱，頗覺周身通暢焉。

——曰：洵如是，其去結胎也不遠矣。

又曰：君須悟夫天仙結胎不同世所傳聞。君須熟揣《修仙辯惑論》，如何煉，如何結，如何採取，如何火候，如何堤防，如何溫養，如何沐浴，如何運用，如何降伏，如何移神換鼎脫胎了當——一論之中均備述焉。其最要訣，在念中無念，如雞抱卵，與夫端坐習定為採取，斷續不專為堤防，行止坐臥為火候

又曰：勤而不遇，必遇至人，遇而不勤，終為下鬼。此四句君當時時自省為要。

問曰：《修仙辯惑論》外，當看何書？

答曰：《鶴林問道篇》、《玄關顯秘論》、《性命說》、外則《金華宗旨》、《仙佛合宗》、《天仙正理》、《燃犀篇》，推而上之《參同契》、《悟真篇》，大而化之《白注道德經》、《金剛》、《楞嚴》、《圓覺》等經，噫！白祖有言曰：「一言半句便通玄，何用丹書千萬篇。人若不為形所累。眼前即是大羅天。」

第五節　華山道長邊智中傳承陳搏丹道 動功：中國道家養生長壽秘術

一、邊智中道長和他傳承的中國道家養生 「長生術」

中國道家養生長壽秘術與十九代傳師 邊智中道長簡介

蘇華仁（邊智中道長弟子，收集和整理）

邊治中道長係中國道教全真華山派第十九代傳師，中國道家古代養生長壽秘術傳師，中國古代養生長壽術研究學會創會會長。中國古代養生長壽術研究學會由邊治中道長擔任會長，世界著名生物科學家牛滿江博士擔任名譽會長，中國老一輩革命家謝覺哉夫人王定國同志同時擔任名譽會長。邊治中道長還兼任北京、上海、山東南、瀋陽……研究分會名譽會長，美國、日本、新加坡、泰國、法國、中國古代養生長壽術研究學會名譽會長。

邊治中道長原名邊福生，是中國山東濟南人。二十世紀 30 年代初開始學道，皈依全真道華山派，列為第十九代傳師（智字輩），道號「邊智中」（後以諧音邊治中行世），曾受該派第十八代傳師馮禮貴道長親傳站、坐、跪、蹲、滾、爬、臥、行八類六十四套中國道家養生長壽秘術。

自這套功法公諸於世以來，至今已有漢、英、日、西等多種文字的著作遍及世界各地。在中國已有 60 多種報刊相繼做過報導。《人民日報》的報導認為：「邊治中道長宣導的『千古健身秘術』具有醫藥不能比擬的獨特效果。」另有北京、山東、

青島、撫順等電視臺也先後做過專題介紹和報導。

　　邊治中道長於 1986 年應日本外務省的邀請，1989 年應新加坡人民學會和武術教練學會、道家協會的邀請，攜弟子前往進行學術交流和傳授功法。目前，學練中國道家古代養生長壽秘術的人士已遍及世界各地。

　　1978 年前後，世界著名生物科學家、美籍華人牛滿江博士因身體疾病纏身、在美國醫治無效，特意專程來中國北京向邊治中道長拜師、學習中國道家養生長壽秘術，在極短時間內獲得身心回春、真實而神奇效果。

　　牛滿江博士修煉中國道家養生長壽秘術四年之後，以自己親身感受，又經過嚴格科學實驗後確認：中國道家養生長壽秘術「是從中華民族悠久的歷史寶庫中挖掘出來的強身長壽的寶貴經驗，從增加生命之源入手，是人體細胞養生術，應稱之為『返老還童術』」。1982 年 4 月，牛滿江博士在北京接受《世界日報》、《香港日報》等新聞媒體的訪問時，以自己經過四年親身修煉和真實而神奇效果，再次對中國道家養生長壽秘術真實神奇的效果做了確認。

　　牛滿江博士為弘揚中國道家養生長壽秘術，造福全人類：特意捐出鉅資，支持中國道家養生長壽秘術的推廣工作、科研工作和出版書籍。牛滿江博士有一個大慈大悲的宏願：「我學練這種功法受益匪淺，真誠地希望此術能在世界開花，使全人類受益。」在牛滿江博士大力支持下，邊治中道長與中國山東中醫藥研究所等單位合作，對中國道家養生長壽秘術做了大量的科研成果，並發表在世界各地書刊上和相關科研機構。

　　總之，中國道家養生長壽秘術是全人類身心康壽超凡、真實而神奇的法寶。

　　邊治中道長的崇高願望是：「願天下人健康長壽」。

邊治中道長和他傳承的中國道家養生「長生術」
——華山派秘傳道家功法
（代　序）
李　璐

　　在中國養生、健身、長壽科研的百花園裏，中國道家秘傳養生長壽術，即以邊治中先生作為唯一傳人的華山派道家功法，無疑是一支異軍突起的新葩。說這枝奇特的花卉是新葩，是從它被埋沒、長期不能問世傳人的角度出發。如果從歷史的記載去考查，則應當承認它是中國最最古老的養生長壽術。從典學史料中可知，這種功法的起源當在殷商時期，甚至更早一些。傳說中的長壽仙翁彭祖——他的真實姓名為錢鏗，生活在殷代紂王統治時期，傳說他活了八百歲——可能就是這種道家功法的鼻祖和第一位以其實踐證實其特殊功效的歷史人物。《莊子刻意篇》中認為彭祖是透過「吹呴呼吸、吐故納新，熊經鳥申」的方法達到長壽的，足見早在西元前兩千年，已經存在這種功法的雛形了。

　　據說，我國第一部醫學經典著作《黃帝內經》以及長期被人神化的《黃帝素書》，也是與這套養生長壽的古老功法有關係的。發展到先秦時期，諸子百家（主要是道、儒、法諸學派）都有一套大同小異、各具特點的養生長壽術；但從理論到方法上最能吸引帝王貴胄、豪門士人的仍然是這套屢試不爽的道家功法。因此，歷代帝王崇尚道家者不乏其人，而以隋唐兩代尤甚。

　　唐太宗李世民篤信道教，為道士王遠之在廬山修築太平觀。玄宗李隆基則在皇宮興建太清觀，並自稱在夢中得見老子李耳，下令全國 36 郡設開元觀供奉老子的「真容」畫像，並

學習道家所傳養身秘術。

在我國歷史上著名的文學家中，也有不少人信奉道家的學說，如以「謫仙人」自居的李太白和後來文名蓋世的蘇東坡都是崇尚道術的人；甚至連「文起八代之衰」的韓文公（韓愈）也是道家信徒。韓愈「諫迎佛骨」的舉動，就說明了重道輕釋的信念。自然，古代皇帝崇信方士煉丹之術，死於丹方者不少，歷史上道士以符籙騙人的事情，也屢見不鮮。但無論如何，道家傳下來使世人延年益壽、永葆青春年華的功法，卻是經得起漫長歲月考驗的養生健身的有效方法。這是經過現代科學證明的。

正因為如此，1984 年 10 月 16 日在首都北京才正式成立了東方健身長壽術傳授中心和從事開發研究這種道家養生長壽術的全國性學會。這個組織由謝覺哉的遺孀、老紅軍王定國和著名生物學家、美籍華裔教授牛滿江為名譽會長，以邊治中先生為會長，並以這位道家華山派「唯一傳人」為首成立了以離退休幹部為對象的功法學習班。

當時《人民日報》、《光明日報》、《健康報》、《中國日報》、《中國新聞報》、《團結報》、《旅遊報》、《北京青年報》以及《中國老年》雜誌等報刊，都曾有過專門報導。1983 年 1 月間，北京電視臺曾播出 20 分鐘的電視片，專門報導邊治中傳授功法以及這種功法的突出療效，引起了各界人士的重視和學習熱潮。

牛滿江教授認為邊先生親傳、宣導的這種養生長壽術「是從中華民族悠久的歷史寶庫中挖掘出來的強身長壽的寶貴經驗，是人體細胞養生術，應稱之為『返老還童術』」。牛滿江教授還說：「我學練這種功法受益匪淺，真誠地希望此術能在世界開花，使全人類受益。」

著名音樂教育家、原中央音樂學院院長趙渢對人說：「我

是老病號，高血壓已 40 年，長期降不下來，各種藥物都不見效。今年年初學了邊老教的道家秘傳回春功，血壓就穩定下來了。」不少老幹部在學習邊治中教的道家秘傳養生長壽術之後，普遍承認這種功法為他們「帶來了健康和幸福」。有的老中醫和醫務工作者甚至認為這種功法對於治療某些慢性頑症，其療效是藥物所無法比擬的。

北京中醫研究院廣安門醫院原院長、現在任顧問的徐仁和先生以及該院原副院長張殿華先生都認為邊治中宣導的道家養生長壽術功法是從中國古代道家健身、防病的寶貴文化遺產中挖掘出來的，其功效有獨特之處，尤其是對性機能衰弱的療效，是醫藥所不能與之相比的。

邊治中先生在一篇介紹這種功法的特點與功效的文章中，曾經開門見山地寫道：「道家有各種派別，其修練的養生長壽功法各有千秋，現介紹的是道家華山派正門清教親授的一種秘功真傳。這套養生術是一種動靜雙修的功法，內涵導引氣功、按摩、揉功等。其特點是著重做功於『下丹』，這是本功的精華所在，也是此功區別於其他養生功法唯一獨特的地方。」事實上，華山派所指的「下丹」就是中醫所說的「腎」。

中醫認為：腎乃「先天之本，生命之本，元氣所寄」。人的衰老與腎氣關係十分密切，腎氣旺盛不易變老，壽命也可延長。因此醫家力主補腎、保腎，而現代醫學（稱西醫）所指的「下丘腦──垂體──性腺系統」即與腎臟密切相關。

現代醫學認為人的生殖器官（性腺系統）分泌性激素。內分泌失調，尤其是性激素分泌減少就會導致人的衰老。因此，中醫用各種藥物甚至動物生殖器官補腎，現代醫學以荷爾蒙調節、強化性功能，以延長人們青春與壽命，其道理相同。

但是，邊治中先生傳授的道家華山派養生長壽功法，卻在

排除藥物治療的同時，採取了積極的方法——練功以加強機體的功能，使腎甚至「五臟六腑」都能得到必要的調節與強化，這不能不說是一種「治本」的措施。而更加方便的是，練習這種功法無需大的場地，所需空間、時間都很有限，在室外、辦公室內只要有二平方米空地，就可以行功，每日早晚各練 15 分鐘至半小時，只要持之以恆，必能奏效。

目前，經過近年多方面（主要是北京、上海、濟南）的實踐，邊治中親授的中國道家秘傳養生長壽術主要功效有三：（一）增強性機能；（二）健美、嫩膚、美容；（三）祛病保健、延年益壽。透過參加練功者的效果說明此功法可以防治男性陽痿、早洩、遺精、前列腺炎（或肥大），女性陰道鬆弛、性不感等甚至子宮癌與各種婦科病症。

另外，對於高血壓、冠心病、神衰健忘以及慢性潰瘍，甚至慢性鼻炎和氣管炎等疾病也有極為顯著的療效。至於，這種功法在減肥以及消除皮膚上的黃斑（老年斑）等方面，也有意想不到的作用。

不久前，邊治中收到一封來自天府之國的、熱情洋溢的感謝信。這是四川中音提琴演奏員郭德全先生寫來的信。他曾從一本雜誌（香港《地平線》）上自學邊治中宣導的功法，為時一年後心理上、生理上都發生了極大的變化。郭先生寫道：「練功後我周圍的同志都反映我的面容越來越年輕，精力比他們都好，並都問我吃了什麼靈丹妙藥？我工作、學習、娛樂的精力，已和年輕人沒有什麼區別。我現在五十，喪妻十年。未練功前，我曾心安理得作鰥夫，練功後好像不能心安理得了，需要找一個老伴才行……」

足見這種功法「返老還童」的巨大功效。山東裝甲兵副政委張某，年已 66 歲，長期患高血壓、心臟病、肺氣腫，經過

練功後疾病漸漸消失，並逐漸恢復了早已喪失的性機能，被人們視為「奇蹟」。泰國政府司法部的一位秘書，經邊老弟子黃武教練功法三個月後，原患肺腺癌症在醫院電檢時宣告消失，令人為之驚服。

目前，除在國內已有若干研究組織宣導邊氏功法、研究開發這項有效的養生長壽術外，邊治中的一位私淑弟子黃武先生已在泰國曼谷成立起第一個海外的中國道家秘傳養生長壽術學會的機構。日本、加拿大等國的老年組織和醫療機構，也曾向邊治中先生請教、取經。而近來國內外的影視製作單位，更是千方百計地要求邊治中能將他的十三勢功法透過電視加以推廣。幾年來，美國、日本、印尼、菲律賓、馬來西亞等國的二十幾種報刊雜誌都曾介紹過邊治中和他的功法，反響極為強烈。邀請邊治中先生出國講學、親傳秘功的單位除泰國皇家統帥部外，還有日本等國家，足可證明邊氏傳授的中國道家（華山派），親傳養生長壽術功法正在迅猛傳播，蜚聲海外。

在揪出「四人幫」撥亂反正以來的十年當中，特別是黨中央決定實行經濟改革、對外開放的政策以來，廣大人民收入提高、生活改善，對於享受幸福生活的樂趣的要求也隨之提高。這就勢必產生一種嚮往青春歡樂，追求健康長壽的強烈願望，邊治中先生源於中國道家華山派的一套行之有效的功法，應當是能滿足人們這些正常要求的。自然，在社會主義的中國，這種練功以葆青春的做法，也是和封建時代帝王將相、富賈豪紳修練求長生，追求永世榮華富貴，享受飲食男女之樂的情況是有著本質的區別的。

　　　　　　　　　　　　一九八六年五月十七日於北京

中國道家養生長壽術功法簡介

邊治中

　　中國古代道家傳授下來的養生長壽術，是全真道教華山派內部的權威功法。

　　這套功法是世代華山道家根據古老的中醫學、古代的導引術並吸取了歷代養生學家的經驗，經過不斷地探索實踐而形成的。這套功法還是古代華山道士向封建帝王獻媚取寵的秘訣法術，所以在古代宮廷中又被稱做秘而不宣的「萬壽功」。由於這套功法獨特而功效顯著，又得到封建帝王的格外垂青，因而被歷代華山道士奉為鎮山之寶。

　　這套功法所以能得到帝王皇室的垂青，就因為它有著別門別派功法所不具備的特點。它既不是武術，也不是氣功，既不用力，也不用意，因而絲毫沒有攻防擊技的特色。它是以養生健身長壽為目的，以經絡氣血津液暢通為宗旨，以運動鍛鍊性內分泌腺為核心的全身性柔動功。其做功的重點在於修煉下丹（華山道家所修煉的下丹，是指會陰穴和性腺系統。修煉下丹意在提高性腺系統的功能，而性腺系統功能的提高，會使人出現一系列的生理變化，從而增加生命活力），這就是養生長壽術的精華所在，這也是區另於其他功法的地方。

　　一般的武術、太極拳和氣功等功法所練的套路，多重外功，主張練上中丹田，華山道家這套功法則注重內功，練下內丹田。其特點是借助做功時的甩、擠、摩、捂、兜等動作，施功於性腺，並由全身的柔動，促使經絡活順、氣血津液暢通。由於性分泌腺功能的提高，會特別有效地調節、改善和促進各個內分泌腺的新陳代謝功能，使之在更高的分泌水準上達到新的微妙平衡和統一。在功力的作用下，每個人都能夠主觀能動

地改善和增加性生理機能。

　　功法對於治療性機能衰弱的功效，甚至連醫藥都不能與之相比。而生理功能的增強，正是人的生命活力和身體健康的表現。因此，練此功法實乃自身治本之道。若能持之以恆地修煉，定能達到強腎固精、延長青春和延年益壽的目的。

　　這套長壽功法，儘管曾為封建帝王延長過那魚肉黎民百姓的生命，然而它畢竟是人類歷史的珍貴結晶，是古人遺留給我們的非常珍貴的文化遺產。今天，我們應該繼承發揚這一珍貴的中國古代的文化遺產，為我們自己和全人類的子孫萬代造福。

　　這套長壽術包括：立功、坐功、蹲功、跪功、爬功、滾功和臥功等七種功法。每種功法分為若干勢。功法的分類、順序和關係如圖所示：

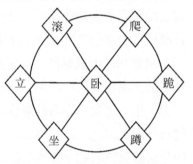

　　立功是養生長壽術的預備功，練好預備功就為修煉其他種功法打下了基礎。臥功是長壽術的核心，坐功、蹲功、跪功、爬功、滾功則是臥功的輔助功，其中蹲、跪、爬、滾四種功，需功夫達到中上乘時才能練，不適合初學者學練。

　　需要說明一點：功夫高深的道士，從不忽視預備功和輔助功的修煉，他們認為，從立功開始至滾功的六種功法，必須保持循序漸進，一步一層地修煉；修至滾功時，然後再從立功開始修煉。這明似反覆，實是似盤旋登山，一個螺旋一個螺旋地逐步接近於爐火純青的功夫頂點。

　　對華山道家秘傳下來的這套功法有興趣的讀者，切莫認為立功和坐功只是長壽術中的預備功或輔助功，而在學練功法時當做兒戲，取巧、三天打魚兩天曬網都是錯誤的。要知道立功

和坐功等功法雖不是長壽術的核心功法，可就其本身的功效來說，確實有著相當大的功力。

譬如：以前我所披露的功法，只是長壽術中的立功，然而這套立功就已經使許許多多的患者解除了病痛，變得身康體健、精氣神足，煥發了生命活力。

學練養生長壽術者一定要弄懂這樣一個道理：這套長壽術是養生術，不是武術。練武術的主要目的是為了格鬥。身手慢了，自己就要被人打，故練功時意在取巧，有巧方能勝人。

但練養生術的目的在於養生健身、返老還童、延年益壽，故練功時意在運動強身，而取巧卻達不到鍛鍊的目的，所以必須認真地掌握功法要領，持之以恆地堅持練，切不可追求學練長壽術的核心或中上乘功法，而忽略長壽術的預備功和輔助功的修煉。

立功、坐功、蹲功、跪功、爬功、滾功和臥功，這七種功法的聯繫十分密切，但每套功法也能成為一種獨立的體系。每種功法都有男功（乾功）和女功（坤功）之分，學練者可按性別選練，如若是有目的、有針對性地選練，就可收到立竿見影的效果。再者，每勢功法都是相互獨立的，不受功法套路的局限，所以練功者不一定每次都要練完所有功法，只要根據自己的愛好習慣、身體情況及工作特點來選擇立功和坐功中自己力所能行的功法去練習，選練其中一個勢、兩個勢或幾個勢，均能達到健身祛病、返老還童、益壽延年的積極效果。

初學者應首先學練立功。開始時，可選擇立功中一個勢或若干勢，每天學練十分鐘左右。待練好立功，身體也開始適應了，而且也已經初見成效的時候，然後再學練別的功法。只要堅持循序漸進這一練功原則，堅持練功不輟，用不了多久，便可見功法奇效。

中國道家養生功法是珍貴的民族遺產

前北京廣安門醫院院長兼中醫

研究院臨床醫學研究所所長

現廣安門醫院顧問組長

徐仁和

邊治中先生所宣導的古代養生術，是中國古代道家健身、防病治病的寶貴文化遺產之一，其功效有它的獨特之處，尤其對性機能衰弱的療效是醫藥所不能與其相比的。

中醫積累了兩千多年的實踐經驗，認為疾病的發生在於：外感不正常的氣候變化（六淫），內傷激烈的情緒波動（七情）及飲食起居失節，造成陰陽平衡失調，氣血運行紊亂，經絡阻塞不通，病邪與正氣紛爭，諸病乃生。其中正氣的盛衰至關重要，是發病的基礎，即所謂「邪之所湊，其氣必虛」。

基於這個發病學觀點，中醫治病在於扶正祛邪、調整陰陽，特別是著眼於人體抵抗力的康復，這就是中醫治病的整體觀念，即「正氣存內，邪不可干」。

人體正氣的強壯，靠食補和藥補僅僅是次要和被動的一個側面。主要而主動的措施在於鍛鍊、在於運動。中國歷代著名醫學家都十分強調這個觀點。值得提到的是後漢名醫華佗，他身體力行，宣導鍛鍊身的「五禽之戲」，並說：「人體欲得勞動，但動不當使其極耳，動搖則穀氣得消。血脈流通，病不得生。比如戶樞，終不朽也。」又說：「體有不快，起作禽之戲。怡而汗出，因以著粉，身體輕便而欲食」（見後漢書《華佗傳》）。中醫這套運動健壯的養身之道，與許多中外名人見解不謀而合，為之採納。

西元前 300 年，古希臘偉大思想家亞里斯多德曾寫到：

「生命需要運動。」18 世紀法國著名醫學家蒂索說：「運動就其作用來說幾乎可代替任何藥物。但是世界的一切藥品並不能代替運動的作用。」周恩來總理在世時曾說：「營養、空氣、運動，運動最重要。」中外名醫、學者、國家領導人這些對運動與健康長壽、防病治病的精闢論述，我們今天讀來，仍覺十分新鮮、有益。古今中外的高齡老人，對運動和健康長壽問題。也都有共同的體會。

邊治中先生的養生功法是中國古代道家勵行的全身性柔性長壽術，它歷史悠久，內容豐富，尤其適合老年和體弱者。此種功法不分季節和天氣變化，不需特定場所和設備條件，隨時隨地可練，且練之有效，確係廣大人民防病治病、健身延年、簡便有獲的良好練功法，有獨到之處，有推廣價值。

邊治中先生現年六旬有餘。練功數十載。健如壯年。在舊社會這套功法是「秘而不宣，內部延傳。」邊老雖然退休隱居，仍積極將此法公諸於世，並親自為不少患者教練指導以得其精髓，既繼承和發揚了這份珍貴的文化遺產，又造福於人類，其精神值得稱頌！

1982 年 12 月 7 日

願天下人健康長壽

邊治中

人最珍貴的是生命，最難得的是健康長壽。本人年輕時，得華山派道長親傳養生長壽秘功，四十年來，練功不輟，身受其益，現已年過花甲，但仍覺身體健康，精力旺盛，沒有垂暮之感。這樣好的養生術理應廣泛傳播，為人類造福，但因道規森嚴，社會環境幾經變化，故幾十年來，一直閉門修練，未敢公開。

233

近年來，許多中外專家、學者發表了一系列探討養生長壽的文章，他們這種造福人類的偉大思想道德，使我深受感動。正巧，北京某健康雜誌披露了我的同鄉朋友古岱峰先生傳授的一種健身功法——兜腎囊功。我知道此功是養生長壽秘功中的一節，就其作用看，估計會引起不少人學練。但練此功之前，必須練一種預備功，不然就會引起不良後果。而這份雜誌在披露兜腎囊功的同時並沒有介紹預備功。事後許多讀者寄來一封封熱情洋溢的信，暢談了練功收效的體會，更使我感到了道家秘傳的這套養生長壽術乃是中華民族的一份珍貴遺產，實不應據為私有。尤其當我回顧左右，凡掌握此術的華山派道人，都已先後離開人世，而我自己的年紀亦已將近古稀，若不公開秘傳，豈不讓歷代道家的心血付之東流。

於是在美籍生物學家牛滿江博士、北京廣安門醫院前院長徐仁和先生、前針灸研究所所長張殿華先生、北京市體委陶加善先生、上海市沈新炎先生、香港許東亮先生及許丕新先生等諸位先生的鼓勵下，決定將功法整理成書，奉獻讀者。在整理功法的過程中，曾獲門生以及徐樂先生、李寶琦先生和香港的孫濤先生、吳宗海先生等各位的大力協助。本人對上述諸位先生、女士的鼓勵和幫助深為感激。他們與我的共同志向是：願天下人都健康長壽。

返老還童的妙法何在？

邊治中

人的身體最美好的年華是青春發育完成時期。這時，精力充沛、體態優美、肌膚豐滿細嫩。許多人在此時走向生活，事業剛剛開始，將精力集中在事業上。經過一二十年的努力，事業成功。然而，此時人已開始衰老，身體發胖或者枯萎乾瘦，

精力不足，食慾下降，性機能衰退。高血壓，心臟病，糖尿病，腎結石，前列腺炎，男性陽痿、遺精、早洩，女性陰道肌肉鬆弛、腎虧、子宮息肉，癌瘤等一系列中老年易患的疾病接踵而來，影響了人們生活的快樂和家庭的幸福，有些朋友雖然經過多年的努力，可惜功業未成，還需要再奮鬥一番，但是由於身體的衰老，已力不從心。還有些朋友，年輕有為，可是身體的第二性徵發育不理想。男子缺少發達的肌肉，女子乳房欠豐滿，沒有青春時應有的風采和充沛的精力，深感遺憾。

有什麼辦法可以較久地獲得和保持青春時期的姿容與活力，從而延緩衰老，袪病延年呢？古往今來，多少人都在關心這個問題，都在探索健康長壽的方法。吃藥當然最簡單，然而，療效顯著、適用於每個人的「長生不老」之藥，至今還未找到。

生命在於運動，當前世界上盛行體育療法，提倡跑步、騎自行車、爬山、打球、游泳等較長時間的肌力訓練和耐力運動。但是，有些人的心血管及呼吸功能不適應這些激烈的運動，因而引起心慌、氣短、呼吸困難等症狀。運動變成了一件辛苦的事。如果運動不得法，還會損傷身體。所以，運動員和體力勞動者亦難免早衰早亡。而且，參加運動還需要場地和時間，很多人不具備這些條件。那麼，有沒有簡單易行、人人都做得到的鍛鍊辦法呢？下面就向您推薦一種中國古代道家秘傳的養生長壽術，也許會引起您的興趣。

古代道家秘傳養生長壽術的特點：

中國道家研究養生長壽已有兩千多年的歷史，積累了豐富的經驗。過去許多人認為道家的養生術不科學，因而不予重視。然而，在民間卻仍然流傳著一些行之有效的養生功法。近些年的實踐經驗證明，有許多被人們斥之為糟粕而予以拋棄的

東西，隨著現代科學和現代醫學的發展，正在得到驗證、發揚，重新恢復其生命力。道家的經驗中，不少是我們至今還沒有認識的極其寶貴的東西。值得我們去發掘、學習和研究，古為今用，造福人類。

道家有各種派別，其修煉的養生長壽功法，各有千秋。現介紹的是道家華山派正門清教親授的一種秘功真傳。這套養生長壽術是一種動靜雙修的功法。內涵導引氣功、按摩、揉功、房中術等功夫。其特點是著重做功於「下丹」。這是本功的精華所在，也是此功區別於其他養生功法唯一獨特的地方。

為什麼要著重修練「下丹」呢？原來道家華山派所指的下丹就是中醫所說的腎。

中醫認為：腎是先天之本，生命之本，元氣所寄。人的生長發育和衰老與腎氣的關係極為密切。腎氣旺盛不易變老，變老的速度也緩慢，壽命也就長。反之，腎氣衰，變老就提前發生，變老速度也快，壽命也就短促。發生衰老的最根本的原因是腎氣虛衰。所以，中醫特別注重對腎的保養，尋找了許多藥物用以補腎，如人參、鹿茸、海馬等名貴的藥材，甚至直接用動物的生殖器官製成藥酒，如市面上流行的三鞭酒等。有人就中醫所指的腎進行過專門的研究，認為中醫的腎與現代醫學所指的「下丘腦——垂體——性腺系統」密切相關。

現代醫學認為人的性腺分泌性激素。性激素對人體各器官的發育並維持其正常活動起著重要作用。內分泌失調，尤其是性激素分泌減少，便會導致人的衰老。所以，世界著名的老年學家肖根德認為，如果若干年之後，人們能調節人體的荷爾蒙（激素）和神經系統，便能使人的青春期延長 50 年，人的壽命可達 200 歲。

據文獻記載，中國道家在 11 世紀便已在人尿中提取相當

純淨的性激素結晶，用以治療糖尿病等由於內分泌失調引起的疾病。這一成就比現代內分泌學專家所取得的同樣成就早八百年。

1889 年，曾一度被稱為「內分泌學之父」的法國醫學家布朗‧塞卡，在他 72 歲高齡的時候，做過一次試驗：他把狗或豚鼠的睪丸提取物注射到自己身體內（皮下注射 1 毫升，持續兩週），發現體力和精力都顯著改善達 4 週之久，聲稱得到了「返老還童」的奇妙效果。

現代有人用雄性激素和雌性激素加上維生素製成老年丸以延緩衰老。目前在市場上出售各種荷爾蒙化妝品，就是在化妝品內加入性激素，使其滲入皮膚，從而加速皮膚細胞的新陳代謝，達到細嫩白皙的效果。

蘇聯的伏羅洛夫則提出：用移植年輕猿猴的睪丸到人體內，可以延長壽命和返老還童。然而，以上提出的各種吃藥、打針或異體器官移植，也許能獲得一定的效果，但不能說是最理想的。因為每個人的健康狀況、身體發育、生理功能、生活習慣、營養條件千差萬別，而人體內的各激素亦需要有一個微妙的平衡。用藥不當，必然會產生不良的後果。

據聯邦德國的醫學研究報告認為：人的肝臟由於常常不能分解藥物中所包含的合成荷爾蒙，而導致膽道阻塞，引起黃膽病。異體移植更是危險。殊不知人體本身乃是一個最佳的荷爾蒙製造廠，最理想的辦法還是經由人體自身進行調節。中國古代道家秘傳的這套養生長壽術就是透過一定的做功法，增強人的內分泌器官，尤其是性腺器官的機能。使其根據身體的需要，自行調節內分泌。亦即是中醫所說的壯腰健腎，從而開闢了一條延緩衰老的新途徑。

學習道家秘傳養生長壽術，無需廣闊的場地，就在您的臥

第二章 陳摶丹訣

室或床上，甚至您的辦公桌旁都可以行功。其功法簡單易學，運動量不大，但功力到家，老少皆宜，尤其適合於性機能衰竭而身體衰弱者。只要每天早晚修練 15 分鐘，堅持數日，即有成效，若長期修練，其效更佳。

神奇的功效

道家秘傳養生長壽術對身體的作用是多方面的，有待我們進一步深入研究。根據目前實踐經驗，比較突出的有以下三種奇效：

一、性機能大大增強

性是生命活力的表現。中醫認為，房勞過度傷腎耗精，導致早衰早亡。因而提出：青壯者節慾，老年人絕慾戒房勞，要惜精若命。現代醫學對這個問題研究較少，國外有人曾對性交後兔的腦垂體前葉進行過細胞檢查，發現垂體前葉功能減退。其結論自然與中醫相仿。

然而，道家認為，人慾不可都絕，陰陽不交，則致壅塞之病，任情肆意，又損年命，唯有得其節宣之和，可以不損。也就是說，性生活不單對心理而且對生理也有好處。

但是，如何理解得其節宣之和呢？根據前面所述性與腎及內分泌之間的關係，可以理解為，性生活必須與內分泌機能相適應。內分泌機能旺盛，性慾強，性得到滿足，於身體的生理和心理都有好處；內分泌機能衰退，性慾消減，若繼續縱慾，則損人壽。所以，中醫用絕慾戒房勞的辦法以適應內分泌機能的下降，這當然是一種辦法，但不是受人歡迎的辦法。

有沒有更好的辦法呢？內分泌學認為，性激素有促進精子的生成和刺激性慾的作用。道家秘傳養生長壽術由對性器官的

甩、擠、摩、捂、兜等動作，調節內分泌，促使性激素的產生，從而有效地增強性機能。根據實踐驗證，練此功可以防治男性陽痿、早洩、遺精、前列腺炎，女性陰道鬆弛、性冷感，甚至癌瘤等疾病。

二、健美嫩膚

人到中年，身體便漸漸發胖。肥胖的身體不但缺少美感，而且還會引起高血壓、心臟病、糖尿病等併發症，以致影響壽命。為了治療肥胖，有人吃減肥藥。目前市場上出售的減肥藥，實質上都是瀉藥。

俗語說：「一劑藥，三分毒」，多吃無益。有些人節制飲食，甚至禁食。然而，如果身體攝入營養過少，破壞了新陳代謝的平衡，身體的健康便會受到損害。況且，精美的食品，滿桌佳餚不敢食，多麼遺憾！

有人採用大運動量或體力勞動以消耗體內脂肪，達到減肥的目的。這種辦法固然可以收到暫時的效果，但當您停止運動時，不久又會體態如前。而且，超負荷的全力活動也會給身體其他臟器，特別是心臟帶來損害。

要治療肥胖，首先應從引起肥胖的根源著手。按現代醫學觀點認為，人之所以在二三十歲時體態最優美，是因為那時性激素分泌旺盛，而性激素刺激第二性徵的發育和維持其成熟狀態。所以這時候男子背闊腰圓，女子乳房隆起，肌膚豐滿細嫩。隨著年齡增長，性激素分泌下降或紊亂，能量消耗減少，脂肪堆積增加，形成大腹便便。因此，若想減肥，大多數患者應從調節內臟腺體的激素分泌著手。

道家秘傳養生長壽術恰好通過增強生殖器官機能，使性激素的分泌旺盛。而性激素能使體內脂肪減少和重新分佈，從而

起到有效的減肥作用。

此外，這套養生長壽術的運動量分配於全身的肌群，尤其集中在運動腰腹部，促使儲積在大網膜的脂肪消耗。而胸腹的運動，又增強了腸胃的蠕動及血液循環，使腹脹、便秘、嗜睡減少，對減肥也起到了促進作用。俗話說：「胖和尚、瘦道士」。道士為什麼給人的印象是清瘦的呢？無疑是以其修煉的獨特的功法有關。

有些人雖不胖，但是太瘦了也不好，缺少豐滿的細嫩肌膚，顯得形容枯槁。這些人大多數也是由於內分泌功能減弱或紊亂所引起的。若修煉這套養生長壽術，內分泌得到調節，各部分器官的活動得到改善，尤其是在性激素的作用下，肌膚也會隨之而恢復青春，得到健美的效果。

三、祛病延年

人體自身有抗病能力，也就是現代醫學所說的機體免疫功能。美國病理學家沃爾福德扼要地報告老年的常見病，均與機體免疫系統機能減退有關。而機體的免疫機能卻又與人的內分泌有密切關係。

如前所述，道家秘傳養生長壽術能調節人的內分泌，自然會使機體免疫機能增強，而有效地防止疾病的發生。

據實踐證明，凡常練此功的人，一般都體健神足，食量增加，四肢靈活，思維敏捷，很少得病。至今還未有聽說過練此功的人，患癌症而夭亡者。所以，此養生長壽術確有祛病延年的功效。當代世界著名的生物學家牛滿江教授對之極為推崇，認為這是人體生命的科學。

（一）可防治神經衰弱

神經衰弱是神經中樞的機能紊亂或機能障礙引起的。這種

病的主要症狀是：失眠多夢、疲勞無力、神經過敏、多疑急躁、記憶減退、思維遲鈍、焦慮和抑鬱等。對於神經衰弱，現代醫學提倡藥物治療、生活規律、精神調整和運動鍛鍊並舉，其中運動鍛鍊是治療神經衰弱的重要一環。

養生長壽功法能調節神經、內分泌腺，改善全身和大腦的血液循環。實踐經驗證明：練養生長壽術的人，入眠時間短，一般不做夢，醒後人格外精神、精力充足。練功到一定功夫之後，很容易使興奮的神經轉為抑制。躺下時即使沒有絲毫睡意，但醒來時卻不知道自己是何時入睡的。在毫無睡意的情況下，僅十分鐘左右就能進入睡眠狀態。若是在疲勞狀態下，三四分鐘就可入睡。

睡眠狀況改善了，神經衰弱就等於好了一大半，再經過一段時間的練功，神經衰弱不但消失了，而且整個身體的健康狀況都會改善。患神經衰弱者，可選練回春功、八卦形功、龍遊功、龜縮功和還童顏功。睡前練功最佳。

（二）防治陰道肌肉鬆弛

生育、流產都可能會使女性的陰道肌肉出現鬆弛。陰道肌肉鬆弛不是疾病，不影響女子的身體健康和生育。但是卻會導致夫妻間感情的變化，甚至破裂。所以，女性對陰道肌肉鬆弛切不可粗心大意，任其自然。

養生長壽功法每招每式都可直接運動刺激性器官及性腺，使性激素分泌增加，並融合在血液中，形成精血，精血多了，會榮於全身，但精血的大部分會湧流陰戶，滋榮陰器。陰道肌肉在精血的滋榮下，會大大地增強彈性，使陰道逐漸地恢復到原來的形狀。另外，陰道肌肉會隨著做功，受到甩、擠、摩和伸拉等運動，從而增強其力量；力量一加強，彈性自然就會隨之提高了。

若長期堅持練功，陰道口也會縮小，恢復原狀。陰道肌肉鬆弛者，可學練回春功、上元功、八卦形功、地環功、人環功、八仙慶壽功和鳳凰展翅功等勢功法。

（三）防治陽痿、早洩

陽痿、早洩是男性性生理功能障礙的主要症狀。發生陽痿、早洩的原因很多，有的因神經系統、內分泌系統病變引起，有的因精神緊張、抑鬱、疲勞過度引起，有的因房事過頻和手淫過度引起，還有的是器質性病變引起的。

陽痿、早洩並不算什麼大病，但又是很難治癒的頑症。許多人患了陽痿、早洩，經久不癒，懷疑自己是器質性的病變，以致恢復無望。實際上，產生器質性病變的患者是極少的，絕大多數是性神經功能紊亂或心理障礙造成的。透過適當的調理，是完全可以治好的。

治療陽痿、早洩，除了有器質性病變的患者恢復較難外，一般患者都可以很快地恢復。養生長壽術對陽痿、早洩的防治是醫藥不能與之相比的，這是許多患者的治療體會所證實了的。就連醫學專家都予以承認。為什麼養生長壽術防治陽痿、早洩的效果能夠勝過醫藥呢？道理很複雜，簡單說來就是養生長壽術能夠疏通全身經絡，調整性神經功能，消除掉產生陽痿、早洩的種種病因，從而使患者康復。

四川省宜賓市有位蔡某，患陽痿病多年，妻子提出離婚，使他失去了生活的信心。1983 年 5 月他到北京學練功法，回四川後，堅持練功不輟，3 個多月後，陽痿病開始好轉。

（四）防治精索曲張

精索曲張是一種令人煩惱的病，這種病平時不出現任何症狀，但發作時，陰囊可出現腫大、疼痛和一種難以名狀的下墜感。勞動過累、站立和步行時間過長，症狀可加重，休息後症

狀一般會減輕或消失。這種病的病因是精索蔓狀靜脈叢擴張、延伸，輕者呈現蚯蚓狀，重者呈團塊狀。此病有先天性和後天性之分，多發於 20～30 歲的青壯年。這種病雖說無礙於身體健康，但它除了有種種不適感外，還很可能妨礙精子的運動，因而會影響生育。

養生長壽術中的一勢抖動功，對此症有著極佳的療效。由做功時的抖動，精索可逐漸活順開，精索因身體抖動和睪丸上下運動，牽動精索在陰囊腔中上下運動，從而使精索的血液循環得到改善，消除了靜脈叢中滯流的血液，這樣就從根本上消除了精索曲張的病因。因此，透過一段時間的練功，精索就會逐漸地恢復正常。

江蘇省淮安有位姓王的大學生，患先天性精索曲張。他的陰囊後上方有橡皮那麼大小團蚯蚓狀的精索，稍有一點跳躍性的活動，都會引起劇烈的疼痛。經過通信函授，他重點練一勢中的抖動功，不到三個月，他的先天性精索曲張就被治癒了。

（五）防治手淫

手淫是一種不正常的性方式，它往往是未婚青年，特別是處在生長發育期的青少年，為了滿足性要求而採取的一種方法。青年人不論男或女，都可能有手淫的習慣，但男多於女。

開始手淫時，在身體方面一般不會產生什麼影響。時間一久，人的元氣就會大傷，精神恍惚、萎靡不振、記憶力下降、渾身酸懶、乏力疲勞、身體不支、百病叢生。

手淫的危害，除以上所述之外，還會造成嚴重的精神負擔。這正是百病叢生的最好條件，因此，手淫患者還極易患別的疾病。但是，手淫患者往往積重難返，不可自拔，雖悔恨交加，可又常常克服不掉手淫的毛病。

什麼原因呢？這是因為性衝動是人的一種生理要求，要杜

絕其習僻，單是強調什麼惡果、後患，或許可收些許儆戒的作用，但不能根本解決問題。

那麼，有沒有克服手淫的好方法呢？山東省濰坊市有位姓李的青年，染手淫三年，身心受到嚴重的損害，飽嘗了疾病的折磨，幻想有一種「靈丹妙藥」解除病痛，可是中西醫均無效。1983年6月學練養生長壽術一至三勢，一日練兩次，每次15分鐘，一出現性慾衝動，就馬上練功，3個月後，戒絕了手淫，病情明顯好轉，來信稱讚：「養生長壽術拯救了一個不幸的生靈」。

養生長壽術就是這樣使人的理智能主動地控制和調節性衝動的。所以說道家秘傳養生長壽術防治手淫堪稱一絕。有手淫或沒手淫的青年都應趕緊學練。

（六）可防治暗瘡、老人斑、紅鼻子

男女青年為什麼會長暗瘡？原因是：青春期出現後，性激素的分泌開始增多，刺激皮脂腺充分發育，促使皮脂分泌增加，過多的皮脂淤積了皮脂通行的管道，再加上細菌在管腔裏繁殖，導致發炎，於是就出現一臉的暗瘡，俗稱青春疙瘩，醫學上叫做痤瘡。

學練養生長壽術可調節性腺和皮脂腺的機能，使性激素和皮脂腺的分泌趨於平衡，這就從根本上消除了產生痤瘡的病因。再者，練長壽術中的潤膚功，擊打和按摩面部，使面部的血流加快，改善了皮脂的溢出，可抑制痤瘡的發生。另外，值得一提的是，練養生長壽術的功法，特別是潤膚功不但能防治痤瘡，而且還會使生痤瘡遺留下來的黑色痕跡和其他原因留下的色素沉著（如老人斑和婦女生育後出現的蝴蝶斑）逐漸消失，紅鼻子，俗稱酒糟鼻子，也能治癒。

當然，要想讓黑斑和色素沉著逐漸被吸收掉，是需要一定

時間的，但持之以恆，就會換來一個潔淨的面容。

北京有一位姓戴的男青年，他滿臉暗瘡，抹過許多藥，暗瘡就是不消失，臉上黑斑累累、坑坑窪窪。後來，照著十勢秘功功法學練。每次練功後，都做一遍潤膚功，不久，臉上的暗瘡越來越少，最後竟完全治癒了，就連臉上的黑斑也開始逐漸變輕變淺了。

上海有位 60 多歲的老先生，練了 3 個多月養生長壽術，患了多年的紅鼻子不紅了。

（七）可強腎固精

強腎固精，是各門各派的健身功法和中醫所祈求的一種理想的效果，意思是說：既增強造精能力，又能做到精滿而不自溢，使過剩的精子被身體吸收，起還精補腦和壯體強身的作用。然而，要同時做到既強腎又固精，是不容易的。

那麼，道家秘傳養行長壽術是怎樣做到強腎固精的呢？這就是由一定的形式甩、擠、摩、捂、兜睪丸，增強造精運動，從而達到強身的目的。至於固精，養生長壽術著重做功於生殖器官，增強性機能，使其受功力的支配，所以，練長壽術的人，容易做到用功力控制性欲，因此，能起固精強腎的作用。夢遺滑精、遇色漏精的患者，應趕快學練。

北京有位李某，33 歲，長期滑精，醫治無效，因此離婚。自 1982 年 10 月開始學練養生長壽術 1 ～ 3 勢，兩星期後便初見成效，滑精停止，又過不久，性機能也大大恢復，故來信讚譽「功法蓋世無雙，名不虛傳」。

道家秘傳養生長壽功法

中國道家秘傳養生長壽術包括有站功、坐功、蹲功、跪功、臥功、滾功、爬功等七種功法。每種功法又分十三勢。為

方便讀者學練，現將其中簡單易學，而又容易見效的功法先行介紹。

一般練功者，不必每次都要練完所有功法，只要根據各勢功法的作用，對照自己身體的狀況，選練其中幾勢即可。初學者應首先練站功。開始練時，可選擇站功中的一兩勢先練。每天學練兩次，每次3～5分鐘。身體適應後，時間和次數可按個人的情況而適當增加。待練好站功，初見成效之後，再學練別的功法。站功是養生長壽術的基礎，只要掌握要領，堅持練下去即可收到意想不到的奇效。

每種功法都有男式（乾功）及女式（坤功）之分，學練者可按性別選練。

上述七種功法中之臥功、蹲功、滾功、爬功和跪功需練功有一定基礎，方可學練，故暫不在此介紹。

二、站　功

1. 站功一勢　回春功（服氣養腎悠功）

此功有回春之力，故曰「回春功」。又功在服氣養腎，所以又稱「服氣養腎悠功」。男稱「悠腎囊功」，女稱「順陰功」。

（一）回春功的功理及作用

回春功的功理及作用，歸納起來，可分為四點。

① 最大限度吐故納新

新鮮空氣對生命的意義是大家都知道的。一般人隨著年齡的增長，肺氣泡增大。同時，肺血管減少，其結果是功能無效腔增大。同時，肺泡壁間質纖維量增加，使肺的擴張能力下降，致使身體吸入的新鮮空氣不足，又不能將全部濁氣排出體外，所以，臉色皮膚變灰暗，失去光澤，不像年輕人那樣神采

奕奕，精力旺盛，甚至還會引起各種疾病，其重要原因之一是體內缺氧。

回春功第一節採用腹式深呼吸，鍛鍊增強橫膈肌。據測量，橫膈肌的活動範圍每增加 1 公分，肺活量可擴大 250 ～ 300 毫升，若經過半年至一年的鍛鍊，橫膈肌的範圍可增至 4 公分。

回春功在做深呼吸時，全身放鬆，引體向上，屈身向下，作橢圓形的運轉，這可使大腦皮層處於保護性的抑制狀態，中樞神經得到調整和平衡，有節制地開放全身平時閉鎖的毛細血管，大大有利於體內細胞交換氣體，最大限度地排除體內濁氣，吸入新鮮空氣。

由於身體吸入的新鮮空氣增多，滯留濁氣減少，細胞便會催向活躍，迅速修復受損的細胞，整個身體的健康狀況便會得到改善，一般人做此深呼吸動作之後，會頓時覺得精神暢快，心臟病人練此功，心絞痛、期前收縮的症狀會漸漸減退，臉色也會變得紅潤而有光澤。

② 調節內分泌機能，改善性激素的分泌

道家認為，人體內有 7 個命宮，大致相同於現代醫學所講的松果腺、腦下垂體、甲狀腺、胸腺、腎上腺、性腺等器官。這些器官主管人的內分泌。內分泌腺體產生的激素對生命的作用早為醫學界所公認。這些激素是促進身體各器官的生長發育、維持其正常狀態的重要因素。內分泌腺體機能下降，內分泌紊亂，便會導致身體發生各種病變，加速人的衰老。

醫學界多年來致力於提煉各種激素注入人體內，用以治療或延緩衰老，但效果並不十分理想。究其原因：

一是人體內各種激素之間有一微妙的平衡，注入外源性激素，容易產生顧此失彼的結果。

二是人的腦下垂體前葉是調節內分泌的司令部，如體內注入某種大量激素，腦下垂體前葉這個司令部便會向分泌這種激素的腺體發出指令，使其停止或減少分泌。

所謂用進廢退，即指長時間的停止或減少工作，反而會引起功能性衰退。所以有些患陽痿的病人，服用或注射性激素睪丸酮後，雖然病情可以得到暫時性的好轉，但當停止用藥時，病情又會恢復如初，甚至更糟。

對於內分泌失調而引起的病變，回春功是採取獨特的運動形式，輕微震動體內各種內分泌腺體，使其恢復並增強其功能，自行調節激素的分泌，從而達到治病強身的目的。

回春功第二節全身抖動，巧妙地對內分泌腺體起到了震動的刺激作用。所以，在抖動之後，會有一種全身舒服、暢快的自我感覺。

在人體內各種激素之中，性激素的作用尤其重要，性激素分泌減少或失調，必然會導致陽痿、早洩、前列腺肥大、女性陰道肌肉鬆弛、肥胖或形體衰敗，甚至產生息肉、癌瘤等一系列病症。回春功第一節深呼吸時，男子自然微收腎囊，女子微收子宮的動作；回春功第二節全身抖動時，男子腎囊的前後上下悠動，女子體內震動子宮卵巢；回春功第三節左右轉肩時，男子牽動睪丸，女子摩擦陰道、牽動子宮卵巢等動作對調節性激素的分泌都有重要的作用。

實踐經驗證明，許多性機能失而復得的人，大都得益於這些動作。此外，在做回春功三節動作的過程中，都會不同程度地刺激腰椎部位的交感神經，而交感神經卻是控制勃起的關鍵，交感神經得到鍛鍊而健壯，也有助於性機能的恢復和提高。

③ 促進胃腸的蠕動，改善消化器官和泌尿器官的功能

腸胃功能好壞，對身體的健康影響甚大。許多人因消化不

良、胃滿腹脹、便秘、腹瀉而十分苦惱。中醫認為脾胃虛弱是引起衰老的重要原因之一。故此，增強腸胃功能十分必要。

回春功的三節動作，使腸胃以三種不同的方式蠕動，有利於增強腸胃的吸收功能，加速食物糞便的通過，使有害物質不致滯留腸道過久而為患。

另外，第一節深呼吸和第三節轉肩用口吸氣，都會使部分新鮮空氣直接吸進腸胃，對腸胃起一定的刺激和清潔作用。同時，隨著腸胃的蠕動，滯留於腸胃的腐敗有害氣體被排擠出體外，胃滿腹脹便隨之消失，便秘、腹瀉也會好轉，由於腸胃毛病而引起的病症亦會得到改善，更可預防痔瘡及腸道癌瘤的發生。所以，凡練此功的人都會有腸胃通達舒暢的感受。

三節回春功動作不僅對腸胃有良好的保健作用，對於泌尿器官也有明顯的保健作用。腎和膀胱隨著做功而微微顫動，可增強其功能，減少有機鹽的沉積，預防結石的產生，同時，控制排尿的神經也得到調整，故有些患尿頻的人，吃藥打針無法治療，改練回春功，短期內便有良好收效。

④ 使氣血經絡暢通，有利於袪邪扶正

中醫十分重視氣血經絡的暢通，凡有淤滯，必然致病。所以中醫說：不通則痛。有些婦女經痛，不少是由於經血流通不暢所致。回春功的三節動作，使軀體作柔性圓形或弧形的運轉，而且全身放鬆，關節經絡都得到活動，大大有利於氣血經絡的暢通，加之上面所說的體內吸入新鮮空氣增加，內分泌得到調節，腸胃和泌尿器官功能的增強，可以使身體的健康狀況大為改善，按中醫的說法就是歸順內臟，增元氣、順天水、活血化淤、袪邪扶正。因此，長練此功的人，都可以享受到體健神足，減少或免除病痛的歡樂。故稱此功有回春之力。

道家秘傳養生長壽功法第一回春功，動作並不複雜，但要

準確無誤，則需要參照後文所說的功法功理，多練幾次才能辦到。幸好，練此功不要求廣闊的場地和較長的時間，而是隨時隨地可練，一般每天兩次，每次 5 ～ 10 分鐘，但不要超過 20 分鐘。若的確沒有時間，三、五分鐘也可以。但必須堅持。記住：建立信心、堅持練功，必然成功。

初練此功時，由於不習慣或未掌握要領，可能會有某種不適，但當您認真練下去，掌握要領後，便會初見成效。這時會有一種魔力吸引您繼續練下去。因為練功後，您會感到舒服暢快，而不覺疲勞。

綜上所述，回春功的作用在於吐故納新，歸順內臟，暢通氣血，祛邪扶正，增元氣，順天水。學練此功，不但為做其他功法打下基礎，而且對治療肩背痛、胃滿腹脹、婦女痛經以至心臟功能減弱，增強體質，提高性機能，減肥健美，均有功效。

（二）做法

① 預備勢

全身直立，雙腳併攏，雙臂前伸呈直角從體側上引，手心向上，吸氣，提踵。雙臂至頭頂部合掌向下經過腹部分至體側，雙腿分開。兩腳距離與肩同寬，兩臂置於體側，雙手自然下垂，全身肌肉放鬆，目光平視，排除雜念，思想入靜（圖 1）。

② 起勢

第一節：呼吸。採用腹式呼吸法，先吸氣，後呼氣。吸氣時腳跟提起，小腹鼓起，胸部展開，盡量多吸新鮮空氣。初學者用鼻吸氣，習慣後，可口鼻同時吸（圖 2）；呼氣時，小腹微收，兩膝順勢屈曲，腳跟落地，使肺胃濁氣從嘴排出（圖 3）。連續呼吸 16 次。

圖1　　　　　圖2　　　　　圖3

　　第二節：抖動。深呼吸後，約停半分鐘，全身放鬆，保持正直，雙臂仍垂於體側，兩膝稍屈，使整個身體作上下彈性顫動。此時，男子雙腎囊在兩腿根部空襠中前後微微擺動，女子玉門微開。兩手手指略彎，伸直可有脹感。照此抖動1分鐘，約164次（圖4）。

　　第三節：轉肩。抖動後休息1分鐘。轉肩一節兩腳同肩寬平行站立，身體重心放在前腳掌上，雙膝微屈，全身放鬆，嘴自然微微張開，兩臂下垂，頭頸正直，轉動肩頭劃圓。轉肩時，兩肩肩頭交

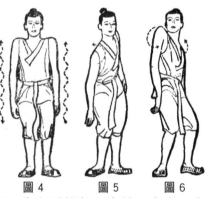

圖4　　　　　圖5　　　　　圖6

替移動。肩頭的轉動方向是。先左肩提起，由前、向上、向後、向下劃一圓周；與此同時，右肩向後、向下、向前、向上劃一圓周。左右兩肩交替協調運轉，共16次（圖5～6）。轉肩時，要用身體帶動肩，用肩帶動臂，使上體不停地扭動，擠壓五臟六腑進氣排濁。

（三）做功要領

第二節抖動的要領是，在抖動時，雙乳、全身肌肉，牙關和體內臟腑器官皆需有震動感，方為正確。

第三節轉肩的要領是，練功者在轉肩過程中，不必主動呼吸，要依靠上體的扭動擠壓帶動呼吸。練習一個階段後，在安靜的環境練功時，會聽到肺部呼吸的呼呼聲；由於做功時腸胃的蠕動，還會打嗝出虛恭（放屁）；初練者做轉肩動作時，以自感柔和適度為宜，不可用力過大過猛，但轉肩劃圓定要圓滿，待動作熟練、身體適應後，可逐步將圓盡力劃大為好。

2. 站功二勢　上元功（擠陰功）

此功有增強元氣的作用，故曰：「上元功」。其特點是做功時用兩腿根部擠壓外生殖器，所以又稱「擠陰功」。男稱「擠腎囊功」，女稱「擠腎陰功」。

（一）做法

① 預備勢：全身直立，雙腿分開，兩腳距離與肩同寬，兩臂置於體側，雙手自然下垂，全身肌肉放鬆，目光平視（圖1）。

② 起勢：左手慢慢提起，手心勞宮穴向上，五指略分，小指少澤穴沿胸前正中線中極穴由下而上運行，經關元、氣海、神闕穴位運至胸前上脘、膻中穴時，右手開始跟行，左手繼續向左前方運展，目光隨左手轉移，左右經人中穴後沿雙眉間到頂點（但臂不伸直）後翻掌，使勞宮穴由朝上變朝下，呈海底撈月勢下行；與左手上行的同時，左腳尖沿地運經右腳內側，虛步劃弧，向左側伸出落地屈膝，前後兩腳相距約 60 公分，軀幹隨之向左移動，身體重心移至左腿，右腿隨身左轉，右腳湧泉穴著地，腳跟微提，呈左腿弓步，右腿半弓，雙腿根部內側

相應緊扣，使腎囊有輕微的擠壓感，以上為左側動作（圖2～5）。接著做右側動作；軀幹從左轉向右，右手手心勞宮穴向上順勢向在前方運轉，左手從下向上跟行，右手運轉至頂點後翻掌，呈海底撈月勢下行；與此同時，兩腳方向從左轉向右，呈右腿弓步，左腿半弓，雙腿根部內側緊扣，至此完成右側動作（圖

圖1　圖2

6～10）。左右兩側動作相同，方向相反，交替進行，各做8次，共16次。

圖3　圖4　圖5　圖6

圖7　圖8　圖9　圖10

（二）做功要領

全身肌肉放鬆，切勿僵硬，兩手動作交替要連貫自然，不要中途停頓。此功關鍵在於兩大腿根部在轉體時向內靠，使其擠壓外生殖器。此勢動作按其幅度及體勢下蹲的程度區分大、中、小 3 種運動量進行。中老年人或初學者，一般可練小、中勢，青年人可練強度高的大勢，但必須由小、中勢開始。女性月經期、孕期忌練。

（三）作用

起勢後兩臂自然彎曲，能夠暢通雙臂動脈，活順氣血，增進骨節肌肉彈性，防治脈管炎。因功法動作直接牽動並刺激內關、外關、手三里、曲池、肩髃、環跳和天宗等眾多穴位，對防治半身不遂、老年性髖胯關節炎和肩周炎以及腎虧引起的腰背痛，均有較好療效。男性悠擠腎囊，促進睾丸健壯，增強其機能，以防疝氣、精索曲張和睾墜；女性悠擠陰戶，可防治陰戶鬆弛，加強蠕動，提高排濁能力。

3. 站功三勢　八卦形功

此功特點為雙手在體側劃弧，其軌跡形似八卦，故曰八卦形功。

（一）做法：

① 預備勢：全身直立，雙腿分開，兩腳距離與肩同寬。兩臂置於體側，雙手自然下垂。全身肌肉放鬆，目光平視。排除雜念，思想入靜。（圖 1）

② 起勢：雙手自下而上抬起，呈抱球勢與肩等平，雙膝稍屈（圖 2）。左手繼續向上運行至頭頂上方，右手向右下方運行，右臂呈弧形彎於身後，身體向左轉 45 度角，上身正直，

左腿弓步，右腿半弓（圖3～4）。接著右手在右體側劃八卦，劃法如下：

　　右手從體側右下方，向前向上運行，到頂端翻掌向後，劃一整圓，復歸原位。然後右手沿著所劃圓的垂直直徑，從下而上劃一S形（圖5～7）。至此，右手便完成了劃八卦的動作，當右手畫完S形運至頂端時，翻掌經下向前劃圓，右腳順勢向前邁出一步，右腿前弓，左腿半弓（圖8）。當右手劃圓至頭頂上方時，左手向左下方運行（圖9），跟著，在身體左側劃八卦，劃法與右手相同，但方向相反（圖11～13）。當左手完成劃八卦動作，運行至頭頂上方時，右手從頭頂上方向右下方運行，右腳順勢後退一步，左腿全弓，右腿半弓，開始做第二次劃八卦動作（圖14～15）。兩手交替進行，不得停頓，左右各做功8次，共16次，時約1分鐘。

圖1　　　　圖2　　　　圖3　　　　圖4

圖5　　　　圖6　　　　圖7　　　　圖8

圖9　　　圖10　　　圖11　　　圖12

圖13　　　圖14　　　圖15

（二）做功要領

此功沿地進行，左右換功時，身體重心要後移。手畫S形要力求準確，凡遇翻掌動作時，皆挺胸、抽臂、縮肩。兩手動作的同時，身體要相應揉動，互助配合，使全身肌肉都在轉動。

（三）作用

此勢動作廣泛涉及全身各部位的穴位，雙手不停地運行轉動，使肩井、肩髃和頸部充分運動，直接刺激人迎、天突、缺盆、風池、風府、大椎等穴，對防治神經衰弱、頭暈、頭痛、中風與腦血栓等病症療效較好；而雙手劃S形動作，對於雙

肋、神封、乳根等穴位觸動較大，可防治肋膜炎、心肌炎、乳腺炎，甚至可預防乳房癌瘤的發生。抽臂翻掌動作，強烈牽動後腦枕骨，可使大腦清醒，開竅增智，補腦功效尤佳。

4. 站功四勢　鵬翔功（平環功）

此勢動作如大鵬展翅翱翔長空，故曰鵬翔功；又因此功兩手在體前轉動劃圓，其軌跡形似連環，所以又曰平環功。

（一）做法

① 預備勢：兩腳分開，與肩同寬，肅穆靜立，挺胸收腹，雙膝稍屈（圖1）。

② 起勢：雙手形同抱球，由下而上抬起（圖2）。抬至胸口處翻掌，左手手心向上，右手手心向下，相距三拳（約30公分，圖3），軀幹向左轉，由左至右來回作形轉動。兩手心相對，順勢在體前運轉劃形，即兩個連環的圓。在左側劃圓時，左手領先在上，右手在下同時跟行（圖4）。運至胸前時，相對翻掌（圖5），改為右手領先在上，左手在下同時跟行（圖6）。左右兩側動作交替進行，連續劃圓各8次，共16次。

圖1　　　　　圖2　　　　　圖3

圖 4　　　　　　圖 5　　　　　　圖 6

（二）做功要領

雙手劃圓時，手指應微屈，上行時，手臂要盡力前伸，後腿相應挺直。精力集中，目光隨手轉動；轉體時，主動收縮小腹，動作協調、柔順、連貫。做功次數可視各人體質情況酌情增減，但起碼要做到規定的次數。

（三）作用

上體部位伸屈轉動做功，牽動手掌的商陽、少商、少澤、合谷穴位和肩部的肩髃及風池穴位，可防治因肥胖導致的腦溢血、腦動脈硬化、中風、神經性頭痛及心血管疾病；由於功力集中於腹部的氣海穴和髖胯兩側，可減少皮下脂肪厚度，消耗脂肪沉積，對男子、女子減肥，尤其是女子產後保持形體美，獨具效力；又因身體左右旋轉做環形運動，則會從兩側較強刺激腰骨處的腎俞穴和命門穴位，可防治腎虛、腰椎骨和坐骨神經痛。

5.站功五勢　龜縮功（復環功）

此勢做功時，重點動作是縮肩伸頸，形如龜狀，故曰「龜縮功」。又因此功兩手移動的軌跡是多個圓，其狀如環環相套，所以又名「復環功」。

（一）做法

① 預備勢。兩腿分立，與肩同寬，挺胸收腹，雙腿微屈，兩手自然下垂（圖1）。

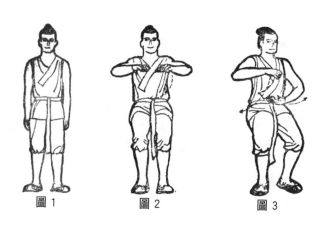

圖1　　　　　圖2　　　　　圖3

② 起勢：兩臂向前抬平，兩肘微屈（圖2），左手向下劃半圓至小腹處，手心向上，兩手呈抱球勢（圖3）。身體重心移至右腿。軀幹前傾，微向左轉。 左腳向左方邁出半步呈弓步，右腳後蹬伸直，腳不離地，與此同時，左手向前方伸出、屈腕，手指呈水平，右手向右下方按下，拇指觸在胯部，呈奔馬勢（圖4）。右手向外翻掌，抽臂後拉，左肩頭相應由上向後，向下轉動，然後左手屈臂於左胸前，接著右肩帶動右手，從右下方向前劃半圓，屈臂置於右胸前，上體後仰、收腹、弓腰、縮頸，形如龜縮（圖5～7）。

向後轉肩落肩（圖8），雙手往下、向前、向上劃大圓至胸前，向後轉肩落肩（圖9～12），雙手再向上、向前、向後劃大圓（圖13～14），雙手運至腹前時，向後轉肩落肩（圖15），雙手重複做（圖9～14）的劃圓轉肩動作一次，當雙手回至腹前做轉肩落肩（即圖15）動作後，軀幹向右轉，兩手呈

第二章　陳摶丹訣

259

抱球勢（圖16～17），身體重心移至左腿，右腿虛步，並向前
邁出半步，呈奔馬勢（圖18），開始做右側動作。右側動作同
左側，但方向相反。左右側動作交替進行，共做4遍。全勢的
結束動作是身體向左轉，自然收功。

圖4　　　　圖5　　　　圖6

圖7　　　　圖8　　　　圖9

圖10　　　　圖11

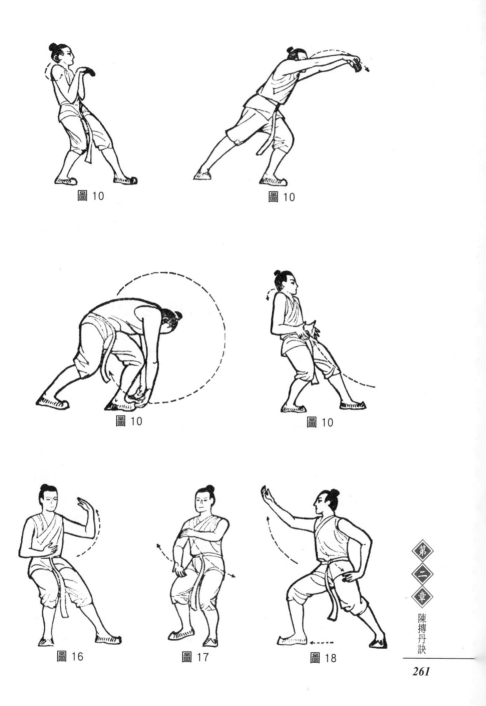

圖 10

圖 10

圖 10

圖 10

圖 16

圖 17

圖 18

（二）做功要領

兩手劃圓時，頭頸部要舒展隨手運行，動作不可太快，一定要注意肩、頸、腰的配合；劃圓後收臂時，頸、胸、腰、腹呈S形，方為功力到家。

（三）作用

學練龜縮功，可以鬆弛腿、臂、腰、腹等部位的肌肉群，削減皮下肥厚和脂肪，可防治肥胖引起的老年性半身不遂和糖尿病；做雙肩雙肘相對運動，可擴展胸圍，對防治肺病、氣管發炎，對體形健美，均起妙效；上部頭頸伸縮，可調節大腦、中樞神經、有益於防治腦血管疾病。

6. 站功六勢　龍游功（三環功）

練此功時，軀體扭動，形如蛟龍出水，捲屈層出，故稱「龍游功」。又因做功時兩手在體前、體側上下左右移動的軌跡是3個連續的圓，其狀如環，故又名三環功。

（一）功法特點

① 龍游功取龍的神態動作，做功時，脊柱被最大限度地拉開呈S形（從後背看），而且頭、頸及脊椎各關節無一不順龍游姿勢協調而動，姿勢搖擺柔順，好似龍在起伏游動。這種以腰為主宰帶動以軀幹為主體的全身性似龍游柔動，調動了任督二脈，任督通，就可使十二經氣血暢通。同時，作用於命門與氣海這兩個人體生命活動的中樞，可以促進人體氣血的運行。

② 意念：最初站立將要做功時，就全身放鬆入靜，思想集中於雙掌掌心，當兩掌合掌時開始意念青春，意想自己風華正茂、青春年華，這種意念的誘導，有效地調動中樞神經系統，有助於使練功者進入身體輕鬆、精神良好、積極的練功狀態，

增強了人體自我修復能力。

③ 合掌：全功自始至終合掌進行。雙手合掌可使陰陽渾圓一氣，氣不偏散。

④ 擺尾：做功時，當手向一側偏擺時，臀部則向相反一側最大限度地擺。似龍游一樣，始終連續不斷地游動。這是全身筋骨順勢搖擺的關鍵。游動時，由於主要運動於腰腹，促進了該處積蓄於大網膜的脂肪「燃燒」。

⑤ 夾襠：本功與很多傳統功法不同的地方是，做功時兩踵始終相靠，兩大腿根始終相夾，在有節律、有次序的運動中，對人產生有規律的生理效應，從而內分泌得到調節。中老年人的肥胖大多是由於內臟腺體激素分泌功能減弱，基礎代謝率降低，從而脂肪堆積造成的。

⑥ 提踵與重心升降：本功主宰於腰，形於首，發於腿，使龍氣回轉，不會失氣，這是道家傳統功法的妙絕之處。重心升降及提踵可以調動足三陰經、足三陽經，對肝、脾、腎經也有一定的作用。同時，提踵使全身最大限度地拉長，臀腹部收縮，練功達一定時日，臀腹部肌肉鬆弛能得到明顯改善。

（二）作用

龍游功主要活動軀幹部位，使督脈得到調順，並可防治脊椎的骨刺增生；老年人練此功，可保持腰直不彎；婦女練此功尤其理想，可避免腰腹肥大、骨盆肌鬆弛，使腰肌柔韌靈活，體形健美。龍游功主宰於腰，可以測定其對腰腎功能的影響。據測試，在室溫 16℃ 的 20 平方公尺室內，測練龍游功前後腰部體表溫度的變化。

該練功者右腰有慢性炎症，練功前測得右腰為 19℃，比左腰高達 1 度。測後，練龍游 32 次（上下一周算一次）之後，

再測，右腰溫度明顯下降為 18.2℃，左腰為 17.8℃。患側營衛能力越差，熱能物理輻射越大，而練功使熱輻射的下降，說明本功能增強腰部的營衛能力，使熱能物質得以儲存而不外犯。所以，龍游功不但是一種減肥功，它對強腰健腎的作用也是無疑的。

（三）預備動作

① **雙手叉腰提踵**：此功是預備動作中最基本的動作，做功時，思想入靜，排除雜念，面含微笑，意念青春，好像回到了十七、八歲時最美妙的時刻；當你微笑時，全身的細胞都活躍起來，也像在微笑，使人從內心裏感到年輕。

【做法】 全身自然放鬆，兩腳跟相靠，兩手叉腰，挺胸、收腹、提臀（圖 1），兩腳跟慢慢提起，自然呼吸，全身上下起伏（圖 2），共做 8 次。

【注意】 此預備動作是做好龍游功的基礎，做功提踵時，不要提得過高，根據自身情況，靈活掌握（自身適度為宜）。

【作用】 此預備動作著重鍛鍊了腿、腹、臀、胸部肌肉群；同時，腿部的肌肉拉緊了，使體型更健美，對臀大腰肥者效果更佳。

② **轉頸轉胯**：此功大幅度運動頸部、胯部、腰部。

【做法】 全身放鬆，自然站立，兩腳跟相靠，兩手拇指和中指相接（圖 3）放在腰部（圖 4）；左面開始，頭、胯部同時轉左面 45°方向，頭稍向左抬起，眼睛向左前方眺望，此時腿部稍彎曲，重心落在雙腳上（圖 5）；回到原位後，向右面做同樣的動作（圖 6），左 4 次，共 8 次。

【注意】 做此功時，轉頸、轉胯要按 45°為準，不宜過大。

【作用】 此功反覆運動了頸、胯、腰，牽動了枕腦部位，故具有健腦、增強記憶、活躍思維的作用。

③ **雙手合掌左右擺**：此功是龍游功預備動作中的最後一節，運動量較大，幾乎牽動了全身各個關節。

【做法】全身放鬆，自然站立，目光平視，兩手從體側上行合掌於胸前，兩手拇指（少商穴）對著膻中穴，雙手與臂成一直線（圖7）；開始先向左側平推，臀部向右側，與此同時，眼睛目視右前方（圖8），回到中間後，再向右側做同樣的動作（圖9），左4次，右4次，共8次。

【注意】此功運動量較大，用力不要過猛，兩邊拉到適宜的位置即可，以免扭傷。

【作用】此功使肌肉左右橫向拉開，使腹部大網膜燃燒，消除過多的脂肪，從而達到減肥、健美的目的。

（四）做功法

① **預備勢**：雙腿內側緊貼，兩腳併攏，踝骨相靠。兩手五指併攏，置於體側。收下頦，面含微笑，意念青春（圖1）。

② **起勢**：上臂夾緊屈肘合掌於胸前（圖2）。合掌向左側倒，右掌在上，左掌在下，右肘抬起，頭、上體向左側傾，臀部右擺（圖3）。合掌雙手向左上方伸出，經頭頂朝右側劃圓到胸前，變成左手在上，右手在下，手指向前；與雙手劃圓的同時，臀部由右向左擺動，再由左擺回至正中位置，並微屈膝、屈髖，使身體重心有所降低（圖4～5）。這時雙手已劃完第一個圓。接著雙手向左側下方劃半圓至腹前正中位置，右手在上，左手在下，五指向前；與此同時，臀部向右擺動，再從右擺回至正中位置，繼續屈膝、屈髖，使身體重心較前又有所下降，完成第二個向下劃的半圓（圖6～7）。

兩手繼續向右側下方劃半圓至腿前正中位置，左手在上，右手在下，手指向前；同時，臀部又向左側擺，再從左回擺至

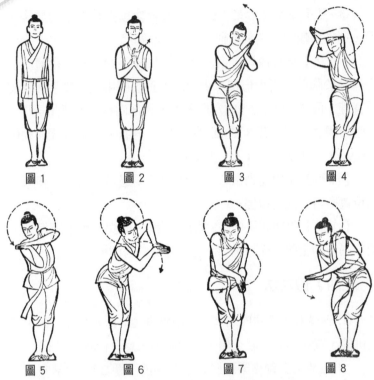

圖1　　　　圖2　　　　圖3　　　　圖4

圖5　　　　圖6　　　　圖7　　　　圖8

正中位置，身體重心第三次下降至半蹲的最低位置，完成向下劃第三個半圓（圖8～9）。以上完成由上而下劃圓的動作。下面是做由下而上的劃圓動作。

　　動作接前，兩手合掌向左側上方劃半圓至腹前，繼續保持左手在上的姿勢；同時，臀部向右擺，再從右回擺至正中位置，身體重心有所升高，完成向上劃的第一個半圓（圖10～11）。兩手繼續向右側上方劃半圓至胸前，右手在上，左手在下，手指向前；同時，臀部向左側擺，再從左回擺至正中位置，身體重心繼續升高成直立，完成向上劃的第二個半圓，回復至起勢動作（圖12～14）。至此，全部完成做功一遍動作，雙手合掌從上至下共劃3個連續的圓，臀部從右至左來回擺動

6次。照此連續做功4遍。

③ **收勢：**合掌雙手劃完三個圓回到胸前，繼續向左上方劃半圓，運至頭頂正上方，然後垂直下落至胸前，雙手自然放下（圖15～16）。

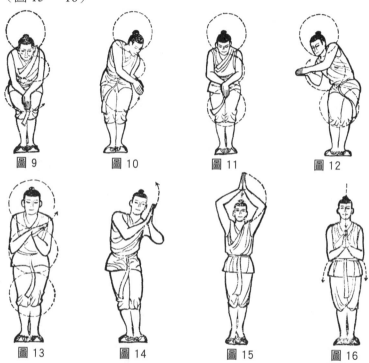

圖9　圖10　圖11　圖12

圖13　圖14　圖15　圖16

④ **做功要領：**雙手劃圓要準確，勿走捷徑；腿、髖隨手掌劃圓上下屈伸，臀部移動掌握重心的高低；初練者腰部擺動要小，防止扭傷，久練後，腰部力量加強，手臂劃圓可以加大；做功時身體重心前移，置於腳掌上。

7. 站功七勢　蟾游功（小環功）

古時金蟾為仙獸。此功動作模仿蟾蜍游泳的姿勢，故曰蟾遊功。又因此功動作主要是雙手在身體的前下方來回劃較小的

圓，其軌跡如同兩個小環，所以又名小環功。

（一）做法：

① 預備勢：雙腿內側緊貼，雙腳併攏，兩踝相靠；兩手五指併攏，置於體側；收下頦，面含微笑（圖1）。

② 起勢：雙臂沿身體兩側彎曲提起，兩手五指併攏，緊貼雙乳兩側。屈膝、收腹、縮頸。身體呈下蹲姿勢，雙腳後踵微提，重心落在雙腳湧泉穴位置（圖2）。接著，兩手前伸，分別向胸前左、右兩側從裏向外各劃一整圓，復歸原位，如同蛙游動作（圖3～4）；在兩手動作的同時，配合直腿、挺胸、挺腹、伸頸、翹臀等動作（圖5～6）。兩手前後共劃圓16次。

圖1　　圖2

圖3　　圖4　　圖5　　圖6

（二）作用

此功不僅可以柔肢、細腰、減肥，而且其伸頸、縮頸的龜探動作，對防治頭腦暈厥、頸部僵硬、手顫、搖頭和神經衰弱、失眠健忘等皆顯其獨到的功效。久病初癒不宜做其他活動者，輔練此功，甚是理想。

8. 站功八勢　天環功

此勢動作為雙手在頭頂上方劃大圓，用向上的手心吸太陽，故曰「天環功」。練功者若是衰老殘疾之身，練天環功不適應，可練地環功。

（一）做法

① 預備勢。兩腿分開，與肩同寬，兩肩自然下垂，五指微屈（圖1）。

② 起勢：兩臂從前面抬起，掌心向下，抬至與肩齊時翻掌，雙手手心向上，在頭頂上方從左至右劃一大圓，共劃4次（圖2～3）。然後反方向從右至左再劃4次（圖4）。

圖1　　圖2　　圖3　　圖4

（二）做功要領

劃大圓時，腰部要儘量後彎，但重心在前，要用腰部帶動手臂劃圓；雙腿勿直挺，要稍屈，以便於轉動；兩眼隨手轉移，頭部隨雙臂運行。初練者動作宜緩。

（三）作用

此功意在調節肺、胸、心、腎功能，可防治雞胸、駝背和女性乳房塌陷。

9. 站功九勢　地環功

此勢動作為雙手在胸前劃大圓，用向下的手吸地陰，故曰「地環功」。年高虛弱者練此功，尤為適宜。

（一）做法

① 預備勢：兩腿分開，與肩同寬，雙手置於胸前，手心向下，手背與雙乳平行（圖 1）。

② 起勢：身體偏左，雙手伸向左前方，左腿同時向左前方邁出半步，雙手儘量前伸，帶動身體呈弓步（圖 2）。然後雙手從左至右在胸前劃水準圓，腿則相應由前弓步彎為後側弓步，身體亦相應由偏左偏前而改為向右向後傾（圖 3）。循此連續劃圓 8 次。再收左腿換右腿，雙手照前反方向劃圓 8 次（圖 4～5）。共做 16 次。

（二）做功要領

雙手劃過胸前時，腰部要相應轉動；劃圓要竭盡全力，務求圓滿。

（三）作用

地環功實為天環功的補功，作用與天環功相同。

圖 1　　　　　　圖 2　　　　　　圖 3

圖 4　　　　　　　　圖 5

10. 站功十勢　人環功（貓虎功）

此勢動作特點是雙手在東、南、中、西、北等 5 個方位交替轉動劃圓，兩腳的移動軌跡如 4 個人字，故曰人環功。又做此功時，要求動作敏捷無聲，如貓似虎，所以又稱貓虎功。

（一）做法

① 預備勢：兩腳分開，與肩同寬，雙膝自然微屈，手臂下垂，全身放鬆，眼視前方，臉含微笑，意念青春，態度安詳（圖 1）。

第二章　陳摶丹訣

271

② 起勢：雙手手心勞宮穴相對，自然向前舉起，至頭頂神庭穴位置，兩手合谷相對，向左右分開，手心向上（圖2）。緊接著，身體重心移向右腿，左腳向左側邁出半步，右腳跟微抬向左轉45度，順勢轉體，面向

圖1　　　　圖2

左方（圖3）。兩手從上方向左右兩側下落劃圓；與此同時，彎腰屈體（圖4），當雙手十指十宣穴向下運行至左膝蓋上方陽關穴時，合掌上行，身體相應向上引伸，重心移至右腿（圖5），當合掌運行至胸口處膻中穴時，轉肩軸動一圈，順勢合攏十指向上，兩肘彎曲成三角形，呈禮拜姿勢（圖6）。然後開掌向前上方劃弧，身體順勢前傾，重心落在腿上（圖7），至此完成了在左方（即東面方位）的動作。

接著，身體重心移至右腿，順勢向右轉體90度角（圖8），收左腳向左前方邁出一步，其移動的軌跡如「↓」，像個「人」字（圖9）。接著兩手從上方向左右兩側下落劃圓；與此同時，彎腰屈體，身體順勢前傾，重心落在前腿上（圖10），當雙手運行至左膝蓋上方位置時，合掌上行，身體相應向上引伸，重心移至右腿（圖11），當合掌運行至胸口處時，轉動肩軸一圈，合攏十指順勢向上，兩肘彎曲成三角形，呈禮拜姿勢（圖12），然後開掌向前上方劃弧，身體順勢前傾，重心落在左腿上，如貓撲姿勢（圖13），至此完成了在前方（即南面方位）劃圓的動作。

圖 3　　　　　　　圖 4　　　　　　　圖 5

圖 6　　　　圖 7　　　　圖 8　　　　圖 9

圖 10　　　　圖 11　　　　圖 12　　　　圖 13

接著，身體重心移至右腿，收左腳向身體左方移一步，其移動軌跡如「→」，像個「人」字，左右兩腳站在起勢時的位置上（圖14）。兩手從上方分開，向左右兩側下落劃圓，與此同時，彎腰屈體（圖15），當兩手運行至兩膝內側血海穴之間時，合掌上行，身體相應向上引伸（圖16），當合掌進行至胸口處時，轉動肩軸一圈，合攏十指順勢向上，兩肘彎曲成三角形，呈禮拜姿勢（圖17），然後開掌向前上方劃弧，如貓撲姿勢（圖18），至此完成了在中間方位的劃圓動作。

接著，左腳跟微提，向左方轉動45度角，身體重心落在左腿上，順勢向右轉體90度角（圖19），收右腳向右前方邁出半步，其移動軌跡如「←」，像個「人」字，左腳跟再向左轉動45度角（圖20），雙手從上方向左右兩側下落劃圓；與此同時，彎腰屈體（圖21），當兩手運行至右膝蓋上方時，合掌上行，身體相應向上引伸，重心移至左腿（圖22），當合掌運行至胸口處時，轉動肩軸一圈，合攏十指順勢向上，兩肘彎曲成三角形，呈禮拜姿勢（圖23），然後開掌向前上方劃弧，身體順勢前傾，重心落在右腿上（圖24），至此完成了在右方（即西面方位）劃圓動作。

接著，左腳跟微提，向左方轉動45度角，身體重心移至左腿（圖25），收右腳向身體的右方邁出一步，隨之轉體90度角，其移動軌跡如「↑」，像個「人」字，左腳跟相應再向左轉動45度角（圖26），雙手從上方分開，向左右兩側下落劃圓；與此同時，彎腰屈體，順勢前傾，身體重心落在右腿上（圖27），當雙手十指向下運行至右膝蓋上方時，合掌上行，身體相應向上引伸，重心移至左腿（圖28），當合掌上行至胸口處時，轉動肩軸一圈，合攏十指順勢向上，兩肘彎曲成三角形，呈禮拜姿勢（圖29），開掌向前上方劃弧，身體順勢前

傾，重心落在右腿上，如貓撲勢（圖30），至此完成了在後方
（即北面方位）劃圓動作。

　　接著，左腳跟微提向右轉45度角，收右腳向左邁出一
步，其移動軌跡如「←」，身體順勢向左轉90度角（圖31），
左腳跟繼續向右轉45度角，右腳跟也向右轉45度角，身體相
應再向左轉90度角（圖32），雙手從左右兩側落下，自然收勢
（圖33）。

圖14　　　　圖15　　　　圖16　　　　圖17

圖18　　　　圖19　　　　圖20　　　　圖21

圖 22　　圖 23　　圖 24　　圖 25

圖 26　　圖 26　　圖 27　　圖 28

圖 30　　圖 31　　圖 32　　圖 33

（二）做功要領

起勢雙手向上舉起時，要精神集中，上齒微露，面含笑意，目光炯炯有神，如貓似虎，雙腳前後左右在中間交換位置時，方位要準確，步伐要穩健、連貫、敏捷、無聲，身輕如貓；轉體屈身做劃圓動作時，要配合腰腹的協調柔動方為準確，修煉此功最好在空氣新鮮和安靜的環境進行，如在皎潔的月光下行動，則功力更佳。

此功可多練幾次，不過每次做功不要超過 20 分鐘。男、女練功方法一樣，但婦女孕期忌練。

（三）作用

人環功是以陰陽五行學說結合人體精氣神而編就的一套培元固本、輕身延年的功法。

實踐經驗證明，常練此功，可以體健神足，步履輕柔如貓，記憶力增強，對老年人有回春之力。

此功的轉體、換步、抽身後坐動作直接刺激了植物神經、交感神經、副交感神經，調節改善了神經系統的功能；兩手的升降開合和屈體彎腰的動作，刺激了前身的任脈，後身的督脈和腰部的帶脈，以及手三陽、手三陰、足三陽、足三陰諸脈的眾多穴位，可以使氣血運行暢通，防治頸椎、胸椎、腰椎的骨質增生，對腎虛出汗、腎炎、四肢麻木、肺病、胸悶脹飽、肋膜炎、肝炎、腸鳴與乳腺諸症，都有較好的療效。

做轉體運動時的夾襠、擠壓牽動了生殖器官（男子腎囊、睪丸、精索，女子陰道、卵巢、子宮），刺激了性腺，可調節改善性激素的分泌，對治療男、女各種性缺陷以及防治男、女青年手淫惡習均有奇效；由於神經和內分泌系統的功能得到調節和改善，對預防癌瘤的發生，也有相當積極的作用。

11. 站功十一勢　八仙慶壽功

此功透過吸天陽養氣，吸地陰養血，還真元養精，起強身益壽的作用。又因在行功時，雙腳站立呈八字，兩手虎口相合形似八卦，抱拳禮拜時，上肢屈曲又像八字，動作姿勢優美，如同神話中的蟠桃盛會，仙人降臨人間，慶壽祝福。故稱八仙慶壽功。

（一）做法

① **預備勢**：全身直立，雙腳站成八字形，兩臂置於體側，雙手自然下垂，手指略彎，臉含微笑，目光有神，猶如身臨仙境（圖1）。

② **起勢**：左右兩手向小腹運行，左手抱右手，兩虎口交合成八卦形，呈抱拳勢（圖2）。抱拳沿胸前正中線任脈由下而上運行，至眼眉印堂穴處（圖3），雙臂抬起，抱拳相應從眉際向內劃弧下落至咽喉處天突穴，手心向下（圖4），然後繼續運行，過肚臍時，手變平搭掌，行至檔部水平位置時，平搭掌再變成抱拳勢，同時彎腰45度（圖5），呈禮拜姿勢。

圖1　　　　　圖2　　　　　圖3　　　　　圖4

圖 5　　　　　圖 6　　　　　圖 7　　　　　圖 8

　　接著，抱拳手沿胸前正中線由下而上經中極、關元、氣
海、神闕、下脘、中脘、上脘、膻中等穴位運行，至鼻子下方
人中穴位置（圖 6），抱拳沿上行路線徐徐下落，回到襠部位
置，屈身彎腰，呈第二次禮拜姿勢（圖 7）。

　　接著，再抱拳沿胸前正中線上行，運行至胸前心口處膻中
穴，向外翻掌，手心勞宮穴向上，手掌相疊（圖 8），下落至肚
臍下方，再提臂、轉肩、翻掌（圖 9），繼續下落至襠部位置，
屈身彎腰呈第三次禮拜姿勢（圖 10），至此完成了向正面做第
三次禮拜姿勢動作。

　　然後，抱拳沿胸前正中線上行，至心口處拳開翻掌，手心
勞宮穴向上（圖 11），左手向左前方弧形伸出、右手往右下方
弧形伸出，使兩手掌心向上吸天陽；與此同時，左腳向左前方
邁出一步，屈膝、收腹、挺胸、身體重心移至左腿、目光朝左
手運行，右腿屈膝虛步，右腳拇趾點地，呈左腿弓步，右腿半
弓姿勢（圖 12）。接著，抽身向後，右腳跟著地，右腿屈膝呈
弓步，左腿虛步半弓，左腳拇趾點地，身體重心移至右腿；與
此同時，左手依原伸出路線回收至胸前，右手從右下斜角往上

劃弧，經頭頂上方回至胸前，與左右相合呈抱拳勢（圖13），然後向左後方轉體扭身，臉向後瞧，舉拳至左耳腮側停住，與此同時，左腿屈膝呈弓步、右腿半弓、身體重心移至左腿，呈禮拜姿勢（圖14），至此完成了向左後方做禮拜姿勢動作。

接著，右腳虛步劃弧向右前方邁出一步，屈膝呈弓步，左腿半弓，身體重心移至右腿；與此同時，轉體回拳至胸口處（圖15），開拳陰掌（按道家稱手心朝下為陰掌，手心朝上為陽掌），右手向右前上方弧形伸出，左手向左下方弧形伸出，

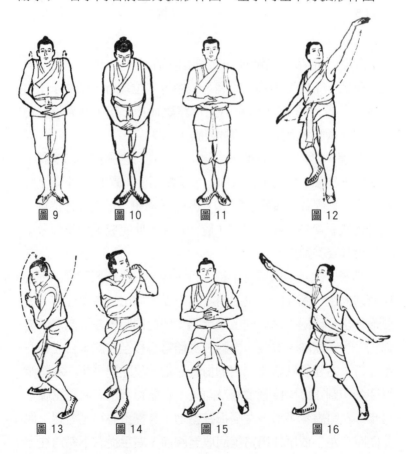

圖9　　圖10　　圖11　　圖12

圖13　　圖14　　圖15　　圖16

| 圖 17 | 圖 18 | 圖 19 | 圖 20 |

使雙手掌心向下吸地陰（圖16）。然後，右手沿伸出路線回收至胸前，左手從左下角往上劃弧，經頭頂上方回至胸前與右手相合呈抱拳勢（圖17），向右後方轉體扭身，臉向後瞧，舉拳至右耳腮側停住，與此同時，右腿屈膝呈弓步，左腿半弓，身體重心移至右腿，呈禮拜姿勢（圖18），至此完成了向右後方禮拜姿勢動作。

接著，左腳從後向左前方虛步劃弧邁出一步，左腿屈膝弓步，右腿半弓，身體重心移至左腿；與此同時，轉體回拳至胸口處（圖19），開拳陽掌，左手向左前上方弧形伸出，右手向右下方弧形伸出，使雙手吸天陽（圖20）。然後，左手沿伸出路線回收至胸前，右手從右下角往上劃弧，經頭頂上方回至胸前，與左手相合呈抱拳勢（圖21），向左方舉拳至左腮側停住。與此同時，左腿屈膝呈弓步，右腿半弓，身體重心移至左腿，呈禮拜姿勢（圖22），至此完成了向左前方禮拜姿勢動作。

接著，右腳從後向右前方虛步劃弧邁出一步，右腿呈屈膝弓步，左腿半弓、身體重心移至右腿，與此同時，回拳至胸口處（圖23），開拳陰掌，右手向右前上方弧形伸出，左手向左

圖 21 　　圖 22 　　圖 23 　　　圖 24

圖 25 　　圖 26 　　圖 27 　　圖 28

下方弧形伸出，使雙手吸地陰（圖 24）。然後，右手沿伸出路
線回收至胸前，左手從左下角往上劃弧，經頭頂上方回至胸
前，與右手相合呈抱拳勢（圖 25），向右方舉拳到右腮側停住；
與此同時，右腿屈膝呈弓步，左腿半弓，身體重心移至右腿，
呈禮拜姿勢（圖 26），至此完成了向右前方禮拜姿勢動作。

　③ 收勢：回拳至胸前，同時收右腳，與左腳跟合併成
「八」字，直腿（圖 27），兩手向兩側劃弧落下（圖 28）。

（二）做功要領

八仙禮拜的抱拳姿勢必須按照道家禮節規則，左手（善）壓右手（惡），雙手合抱時，兩手虎口併合，形似「八卦」；兩手伸展吸天陽時，手心向上，吸地陰時，手心向下，兩手肌肉放鬆，手心有發熱感；起勢和四方禮拜動作要準確連貫。

（三）作用

此功禮拜姿勢的抱拳升降、轉體扭身和屈膝後坐動作，直接牽動了頸部和胸、背、肩、腹、臂、腿等部位的肌肉組織，有利於消減儲積於這些部位及腸系中的多餘脂肪，防治由於肥胖和生育而引起的臀肌和骨盆鬆弛；做功時，上身動作刺激了肩、臂、手、肘、腕、胸等處的諸多穴位，可防治中老年及更年期出現的肩周炎、心臟病、半身不遂、高血壓、乳腺炎、肋膜炎、胸肋痛和頸椎痛等疾病；做彎腰禮拜和扭頸動作，刺激了前身和後身的任脈和督脈，有利於全身氣血的暢通，並可防治腰痛、背酸、脖子僵硬等疾病；行功時，做四面八方的轉體動作，男子輕微擠壓了雙腎（睪丸與腎上腺），女子擠壓了陰道、卵巢、子宮並刺激了大椎、氣海、關元、中極、神闕諸穴，可防治神經衰弱、失眠、健忘、女子月經不調、子宮頸炎、陰道乾澀鬆弛，男子夢遺、陽痿、早洩、滑精、中老年前列腺肥大、青年手淫諸症。

12. 站功十二勢　鳳凰展翅功（大順功）

此功姿勢，如鳳凰展翅高飛，回眸俯視，故曰鳳凰展翅功，又因此功的作用能緩和練前功時引起的身體感應，所以又稱大順功。

（一）做法

① 預備勢：兩腿分開，與肩同寬，兩臂自然下垂，五指微屈，全身放鬆（圖1）。

② 起勢：兩臂向前抬起呈抱球勢，右臂在上，左臂在下（圖2）。兩手上下運臂。手背相對，然後左手向左上方伸展，翻掌，手心由向上轉為向下；右手向右下方伸展，翻掌，手心由向下改為向上。與此同時，左腳向左橫開半步，轉體呈左弓步，身體重心移至左腿，回首俯視，呈左展翅勢（圖3～5）。然後左右手回收，兩手背相對，身體重心開始右移（圖6），右手向右上方伸展，翻掌，手心由上改為向下，左手向左下方伸展，翻掌，手心由下轉為向上，與此同時，轉體呈右弓步，身體重心完全移至右腿，回首俯視，呈右展翅勢（圖7～8）。左右各做功4次，共8次。

圖1　　　　圖2

圖3　　　　圖4　　　　圖5

| 圖 6 | 圖 7 | 圖 8 |

（二）做功要領

呼吸要舒徐、勻暢，動作緩慢，轉體換手應柔和連貫；雙腿根部在轉體時要擠襠，身體和兩臂在舒展時，可有輕微顫動。

（三）作用

鳳凰展翅功實為收功，主要是使身體在練過前面較激烈的幾勢之後，逐漸趨於緩和，轉入常態，進入尾聲。因而此功有調神理氣，恢復平靜的作用，對初學者尤為必要。

13. 站功十三勢　還童顏功（潤膚功）

此勢主要做功於頭部，特別是顏面部位。久練此功可以使皮膚滋潤、細嫩、富有光澤、減少皺紋不長暗瘡和老人斑，故曰還童顏功，又稱潤膚功。此功共分 14 節。

第一節　三星高照

（一）做法

① 預備勢：含笑靜立，展胸收腹，肌肉放鬆，雙腿併攏，

手臂置於體側，呼吸緩慢、均勻，目光平視前方，神態自然（圖1）。

②　起勢：雙手手心向下，由前向上徐徐升起（圖2），舉過頭頂神庭穴，手心勞宮穴向上，兩手虎口合谷穴相對，使上肢腕、肘、肩3節和下肢胯、膝、踝3節自然拉開，腳跟微抬，形成六順（圖3）；在兩手上舉的同時，展胸收腹，盡量多吸新鮮空氣（即道家所謂宇宙天空活氣，此動作道家稱為服氣）。吸氣時，注意綿、細、無聲，吸盡後翻掌，兩手按原路線慢慢落下，復歸原位（圖4）；與此同時，將體內濁氣（道家稱之為死氣）排出。照此連做3次，道家稱第一次舉手為福星，第二次舉手為祿星，第三次舉手為壽星，前後3次稱三星高照。

（二）作用

按道家說法，此功吸氣時，手心勞宮穴向下吸地陰，起養血、活血、調血作用；手心向上是吸天陽，起養氣的作用。長練此功可以補氣養血，氣血運行暢通，陰陽二氣勻分，活血化淤，體健神足。

圖1　　　　圖2　　　　圖3　　　　圖4

第二節　磨鷹爪

（一）做法

① 預備勢：站立姿勢與第一節同。

② 起勢：動作接前，當兩手從頭頂上方翻掌下落至膝蓋位置時，合掌置於雙膝內側血海、曲泉穴之間，俯身屈膝下蹲，夾緊雙掌（圖1），然後。左右兩腳跟（大鐘穴）上提下落，帶動雙掌摩擦生熱（圖2～3），照此連續摩擦8次。注意合掌摩擦時，手指移動的位置以四縫穴至掌心距離為宜，手心勞宮穴不要離開手掌。

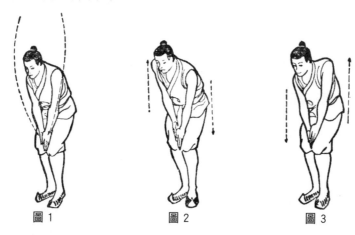

圖1　　　　　圖2　　　　　圖3

（二）做功要領

做摩擦雙掌動作時，要適當用力，使其生熱。彎腰、收腹、挺脖要自然。前列腺肥大和女子性缺陷患者，以及腳後跟痛、腳抽筋的人可適當多練。孕婦忌練。

（三）作用

這是還童顏功中關鍵的一節，也是區別於其他門派潤膚功的獨特的地方。此功摩擦雙手的動作刺激了勞宮、魚際、合

谷、十宣等穴位，並直接牽動了背部脊柱神經督脈諸穴。故練功後不但可使十指關節靈活富有彈性，兩手氣血暢通，而且對頭痛、牙痛、手掌多汗、癇病、肢端和手掌麻木、心絞痛等均有療效；上起下落的提踵動作，直接刺激了下肢兩腿、膝關節、踝部和胯部關節的足三陽、足三陰六脈中的大敦、僕參、解谿、承山、委中、崑崙、環跳等穴位，可防治下肢行動不便、蹲起困難、便秘、腿痛、踝骨麻木、腳後跟痛、腳抽筋、腿腳發冷等症；在起落摩擦的同時刺激了會陰、長強穴位，牽動了肛門和性腺器官，可以調節改善性激素的分泌。

而顏面在性激素的作用下，加上以下各節動作，便可使皮膚細胞活躍，起良好的保健作用。所以說：若要還童顏，必須磨鷹爪。

第三節　撫三鳳

（一）做法

① 預備勢：動作接前，雙腿合攏，直體站立，合掌上提，手心夾緊，至鼻上方分開捂住雙眼（圖1～2）。

② 起勢：用經過摩擦發熱的手心，輕輕捂按眼睛8次。道家稱此動作為捂丹鳳。接著，手心離開雙眼，但雙手仍在原位不動，張開雙眼，眼睛由左向右旋轉8次，又由右向左旋轉8次。道家稱此動作為轉丹鳳。

最後，雙眼向上、向下各展合8次，做展合動作時，手的位置不變，道家稱此動作為展鳳眼。捂、轉、展3個動作總稱撫三鳳。

（二）作用

由於用摩擦發熱的雙手捂按眼睛的睛明、攢竹、承泣、球

後諸穴位，加上眼睛的轉、展運動，對眼睛有良好的保健作用，長練此功可以防治見風流淚、夜盲症、視神經炎、視網膜炎、視神經萎縮、白內障、眼眶神經痛、近視、眼跳、青光眼等眼疾。

圖1　　　　　　　　　　圖2

第四節　替天庭

（一）做法

① 預備勢：動作接前，自然站立。

② 起勢：用兩手的食指、中指、無名指從雙眉中間位置印堂穴向上按摩，左右分開，順摩天庭的陽白、神庭、太陽諸穴 8 次（見圖）。道家稱此動作為「替天庭」。

替天庭

（二）作用

按、順摩動作可防止中老年出現過多的抬頭皺紋，或者使其由深變淺；由於動作刺激了天庭諸穴，可防治鼻病、眼眶緊酸麻、頭痛、暈眩、失眠、高血壓、三叉神經痛、眼震顫、面神經痛等疾病。

第五節　順鳳尾

（一）做法

① 預備勢：自然站立，兩手置於雙眼角處（見圖）。

② 起勢：用雙手大拇指下部的軟肌魚際穴處，從眼角向兩側腦後太陽穴方向順摩 8 次。道家稱之為順鳳尾。

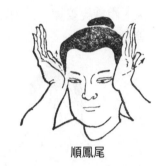

順鳳尾

（二）作用

此功順摩動作可以減少魚尾皺紋的出現；又因做功過程中牽動了眉中、眉梢、承泣等穴位與臉部側面諸神經，刺激了太陽穴，因而可防治面部神經麻痺和跳顫、三叉神經痛、偏頭痛、口眼歪斜、神經性頭痛、散光、複視等症。

第六節　順雙頰

（一）做法

① 預備勢：自然站立，兩手在胸前合掌摩擦生熱。

② 起勢：用摩擦生熱的雙手捂住面部兩頰，手心勞宮穴從顴骨位置由上往下捂摩 8 次（見圖），若能用唾液擦面，效果更佳。

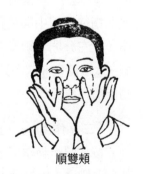

順雙頰

（二）作用

用熱手捂摩雙頰，加上唾液（含有自身的激素）的作用，

能促進血流暢通，細胞活躍。長練此功，可使皮膚細嫩、滋潤、富有光澤、減少皺紋、斑點。

第七節　按地倉

（一）做法

① 預備勢：自然站立，左上肢屈臂抬起，左手捂住嘴，拇指尖少商穴點按在左鼻軟骨下的凹陷處，左鼻孔不吸氣，其餘四指輕捂右面頰；右手翻掌托住下頜，右肘置於右乳近處（圖1）。

② 起勢：兩手配合由左至右轉動 8 次，左手拇指順勢點按左鼻軟骨下的凹陷處 8 次，用右鼻孔吸氣，與此同時，舌頭在嘴內隨手勢轉動 8 次（圖2）。

接著交換左右手位置，照此法點按轉動 8 次。

圖1　　　　　　　　　圖2

（二）作用

此功動作直接刺激了地倉、人中、頰車、下關、雙廉泉、大迎、人迎諸穴位。

長練此功可以防治中風、口眼歪斜、面部神經麻痺、嘴唇顫動、語言不清、口瘡、傷風鼻塞等症。

第八節　吐信功

（一）做法

① 預備勢：自然站立，用兩手捂住嘴鼻，食指點按在鼻樑兩側凹陷處，拇指托住兩腮，其作三指相合嘴鼻前方使嘴前留出一活動空間（見圖）。

② 起勢：張口向外吐舌 8 次，自由轉舌 8 次，扣齒 8 次。

吐信功

（二）作用

此功直接牽動刺激了腮部和面部神經及太陽、下關、天突諸穴位，及唾液腺組織。久練此功可以防治口乾舌燥、喉炎、口瘡、舌癌、口腔酸麻和牙痛等症。

第九節　吮玉液

（一）做法

① 預備勢：自然站立，雙手位置與吐信功相同。

② 起勢：左右上下運動雙唇各 8 次，然後緊閉雙唇吮吸，使津液滿口，分 3 次咽下（見圖）。

吮玉液

（二）作用

此功要在做完按地倉、吐信功後才能進行。閉唇吸引動作刺激了口內的唾液腺，能使唾液分泌增加。而唾液對身體，尤其是對消化食物有重要意義。

據專家研究認為，唾液能消除食物中的制癌毒素。所以歷

代道家都十分重視促進增加唾液分泌的功法，命名為元和，稱之為修仙得道的法術之一，唐代大詩人杜甫就有咽漱元和津的詩句。

第十節　擊龍顏

（一）做法

① 預備勢：自然站立，雙手在胸前摩擦，使手生熱。

② 起勢：用摩擦生熱的雙手手指肚十宣穴擊打面部皮膚，包括天庭、兩頰、雙頜、腮、嘴、下頜等部位，約一分鐘（見圖）。

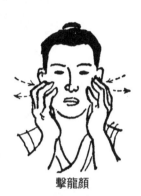

擊龍顏

（二）作用

由於擊打面部，震動了五官神經和皮下組織，使細胞興奮活躍，血流暢通，可以防治面部神經酸痛、麻痹和顫動，還有助於顏面皮膚的健美。同時，對十指也有保健作用，可防治麻木、酸痛、手顫、血流不通、手指發冷諸疾。

第十一節　順鳳耳

（一）做法

① 預備勢：站立姿勢與上節同。

② 起勢：用雙手心前後擦摩兩耳 8 次（圖 1～2）。注意兩手往後順摩耳朵時，用力稍強，往前反摩時，用力要輕。接著，用中指將左右耳扇向前按住，食指搭放在中指上，向下滑擊耳鼓 3 次（圖1～2）。道家稱之為擊天鼓。

（二）作用

擦摩雙耳，牽動刺激了面部的上關、下關穴位，耳部的聽宮、聽會、耳門等穴位，因而可防治耳聾、耳鳴、耳炎諸症；擊天鼓可增強聽力、開竅通神、心明眼亮。

圖1

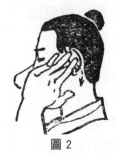

圖2

第十二節　擦龍頂

（一）做法

① 預備勢：自然站立。

② 起勢：用雙手十指的指甲背部，從額前髮際處神庭穴開始往後推梳8次（見圖）。

擦龍頂

（二）作用

通過兩手十指的推梳，刺激了頭頂的百會、通天、四神聰諸穴，可防治頭暈、目眩、鼻炎、腦貧血、癲癇、嘔吐等症。

第十三節　育天池

（一）做法

① 預備勢：站法同上，左手放置脖後。

② 起勢：左手在脖後天池處包括風池、風府、啞門、天

柱諸穴，由右向左摩擦捂捏 8 次（圖 1）。再換右手，由左向右摩擦捂捏 8 次（圖 2）。

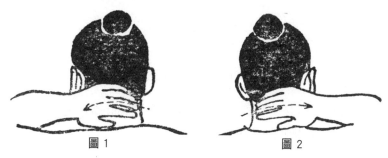

圖 1　　　　　　　　　　圖 2

（二）作用

　　兩手在諸穴上擦摩捂捏，可防治精神分裂症、後頭痛、搖頭症、視物不清、面部肌肉抽動、中風等症。

第十四節　大順功

（一）做法

①　預備勢：自然站立，兩手置於胸前。

②　起勢：兩手在胸前撫摩擦熱，然後，擦手心、手背、指縫、手腕、雙臂，狀如洗浴（圖 1～3）。

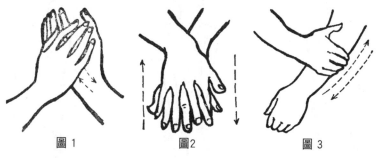

圖 1　　　　圖 2　　　　圖 3

（二）作用

　　此功是站功中的最後功法。雙手的撫摩直接刺激了手三

陽、手三陰六脈中的諸穴位，故此能防治手發熱、手發冷、手出汗、手顫抖、手抽筋、手腕酸痛等症。

三、坐　功

1. 坐功一勢　左右連環功

此勢動作是使肚臍下半寸的起功點圍繞肚臍，從左至右，從右至左連續劃圓，故曰左右連環功。

（一）做法

① 預備勢：身體端坐平穩，胸上提，腰部挺直，兩腿緊靠，兩腳內收，腳掌前部著地，腳後跟微微抬起。兩手掌心平放在膝蓋上（圖1）。

② 起勢：輕微搖動腰腹部，使肚臍下半寸正中處的起功點圍繞肚臍（以肚臍為圓心）從左至右劃寸圓（圖2），連續劃8次。劃圓後做腹式深呼吸3次（先吸後呼，吸時腹部凸起，呼時腹部凹陷）。

圖1

圖2

圖3

再次起功，照前法使起功點從右至左沿相同軌道劃寸圓 8 次，之後同樣做腹式呼吸 3 次（圖 3）。

（二）做功要領

劃圓力求準確，呼吸要有節奏，有規律；做功時全身放鬆；端坐時，臀部儘量靠前。

（三）作用

當前，坐著工作的人越來越多，久坐不動的姿勢，會給身體帶來許多疾病，常見的有脊椎內變、駝背、頸椎病，慢性腰痛、骨刺、坐骨神經痛，便秘及臀部肥大等。

長練左右連環功，除可防治因久坐而引起的各種脊椎病症外，還可以減肥、壯腰健腎、調理臟腑器官，增強腸胃的蠕動，有助於提高人體的消化功能和排泄功能，防治習慣性便秘和食欲不振、腸胃積食等。

2. 坐功二勢　前後環功

此勢動作是使肚臍下半寸的起功點圍繞肚臍（以肚臍為圓心），從前至後，從後至前連續劃圓，故稱前後環功。

（一）做法

① 預備勢：身體端坐，兩腳放平靠緊，腳跟微抬，兩手平放雙膝上（圖 1）。

② 起勢：緩慢輕微搖動腹部，使肚臍下半寸正中處的起功點圍繞肚臍（以肚臍為軸心），從前至後劃寸圓（圖 2），共劃 8 次，然後做腹式深呼吸 3 次。再次起功，照前法使起功點從後至前依相同軌道劃寸圓 8 次（圖 3）。之後，同樣做腹式深呼吸 3 次。

圖 1　　　　　　　圖 2　　　　　　　圖 3

（二）做功要領

劃圓必須圓滿。劃圓的速度，可根據身體的適應情況自行調節，初練時要緩慢；要注意腰部的配合，臀部儘量靠前坐。

（三）作用

前後環功是全身性環功。可視為坐功中重要的一功。有些作用與坐功一勢同，但其主要作用在於使經絡活順，氣血暢通，調理督脈、任脈和臟腑器官，若要領掌握準確，堅持久練，可一生不患腰背諸病。對於從事腦力勞動久坐者，是最理想的健身功法。

3. 坐功三勢　坐平環功

此勢動作是使肚臍左開半寸的起功點圍繞肚臍，從左至右，從右至左劃水平圓，故稱坐平環功。

（一）做法

① 預備勢：身體端坐，雙腿叉開，兩腳與肩同寬，腳跟微抬，雙手平放雙膝上（圖 1）。

② 起勢：輕微搖動腰腹部，使肚臍左開半寸的起功點圍繞肚臍（以肚臍為軸心）從左至右劃水平寸圓（圖 2），共劃 8 次。然後做腹式深呼吸 3 次。再次起功，照前法使起功點從右至左依相同軌道劃寸圓 8 次（圖 3）。之後，同樣做腹式深呼吸 3 次。

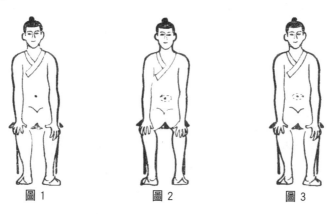

圖 1　　　　　　圖 2　　　　　　圖 3

（二）做功要領

呼吸要綿細、均勻、慢、柔；劃圓不要超過直徑 1 寸，做功時，最好外形不顯露是在行功。

（三）作用

此功對於肥胖者，胃病患者、腰虛腎虧的人，或久病臥床而又無法從事體育鍛鍊的人，是最好的運動功法。尤其對於行動不便的老年人和肢體殘疾的人，更為適宜。若常練此功，不管您身體是否健康，都可嘗到健壯長壽之樂。

以上三勢坐功，無需排除雜念。不受時間和條件的限制。練功者甚至可在工作的同時行功。如在伏案閱讀、書寫、坐著談話或看電視的過程中，都可做功。次數亦不受限制，可多可少。只要堅持，必有好處。

四、中國道家養生長壽功法療效選摘

1. 練功須知

（一）人人皆宜的運動

養生長壽術中的各勢功法，都可以分為大、中、小 3 種姿勢和快、中、慢 3 種速度進行。練功者可根據自己的年齡、體力和身體狀況，掌握動作的大小、速度的快慢。

發育中的青少年練功，可預防夢遺滑精的發生，促進身心的發育；發育成熟的青年練功，能夠強腎固精，使性衝動容易克制及杜絕手淫惡習的發生，從而使男青年腰圓膀大，身材魁梧，增加青春的活力，女青年身材健美，乳房豐滿，面似桃花，青春長駐；中年男女練功，可預防身體發胖，防治中年期易發的疾病，延緩更年期的到來；老年人練功可有效地預防老年期的各種疾病，延緩衰老的進程，增加壽命，返老還童。

健康人練功，可增強體質，預防疾病的發生，精神充沛，精力過人；體弱者練功，可強身壯體，食慾增加，去屏弱無力的身軀，換得一個健康的體格；多病者練功，可驅逐病魔，身康體健，一身皆輕，百病皆無；不治之症的患者（如癌症病人）練功，早期的可控制病情，並趨向好轉，晚期的可緩和病情的惡化，有效地延長生命。總之，這套道家秘傳養生長壽功法適合於各種年齡、性別、體質的人學練，其運動量可大可小，確實是人人皆宜的運動。

（二）可隨時行功，但以睡覺前後練功最佳

養生長壽功法在練功時間上沒有嚴格的限制（除飯前 15 分鐘、飯後兩個小時內忌練之外），比較起來，睡前、醒後練功收效較大，而睡前練功又較睡後練功為佳。

練長壽功法每天練一次足可，若睡覺前後兩次練功，功力相輔相成，效果更佳。提倡每次練功保持在 15 分鐘左右，不必增加練功時間，練三五分鐘也可以。

學練長壽功法，也可參照古人練功的時辰。古人認為：在一天之中的子（夜間 11 點至凌晨 1 點）、午（中午 11 點至下午 1 點）、卯（早晨 5 點至 7 點）、酉（下午 5 點至 7 點）4 個時辰練功，會使人收到滿意的效果。4 個時辰的練功效果相比又以子時為佳。正好和睡前練功效果最佳的說法一致。

（三）要樹立信心

人的自然壽限應該是 120 歲，這是古今中外專家學者所公認的。中國古代稱 100 ～ 120 歲為「天年」，所謂度百歲而去，就是已享天年。事實上，古今中外都有不少活過百歲，甚至超過百歲的老人。中國唐代著名醫家道家孫思邈，活了 102 歲；四川省中醫羅明山，1980 年 4 月時，年 113 歲，還在行醫，每天看 40 個病人；英國有位叫弗姆·卡恩的農民，活了 209 歲，經歷了 12 個皇朝。這些老壽星的存在足以證明人的自然壽限的確在百歲以外。但是目前一般人都活不到這個年齡。

所謂「六十不算大，七十古來稀。」為什麼大多數人不能享天年而去？除了社會原因外，很主要的是不會養生，未能利用生命的規律去增進身體的健康。

道家秘傳養生長壽功法是歷代道家、醫家根據人的生命規律，創立並逐步完善的一種健身功法。實踐證明確有其效，只要不是垂危之身，若能認真學練，自然會袪病強身。所以說，健康長壽的門徑已擺在您的面前，開門的鑰匙也已掌握在您的手中，現在就是由您自己推開健康長壽之門的時候了。入門既不難，深造也是可以辦得到的。所以應該樹立信心，如果沒有

信心，學練時不注意掌握要領，馬馬虎虎走過場，當然不會有預期的效果。要記住：信念加鍛鍊等於成功。

（四）要循序漸進，持之以恆

道家秘傳養生長壽功法是具有中國特色的一種健身運動，它不同於世界上流行的那些運動形式。現時奧運會上的運動項目，如籃球、射箭、馬拉松、划船等，多是提煉勞動生產或戰鬥時採用的動作發展而來，而道家養生長壽功法則是根據人的健康需求，參考各種動物所具有健身作用的本能動作而編成的。修練這種健身術，雖然不像奧運會的運動項目那樣激烈，但是卻運動了身體內的各個重要器官，所以在學練時，不能操之過急，尤其在開始學練之時，練功時間不宜過長，次數不宜過多，動作不宜過猛，要循序漸進，以練功後身心感覺到輕鬆暢快為度。當然也不能三天打魚，兩天曬網。

（五）要懲憤怒，節制慾

這是道家根據老子克己寡慾的主張而制定的一條養生長壽法則，懲憤怒就是要求性格開朗、遇事要冷靜、不能動氣。節制慾就是減少一切不合實際的奢想、慾望。要知道奢望的落空便會造成苦惱。中醫認為：內傷七情（喜、怒、憂、思、悲、恐、驚）是致病的重要原因。現代醫學最近的研究成果也認為：一個人的情感一旦波動，內分泌系統就會迅速引起反應，影響所有重要的生理功能。

例如一個人發怒時，他體內血液的膽固醇含量，在半小時內便激增 1 倍。如果反應過分強烈，超過正常的生理限度，就會造成生理機能失調，導致疾病的發生。

這套道家秘傳養生長壽功法的作用，是著重調節內分泌器官的機能。若練功人常動氣，練功的成效便自然抵消了。因此

要求練功者在練功的同時，加強思想意識的修養。當然隨著練功時間的延長，也有助予這種修養的培植。

（六）要意念青春，面含微笑

這是修練養生長壽功法的一種獨特的要求。其他門派的功法，一般都要求練功時要思想入靜，意守丹田。惟這套養生長壽術要求在做功時要意念青春、面含微笑。意思是在做功前，就要想像自己正處於青春年華和優美的境界之中，對前途充滿信心，因而面帶微笑，怡然自得。然後在此良好情緒的誘導下行功。

為何要有這樣的意念活動？因為隨著良好情緒的出現，可使中樞神經受到良性刺激，氣息可以慢慢調順、四肢靈活、舉止輕鬆、動作積極，做功能收到更佳的效果。俗云：「笑一笑，十年少；愁一愁，白了頭。」

（七）要牢記「圓」與「軟」

道家養生長壽功法可以說是一種柔軟的健身運動，做功時，肢體的運轉要保持圓形（或弧形），而且全身肌肉鬆軟，如有肉無骨，這樣才有利於氣血的暢通，才能收到最大的練功效果。

2. 中國道家養生長壽秘術的神奇功效

國際中國道家養生長壽術研究中心
美國總部醫學氣功師
中國古代養生長壽術研究學會常務理事　　蘇曉雯

作為一名從事醫療體育工作多年的醫務人員，我先後曾學練了許多種傳統功法和健身術，一個偶然的機會接觸到這套功

法，立刻有一種賞心悅目的感覺，學練後獲益非淺。有幸又經過邊治中先生的親授，為此曾將這套功法中龍遊功一式收集到一篇「氣功健美法」的文章中在《中國氣功》雜誌 87 年第二期上刊登。從康復鍛鍊的角度上來講，健美是更高的層次，雨這套功法的魅力在於它不僅能治病、防病、健身，還能健美。當然這種美是自然的、健康的美，並不是展現發達肌肉的健美，比較適合東方人的生理條件。

這套秘術的特點是全身柔性運動，動靜雙修的功法，是具有中國特色的運動形式，經過學練，堅持數日，即初見成效，這時會有一種魔力吸引你繼續練下去，因為這練法是那麼順其自然、發自內心，你會感到舒服暢快，還有一種美的享受。若長期修練，效果更大。

它的奇效是：一、暢通氣血，祛邪扶正，增元氣，增腎水，使男子精液又多又稠，女子陰水足陰道潤滑。二、治療肩背痛和胃滿腹脹，婦女經痛。三、促進荷爾蒙的分泌治療陽痿、早瀉、遺精、精冷稀。四、治神經衰弱、失眠、健忘、防治小腸疝氣，防治陰戶鬆弛。五、提高抗病力和免疫力，使各種慢性病無形消失。六、減肥健美、潤膚、去除面部皺紋、暗瘡、雀斑、老年斑灰。

從歷史上來看，在種類繁多的道家法術中最令帝王士大夫仙醉心的便是那種所謂房中交接術，這套秘術就其作用看，可以祛病強身、還精補腦。許多帝王士大夫有美女無數，整日花天酒地，仍能健康生活幾十年，就得益於這些秘術。當然不是所有的帝王和士大夫都能修練得好，況且道家修練更高的境界是成為仙真，這種功效只不過是整個修練過程中人體正常的生理效應而已。但的確是學練此術可有效地調整和改善人體內分泌及新陳代謝功能，達到體健神足，精力過人，悅性怡情，延

緩衰老，可使老年人重振雄風。

　　此外，秘術對男女因內分泌紊亂引起的各種疾病都有意想不到的效果。據統計，在中老年人中大多數的疾病都是由內分泌紊亂和功能低下造成的，而藥物往往無濟於事，這種秘術可以給許多患者帶來福音。

3. 練蟾游功治好甲狀腺肥大

傅　薔

　　10 年前，我上中學時，就發現脖子比別人粗，醫生認為是女子青春期的現象，以後會好的。到了 1980 年，我來北京工作時，不但不見好，反而越發嚴重了，脖子兩側鼓鼓的，像掛著雞蛋似的，而且經常心慌、頭暈、饑餓，身體虛胖，我身高 160 公分，體重卻 68 公斤。北京首都醫院診斷是患甲狀腺肥大症。連續吃了幾個月中藥和西藥，都不見效。醫生只好勸我手術治療，但我擔心手術後脖子留下傷疤。

　　正在猶豫之時，邊老教我練道家秘傳養生長壽功法中的蟾游功，我滿懷希望認真學練，每天晚上睡前練 5 ～ 10 分鐘。兩個月後，心慌、頭暈、饑餓感都減少了，半年之後，脖子兩側明顯變小，心慌、頭暈、饑餓感等症狀完全消失，體重下降了 10 公斤，回到老家，家裏人幾乎認不出我來。再到首都醫院復診，醫生認為已經基本痊癒，不用開刀了。我心裏真高興，多虧了練蟾游功，免去我脖子上留下難看的傷疤。

4. 練龍游功的效果

石洪力

　　我自幼體弱，雖正值青年時期，卻多病纏身，終日與藥為

伍。為了強身，我跑、跳、投，各種體育鍛鍊從未間斷，但仍然擺脫不了病魔的糾纏。後來，我試練養生術——龍游功，收到了奇蹟般的效果。練功一週，便覺精力大振。兩個月後身體轉衰為興。盛夏時，每練雖大汗淋漓，卻暢快如浴。

練功前，我長期患神經衰弱，再加上 20 多年的胃病，使我面黃肌瘦，枯槁無華，終日蒙頭蒙腦，丟三忘四，記憶力大減，加之患有關節炎，坐骨神經痛，整天不是這兒疼就是那兒不舒服。5 個月來，不但治好了十幾年的痼疾，而且連一些小病也都甩掉了。

現在覺得渾身順暢，吃睡都香，精力過人，從無疲勞之感。偶有傷風，也堅持練功，結果，隔夜自癒。

養生術的主功之一——龍游功，是該功法的典型功法。從外表看來，不過是些扭扭擺擺的動作。為什麼會有這樣的奇效呢？

養生術是千年前道士們基於「還精補腦」的原則創造的一套「壯腰健腎」的功法。旨在「補足先天」。

龍游功的特點之一是在身體擺動中，透過夾襠動作，使內分泌系統得以調節。

內分泌直接作用於人體各部器官，常練此功的人面部皮膚舒展，我的一個輔導老師在練功 3 年後，面部輪廓就發生了明顯變化，變得圓潤光滑。

這是由於激素作用於肌肉，使已鬆弛或萎縮的面部肌肉重新變得有彈力；作用於皮膚，則增加皮下組織彈性。這對於因內分泌失調而引起的肥胖和衰老，無疑是有效的。

此功在我身上的效果也是很大的。練功兩個月後，面部皮膚皺紋開始展平。3 個月後，黯晦的臉色出現了光澤，面部脂肪大量減少。5 個月後，皮膚明顯變潤，並開始光亮透紅，面

部肌肉的彈性顯著增強，由於肌肉和皮膚組織的鬆弛造成的凹陷也開始隆起。練功半年之餘，大有判若兩人之感。

龍游功的另一個特點就是它獨特的動作。練功時，身體上下起伏，同時左右擺蕩，起若飛龍騰雲，伏若蟠蛟入海，動作古樸優美。它由擺蕩的動作使軀體得到充分伸展。

由於龍游時，要求全身，特別是腰腹部作大幅度擺動，因此，熱量消耗很高。故肌肉中，有更多的平時處於關閉狀態的毛細血管打開，以增加能量和氧氣的供給。此時，在血流和激素的參與下，腰、腹、肩、頸、背、臀、大腿等部位的脂肪被大量轉化，以補充消耗，從而減肥。這一點，我練功兩個星期後，便有感覺。因腸胃功能好轉，飲食大增，體重略有增加，但腰圍卻減少了 2 公分。

本功無痛苦，又不需要過分節制飲食，減肥效果甚佳，這對於一些為自己的肥胖而憂慮的人來說，無疑是個福音。此功練過一段時間後，練者自覺腰壯腎強，小腹溫暖，精力充沛，中醫稱之為強腎。

因腎病痼疾及腎虛所致的黯晦臉色也隨之變淡，久練者面含春色，明光健美。

龍游功是靠以軀體為主的全身的放鬆性柔動來施工的。而任、督兩脈正是沿人體的軀幹而行。故此功有助於疏通任督二脈，打通小周天。我雖學練半年，就有氣感很強、經絡暢通的感覺。

龍游功的這些特點決定了它的功效必是顯著的，關於它的功理，對於我這個初學者來講，很難分析清楚透徹。它之所以流傳幾千年而不衰，是由於它的獨特效果給人民帶來了益處。祝君在龍游中獲得健美的體魄。

5. 回春功和上元功的神奇功效

潘述澄

（女，53 歲，《經濟管理》月刊編輯）

3 年前，我從長時期從事國家政府機關業務工作，轉到中國社會科學院工業經濟研究所的期刊編輯工作。這一崗位，平均年編輯工作量約 100 萬字。

青年時期，我身體健康，喜愛體育運動，曾為浙江省女子排球代表隊員，並達到二級勞衛制、三級運動員標準。

60 年代後期，身體素質全面下降，神經、消化系統功能不正常。70 年代後期略有好轉。1985 年 8 月，在一次體格檢查中發現血壓 160/110 毫米汞柱；腦血流圖示：雙側腦血管阻力增大，彈性減退；心電圖示 T：I、IIV6 低平，V4、V 倒置。經臨床檢查診斷為冠心病。從此戴上了冠心病的帽子，每天要吃七種治療心臟病的藥物，醫生特囑休息、治療，並經常攜帶搶救藥物，自己確實經常感到身體不支，近乎喪失勞動能力。

過去 20 多年來，我曾尋求解脫病痛的辦法，如長期服用安眠藥、上百付的吃中藥、打水針、甩手、練氣功等，還採用過一些食物療法。這些辦法雖有一些效果，但終究未能擺脫疾病纏身的痛苦。自戴上冠心病的帽子以後，體質狀況陷入谷底，雖以精神為支柱堅持工作，但身體狀況這一物質基礎，畢竟不能為緊張的伏案工作和外出組稿提供牢靠的保障。

生理的過早衰老和心理狀況的極大不平衡，促使我多方尋求解決的辦法。就在我戴上冠心病帽子不久，我得到了邊治中先生傳授中國古代道家養生長壽功法的機遇。我開始重點學練回春功和上元功功法。每天早、晚各做一次，每次做兩勢約 10 分鐘。其他功法如龍游功、鵬翔功、還童顏功及坐功三勢，有

時交替習練。做功時出現打嗝、出虛恭、打哈欠等反應，睡下後幾分鐘即可進入抑制狀態，一覺可睡 7 個小時，醒來精神十分爽快。早上做功後，頭腦清醒，一天工作效率很高，有時晚上工作還可以堅持到 11 ～ 12 點。

以前上五層樓，中間要休息兩次，現在可以一口氣上五樓，中間不用休息。胸悶、背痛等自覺症狀完全消失，乳腺增生、痔瘡等病痛也已消失。做功一個半月後體檢，血壓 130 毫米/90 毫米汞柱，腦血流圖示：輕度血管阻力增大、彈性減退；心電圖示 T：IV5 低平。做功兩個月後，治療高血壓，冠心病的藥物已全部停棄。

為了解開一年來我的身體健康狀況好轉之謎，為了探索中國古代道家養生長壽功法的神奇功效，對在我周圍有意於練功的友人之中，做了宣傳和推廣試驗，其中有男女中老年人及青年人，有從事科研、行政工作的，也有當工人的。同樣，奇蹟在他們當中也程度不同地顯現出來。

首都汽車公司業務經理蓋俊明，做功 3 個月，減去了「將軍肚」，腰圍減少 20 多公分，北京襪廠退休職工宋淑華，50 歲，患有嚴重的高血壓、冠心病及心絞痛，每天要吸氧氣。練習回春功及坐功三勢，一個月後，不需用氧氣袋，各種自覺症狀大大減輕。電子報中年記者張鳳樓，心前區及雙膝疼痛，做功半個月，症狀減輕，半年後，病已痊癒。28 歲的現役軍人楊成功，練回春功後，胃病治癒，現在吃生冷、較硬的食物都無妨礙，睡眠也好轉。64 歲的老幹部岳霞，練回春功、龍游功兩個月，體重減少6.5 公斤。

正如著名生物學家牛滿江先生所給予的評價，中國古代道家養生長壽功法是千真萬確的「人體生命科學」。我們現在正以這一科學的理論和實踐來調整自己的身體機能，以達到袪病

延年的效果。

我國社會主義制度，可以造就我國的「計劃經濟」、「計劃生育」。是否可以設想，經過提倡和習練養生長壽功法，在我國造就出「計畫壽命」，使我國人民的健康水準有一個大的提高，向全民的「百歲老人」奮進。這個設想的實現不是沒有可能的，我們期待著科學界、醫學界、老年學會的學者、專家來研究、探索，試驗、推廣。

我國古代道家養生長壽功法這一珍貴遺產在向我們招手，千古道術、養生長壽、造福人類的大門已經敞開。讓人民都來習練這套功法，以達到全民族的健康長壽，這將有利於社會主義四化建設。這套功法的傳播，對全人類也將是一個巨大的貢獻。

1986 年 6 月

6. 無藥除病的回春功

張鳳棲

（女，43 歲，中國電子報編輯記者）

眾所周知，記者外出採訪經常是饑一頓飽一頓，當編輯又要長時間伏案工作，中年婦女還有繁瑣勞碌的家務。三年前剛滿 40 歲時，我就經常頭痛、頭暈、腰酸背疼，勞累稍過度就失眠，吃東西略不注意就會胃疼，睡夢中常被胃中溢出的酸水嗆咳醒，十分難受。體重也開始增加，最高紀錄達 78 公斤。

我深知生命在於運動的道理，先後學練過鶴翔樁、氣功、站樁功、動靜功（此功要 15 天吃一劑中藥）、太極拳等，還企圖練長跑，但多因不易學、不能堅持每天練、效果不明顯等，均中途「退學」。

1985 年檢查身體時，中醫說我氣血虧，西醫說是血脂偏高、十二指腸潰瘍復發（34 歲時患此病，時好時壞）、低血糖、膝關節骨質增生且有積液。我自感腰疼加重、坐骨神經疼、偏頭疼等。

1985 年底醫生還給我戴上了一頂「早期冠心病」的帽子，冠心病發作時，無法堅持工作。可歎我 40 歲剛出頭，衣袋裏就裝上了保健盒，本人和家屬的精神負擔都很大。

1986 年 1 月，靳彬老師開始教我練回春功和龍游功。說實話，我是抱著試試看的態度開始練功的。每天早餐前、晚上臨睡時我都練一次，這套功法簡單易學，很容易堅持，練一次只需 5 分鐘。練了一星期後出現了奇蹟，一次晚上吃了韭菜餃子和炒辣椒，心想下半夜非吐酸水不可，沒想到，我竟然安安穩穩地睡了一夜。這麼短的時間收到如此明顯的效果，增加了我練功的積極性。

我就每天練兩次（至少 1 次，也有個別中斷時）。意想不到的事情發生了，有一天連續 4 個小時參觀採訪，沒休息片劃，根據以往的情況，我準會腰疼難忍，沒想到我的腰沒疼，腿也沒像往常一樣酸脹。練功後，還有很多常見病症逐漸消失了，去醫院的次數減少了，到現在我的桌子上已看不到藥瓶、藥盒了。練了 3 個月後，自感走路輕鬆多了，一稱體重，竟下降 5 公斤。這幾個月我家裏人先後患過或輕或重的感冒，我一次也沒被傳染上。

練回春功半年多來，我再也沒吐過酸水，沒失眠，沒偏頭痛，最明顯的是腰一次也沒疼過。大家都說我滿面紅光，顯得格外精神。冠心病症狀只在初練功兩週後發生一次，但是很輕，兩天就好了。

1986 年 5 月 23 日集體檢查身體時，化驗血：胎甲球、澳

抗、葡萄糖、尿素氮、射濁度試驗、射絮狀斌驗、谷丙轉氨酶均正常。總膽固醇為 162 毫克％、甘油三酯 73 毫克％，不高不低。心電圖正常，肺部正常，體檢表的健康總鑒定是身體發育乙類，體力狀況甲類（一等），健康狀況為基本健康。

道家秘傳的養生術真是有意想不到的神奇功能，我只是初學練功，且只學了兩勢功法，動作要領掌握的還不太好，效果就這樣明顯，若堅持練功，我想一定能達到返老還童、養生長壽的目的。

1986 年 10 月

7. 中國道家養生長壽功法療效選摘

道家秘傳養生長壽術是歷代道家、養生家、醫家心血的結晶。無論男女老幼、病弱焦夫，只要根據以上介紹的方法學練，短期內即可初見成效。練功時間愈長，效果就愈加明顯。

道家養生長壽功法自 1981 年開秘以來，引起國內外極大重視。中國、日本、香港和美國的一些報紙雜誌，紛紛登載。北京電視臺還做過專題電視報導。凡依功法學練的人，莫不收到奇效。其中有年過七旬的老翁，性功能消失多年之後回復了青春；60 多公斤體重的胖媽媽變為 40 多公斤的窈窕少婦，由於長期腹瀉而身體瘦弱的男子，體重增加了 10 多公斤；甚至有位性器官萎縮、功能衰退、醫治無效，繼而悲觀失望，想要自殺的青年得到康復，建立了美滿的家庭。

現僅將幾個較有代表性的練功事例介紹如下，以資參考。

戴某某　男，28 歲，北京某機械廠工人。

兩年前，由於身體運動過度，致傷生殖器官，造成雙睾丸向腹腔收縮，陰莖癱軟，性衝動完全消失，整個泌尿系統和陰

部三角區脹痛，甚至發展到睾丸萎縮，男性特徵明顯退化。後經學練中國道家秘傳養生術，半年康復。戴某某為此寫過一篇《秘功深蘊回天力》的文章，介紹他練功的前後經過。他寫道：

就在我和一位姑娘準備結婚之前夕，我學練兜腎囊功，由於次數過多，用力過猛，喪失了性功能，成了真正的性無能者。婚期在即，我心急如焚。我跑遍了北京許多藥店，買來的壯陽藥只起 3 天作用就不靈了。

不久，我的左側睾丸開始變軟萎縮，並伴有難以克制的不適感，陰部三角區也開始隱隱作痛。我心裏明白，睾丸是男性的根本，它一萎縮就完全失去了恢復性功能的可能性。精神上的痛苦和身體的不適，像兩條粗大的繩索緊緊地纏住我。我真想去死，可是當我想到我是獨生子，未婚妻是獨生女，我怎能拋棄年邁的父母和愛我的女性呢？

為了求生，我開始和醫院打交道：在神經科，請吃谷維素；在針灸科，老醫師給我紮了 6 個療程；在內分泌科，照蝶鞍相正常，試打丙酸睾丸酮；在泌尿科，檢查正常，試打絨毛膜促性腺激素。在家裏我學會了自己給自己注射。可是，吃藥打針皆無效，而且我右側睾丸也開始萎縮了。體重越來越輕，鬍鬚也脫落退化。

我絕望了，我在死亡的門檻前猶豫、彷徨。往前一步就是死，可我的生路在何方？

就在這時，我見到了邊治中先生。正巧《北京體育》雜誌發表了邊老介紹的《中國古代養生長壽術》前三勢功法，邊老叮囑我依法學練。剛練的那會兒，我是半信半疑。沒想到在練至第 14 天的晚上，我夢中滑精了。這是幾個月來吃藥打針都沒有出現過的奇蹟，這才使我相信功法的奇效。

自此我便堅持每晚睡前練功。一個月後，萎縮的睾丸被控

制，右側睪丸開始恢復硬度；兩個月後，左側睪丸的硬度也恢復了，雙睪、精囊和陰部三角區的不適感大大減輕；4個月後，雙睪恢復到先前的正常狀態，鬍鬚也開始滋生了；6個月後，好似換了一個人，自覺精神充沛，氣力旺盛。

李某某　男，36歲，遼寧省錦州小學教師。

少年時下河捉魚，因秋天水涼，睪丸受冷而嚴重收縮、疼痛，無法行走。雖經治療，仍有後遺症。結婚後，先是早洩、繼而陽痿，陰部刺疼，連續三四年與妻子分居。後經學練道家秘傳養生長壽術兩個多月，便得到康復。他的妻子在信中說：「守了三四年的活寡，想不到古為今用的長壽功救了他，也救了我。我要帶動大家一起學，讓自己的後代也學會養生長壽術。」下面是李風綏給體育雜誌的一段自述：

我從小身體弱，17歲時，秋天晚上，我下河摸魚，過了半個小時，因為水涼而上岸。第二天，突感身子疼痛難忍，不能小便，後又腰痛得厲害，從此種下病根，疼得重時，連氣都喘不出來。婚後，又新起了別的毛病：心跳、四肢無力、精神疲憊、嗓啞、頭暈、耳鳴、小腹涼痛等一系列病症。

1978年，我開始參加體育鍛鍊。我不但跑步、還練八段錦和五禽戲。經過幾年鍛鍊，身體有些好轉。但是病情仍未出現根本的好轉。

一次，我看到《北京體育》雜誌上介紹邊治中的文章和中國古代養生長壽術一勢功法，便自己琢磨著練起來。不久，我因公出差去北京，趁機向邊老的學生求教，學會了這套練功方法。

回來以後，我堅持每天練兩次，第一次在午前10點鐘，第二次是晚上8點鐘，天天堅持不斷。我每次做功中間或練功

完畢，打嗝聲不斷，五臟六腑通達舒服，飯量增加，最主要的是睡眠增加。以前不練功，每天睡五六個小時，常常早晨天還沒亮就疼醒了。

現在情況大不一樣，不但每晚可睡七八個小時，而且第二天清晨自然醒來，很少有疼感。再者以前總是腹瀉，現在很好。這時的我，不但精神相當好，說話聲音強，而且頭頂不再感到麻木了。小腹和睪丸也不再抽動般地疼了。就連多年的腰疼也減輕了。更使我意想不到的是恢復了性功能。

李某某　男，30 歲，北京某單位幹部。

長期腹瀉，經北京各大醫院治療無效。身高 180 公分，體重只有 45 公斤。又因游泳水涼，得了精索曲張症，早洩隨之發生，經練道家秘傳養生長壽術 5 個多月，腹瀉停止，消化功能改善，體重增加，重 60 公斤。精神充沛，精索曲張痛感也消失了，並且提高了性機能。

石某　男，32 歲，北京某工廠設計員。

婚前身體健壯，婚後由於縱慾過度導致半陽痿。精神上壓力很大，心情憂鬱，病情日益加深。晚上失眠，白天疲勞無力，懈怠思臥，久治無效。隨之而來的是夫妻關係緊張。

學練養生術兩個多月，全身疾病一掃而光，精力充沛，從此夫妻和睦，美滿幸福。

張某某　男，70 歲，醫生。

年老體衰、懈怠思睡，性機能消失多年。練道家秘傳養生術第一、二、三勢，兩個多月後，性機能恢復，臉上老年斑減少，而且精力旺盛。

李某某 男，32 歲，北京某汽車配件廠廠長。

長期滑精，醫治無效，曾為此與其妻離婚。自 1982 年 10 月起學練養生長壽術一、二、三勢。一星期後便初見成效，滑精停止了。故讚譽「功法蓋世無雙，名不虛傳」。

許俊熙 男，23 歲，北京某商店售貨員。

肥胖過人，腰粗肚大，臉上肉下垂，形成雙下頦，懈怠無力，目光無神，容易疲勞，失眠健忘。但在苦練道家秘傳養生術兩個多月後，發生了驚人的奇蹟。他的腰臀部多餘的脂肪消失，腿變細，肚子恢復正常，雙下頦也不見了，滿面紅光、肌肉富有彈性、變成了一位英俊的青年。他見到邊治中先生時，感激地說：「我有一位漂亮的女朋友了，要是以前那副醜相，誰和我談戀愛呢！」

蕭冰 女，20 多歲，北京某單位職員。

生育後身體發胖，學練養生術中的龍游功半年，體重由 60 公斤恢復到 45 公斤。她說：「龍游功使我又變苗條了。」年輕人誰不希望有一個健美而勻稱的體型。但自我結婚生孩子以後，就變得大腹便便，體型臃腫，腹部那厚厚一層脂肪，使我煩惱、發愁。

當我正在無可奈何的時候，經人介紹，我有幸認識了邊治中先生，經邊老師耐心傳教，我開始練龍游功，早起、晚睡前各練一次。經過幾個月的練習，我自己很吃驚地看到，我的身體一日日地消瘦下去，變得輕盈靈活了。

劉淑秋 女，20 多歲，北京工廠化驗員。

先天性心房間隔缺損，身體虛弱，經常發病，藥物治療無

效。練養生術一個多月，病情顯著改善。她寫道：我患先天性心房間隔缺損，心跳雜音明顯，並伴有唧唧聲，屬於心臟病遺傳病人。20多年，藥片吃了上萬，偏方成百，病情仍不見好轉。發病時，心口痛，胸發悶，情緒煩躁，嘴唇發紫，全身無力。到了冬天，時常心慌、氣短、噁心、兩腿沉重，而且感冒像惡魔附身一樣，老纏住我。

隨著年齡的增長，愛神開啟我的心扉。於是我痛苦的精神上又增添一層愁。醫生悄悄地告訴我，最好不結婚，即使結婚，也不能生孩子。醫生的忠告，使我思緒茫然。

就在我痛苦萬分的時候，我的男朋友向我推薦其中的《中國道家秘傳養生長壽術》。起先，我根本沒有心情看這些功法，可男朋友固執地要我去學，我只好試試看，沒想到練了一個多月，就覺得全身輕鬆多了。3個多月沒有發過病，連一次感冒都沒有，兩腿不再沉重了，精神飽滿，飯量增加，不吃藥，心臟也不難受了。

更出乎意料的是：有一天我追趕汽車跑了足有100公尺，我平生從未有這麼大的氣力，跑過這麼遠的路程，上車後我沒有感到心慌、氣短，心臟的急跳也很快就恢復平靜。

陳常華　男，47歲，北京某雜誌編輯。

患冠心病，經常心絞痛，身體虛弱，易得感冒。練道家秘傳養生術第一勢，每天早晚和下午4點鐘左右，各練一遍，一星期後，病情改善，心絞痛由每星期發作五次減少至一次。

柳長雲　男，89歲，閒居北京。

因走路滑倒，扭傷了腿。曾經過醫院治療，但留下後遺症：雙腿無力，有時站不起來。久坐多月，引起了老年人易得

的前列腺肥大症。嚴重到尿失禁和滴血尿，疼痛難忍，醫生只好採取插管導尿。

後來他練習養生長壽術，增強了前列腺的運動，出現尿道暢通無阻，走路腿腳靈活，食慾良好，精神飽滿，記憶力增強，大大提高了生命的活力。

申兆一　男，50 歲，北京某出版社編輯。

患尿頻症，每晚起夜多達 8 次，影響睡眠，十分苦惱，學練道家養生長壽術，一星期後，病情好轉，每晚起夜僅兩次。請看他本人的自述：

我是出版社的編輯，於 1972 年患高血壓症，時常頭暈頭痛，心率過速，血壓有時高達 200/128 毫米汞柱。雖經治療，稍有好轉，但病根未除，去年又增添一種尿頻症，每晚夜起 8 次，影響睡眠，因而導致舊病復發。經多方治療，效果甚微，十分苦惱。

1983 年初，只學練了一星期養生術，病情便有好轉。每晚起夜由 8 次減少至 2 次，經過兩個多月的鍛鍊，身體得到進一步的好轉，睡眠比以前安穩，血壓恢復正常，頭暈、頭痛的病很少發生，而且精神很好，工作效率提高。

宋淑華　女，52 歲，北京襪廠退休職工。

患有高血壓、冠心病、心絞痛等，每天要吸氧氣，因經常犯病，不能下樓活動。身體發胖，腰圍 95 公分。

1985 年 12 月 15 日開始學練回春功、坐功三勢，至 1986 年元月 20 日共 35 天，病情大大好轉，不需氧氣袋，犯病的間隔時間延長，持續時間縮短，腸道消化功能也已好轉，精神也好轉，並可以外出活動。腰圍減少 5 公分。

董海山 男，63 歲，青島市幹部。

患有慢性肝炎 6 年多，冠心病 2 年多。近兩年來，不思飲食、心慌、睡眠不佳。1986 年 5 月經靳彬老師教練養生長壽功法回春功、上元功，15 天後，食慾增加。練功過程及練功後，心慌減輕，經心電圖檢查，早搏明顯減少。睡眠亦得到改善。

楊明 男，64 歲，青島市空軍幹部。

患冠心病已 10 年多，血壓經常為 160 ～ 180/95 ～ 120 毫米汞柱，睡眠嚴重不佳，每天只能睡 4 小時左右。1986 年 5 月向靳彬老師學練養生長壽功法回春功和上元功，15 天後，睡眠已達 6 小時左右，自感體力改善，精力充沛。、

閻士賢 男，65 歲，青島空軍療養院一級廚師。

胃癌術後，腸功能紊亂，每天大便 2 ～ 3 次，便稀，學練一些功法，一直未解決腸功能紊亂問題。1986 年 5 月學練養生長壽功法，腸蠕動改變，大便次數減到每兩天 3 次。睡眠也明顯好轉。

8. 後　記

道家秘傳養生長壽術，今得以公開問世，使我為國家和世界人民的健康長壽送福音的平生夙願得以實現，深感欣慰。養生長壽術功法一書這次進一步整理出版，是與中國建設出版社和我的一些摯友、門生的支援協助分不開的，在此，我謹向參加過本書出版工作的諸君表示衷心的感謝！

自從本功法在國內外的一些報刊出版物發表後，得到多方面有識之士的充分肯定和廣大讀者的熱烈歡迎。現在我不斷收到國內外讀者的來信，有的感謝我的功法對他們的健康和療病

產生了奇妙的功效，有的要求我周遊各地，好有機會給他們面授功法，對於這些熱忱的鼓勵，我深表感激。而還有一些讀者和我通信頗為不便，其中有的是身患頑疾，痛苦絕望，投書與我求一線生機的，但因信件輾轉費時，有的信件到我手中竟達半年至一年之久，貽誤了時機，委實愧惜。為此，我決定將我的直接通訊處向國內外讀者公開，以便讀者同我聯繫，地址：中國北京市西城區展覽路 34 樓一門 502 號。有購書者，請與中國建設出版社聯繫。

本人學識有限，書中難免有不妥之處，敬請讀者指教和見諒！

中國古代養生長壽術研究學會會長

邊治中

一九八六年八月

五、特別附錄：
中國道家養生長壽術科研成果精選

1. 中國古代養生長壽術對老年前期及老年人血脂水準的影響

山東省中醫藥研究所

靖玉仲　戴岐　馬志東

內容提要：對 50 名練「古代養生長壽術」的山東老年大學學員，觀察練功前和練功一年後的症狀改善和血脂改變情況。發現練習本功法後對血脂有雙向調節趨向，對原血脂水準偏高者有降低作用。本組學員合併慢性病較多，練功後症狀改善，普遍感到精力充沛，體力增強。

「古代養生長壽術」是道家傳統的健身功，是防病延年的氣功健身術的一種，功法簡便易學，健身祛病效果顯著。為觀察和研究本功法對人體的作用，我們於 1986 年 6 月至 1987 年 6 月，對山東老年大學堅持練此功的 50 名學員練功前後的一般情況、生化、內分泌、血液流變學、微循環及血流動力學等方面的指標，進行了自身對比觀察。本文僅就練功前和練功一年後血脂的變化進行總結報導。

（一）觀察對象及方法

　　本組共觀察 50 例，其中男性 48 例，女性 2 例。55 ～ 59 歲 20 例，60 ～ 70 歲 30 例。本組所練的「古代養生長壽術」係《華山派道士養生長壽術十勢功法》中的 1 ～ 6 勢（回春功、上元功、八卦形功、鵬翔功、龜縮功、龍游功），前三勢必練，後三勢選其中一二練之。練功時間均在 1 年以上。統一教授，分散練習，集中輔導。每天晨起練功一次，或早、晚各一次，每次約 20 分鐘左右。

（二）觀察方法

　　血脂檢查項目為：血清膽固醇（鄰苯二甲醛法，正常範圍 150 ～ 250mg％）甘油三酯（正庚烷抽提法，正常範圍 30 ～ 140mg％），β－脂蛋白（氯化鈣比濁法，正常範圍＜540mg％），高密度膽固醇脂蛋白（用上海化學試劑研究所生產的高密度膽固醇脂蛋白藥盒酶法測定，正常範圍男性 31.9 ～ 58.7mg％，女性 31.5 ～ 67.5mg％）。練功前後的檢查均在每年 6 月份進行。

　　練功前，50 例中空腹血糖＞140mg％者 6 例；舒張壓≧100mmHg 者 6 例，收縮壓≧150mmHg 者 7 例；冠心病 6 例；血清膽固醇＞250mg％者 23 例，甘油三酯＞140mg％者 35 例，

β—脂蛋白＞540mg％者 13 例。其中血脂有兩項高者 16 例，三項高者 9 例。50 例中基本健康者 10 例。

練功觀察期間學習、生活條件、運動習慣、飲食營養狀況基本保持穩定。均不合併使用降脂及降壓藥物治療。

（三）結果

練功前共測 50 例，練功一年後復查 42 例。均為男性。

① 臨床症狀改善：本組練功前合併有某些慢性病者較多，如習慣性便秘、前列腺肥大引起小便不暢、高血壓、神經衰弱、心絞痛、肩周炎等，練功後均有明顯好轉，普遍感覺精力充沛，體質增強，感冒減少，食慾增進，睡眠改善。

② 練功對血脂的影響：原血脂水準超過正常範圍上限者，練功後血脂降低，甚至多年的高脂血症，也降至正常範圍；原血脂水準偏低者則略有升高。各項指標的觀察結果分述如下：

（1）膽固醇：復查 42 例，練功前＞250mg％者 23 例（最高 447mg％）練功後＞250mg％者 8 例（最高 296mg％）。練功前膽固醇＜150mg％者 3 例，練功後均有升高，但仍在正常範圍內。

（2）甘油三酯：共測 42 例，練功前＞140mg％者 35 例（最高 700mg％），練功後＞140mg％者 6 例（最高 320mg％）。原在正常範圍者 1 例，練功後升高。

（3）β-脂蛋白：共測 42 例，練功前＞540mg％者 15 例〔最高 870mg％〕，練功後全部＜540mg％，練功前 380mg％者 6 例，練功後則有升高，但仍在正常範圍內。

（4）高密度脂蛋白：共測 42 例，練功前＜35mg％者 6 例，全部伴有血脂升高、冠心病或高血壓，1 例合併遷延型肝炎，練功後全部提高至 40mg％以上。練功前偏高者（＞

8Omg％）2 例，練功後偏高者 7 例。

附表示，練功前後血脂水準進行自身配對比較，經統計學處理，甘油三酯，β—脂蛋白和高密度脂蛋白均有非常顯著差異（P＜0.001）。練功前血脂有兩項以上增高者 25 例，練功後除 2 例仍異常外，其餘均降至正常水準。

練功後膽固醇雖有下降趨勢，但與練功前比較無明顯差異，這可能與本組膽固醇偏高者不到半效，而大部分屬正常者有關，本組練功前膽固醇水準屬正常範圍偏低者 11 例，練功後均有所升高。

附表　練功前後血脂的對比觀察（mg%）

項　目	練功前 （50 例）	練功後 （42 例）
膽固醇	246.7±72.8	230.6±36.9
甘油三酯	212.7±117.3	110.1±51.8*
B-脂蛋白	455.6±158.7	345.6±93.8*
高密度脂蛋白	54.3±21.0	66.3±21.7*

注：表中資料為均值±標準差　＊練功前後比較 P＜0.001

（四）討論

我國氣功歷史悠久，流派眾多，「古代養生長壽術」是道家華山派之健身延壽功之一。

堅持練氣功，能夠調和氣血，平秘陰陽，通利關節，疏通經絡，而達到陰平陽秘，真氣記憶體，邪不可干的健康狀態，起到保健延年，防病祛病的作用。

現代科學認為，氣功能調動人體自身的主動調節功能，並具有對機體內部綜合的調整作用，能促使人體內外環境趨於協

調和穩定。透過本組觀察，練本功後對血脂水準的良性影響，也從一個方面反映出這種調整作用。

練習本功對血脂有雙向調節趨向，對原血脂水準偏高者有降低作用，與鄭氏等報導一致（1）；對原血脂水準偏低者，練功後則表現為在生理範圍內升高。尤以膽固醇的改變為明顯。

練「古代養生長壽術」能調整血脂向有益於健康的水準波動。這將對動脈粥樣硬化引起的各種心腦血管疾病的發生和發展，從根本上起到預防和治療作用。而對低血脂的調節作用，也可能有益於腫瘤的預防。

本組練功後的高密度脂蛋白的水準較練功前有明顯提高，是由於功法具有整體的調節作用。許多研究表明，高密度脂蛋白有清除膽固醇的作用，還可抑制組織細胞攝取，分解和積蓄低密度脂蛋白，從而發揮抗動脈粥樣硬化的功能，這無疑對老年人的祛病強身是有益的。

血脂水準及機體代謝受膳食營養、體力活動、精神狀態、降脂和降壓藥物的使用以及季節等因素的影響，而本組練功者在一年練功期間，以上條件基本保持穩定，且檢查季節相同，筆者認為具有可比性，能夠反映練功對血脂的調節作用。

本組練功前的血脂水準較上海（2）、北京（3）健康老年組偏高、而高密度脂蛋白則偏低、可能與本組不完全為健康老年人有關，而練功後血脂各項數值與以上兩市健康老年組者相接近，表明本組健康水準已有所提高。應予指出，練功後症狀的改善和血脂水準的下降與練功者能否堅持練功以及對功夫掌握的深淺程度均有一定關係。

本課題得到山東老年大學和呂愛民的大力協助，特此致謝。

參考文獻

（1）酈安，等。氣功治療高血壓病 204 例 20 年療效預後對照觀察和有關機理探討。中西醫結合雜誌 1986；6：9。

（2）莊漢忠，上海市 3312 名居民的血脂含量及其與營養的關係。中華醫學雜誌 1986；66：585。

（3）李健齋，等。2083 例北京城區居民血脂分析。中華老年醫學雜誌 1985；4：207。

2. 中國古代養生長壽術對老年前期及老年人 甲皺微循環的影響

山東省中醫藥研究所中醫研究室

靖玉仲（副教授） 劉昭強（醫師）

姚愛榮（醫師）

前 言

養生長壽術是道家華山派內部延傳之功法，具有強身祛病，延年益壽之功效，功法簡便易學，健身祛病，效果顯著，近來練功者日增。為配合臨床療效之觀察，進一步探討功法對機體的作用機理，取得客觀指標，從 1986 年初開始，我們山東省中醫藥研究所中醫研究室，與山東老年大學配合，採用現代科學手段，對練本功之老年大學學員，進行了練功前、後的對比觀察（包括臨床症狀和體徵、生化、內分泌、血液流變學、血流動力學以及微循環的測試等），取得了與臨床效果相一致的理想結果，為古代養生長壽術對機體內環境的影響，提供了大量有說服力的科學測試依據。

為觀察本功法對機體氣血運行的效應，我們觀察了練功

前、練功一年後和練功即刻甲皺微循環的變化，結果表明，練功可以明顯改善機體的微循環狀況，甚至可以使有嚴重障礙的微循環狀況恢復正常，實驗從一個側面反映了本功對機體有良好的效應。

養生長壽術對血脂、血糖、血漿環核苷酸以及內分泌（甲狀腺、性激素）等效應的有關論文，將在邊老的書中陸續發表。現僅附對甲皺微循環的論文一篇。

山東省中醫藥研究所中醫研究室主任

靖玉仲（副教授）

中國古代養生長壽術研究學會科研部副部長

養生長壽術是我國傳統的、獨具特色的自我鍛鍊的一種方法，是中國醫學的重要組成部分。它與中醫有著共同的理論基礎，如陰陽、氣血、臟腑、經絡學說等，均出於同一理論體系。因此，研究養生長壽術應該與中醫的基礎理論密切結合，使其研究成為中醫研究的重要組成部分和一個視窗。

本文透過 50 例老年前期及老年人練此功前及練功一年後甲皺微循環的變化，以觀察長期練功和練功即刻對甲皺微循環的影響，從而探討此功與氣血運動的關係。

（一）觀察對象和練功方法

【觀察對象】

均為山東老年大學長壽實驗班學員，共 50 人，其中男性 48 人，女性 2 人，年齡 55～59 歲者 20 人，60～70 歲者 30 人。本組合併冠心病者 6 人；有高血壓病史者 15 人；舒張壓 ≥100 毫米汞柱者 6 人，收縮壓≥160 毫米汞柱者 1 人；空腹血糖≥140mg9％者 6 人；血脂水準：膽固醇（TC）≥250mg％者 23 人。甘油三酯（TC）≥150mg％者 35 人，β──脂蛋白

≥540mg％者 13 人（以上血脂指標均為本院正常值之上界）其中 3 項均高者 9 人，任意二項高者 16 人，單項高者 10 人，高密度脂蛋白低於正常者 8 人，基本健康者 10 人。運動習慣：堅持晨起打太極拳者 20 人，做各種氣功者 9 人，爬山者 11 人，散步者 2 人，不活動者 8 人。

【練功方法】

由老年大學統一集中教授邊治中先生所傳授的古代養生長壽術十勢功法之四五勢，即：回春功、上元功、八卦形功、鵬翔功、龜縮功、龍游功等（前三勢必做、後三勢可選其一、二），每日早，晚各練一次，或晨起練一次，每次約 20 分鐘。分散自練，集中輔導。

練此功後少數人還堅持原有活動，練功一年來學習、生活、飲食等條件基本保持穩定，具有可比性。

（二）觀察方法

① 使用儀器：

徐州產 WX-753B 型微循環顯微鏡，解放軍事醫學科學院實驗儀器廠生產的 WXS-4 型微循環血流測速儀。

② 測試方法：

採用中國中西醫結合研究會微循環專業委員會推薦的方法，即：室內空調，恒溫 25℃ ±1℃，冷光源，45℃斜照，顯微鏡放大 80 倍，用目鏡測量尺測量血管長度，受檢者坐式，手臂高度平心臟水準，檢查前休息二十分鐘，檢查部位為左手無名指遠心端，第一排甲皺微血管袢，用顯微鏡目測和照相兩種方法，固定觀察人員。

③ 觀察指標：

（1）練功一年前後的甲皺微循環變化情況：即於練功前

1986 年 6 月和練功一年後 1987 年 6 月，分別進行皺微循環觀察，進行自身對此，功前共觀察 50 例，隨訪 44 例。觀察項目有：甲皺微循環形態（管袢排列、形態、數目、長度），微血管血流情況（血流顏色、流態、速度、管袢頂部淤血等）微血管周圍的變化（管袢清晰度、周圍滲出，出血等）。

（2）觀察一年後練功即刻甲皺微循環的變化，從觀察微血流速度為主。

（三）結果

① 全身健康狀況好轉：

本組合並慢性病者較多，加慢性氣管炎、習慣性便秘、老年前列腺肥大導致排尿不暢或困難、肩周炎、神經衰弱、高血壓、冠心病等，練功後症狀消除或有不同程度的改善。所測指標也有明顯改善，原血壓偏高的 6 人中，5 人降至正常；血糖偏高的 6 人中，隨訪 4 人有 3 人降至正常，1 人由 248mg％降至 196mg％；高密度脂蛋白偏低的 8 人，全部上升為正常水準；高脂血症之 41／50 例，減為 13／44 例，心電圖提示冠心病者 6 例，變為正常和大致正常心電圖各 1 例。練功後普遍反映精力充沛，體質增強，感冒減少，飲食睡眠好轉。

② 甲皺微循環明顯改善：

練功前基本正常，甲皺微循環為 2／50 例，占 4％，異常甲皺微循環為 48／50 例，異常檢出率為 96％，且多數為中度或重度微循環障礙；練功一年後隨訪 44 例，正常和基本正常者 27／44 例，占 61.3％，異常者 17／44 例，異常檢出率降為 38.6％，其中無重度微循環障礙者。本組甲皺微循環障礙程度較報導之健康老年人為重，而練功後多數指標改善而優於報導之健康老年人。本組練功前後作自身對比，經統計學處理均有

顯著和非顯著之差異，見表 1、3、4。

練功一年後，進行練功即刻的甲皺微循環觀察，血流速度有明顯增加，最高者為功前的兩倍多，1 例絕對數增加了 219μm／S，見表 2。

少數人血管清晰度，血管開放支數亦有增加。微血流速度功後減慢者僅 1 例。心率的變化，練功前心率平均為 69.44 次／分，練功後為 74.80 次／分，但其中練功前有 8 例心率不及 60 次／分，表明練功對心動過緩者，有提高心率的作用，而對心率正常者，則無明顯改變。

③ 典型病例

賈××，男性，60 歲，身高 165 公分，體重 66 公斤，高血壓、冠心病史六年，1975 年因結腸癌手術。功前檢查：血壓 150／100mmHg，血糖 143mg％，空腹胰島素 24.532μ／ml，血脂 TG320mg％，TC250mg％，β－CP540mg％，HDL－C35.29mg％。血液流變學檢查全血漿黏度均增高，心電圖提示：冠狀動脈供血不足。甲皺微循環檢查：微血管排列紊亂，正常管形（髮夾形）11／20 支，異常管形 19／20 支，血管數 7 支／mm，管袢長 0.21mm，血流速度為粒流、血色暗，袢頂淤血多見，血管周圍滲出，出血較多。印象：嚴重微循環障礙。

一年後復查：血壓 150／90mmHg，空腹血糖 108mg％，空腹胰島素 12.56μ／ml，血脂：TC216mg％，β－CP400mg％，HDL-C40mg％，血液黏度降低，心電圖提示：大致正常心電圖。甲皺微循環：血管輪廓清晰，排列整齊，髮夾式 6／20 支，異形管形 14／20 支，血管數 8 支／mm，管袢長 0.27mm，血色正常，袢頂淤血少，管周滲出少，無出血，微血流速度 368μm／S。印象：基本正常微循環。（注：練功期未

用藥物治療）

本例充分顯示了此功對機體的全面的自我調整和康復作用。微循環的改善僅是其中一方面。

（四）討論

① 養生長壽術有促進和改善微循環的良好作用。

微循環具有保證組織正常代謝、維持人體內環境的穩定等重要作用。隨著機體各組織、器官的衰老和疾病的發生、微循環可出現不同程度的障礙，並且隨著衰老和病情的進展而加重，因此對微循環的研究，已成為某些生理和病理過程的重要方面，特別是對微循環的動態觀察。

對健康狀況的估計，對疾病的診斷、治療，疾病的發展趨勢以及對以後的判斷，對疾病的防治措施等，均有重要的參考意義。

本組測試結果，練功前微循環障礙程度，較報導的健康老年組嚴重，是因為本組合並多種慢性疾病，表現出微血管形態異常，血流變慢等微循環功能紊亂的現象，致使微循環灌流量明顯降低，嚴重者臨床上則表現出血淤的症狀。而練功一年後，甲皺微循環明顯改善，多數重要指標優於文獻報導之健康老年人，其他測試的生化、放免指標也同步得到改善，表明此功可以促進和改善微循環，甚至可以使已經嚴重障礙的微循環得到逆轉，達到完全正常的水準，說明此功是一種極為有效的自我康復的非藥物途經。

② 此功可以增強人體的氣化功能，促進和調節氣血之運行，保證了機體的正常功能和內環境之穩定。

中醫認為血帥，氣行則血行，氣滯血則淤，氣無所附，賴血以附之。而此功則是動靜雙修，內外兼練的主動自我鍛鍊方

法。透過調身，調息，使周身氣機疏導宣通，經絡通暢，氣帥血周身運行，氣血調達，周流不息。

本實驗證明練功即刻微血流速度可增加 1～2 倍多，且血管開放支數亦增加，無疑微循環的改善，必然增加血液對各組織和器官的灌流量，保證了機體的物質交換和正常代謝。此功對微循環的效應，有力地說明中醫氣血學說的科學性和實際意義。其調節機理有待進一步研究。

③ 練功時的意念活動對大腦是一種良性的心理信號。

練功時除要求全身放鬆，精神集中外，還要求面帶微笑，意念青春年華。透過這種意念誘導，為機體提供了最優的精神狀態和生理條件，使大腦功能得到改善，產生最佳的功能態，即所謂「定能生慧」，使大腦更有效地對機體進行調節，從而保證了機體的正常活動。

本文得到山東老年大學和山東中國古代養生長壽術研究學會領導的大力支持，並得到呂愛民、趙正祥、李守讓、仲維夏等同志之協助，特此致謝！

參考文獻（略）

表 1　養生長壽術練功前後甲皺微循環形態的變化（n=44）

		練功前	練功後
管袢排列	整　齊	14	41
	紊　亂	30	3
	紊亂率	68.2%	6.9%
	X^2	36.5	
	P	<0.01	

第二章　陳摶丹訣

管袢形狀	髮夾形支數/20 支（M±S）	8.25±5.37	12.14±5.81
	T	5.264	
	P	<0.01	
管袢數目	支/Min（M±S）	7.21±1.79	8.82±1.89
	T	5.190	
	P	<0.01	
管袢長度	mm（M±S）	0.221±0.09	0.315±0.10
	T	5.438	
	P	<0.01	

表 2　養生長壽術練功前後即刻微血流速度的變化（n=47）

	練功前	練功後
微血流速單位 um/S（M±S）	329.99±123.35	452.64±117.03
練功前後速度差單位 Mm/S（M±S）	124.64±95.49	
T值	8.954	
P值	<0.001	

表 3　養生長壽術練功前後甲皺微血管血流的變化（n=44）

		練功前	練功後

血流顏色	正　常	32	38
	暗　紅	12	6
	異常率	27.2%	13.6%
	X^2	2.84	
	P	<0.05	
血流形態速度	快（線流）	6（13.6%）	23（52.3%）
	稍慢（線粒流）	31（70.5%）	20（45.5%）
	緩慢（粒流）	7（15.9%）	1（2.3%）
	X^2	105.6	
	P	<0.001	
血流顏色	多	8（18.2%）	2（46%）
	中	24（54.5%）	7（15.9%）
	少	12(27.3%)	34（77.3%）
	無	0	1（2.6%）
	X^2	821.9	
	P	<0.004	

表 4　養生長壽術練功前後甲皺微血管周圍情況的變化（n=44）

		練功前	練功後
管袢清晰度	清　晰	36	35
	模　糊	8	9
	模糊率	18.2%	20.5%
	X^2	6.83	
	P	<0.01	

管祥周圍滲出	多	7（15.9%）	5（11.4%）
	中	13（29.5%）	27（61.4%）
	少	24（54.5%）	12（27.3%）
	X^2	8.8	
	P	<0.05	
管祥周圍出血	多	1（2.3%）	0
	中	1（2.3%）	2（4.6%）
	少	16（36.4%）	3（6.9%）
	無	26（59%）	39（88.5%）
	X^2	88	
	P	<0.005	

3. 中國古代養生長壽術對血漿環核苷酸的影響

——附 154 例血漿環核苷酸分析

山東省中醫藥研究所

靖玉仲　鄭利利　王哲民　王慶蘭

古代養生長壽術是道家華山派內部廷傳功法。以注重練下丹（腎）為特點，透過調節陰陽平衡而達強身袪病、延年益壽之功效。

為了較確切地反映此功對機體陰陽的調節作用，我們以血漿環核苷酸作為客觀指標，選擇了 49 例練本功法的老年大學成員，作為觀察對象。

觀察練功一年後血漿環核苷酸 CAMP、CGMP 的水準，並與對照組及正常進行對比分析，現小結如下。

（一）觀察對象

① 練氣功組：為山東老年大學長壽實驗班學員。其 49 人男性 45 人，女性 4 人，於練功前進行辯證分型，其中偏陰虛（血虛）的 30 人，平均年齡 50 歲。

偏陽虛（氣虛）的 19 人，平均年齡 45 歲。本組合並冠心病者 4 人；有高血壓史者 15 人。

② 陰虛、陽虛對照組：陰虛組 34 人，男性 9 人，女性 25 人，平均年齡 37 歲。陽虛組 27 人，男性 10 人，女性 17 人，平均年齡 47 歲。以上病人為山東省中醫學院附屬醫院門診病員。

③ 正常組 44 人，選自濟南市中心血站 20 ～ 40 歲的青壯年男女健康獻血員。並經中醫辨證無明顯陰陽偏盛症狀者。對照組與正常組均不練氣功。

虛證的辨證標準：參照 1986 年全國中西醫結合虛證與老年病會議制定的中醫虛證辨證標準。各組分為偏陰虛（包括陰虛和血虛）和偏陽虛（包括陽虛和氣虛）兩大類。氣功組於練功一年後測定血漿 CAMP、CGMP 含量，對照組經中醫辨證確定為陰虛，陽虛的患者於門診治療前測定其血漿 CAMP、CGMP 含量。

（二）方法

① 練功方法：

由老年大學統一集中教授邊治中先生所傳授的「古代養生長壽術」十勢功法之 1~6 勢，即：回春功、上元功、八卦功、鵬翔功、龜縮功、龍游功等。（前三勢必做，後三勢可選其一、二），每次二十分鐘左右，每日 1-2 次，分散自練，集中輔導。

② 測試方法：

採用放射免疫分析法，其分析藥盒由上海中醫學院同位素

室提供。測定血漿環磷酸腺苷 CAMP、環磷酸鳥苷 CGMP 及 CAMP ／ CGMP 的含量。

具體操作按其說明書方法進行。

本研究屬計數資料，實驗資料取得後，採用 t 檢驗進行組間比較，從而確定兩樣本有無顯著性差別。

（三）結果

① 練功組與對照組血漿環核苷酸的對比

練功組在練功前與對照組雖同為陰虛或陽虛患者，但練功組經過一年的練功，全身健康狀況好轉，陰虛和陽虛症狀消除或改善。練功組偏陰虛者與對照組偏陰虛者相比，其血漿環核苷酸 CAMP 及 CAMP ／ CGMP 的含量均較低。二者之間出現了顯著性差異。（P＜0.01）練功組偏陽虛者與對照組偏陽虛者相比，其血漿 CGMP 明顯降低。（P＜0.05）而 CAMP、CAMP ／ CGMP 含量則明顯增高。（P＜0.05；P＜0.01）具有統計學意義。見表 1。

表 1　練功組與對照組血漿環核苷酸的對比（M±SD）

組　　別	人數	CAMP（pmol/ml）	CGMP（pmol/ml）	CAMP/CGMP（pmol/ml）
練功組偏陰虛者	30	※　※ 15.67±3	2.89±0.71	※　※ 5.67±1.6
對照組偏陰虛者	34	19.83±5.5	2.98±1.4	7.9±3.7
練功組偏陽虛者	19	※ 14.97±4.87	※ 3.44±1.6	※※※ 4.87±2.4
對照組偏陽虛者	27	11±5.79	5.38±3	2.46±1.65

　　※P＜0.05　※※P＜0.01　※※※P＜0.001

上述分型對照觀察結果提示：練功鍛鍊對陰虛、陽虛病人具有雙向調節作用。它既可以使陰虛病人異常升高的 CAMP、CAMP ／ CGMP 含量下降，又可以使陽虛病人異常升高的 CGMP 含量下降，以使機體陰陽失調得以糾正。

② 練功組與正常組血漿環核苷酸的對比

練功組偏陰虛者與正常組相比，血漿 CAMP 含量無明顯差異。（P＜0.05）血漿 CAMP 和 CAMP ／ CGMP 含量兩組雖有差異，但均在正常範圍之內。（本所所測血漿環核苷酸正常值：CAMP 為 12.63 ～ 18.63PM ／ ml；CGMP 為 2.37 ～ 4.77PM ／ ml；CAMP ／ CGMP 為 3.09 ～ 6.48PM ／ ml）練功組偏陽虛者與正常組相比，血漿 CAMP、CGMP、CAMP ／ CGMP 含量均無明顯差異。（P＞0.05）見表 2。

表 2　練功組與正常組血漿環核苷酸的對比（M±SD）

組　別	人數	CAMP（pmol/ml）	CGMP（pmol/ml）	CAMP/CGMP（pmol/ml）
練功組偏陰虛者	30	15.67±3	※2.89±0.7	※5.67±1.6
正常組	44	15.63±3	3.57±1.2	4.78±1.7
練功組偏陽虛者	19	14.97±4.78	3.44±1.62	4.87±2.42
正常組	44	15.63±3	3.57±1.2	4.78±1.7

※P＜0.05

從上表可以看出，練功組偏陰虛和偏陽虛者經過一年的長壽功鍛鍊，其異常的血漿環核苷酸水準均達到了正常範圍。

③ 練功即刻對血漿環核苷酸的影響

為了進一步說明本功對人體血漿環核苷酸的影響，我們對

13 例堅持練本功一年之久且無明顯陰陽偏盛症狀的老年人，練功 30 分鐘即刻取血，測得結果表明：練功即刻血漿環核苷酸 CAMP、CGMP 含量均降低。而以 CAMP 降低更為顯著。（P<0.01）見表 3。

表 3　練功即刻對血漿環核苷酸的影響（M±SD）

組　別	人數	CAMP（pmol/ml）	CGMP（pmol/ml）	CAMP/CGMP（pmol/ml）
功前	13	8.396±3.34 ※※	4.8±3.16	2.43±1.66
功後	13	6.66±2.38	3.03±1.4	2.57±1.22

※※P＜0.01

據國內有關報導，健康老年人血漿環核苷酸 CAMP 水準較健康青壯年為低（2）。練功後血漿 CAMP 顯著降低，可能與本功降低人體新陳代謝有關。本實驗由於時間短、病例少，還有待繼續觀察。

（四）討論

① 近年來國內許多學者通過對多種疾病的研究發現，環核苷酸與中醫的辨證分型有著規律性聯繫。

陽虛時 CGMP 升高，陰虛時 CAMP 及 CAMP ／ CGMP 均升高，從而提示血漿 CAMP 與 CGMP 的含量變化是陰虛陽虛的特徵之一（1）（3）（4）。

本實驗陰虛陽虛對照組血漿環核苷酸的含量也證實了這一結論。這表明血漿環核苷酸 CAMP、CGMP 含量確是反映中醫陰虛、陽虛證的一項客觀指標。

②長壽術對於按中醫辨證分型表現出的環核苷酸異常即中醫辨證有陰陽偏盛者，具有雙向調整作用。

它既可以降低偏陰虛者異常增高的血漿 CAMP，又可降低偏陽虛者異常增高的血漿 CGMP。本實驗結果表明，練功組偏陰虛者比對照組偏陰虛者其血漿 CAMP 和 CAMP／CGMP 比值均顯著下降。（P＜0.01）這與鄺氏報導的氣功僅降低高血壓陰虛患者 CAMP 的結論有所不同（5），練功組偏陽虛者與對照組偏陽虛者相比，血漿 CGMP 顯著下降。（P＜0.05）說明長壽術既糾正陰虛，又糾正陽虛，具有協調陰陽雙方的作用。

中醫學認為，人體在生理狀態下「陰陽」雙方是在不斷運動和變化中保持著相對平衡狀態。「陰平陽秘，精神乃治。陰陽離決，精氣乃絕。」本功法有著內外兼使，動靜雙修的作用，透過調身、調心（神）、調息，使真氣循經脈運行於周身，十二經脈通達，氣血流暢。從而達到糾正陰陽偏盛偏衰。使機體保持陰平陽秘的生理狀態。

③長壽術還可能透過降低人體代謝，起到延年益壽的作用。

現代醫學認為血漿環核苷酸是傳遞細胞資訊、調節細胞代謝的重要物質。它廣泛參與人體的物質、能量代謝。因此環核苷酸 CAMP 的含量變化從一個側面也反映了機體的代謝狀態。在代謝亢進的「甲亢」狀態時，血漿 CAMP 明顯升高。反之，在代謝低下的「甲減」狀態時，CAMP 則下降（6）。為了說明這一問題，我們對 13 例無明顯陰陽偏盛症狀的老年人，練功 30 分鐘後即刻取血測定血漿環核苷酸的含量。結果也表明，功後血漿 CAMP 明顯下降，P＜0.001，具有異常顯著的差異。

這可能是練功過程，呼吸減慢，肺通氣量減少，耗 O_2 量降低，從而使人體基礎代謝率降低（7）。表現在細胞分子水準上則為環核苷酸 CAMP 水準下降。故筆者認為養生長壽術之所以能延年益壽，可能與降低人體的代謝功能密切相關。

綜上所述，血漿環核苷酸的變化反映了人體陰陽偏盛偏衰的病理狀態。養生長壽術對人體血漿環核苷酸的影響，說明了此功能夠協調陰陽、降低代謝，對於防病祛病，延年益壽起著重要的作用。

參考文獻

（1）陳奇：環核苷酸與中醫藥研究，新中醫 1986，18（1）。

（2）徐志勇：健康老年人的虛證表現與血漿環核苷酸含量水準的關係。浙江中醫雜誌 1987，22（2）。

（3）王崇行：氣功治療高血壓臨床療效和血漿環核苷酸變化對照觀察。中醫雜誌，1984，1：27

（4）夏宋勤：中醫「虛證」理論初步探討。中醫雜誌 1974，2（11）：642

（5）鄺安坤：氣功抗衰老作用的研究。中西醫結合雜誌，1987，7（8）

（6）鄺安坤：陽虛（甲減）和陰虛（甲亢）病人血漿環核苷酸的對比。中醫雜誌，1979，（7）

（7）蕭俊：人體氣功鍛鍊時的代謝率《生理學報》，1963，26 卷 1 期。

4. 中國古代養生長壽術對血糖、血脂、血清胰島素水準的影響

山東省中醫藥研究所

靖玉仲　王哲民　鄭俐俐　王慶蘭

馬志東　劉照強　戴岐

為觀察古代養生長壽術對機體血糖、血脂以及有關的血清胰島素水準的影響，我們於 1986 年 6 月開始對 50 例堅持練本功法者，進行了練功一年前後有關指標的自身對比觀寨，結果提示：練功對血糖、血脂顯示了雙向調整作用；對升高的血清胰島素有降低作用，並有提高高密度脂蛋白（HDL-C）及 HDL-C/TC 比值的作用。

（一）一般資料和方法

① 觀察對象：

共 50 例，男性 48 例，女性 2 例，55 ～ 59 歲 20 例，60 ～ 70 歲 30 例，體重均未超過標準體重的±10％。

② 觀察指標和方法：

（1）空腹血糖（FBS，磷甲苯胺法，正常範圍 110 ～ 75mg％）。

（2）空腹血清胰島素定量（IRI，放免法由海軍放免分析中心提供藥盒，正常範圍 10 ～ 20 μ /ml）。

（3）血脂檢查包括 TC.TG. β -CP，方法略（1）。

（4）高密度脂蛋白（HDL- C）方法略（1）。

上述指標均於練功前及練功一年後的同一季節內完成。

③ 功法：

由山東老年大學統一教授邊治中先生傳授的中國古代養生

長壽術十勢功法之 1~6 勢，（即回春功、上元功、八卦形功、龍游功、鵬翔功、龜縮功）集中傳授、輔導，分散自練，每天 1～2 次，每次 20 分鐘左右。

（二）結果

① 空腹血糖（FBS）：

練功前共測 50 例，以血糖水準分為三組：

（1）血糖增高組 FBS＞110mg％者 10 例，最高值為 248mg％，其中僅 1 例有糖尿病的明確診斷，並伴有明顯症狀。練功後隨訪 7 例均有下降，其中 5 例 FBS 降至正常範圍，較功前有明顯差異（P＜0.01）。

練功期間均未用降糖藥物，飲食習慣基本保持小變，功後體重波動在±2 公斤。（見表1）

（2）血糖偏低組：FBS＜75mg％者 7 例，最低值為 57mg％，練功後 6 例升至正常範圍，1 例仍低於正常，較功前有顯著差異（P＜0.01）（表1）。

（3）血糖正常組：FBS75～110mg％者 33 例，練功後血糖水準接近低限者有升高，但不超出正常範圍，較練功前有明顯差異（P＜0.01）（見表1）。

以上結果可初步說明本功法對 FBS 具有良性的雙向調節作用。

② 血清胰島素（IRI）測定

（1）血糖增高組 10 例，練功前 6 例 FBS＞140mg％者，血清胰島素值 4 例在正常值之低限，為 10～12 μ/ml；另 2 例則高於正常為 20～25 μ/ml。

其餘 4 例則在正常範圍。

（2）血糖偏低組 7 例，血清胰島素均高於正常值為 20～

29μ/ml。

（3）血糖正常組 33 例，血清胰島素有 22 例高於正常值（$20 \sim 28 \mu$/ml）其餘 11 例在正常範圍。

練功後 IRI 三組均下降至正常範圍之中間值水準，除血糖增高組外，偏低組及正常組均有顯著和非常顯著之差異（$P < 0.05$，$P < 0.01$）。（見表 1）提示本功法有使升高的血清胰島素降低的作用。

③ 血脂：

練功前無論血糖偏高或偏低組 TC 均明顯高於正常值，且以血糖偏低組升高為著，練功前三組 TG 均有升高，以血糖增高組為著。β-CP 僅血糖增高組升高。練功後以上三項均存明顯下降（2）。（見表 2）初步顯示了練功後在高血糖下降的同時，高血脂也同步有顯著下降。

④ 高密度脂蛋白（HDL-C）及 HDL—C ／ TC 比值練功後較練功前均有明顯增高（$P < 0.01$）（見表 1）。

表 1　練功前後血糖、胰島素、高密度脂蛋白的測定

		練功前（M±S）	練功後（M±S）	T 值	P 值
空腹血糖（mg％）	＞110mg％ n=10	154.33±47.25	121.17±37.39	4.91	＜0.01
	＜75mg％ n=7	67.67±7.96	102.00±18.03	4.30	＜0.01
	75～110mg％ n=33	91.09±10.23	107.58±13.15	7.40	＜0.01

343

血清胰島素（μu/ml）	血糖 ＞110mg% n=10	16.1±5.09	14.61±6.89	0.41	＜0.05
	血糖 ＜75mg% n=7	23.36±3.38	14.627±4.56	3.73	＜0.05
	血糖 75～110mg% n=33	21.94±4.47	14.6±11.55	3.22	＜0.01
高密度脂蛋 （mg%）n=36		54.26±20.98	66.31±21.69	4.54	＜0.01

表 2　以血糖含量分組觀察練功前後血脂水準的相應變化

血脂＼血糖 （mg ％）	練功前 （M±S） （mg%）	練功後 （M±S） （mg%）	T 值	P 值
膽固醇	＞110mg% n=10	261.57±57.89	214.00±38.38	3.03	＜0.05
	＜75mg% n=7	312.33±13.84	230.33±28.35	7.51	＜0.01
	75～110mg% n=33	228.9±82.84	230.09±37.02	0.80	＞0.05

甘油三酯	＞110mg% n=10	262.86±86.05	92.92±19.01	6.06	＜0.01
	＜75mg% n=7	171.83±68.83	91.97±19.01	3.34	＜0.05
	75～110mg% n=33	218.35±127.92	110.02±60.19	5.20	＞0.01
β-脂蛋白	＞110mg% n=10	492.86±189.80	328.57±56.4	2.8	＜0.05
	＜75mg% n=7	423.67±123.00	325.33±81.89	1.61	＜0.05
	75～110mg% n=33	445.42+159.52	353.77+13.87	2.7	＞0.05

（三）討論

①本文觀察到老年人空腹血糖水準增高者較多，且伴有血脂水準的增高，這是老年人易併發動脈粥樣硬化的主要危險因素之一，而練習養生長壽術後，不僅可以對高血糖者有使 FBS 下降的作用，且對血糖偏低者還有升高的雙向調節作用，同時對血脂水準也顯示了同步的雙向調節作用（3），二者的一致性更表明了練功對降低高血糖、高血脂的確切效果。尤其是練功後對高密度脂蛋白（HDL-C）和 HDL-C ／ TC 比值的明顯提高，提示練功可以調整糖代謝和脂代謝，這對於糖尿病（Ⅱ型）及其血管併發症的防治，以及老年人易發的動脈粥樣硬化的預防都會產生積極意義。

②所測血清胰島素含量，除血糖偏高組在正常範圍內，血糖正常組和偏低組均略高於正常值，與文獻報導的血

清胰島素可隨增齡而增高一致，並與所測之間同齡組水準接近（4）。目前認為衰老可使老年人胰島素靶細胞膜上的胰島素受體的敏感性降低，致使胰島素的生物效應下降，從而引起血清胰島素代償性增高，並顯示出胰島素含量與年齡呈正相關。故測量胰島素含量對觀察衰老過程有一定意義（4）。本文觀察到練功後，升高的血清胰島素濃度有明顯降低，三組血清胰島豪水準均降至正常範圍的中間值水準，似有向年輕值降低之趨向。提示練功可以提高胰島素的生物效應，其機理可能是通過提高細胞膜上受體的親合力，從而增加了胰島素的敏感性和生物效應；胰島素受體還受到周周胰島素濃度的影響，當受體周圍胰島素濃度下降時，則回饋地引起受體數目增多的調節作用。而且養生長壽功是一種身心並練，動靜雙修的功法，通過肢體的活動和對內臟的按摩作用，可以促進胰島 B 細胞的功能（5）。同時血流增快、微血管面積增加又可提高胰島素對細胞受體的結合力，從而提高胰島素的生物效應。筆者認為練功對血糖、血脂等代謝的調整作用，可能是通過多種途徑和環節完成的，其機理有待進一步研究。

③透過練功者練功一年前後，血糖、血清、高密度脂蛋白、胰島素、甲皺微循環、環核苷酸等多項指標的測試結果，提示練功可以對人體起到養心調神、調和氣血、按摩內臟、疏通經絡、協調臟腑功能，從而有效地發揮了對人體多系統良好的調節作用，對某些病理性偏勝或不足的生化指標，如血糖、血脂的偏高或偏低表現了良好的雙向調節作用，對某些生理性功能減退和病理性功能障礙，如血清胰島素隨齡的增高和甲皺微循環障礙，則表現了向年輕化趨間逆轉和修復其功能的作用，使機體向著最佳的生理功能狀態轉

化，又最大地調動了人體強大的自我調節潛力，通過自我鍛鍊，達到自我調節、自我平衡和康復的健康生理狀態，並為延緩衰老的進程展示了光明的前景。

本實驗由山東老年大學仲維夏、呂愛民同志配合教功輔導，特此感謝！

一九八八年九月

參考文獻

（1）靖玉仲等。古代養生長壽術對老年前期及老年人血脂水準的影響。中醫雜誌.1988；7：44。

（2）李世荊等。79名老年人血清胰島素水準的觀察。中華老年醫學雜誌.1986；5（2）：108。

（3）邸國勳等。糖尿病的運動療法。中華醫學雜誌.1984：64（3）：153。

（4）靖玉仲等。古代養生長壽術對老年前期及老年人甲皺微循環的影響。（待發表）

（5）靖玉仲等。古代養生長壽術對血漿環核苷酸的影響，——附154例血漿環核苷酸分析。

第六節　宋太祖趙匡胤後裔趙中道傳承：
　　　　　陳摶秘傳養生術太極尺

一、長生術太極尺起源

太極柔術，也稱太極尺，一說源出《黃帝內經·素問》，為中國古代養生學精華，煉腎生津，煉津生精，以意制心，以心治身，以身御氣，砥煉先天元氣的養生方法。

根據趙中道老師所述，太極柔術，是千年前其祖宗宋太祖趙匡胤傳下來的秘寶。宋太祖有三十六勢長拳傳世，當西元960年稱帝前，曾與華山陳摶老祖，在華山弈棋，潼關內外民間，有宋太祖一棋輸華山的傳說。其時陳摶老祖，把長生術的太極尺，傳給宋太祖，子孫保守，秘不外傳。

太極尺起源怎樣？始創者何人？雖無可考，但趙氏世代相傳，趙老師藏有秘訣古本，謂為陳摶老祖傳給宋太祖趙匡胤，留傳下來，亦無不可。

陳摶老祖，宋真源人，字圖南，自號扶搖子，五代時隱居華山，寢處恒百餘日不起。宋太宗時，賜號希夷先生。陳摶老祖，是當時華山隱士，與趙太祖為布衣之交，傳授太極尺柔術，自有可能。然則陳摶老祖之太極尺，抑為自創，或授自何人？更不可考矣。

二、趙中道宗師傳記

我國先天道功太極柔術太極尺唯一導師，趙宗藩老師，字憲章，號中道，世居東北瀋陽市新民縣。

生於1844年，即清道光23年，甲辰11月18日，卯時。卒於1962年，11日，申丑正月初7日，申時。享年118歲。

師祖從小愛好武術，家裏聘有著名武師，教授各般武藝。其祖母承受趙氏家傳，深諳先天道功，思有以啟發其孫信心，傳授家傳秘寶。乃召其武師問道：「聽說你的功夫能夠打人，你就打我一下試試，打死不用償命的。」武師生怕傷及老主婦，不敢動手。可是被迫不過，就向趙祖母靠近幾步，虎撲過去。趙祖母略一舉手，武師被摔出十數步，再撲又再摔出。這是太極柔術的粘連綿隨，以柔制剛的妙功。從此師祖在祖母嚴格訓練下，便開始學習先天道功太極尺。

師祖 22 歲時，祖母壽至 108 歲，無疾而終。臨終時，對師祖說：「先天道功太極尺，神妙莫測，我得它好處很多，但嘴上說不出話來，只要專信久練，就有好處。雖不能長生不死，確能祛病延年，切不可忽視。」老師恪遵遺訓，不斷練習，到五十多歲時，比年青小夥子還強，很容易地一手舉起一個人。

　　他在瀋陽時，曾把多年苦功的少林寺拳師，摔出十數步外，起來叩頭拜師。東北鬧紅鬍子亂時，師祖為了保衛地方，使用極其準確的一手袖箭功夫，紅鬍子聞而卻步。因為袖箭不是養生功夫，且能傷人，至今未有傳人。

　　1933 年癸酉，師年 89 歲，來京居住。

　　1904 年，師年 96 歲，在京的保定形意拳名家李興階，有一次請老師到他相距十幾里的家裏晚飯。李雇了三輪車，老師不坐車步行。說道：「請你先走，我隨後就到。」結果，李坐的三輪車，與老師同時到達，車夫滿頭大汗，老師自若，並不氣喘。從那時起，師祖有趙長腿之稱。

　　1942 年，師年 98 歲，因上樓救火，摔傷了右腿。日寇侵略華北時，他在家裏坐著，曾用雙手四下，打傷了八個匪人。

　　京師有名的太極拳師王甫臣，是楊班侯的首徒，因所擅太極拳術，有太極球和太極尺，練法與趙家稍異，曾拜趙老師為師，給他改正。

　　1954 年，師祖在京創立太極柔術健身社，以先天道功太極尺的秘寶，公開教人。同時用道功療治功法，把許多曾經由於慢性疾病，陷入長期痛苦的人，變成身體健康、精神愉快的人。這些人中間，有患腸胃病的，有患神經衰弱病的，有患失眠病的，有患高血壓病的，還有許多患著奇奇怪怪，不能叫上名字的疾病的，有的人過去病情嚴重，經過醫藥治療無效的。

可是經過師祖的妙手，莫不術到回春。

師祖所辦的太極柔術健身社，好像一所小醫院，多少病人，在社裏醫好了疾病。又好像一個科學研究站，許多科學專家，在社裏從事科學研究，想從這位老人身上，找尋出人類能夠長壽的原因，又想從許多病人身上，找出卻病的各種因素。

1958 年，8 月 24 日，老師 115 歲，因走路滑跌，又傷了左腿，只能在床上坐著看書寫字，像活菩薩一樣。常手抄古本要訣和做筆記，遠道來函求教者，質疑問難，一一批答，循循善誘，孜孜不倦。

師祖雖然是 118 歲老人，但看不出風燭殘年的樣子。童顏銀髯，紅光滿面，談起話來，總是滔滔不絕，一看就知道他是一位非常的人。

如果你再進一步觀察，你便會從這位老人身上，發現很多異乎常人的特點。

他耳聰目明，牙齒堅固（兩個牙齒是半截的），因吃堅硬的食物損傷，其他都是很好，臉無皺紋，頭有壽斑，肌肉豐滿，皮膚潤滑，摸上去異常柔嫩，好像是摸到嬰兒的身上一樣。同時吃和睡，和青年人一樣，經常睡覺，一夜不醒。

1961 年，11 月 18 日，師祖 118 歲誕辰，京中學友，集合社中祝壽，京外學友獻寄禮物詩詞。師祖在無比歡樂中，預示歸去，殷殷囑咐我們，繼承宏願，為人民健康服務，便於誕辰後 41 天，無疾而終。

師祖臨終，穿上十多年前預備好的衣帽，罩上佛門禮罩，罩臉是珍貴的寺院特品。另外附有師祖心愛常用的陳年香木手杖一根，太極尺一把，太極柔術太極尺研究書一本，葬於北京西郊八寶山。

三、陳摶秘傳長生術太極尺原理之部

原理之部，是趙中道師祖的著述：他從千年來家傳秘訣，手抄的古本，口傳的回憶，秘授的領會，力行的感悟，信手拈來，隨意寫出。經多年的累積，有原著八本，和日記，筆記，手札種種。這是集陳摶長生術太極尺的大成，民間秘傳的養生瑰寶。

我們秉承趙中道師祖遺志，為人民健康服務，對趙師祖著述，實有編纂提供學者研究之這必要。乃將原著謹慎地整理，忠實地一字一句保留原文。除陰陽，五行，八卦，和人體經絡脈穴等，深奧學說，將另輯專書，進一步作科學研究外，現將原著，分作六個系統編成：

1. 太極柔術
2. 先天道功
3. 功法綱要
4. 太極四相
5. 結論
6. 歌訣

趙師祖的著述中，有時對重要關鍵之處，一再重複，提示我們。這是師祖用意的湛深，學者非邊讀邊想，再讀再想，未易領會。願學者悉心研究，互相發掘，互相印證，為先天道功發揚光大，造福世人。

歌訣為古代流傳下來的插曲，乃先哲對先天道功所作的深入淺出的啟示，使學者口誦而心領神會，廣泛獲得進益。歌詞有其時代的風格背景，和簡明的提綱挈領，使我們研究先天道功，獲得全面性的功法重點。

程達材老師追隨趙師祖研練長生術太極尺道功垂十載，盡

得師祖真傳奧秘，深入鑽研而臻化境，程師生前曾示余師祖之原著古本及筆記手札等，且囑餘影印一份保存，余以程師著作已總括趙師祖之全部心法，且原文已全部保留，且古本秘笈應由掌門大師兄程萬里承受，弟子者實不應沾此光，故婉辭程師美意，現為敬重趙師祖及紀念程老師，故亦把原理之部原全部保留照錄，讓讀者得窺全貌。

先天道功長生術太極尺原理之部

陳摶老祖秘傳　趙中道傳承

目　次

1. 太極柔術

太極柔術，為宋時前人遺產，迄今達千餘年，練功竅門，我家珍藏，私秘不傳。我在 1954 年（時年 111 歲），以時代演變，為人民健康服務，不應私秘國寶，乃設社公開教授。

太極是陰陽二氣，以生萬物。天地本乎陰陽，陰陽主乎動

靜。人身乃一陰陽也，陰陽一動靜也。動靜合宜，氣血和暢，百病不生，乃得人盡天年。如為情慾所牽，過動傷陰，陽必偏勝。過靜傷陽，陰必偏勝。且陰傷則陽無所成，陽亦傷也。陽傷而陰無所生，陰亦傷也。陰陽傷矣，生生變化之機已塞，非用活動法以練之，則生化之源無由起也。活動法以動化靜，以靜運動，合乎陰陽，順乎五行，發其生機，神其變化，故能通和上下，分理陰陽，去舊生新，充實五臟。驅外感之諸邪，消內生之百病，何須燒丹練汞，健康長壽卻病可期。

太極柔術，內靜為柔，外動為剛。內靜外動，謂之剛柔並濟功夫。蓋靜則氣壯，動則舒筋活血也。

太極柔術，是柔軟運動，不使心勁，自在活動，這是養練身心法門，久練則袪病，健康，延年。

太極柔術運動，心清神定，斷絕無邊煩惱，無量功夫。久練滿口生津，以咽久之，長生之效，故謂之長生酒。身中自有長生酒，體相不無養命錢，即此之謂也。

太極柔術，主練內三寶精、氣、神。外練筋骨、肌肉、皮膚、筋膜、手、眼、身、法、步。

內三寶：精、氣、神。

練的元精，不是骨髓之精，乃精中之精。

練的元氣，不是呼吸這氣，乃氣中之氣。

練的元神，不是思想這神，乃神中這神。

精盛自然生真氣，氣盛自然生真精。精氣神三者充滿於一身，百病自除，益壽延年。

外三寶：耳、口、目

耳是精竅，耳逐於聲，精從聲耗而不凝。

口是氣竅，口發於言，氣從言走而不固。

目是神竅，目蕩於色，神從色散而不聚。

外三寶對於精氣神，如此緊要，所以外三寶還有外三關之說，視聽言動，傾之可也。

練習柔術，簡而易習，柔而省力，外不傷筋骨，內不傷元氣，有百益而無一害，百日功靈，體輕腳靈。

人為萬物之靈，要把自己身心，詳細暸解一下。我們身心，是個活動東西，老不活動它，日久肌肉氣血減退了，愈來愈少了，血管毛孔也都閉塞了。太極柔術，鍛鍊身心，不用心勁，以意活動。

太極柔術三益……
$\begin{cases} 祛病 \\ 健身 \\ 延年 \end{cases}$

2. 先天道功

今述功法，乃云致靜於虛。蓋虛為體，靜為用，非虛不能得靜，非靜不能得功。

按此先天，非僅一身先天，直是太極之祖氣。太極運動功法，清靜法門，乃致靜於虛，非靜非虛不能得功，其旨甚玄。不以虛靜練功法，則得不完全也，練者悟之。

下乘煉精化氣，中乘煉氣化神，上乘煉神還虛，自然五氣朝元。所以精能生氣，氣能生神，神能合道，返本還元，天君泰然，百體從令。故老子《道德經》云：「多言數窮，不如守中。」斯言盡矣。

始之性命，必用法以修之，陰陽必用法以調之，四相（下詳太極四相篇）必用法以合之，五行必用法以揆之。有為無為，各有法則，毫釐之差，千里之失，惜乎世之行功者，未明真理。

碌碌一生。枉費功夫，不得法竅，則老無成，違反宗旨。

太極先天氣，是自然之氣。運動乾坤寶尺，沉住氣，穩定心，先天元氣，降於氣海。不用呼吸，在其中矣。

〔柔〕，〔和〕，〔靜〕，〔運〕，〔動〕：動中要靜，靜中之動，忽忽悠悠，不動之動，乃練先天道功要旨。

一刻能靜，萬劫不生。從此了卻萬劫，歸於靜真，不可思議，此妙諦也。

人心即性，心性為用。先天命為主，自性為賓。後天命為賓，自性為主也。又一念為配，自性為主，情為賓。若念動時，則情為主，自性為賓也。

一念俱忘，萬緣放下，洗心滌慮，定中極靜。

先天道功八法：〔剛〕，〔柔〕，〔誠〕，〔信〕，〔和〕，〔靜〕，〔虛〕，〔靈〕是也。

練心五種：發誠意心，發至誠心，發堅固心，發深信心，發專練心。

練先天道功，一念不生，不睹不聞，自息心靜氣入手，自得一真元氣，老而精壯延年，體輕腳靈。

凝神於丹田，真息往來，內中靜極而動，動極而靜，則練氣化神之功。神以靜，靜久則氣生。此為神生氣。氣生神之功。

靜中動，動中靜，心要定，意要靜，自然而然，不動心意。沉定之神氣，百搖不動，如此立下根基。

先天道功，不用氣方。真氣，真動，真靜，陰陽二氣融和。真動至靜，真靜至極靜，運動周天脈絡血氣，綿綿調息。

練到身心極靜，陰靜極則陽動，陽動極則陰靜。氣固有循環真機復動，長壽之根。習者但息心靜氣，自得真一元氣。

練太極功先天氣法，是自然的，動靜自然，綿綿活動，不用呼吸。呼吸定息，就是自自然然，不覺氣之出入。不是運氣，不是吞氣，亦不是以鼻吸氣。

學者必須養心練性為首。性在心內，心包性外。是性為定理之主人，心為樓性之廬舍。練心者，存心也。練性者，養性也。存心者堅固城廓，不使房屋倒坍，即築基也。養性者培育內在，使先天氣充滿身心，即練己也。心朗性安，情慾不干，無思無慮，心與性內外坦然，不惱不煩，此是練心練性，氣穴滿足。

鍛鍊先天道功，內氣壯布精神充沛。外筋骨強，肌肉皮膚活動堅固，以保護五臟六腑。如練筋練骨不練氣，身無所主。

3. 練功綱要

①運動姿勢，站一自然便步，兩腳作斜八字形，互距八寸。

稍彎點腰，屈點膝，目微合，口緘合。

身立正，定住神，心放穩，沉住氣，一念不生，不觀不聞，定靜息慮。

身不轉，膀不搖，不抬腿，不扭腰。

身向前動，抬後腳跟一寸五分高。身向後回，抬前腳尖一寸高。後腳跟起，前腳尖落。前腳尖起，後腳跟落。身前後活動，向前向後，比如鐘擺，擺動穩準。身須立正，向後仰則敝氣。

意注臍下一寸三分下丹田，一寸五分為氣海。

②每日練習時間，早晚各 1 次。早為卯時（上午五至七時），晚為酉時（下午五至七時）卯在六陽，酉在六陰，人身中陰陽，在卯酉六陰六陽之中，如天地之冬至陽生，夏至陰生。

早練五分鐘，晚練五分鐘。練過百日，每次 10 分鐘。練過 3 年，以後氣力壯強，每次十五分鐘。不得逾限，逾限

華山 陳摶 丹道 修真長壽學

356

有害。初練時仍以每次二分半鐘換腿為準，以自然自在，不勉強為原則。

練者注意，每日早練兩次，晚照練兩次，後早練三次，以後就晚練三次。

③練先天道功，息心定慮。定住心，沉住氣，永久結實，延年要訣。

總而言之，練到定住心，沉住氣，真元氣定能生長、老而益壯。此法不欺心，不欺人，只要專心誠懇，不斷練習，決能成功。

④一念不生，就是不動心，久則自然極靜，而呼吸自無矣。所謂一念不生者，非竟無念，乃是不雜念之謂也。

⑤人體之胳膊彎，是電門。使勁則電門不開，拙力暴動，則血管微細，擁塞不開，慢慢活動，舒通氣血，脈穴流通，身心堅強，五臟安寧。

⑥練先天靈氣，修其真靈也。功到其靈自現，靈充其意必平，意平其念自消也，其念消、元神自足，而其奧竅自得也。必須一心不亂，正心克己，雜念不生，純一神定，抱一守中。

世人不明練道功，道功有先後天之別。後為小乘，呼吸空氣，靈氣散漫而不聚。先天為上乘，自然呼吸，以至不用呼吸，元氣自降氣穴。

太極先天真靈性大道，乃人行這徑，非清淨寂減無為之道也，在其行耳。養氣養心，以修真靈性而保真性。此功主練精氣神，貫滿身心。

⑦柔術諸法，皆緣意起，故法屬意，意或謂法，法與發同，即發動也，即是練也。五臟六腑，氣血穴脈，皆聽於意。道家說意：是內五行真土主宰，能培之於肺金，能生之

於肝木，能息之於心火，能止之于腎水，能助脾化食。

意注下丹田，引火歸源，腎交泰，即是水火相濟之功。

⑧太極道功，直須誠意，喜樂有常。最忌心性急躁。全身純任自然。練先天氣，以補後天虧損，恢復內壯。

⑨喜樂有常嗔怒少，去肝火法。

順理修身除煩惱，去心火法。

正心誠意除思慮，去性火法。

⑩凡人養神養氣，即以收氣為主。收得一分氣，便得一分寶。收得十分氣，使得十分寶。世上黃金白玉，不換一分氣。

⑪練先天氣，不用鼻吸氣，不用吞氣，也不用調息。我們練太極道功竅門，是徐徐慢慢，自自然然，吸收自然之氣。

4. 太極四相

太極四相：一、太極搖尺

二、太極運掌

三、太極揉球

四、太極合掌

太極四相，為練先天道功基本功法。初步百日功，不間斷，專信專練，自然收效。三百六十天大效，三年小成，五年中成，十年大成，老而返童，壯如青年。

尺球功，動字。寶尺上下活動，舒通血脈，周天動，揉球左右旋動，包羅全身關竅。

運掌合掌功，靜字。運掌靜中綿動，養性養氣。合掌粘連柔動，精氣神集中凝固。

運掌合掌功，靜字。運掌靜中綿動，養性養氣。合掌粘連

柔動，精氣神集中凝固。

動功練力，靜功練氣。

5. 太極搖尺

太極乾坤寶尺，古代遺傳下來，只長八寸。人身為一小周天，兩手心扣尺兩端，手心是勞宮穴，十指連心，心統繫全身脈絡，活動周天，無一不動。

意注下丹田，氣隨意動，降於氣穴。下丹田衝脈，能沖消五中障礙，和任督二脈，有直接關係，收新陳代謝之效，先天元氣，自然充沛，益壽延年。

太極乾坤寶尺運動，其旨奧妙無窮。功法容易簡便，只要誠意專練，必得實效。

搖尺兩手，在臍下五寸許，慢慢徐徐搖動。搖尺運動，要穩靜，沉住氣，不使心勁，以意活動，綿綿搖盪，又慢又穩。

腳斜作八字步，身向前稍彎點腰。身向前動，抬後腳跟一寸五分。身向後回，抬前腳尖一寸高。身後回時，不得後仰，向後仰身，元氣散漫，此乃練氣要訣，故一再言之。

搖尺運動，後腳跟起，前腳尖落。前腳尖起，後腳跟落。此落彼起，對陰陽脈有直接關係。腳心是湧泉穴，腳起腳落活動，湧開兩腎，串連尾閭後脊。精氣神貫頂，滿身精神，往返轉環，精氣神貫滿周身。

乾坤寶尺活動，五字訣：〔動〕，〔幌〕，〔搖〕，〔抖〕，〔靜〕。動屬陽，幌練精，搖練氣，抖練神，靜屬陰。

曲膝下腰，意注下丹田，引火歸元，心火下降，腎水上升，即水火相濟之功。水不濟火，反被火耗了火，壽不綿長。

動為剛，靜為柔，久練不斷，剛柔並濟，這是外練筋骨，內練氣方法。

練時沉住氣，穩住心，不談話，談話則氣動上行。

搖動寶尺，周身震動，血脈流轉不息，滋潤身心，直須堅定誠意，能舒肝，平胃，清肺，心腎交泰，體力充實。不痰喘，不失眠，不半身患，不墜肛，提肛閉腎。

人以先天氣為根本，人不知在氣中，魚下知在水中。先天氣即人之元氣，醫書上說：「元氣日充，元神日旺，神旺則氣暢，氣暢則血融，血融則骨強，骨強則髓滿，髓滿則腹盈，腹盈則下實，下實則行走輕健，動作不疲，四體康健，顏色如桃。」

搖動一根木尺，方法太簡便了，太容易了，能除神經衰弱失眠和血壓高等病。有病除病，無病健身，益壽延年。就是聰明人，也疑心不信。但這千年秘寶，如果專信專練，百日不間斷，自然有病者病消，無病者體輕腳靈，步武敏捷。一切功法，莫勝於此者。

6. 太極運掌

太極運掌，又名平手摸魚。兩手左右轉圓圈，綿柔展動，就是養氣的根本功夫。水平活動，為功法竅門。活動時，比如心中有一碗水，兩手背上，也比如有一碗水。身前後游動，手左右轉動，漫漫徐徐，沉著穩定，水不溢出碗外。

定靜安慮，雜念不生，不睹不聞。水此如氣，水不溢則氣不散，柔柔綿綿展動，為練功法則。

曲膝下腰，意注丹田，腳跟腳尖起落，身前後游動，功法與太極搖尺相同。搖尺只多一把尺，上下幌動，運掌則左右兩手，轉圖畫圈而已。

7. 太極揉球

太極揉球，兩手揉球，全身一致，綿柔活動。十指尖粘球揉動。外壯筋骨，肌肉，皮膚；內壯氣力。包羅全身，內外收效。

十指連心，心統全脈，一動，內外無一不動。舒肝，平胃，清肺，助脾，化食。能舒筋活血，氣血周流，循環不息，病從何有？如此活動，豈不益壽健康。

動作與太極運掌相同。所不同的，多了一個球，以意旋轉揉動。

8. 太極合掌

太極合掌，為雙人運動，二人小指根〔後谿穴〕相連，掌連掌，穴對穴。後谿穴在小指下一寸，通貫全身脈穴。

太極合掌五字訣：〔運〕，〔柔〕，〔綿〕，〔和〕，〔靜〕。運動慢穩，柔軟運轉，綿連不絕，和平靜氣，靜中寓動。

二人活動，如同一人。神達神，意達意，煉神煉氣，神氣化一。

沉住氣，定住神，穩住心，定靜安慮，雜念不生，不睹不聞，胸放寬空。粘，連，綿，隨，不丟，不頂，不抗，不墜。

二人合掌連動，是靜中動，內靜外動，柔和穩當，周身一致，二人如一人，高興活潑。仍以意動，棉柔運展，久煉精氣神集中凝聚。

練至百日，脊背發熱，通連兩手生熱，消除百病，轉弱為強，體輕腳靈，步履敏、捷、快。

9. 結論

太極尺與太極球，尺球兩件寶貝，不可思議。千年至今，

獻露秘密，不可忽視。

　　柔術運動，全身要自然，不使心勁。穩住心，沉住氣，活動由意，清靜愉快。內靜外穩活動，內外動靜一致。靜中有動，動中有靜。

　　足肘關節的外邊，有陽蹻脈，裏邊有陰蹻脈。陰陽蹻脈，醫書上說是腳捷，就是指走路快捷的意思。練柔術時，腳尖和腳跟，後起前落，前起後落，起落活動，與陰陽脈有直接關係。因此，久練能健步善走。

　　衝脈發源於丹田，據醫書說，此脈能衝破障礙，使血脈流通無阻，與任督二脈，有直接影響。

　　練太極柔術，其心不逆，喜悅高興，心誠意誠，專信專練。三年不斷，小成之效，十年大成之效，終生如一，戒驕戒躁，自得百歲童顏之效。

　　柔術八字要訣：〔動〕，〔靜〕，〔粘〕，〔連〕，〔綿〕，〔隨〕，〔意〕，〔柔〕

　　動靜不能孤立，動則要靜，靜則要動。

10.太極柔術歌訣

（一）

　　乾坤尺幌周天轉，搖動肝木氣血生；
　　吸盡肺金自然氣，心火下降腎水升。

（二）

　　乾坤寶尺指南針，人人搖動健康身；
　　專信專練能益壽，返老還童振精神。

（三）

平手摸魚固腎腰，五癆七傷百病消；
呼吸定息練神氣，屈膝下腰水火交。

（四）

兩手幌蕩似摸魚，左右運轉畫太極；
自然呼吸養丹氣，氣榮血活神舒宜。

（五）

順步運雙掌，久練筋骨響；
運到氣血和，精神百倍爽。

（六）

二人揉和身心意，一來一往如拉鋸；
純粹自然氣血和，二氣交融震天地。

（七）

練球手心不貼球，十指尖嫩得自由；
意念一動球自轉，粘連綿隨神仙遊。

（八）

太極柔術練心神，掃盡遊思清靜心；
清心寡慾致中和，誠意正心修元真。

（九）

一心清靜日常歡，六神和合自安然；

丹田有寶休言壽，處境無心得延年。

（十）

尾閭中正神貫頂，滿身輕靈頂頭懸；
湧開兩腎串後脊，提起腳跟登湧泉。

（十一）

喜樂有常嗔怒少，順理修身去煩惱；
正心誠意思慮除，專練太極健身寶。

（十二）

貪慾無窮喪卻精，用心不已失元神；
勞形散盡中和氣，更仗何能保此身。

（十三）

自身有病自心知，身病還將心藥醫；
心境靜時身亦靜，心動卻是病生時。

（十四）

太極健身真奇特，治病防病證明多；
望君實踐不間斷，幸福無疆有保證。

※第三章※

《道藏》與古丹書中所載陳摶內丹養生秘功

第一節　陳希夷胎息訣

夫道化少，少化老，老化病，病化死，死化神，神化萬物，氣化生靈，精化成形。神、氣、精三化，煉成真仙。故云存精、養神、煉氣。此乃三德之神，不可不知。子、午、卯、酉四時，乃是陰陽出入之門戶也。

定心不動，謂之曰禪。神通萬變，謂之曰靈。智通萬事，謂之曰煉。龍虎相交，謂之曰丹。三丹同契，謂之曰了。若修行之人，知此根源，乃可入道近矣。

第二節　陳摶傳張三豐蟄龍吟[1]

睡神仙，睡神仙，石根高臥忘其年，三光沉淪性自圓，氣氣歸玄竅，息息任天然。莫散亂，須安恬，溫養得丞性兒圓，等待他鉛花兒現。走無失，有防閑，真火候，運中間，行七返，不艱難；煉九還，何嗟歎，靜觀龍虎戰場戰，暗把陰陽顛倒顛。

人言我是朦朧漢，我卻眠兮眠未眠。學就了，真臥禪，養就了，真胎元，臥龍一起便升天。此蟄法，是誰傳？曲肱而枕

自尼山。樂在其中無人諳，五龍飛躍出深潭。天將此法傳圖南〔2〕，圖南一派儔能繼，邈邈道人三豐仙。

注釋

〔1〕此文錄自《張三豐先生全集》。

〔2〕圖南：即陳摶的字。

第三節　陳摶蟄龍秘訣〔1〕

訣曰：道在守本命〔2〕，暖外腎〔3〕，回光內視，神住丹田。先向左邊側身而眠，左手托腮，右手緊握外腎，左腿全曲，右半屈半伸，神凝下田，默數呼吸出入之數三百六十息。心息相依，不得外馳，綿綿密密，不即不離，數轂一周〔4〕。

正身仰臥，兩手緊握外腎，著力往前，挣十二下，兩腿往前用力伸，閉氣騰身，玉枕、腳跟、手掌著床，一氣一次，連騰三次，還虛〔5〕休息。

再向右邊側身，照前行功一周，仍正身仰臥，兩手緊抱外腎，照前行功，著力十二下，向上閉息騰空三次，還虛休息。然後側身用手緊抱腎囊，神蟄下田，若存若亡，一絲不掛，主靜立極，先存後亡，入於混沌。

此陳希夷蟄龍之法。安寢睡醒時，有一陽發生，即行調藥功夫，煉化氣之口訣。臨明時，再照前行上數息、暖外腎、騰身運氣之功，至此則一宿之功畢矣！

養得腎囊如火熱，就是神仙真妙訣。

行住坐臥四步功，各有法也。行則措足於坦途，住則凝神於太虛〔6〕，坐則調丹田之息〔7〕，臥則抱臍下之珠。故曰行住坐臥不離這個也是。

〔1〕本篇亦錄自《大成捷要》。

〔2〕本命：即命竅也。

〔3〕外腎：睪丸，亦稱珠。即指腎囊。

〔4〕數轂一周：即數夠三百六十次。

〔5〕還虛：身體放鬆，萬念俱寂。還心於空虛之境。

〔6〕太虛：即最上之空虛境地。

〔7〕丹田之息：丹田中養出暖氣，隨呼出入遊走。

第四節　陳摶睡功秘訣^{〔1〕}

　　訣曰：東首而寢，側身而眠，如犬之曲，如龍之盤。一手曲肱枕頭，一手直摩臍腹，一隻腳伸，一隻腳縮。收神下藏丹田，與氣交合，水火互相溶溶^{〔2〕}，則神不外馳，而氣自安定。必要末睡心，先睡目致虛極，守靜篤，神氣自然歸根，呼吸自然育青^{〔3〕}，不調息而息自調，不伏氣而氣自伏。

　　陳希夷留形于華山，蔣青霞^{〔4〕}脫質于王屋，此睡法這旨，非導引之術，乃主靜立極之功也。至醒來慢慢輾，此即一念未生，心似虛空；若能放下大靜一場，其效驗有不可形容者。又上古有宴息法，每當晦^{〔5〕}時，耳無聞，目無視，口無言，心無累，息無喘，形無動，那一點元神真氣，相依相連，如爐中火種相似，久久純熟，自然神滿不思睡。所謂睡魔，不知從何而去矣也。

　　陳希夷睡訣三十二字，名蟄龍法。其詞云：龍歸元海，陽潛于陰^{〔6〕}，人曰蟄龍，我卻蟄心。默藏其用，息之深深，白雲高臥，世無知音。

陳希夷
睡功圖
左

調和真炁五朝元
心息相依念不編
二物長後拶戊己
常龍消結大丹圖

右睡功圖

肺炁長居枕
坎位
肝炁却向到
離宮
脾炁呼來中
位合
五氣朔老入
太空

陳希夷左右睡功圖

〔1〕本篇錄自《大成捷要》。

〔2〕水火互相溶溶：即心火與腎氣交融。腎常被喻為水。

〔3〕育青：培育清陽。

〔4〕蔣青霞：在王屋山練睡功而仙化的一位古仙，生平不詳。

〔5〕晦：日暮。

〔6〕龍歸元海，陽潛於陰：即陽龍潛於陰海。

第五節　陳摶二十四式坐功圖

導　語

此著最早由道書《聖賢保修通鑒》收錄，名《道書經絡》。（在〔清〕俞正燮的《癸己存稿》中，錄有其主文。）〔明〕鐵峰居士錄此著，加注運氣經絡圖，編成《保生心鑒》，名為「24氣圖」。後又被錄入〔明〕沈津編的《重訂欣賞編》；〔明〕高濂又收於《遵生八箋》，名為「陳希夷24氣坐功導引圖。」〔清〕《四庫全書》也錄入此著，名為「陳希夷按節行功圖」。

至於手抄本，流傳也很多。自明清以來，對導引、氣功的發展，有重要的地位。

「24氣坐功導引治病圖」，共24勢，配圖24幅，按一年24個節氣時令的不同，分別繪出24種導引治病的功法。每圖前述運主何氣，時配何經。即按五運六氣學說，說明該節令屬於一年六氣中的哪一氣，練功時應配合哪一條經絡。文字中間講明功法，末後列出主治病症。這是一套完整的祛病健身的功法。《道書經絡》說，這是「以時行功，以經治病」。「總論」

第三章　《道藏》與古丹書中所載陳摶內丹養生秘功

中的《修真要訣》，對練此功時的要求、注意事項作了說明。《運氣學簡釋》、《經絡學淺述》對「時」、「經」的意義，作了簡明的介紹。

此功法可以按時令練，也可以按治病的需要選練。練功時以規定的姿勢、呼吸，再加上意念注想所列經絡存在的部位，久練不息，該經絡就得到強化、調整，病就得以治療。也可參考「總論」中《調氣運氣通氣法》，用意念導引氣直攻病的部位，以達到治病目的。

立春正月節坐功圖

運主厥陰初氣[1]，時配手少陽三焦[2]相火[3]。

【坐功】每日子丑時，疊手按髀，轉身拗頸，左右聳引，各三五度，叩齒、吐納、漱咽三次。

【治病】風氣積滯，項痛，耳後痛，肩臑痛，背痛、肘臂痛，諸痛悉治。

雨水正月中坐功圖

運主厥陰初氣，時配手少陽三焦相火。

【坐功】每日子丑時，疊手按髀，拗頸轉身，左右偏引，各三五度。叩齒、吐納、漱咽。

【治病】三焦經絡留滯邪毒，嗌[6]乾及腫，噦[7]，喉痹[8]，耳聾，汗出，目銳眥[9]痛，頰痛，諸候悉治。

驚蟄二月節坐功圖

運主厥陰初初氣，時配手陽明大腸燥金。

【坐功】每日丑寅時，握固轉頸，反肘後向，頓掣[10]五六

度，叩齒六六[11]吐納、漱咽三三。

【治病】腰脊[12]肺胃蘊積邪毒，目黃，口乾，衄蚵[13]，喉痹，面腫，暴瘂，頭風，牙痛，目暗羞明，鼻不聞臭，遍身疙瘡，悉治。

春分二月中坐功圖

運主少陰二氣，時配手陽明大腸燥金。

【坐功】每日丑寅時，伸手過頭，左右挽引[14]各六七度，叩齒六六，吐納、漱咽三三。

【治病】胸臆肩背經絡虛勞邪毒，齒痛，頸腫，寒慄，熱腫，耳聾，耳鳴，耳後、肩、臑、肘、臂、外背痛，氣滿，皮膚殼殼然，堅而不痛，瘙癢。

清明三月節坐功圖

運主少陰二氣，時配手太陽小腸寒水。

【坐功】每日丑寅時，正坐定，換手左右，如引硬弓，各六七度。叩齒、納清吐濁，咽液各三。

【治病】腰腎腸胃虛邪積滯，耳前熱苦及耳聾，嗌痛，頸頸不可四顧，肩拔〔15〕、臑折，腰軟，及肘臂諸痛。

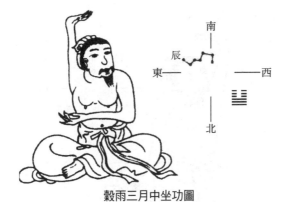

穀雨三月中坐功圖

運主少陰二氣，時配手太陽小寒水。

【坐功】每日丑寅時，平坐，換手左右舉托移臂左右掩乳，各五七度。叩齒、吐納、漱咽。

【治病】胃結瘕[16]瘀血，目黃，鼽衄，頰腫，頷腫，肘臂外後廉[17]腫痛，臂外痛，掌中熱。

南
巽
東————西
北

立夏四月節坐功圖

運主少陰二氣，時配手厥陰心包絡風水。

【坐功】每日寅卯時，閉息瞑目，叉握兩手，抑掣[18]兩膝，各五七度。叩齒、吐納、咽液。

【治病】風濕留滯，筋帶腫痛，臂肘攣[19]急，腋腫，手心熱，喜笑不休，雜症。

南
巳
東————西
北

小滿四月中坐功圖

運主少陽三氣，時配手厥陰心包絡風木。

【坐功】每日寅卯時，正坐，一手舉托，一手拄胺，左右各三五度。叩齒、吐納、咽液。

【治病】肺腑蘊滯邪毒，胸脅[20]支滿，心中憺憺[21]大動，面赤，鼻赤，目黃，心煩作痛，掌中熱諸痛。

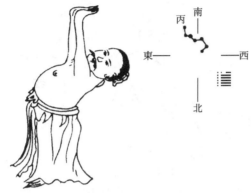

芒種五月節坐功圖

運主少陽三氣，時配手少陰心君火。

【坐功】每日寅卯時，正立仰身，兩手上托，左右力舉，各五七度。定息，叩齒、吐納、咽液。

【治病】腰腎蘊積虛勞，嗌乾，心痛，欲飲，目黃，脅痛，消渴，善笑，善驚，善忘，上咳吐，下氣泄，身熱而股痛，心悲，頭項痛，面赤。

夏至五月中坐功圖

運主少陽三氣，時朽手少陰心君火。

【坐功】每日寅卯時，坐，伸手叉指，屈腳平踏手中，左右各五七次。叩齒、納清吐濁、咽液。

【治病】風濕積滯，腕膝痛，臑臂痛，後臁痛，厥掌中熱痛，兩腎內痛，腰背痛，身體沉重諸病。

東———西

南　丁

北

小暑六月節坐功圖

運主少陽三氣，時配手太陰肺濕土。

【坐功】每日丑寅時，兩手反手踞地，屈壓一足，直伸一足，用力掣三五度。叩齒、吐納、咽液。

【治病】腿膝腰髀風濕，肺脹滿，嗌乾，喘咳，缺盆中痛[22]，善嚏，臍右小腹脹引腹痛，手攣急，身體重，半身不遂，偏風，健忘，哮喘，脫肛，腕無力，喜怒無常。

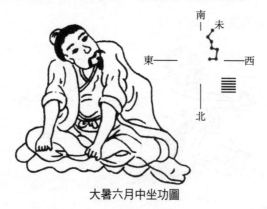

東———西

南　未

北

大暑六月中坐功圖

運主太陰四氣，時配手太陰肺濕土。

【坐功】每日丑寅時，雙手踞地，返首向肩引，作虎視，左右各三五度。叩齒、吐納、咽液。

【治病】頭項肩背風毒。咳嗽，少氣，喘渴，煩心，胸膈滿，臑臂痛，掌中熱，臍上或肩背痛，風寒汗出，中風，小便數欠，溏[23]泄，皮膚痛及健忘，愁欲哭，灑淅寒熱。

南
│
坤

東———　　　———西

│
北

立秋七月節坐功圖

運主太陰四氣，時配足少陽陰相火。

【坐功】每日丑寅時，正坐，兩手踞地，縮體閉息，聳身上踴[24]，凡七八度。叩齒、吐納、咽液。

【治病】補虛益損，去腰腎積氣，口苦，善太息，心脅痛不能反側，面塵，體無澤，足外熱，頭痛，頷痛，目銳眥痛，缺盆腫痛，腋下腫，汗出振寒。

處暑七月中坐功圖

運主太陰四氣,時配足少陽膽相火。

【坐功】每日丑寅時,正坐,轉頭,左右舉引就,反兩手捶背,各五七度。叩齒、吐納、咽液。

【治病】風濕留滯,肩背痛,胸痛,脊膂痛,脅、肋、髀、膝經絡,外至脛、絕骨、外踝前及諸節皆痛,少氣,咳嗽,喘渴上氣,胸、背、脊、膂積滯之疾。

白露八月節坐功圖

運主太陰四氣,時朽足陽明胃燥金。

【坐功】每日丑寅時,正坐,兩手按膝,轉頭左右推引,各三五度。叩齒、吐納、咽液。

【治病】風氣留滯腰背經絡,灑灑振寒,善伸,數欠,或惡人與火,聞木聲則驚,狂瘧,汗出,鼽衄,口喎唇胗,頸腫,喉痹不能言,顏黑,嘔,呵欠,狂歌上登,欲棄衣裸之疾。

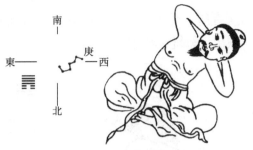

秋分八月中坐功圖

運主陽明五氣，時配足陽明胃燥金。

【坐功】每日丑寅時，盤足而坐，兩手掩耳，左右反側其首，各三五度。叩齒、吐納、咽液。

【治病】風濕積滯脅、肋、腰股，腹大水腫，膝髕腫痛，膺乳、氣衝、股、伏兔、胻、外廉〔25〕、足跗諸痛，遺溺失氣，奔響腹脹，髀不可轉，膕〔26〕似結，腨似裂，消穀善饑，胃寒喘滿諸疾。

寒降九月中坐功圖

運主陽明五氣，時配足太陽膀胱寒水。

【坐功】每日丑寅時，正坐舉兩臂，踴身上托，左右各三五度。叩齒、吐納、咽液。

【治病】諸風寒濕邪，挾脅、腋、經絡，動沖頭痛，目如

脫，項如拔，脊痛，腰折，痔症，狂顛疾，頭兩邊痛，頭囟頂痛，目黃，淚出，鼽衄，瘧亂諸疾。

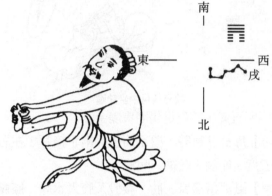

霜降九月中坐功圖

運主陽明五氣，時朽足太陽膀胱寒水。

【坐功】每日丑寅時，平坐，舒兩手，攀兩足，隨用膝間力，縱而復收五七度。叩齒、吐納、咽液。

【治病】風濕痹入腰、腳，髀不可曲，膕結痛腨裂痛，項、背腰、尻、陰、股、膝、髀痛，臍反蟲肌肉痿，下腫，便膿血，小腹脹痛，欲小便不得，臟毒，筋寒腳氣，久痔脫肛諸疾。

立冬十月節坐功圖

運主陽明五氣，時配足厥陰肝風木。

【坐功】每日丑寅時，正坐，拗頸左右顧，兩手左右托各三五度。吐納、叩齒、咽液。

【治病】胸脅積滯虛勞邪毒，腰痛不可俯仰，嗌乾，面塵，脫色，胸滿，嘔逆，餐滯，頭痛，耳無聞，頰腫，肝逆，面青，目赤腫痛，兩脅下痛，引小腹，四肢滿悶，眩暈，目腫痛。

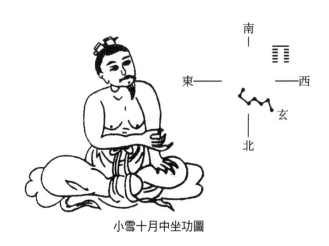

小雪十月中坐功圖

運主太陽終氣，時配足厥陰肝風木。

【坐功】每日丑寅時，正坐，一手按膝，一手挽肘，左右爭力，各三五度。叩齒、吐納、咽液。

【治病】脫肛，風濕熱毒，婦人小腹腫，丈夫疝[28]，狐疝，遺溺，閉癃[29]，血，睪腫睪疝，足逆寒腑，善瘛[30]節時腫，轉筋，陰縮，兩筋攣，洞泄，血在脅下，喘，善恐，胸中喘，五淋。

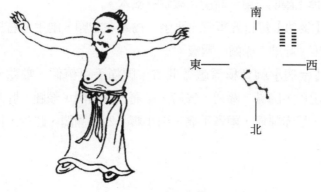

大雪十一月節坐圖

運主太陽終氣，時配足少陰腎君火。

【坐功】每日子丑時，起身仰膝，兩手左右踏，各五七度。叩齒、咽液、吐納。

【治病】腳膝風濕毒氣，口熱，舌乾，咽腫上氣，嗌乾及腫，煩心，心痛，黃疸，腸澼，陰下濕，饑不欲食，面如漆，咳唾有血，渴喘，目無所見，心懸如饑，多恐，常若人捕等症。

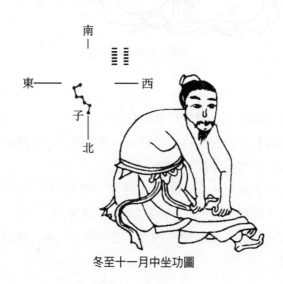

冬至十一月中坐功圖

運主太陽終氣，時配足少陰腎君火。

【坐功】每日子丑時，平坐，伸兩足，拳兩手，按兩膝，左右極力，各三五度。叩齒、吐納、咽液。

【治病】手足經絡寒濕，脊股內後臁痛，足痿厥[31]，嗜臥，足下熱，臍痛，左脅下、背、肩、髀間痛，胸中滿，大小腹痛，大便難，腹大，頸腫，咳嗽，腰冷如冰及腫，臍下氣逆，小腹急痛，泄，下腫足胻[32]寒而逆，凍瘡下痢，善思，四肢不收。

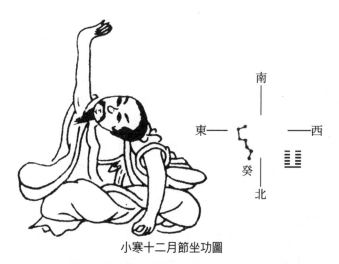

南

東————西

癸

北

小寒十二月節坐功圖

運主太陽終氣，時配足太陰脾濕土。

【坐功】每日子丑時，正坐，一手按足，一手上托，挽首，互換，極力三五度。吐納、叩齒、咽液。

【治病】榮衛氣蘊，食即嘔，胃脘[33]痛，腹脹，噦，瘧，飲發中滿，食減，善噫，身體皆重，食不下煩心，心下急痛，溏瘕泄，水閉，黃疸，五泄，注下五色，大小便不通，面黃，口乾，怠惰，嗜臥，搶心，心下痞苦，善饑，善味，不嗜食。

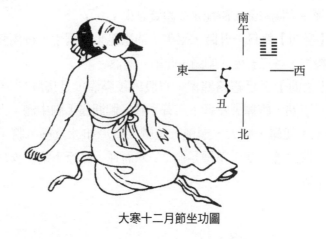

大寒十二月節坐功圖

運主厥陰初氣，時配足太陰脾濕土。

【坐功】每日子丑時，兩手向後，踞床跪坐，一足直伸，一足用力，左右互換各三五度。叩齒、漱咽、吐納。

【治病】經絡蘊積諸氣，舌根強痛，體不能動搖或不能臥，強立，股膝內腫，尻陰、䐈腨、足背痛，腹脹，腸鳴，食泄不化，足不收行，九竅一通，足胕腫若水脹滿。

注釋

〔1〕運主：指五運六氣之主氣。一年按陰陽變化程度不同，分為厥陰、少陰、少陽、太陰、陽明、太陽等六氣。詳見「總論」中「運氣學簡釋」。

〔2〕時配手太陽三焦：本功法是「以時行功，以經治病」，按季節不同，人體受影響的程度不同，調節、強化不同的經絡，以防治不同的時疾。時配手太陽三焦，即在厥陰初氣之立春、雨水兩節氣，要配合調節、強化手少陽三焦經。餘仿此。

〔3〕相火：火者，金木水火上五行之火也。將火分為相

火、君火與燥金、寒水、風木、濕土，各配手三陰、手三陽及足三陰、足三陽，以示其屬性。

〔4〕叩齒：即上下牙叩擊，有齒、集神等作用。

〔5〕臑：前肢。

〔6〕嗌：咽喉。

〔7〕噦：打呃。

〔8〕喉痹：指痹症。引伸喉頭麻木。

〔9〕眥：眼眶。

〔10〕頓掣：掣，牽引。頓掣，即被拽住。

〔11〕六六：即六六三十六，三三即九次。

〔12〕膂：脊骨。

〔13〕鼽衄：鼽，鼻塞；衄，鼻出血。

〔14〕挽引：纏、鬆、放之導引法。

〔15〕肩拔：聳肩上拔。

〔16〕胃結瘕：瘕，腹內結塊，聚散無常，痛無定處。即胃內有結塊之意。

〔17〕臁：肘臂、小腿的外側。

〔18〕抑掣：按住，控制住。靜一堂本用「抱裹」。

〔19〕攣：痙攣，蜷曲不能伸。

〔20〕脅：腋下肋骨所在部分。

〔21〕憺憺：使人畏憚、震動。

〔22〕缺盆中痛：指女性陰部疼痛。

〔23〕溏：半流動、不凝固狀。溏泄，拉稀。

〔24〕踶：往上跳。

〔25〕伏兔胻外臁：伏兔，穴位名，在大腿中下部；胻外臁，指骨外的肌肉。

〔26〕膕：膝部的後面。

〔27〕臟毒：指某個臟腑有積毒，如膀胱有毒。

〔28〕疝：睾丸發炎，並有疝氣。

〔29〕癱：手腳不靈便之病。

〔30〕瘈：手足時縮時伸，抽動不止，即抽搐，俗稱「抽風」。

〔31〕足痿厥：足有痿頓的疾病。

〔32〕胻：腳脛。

〔33〕脘：胃腔。

※第四章※

陳摶易學著作集錦

第一節　陳摶《易龍圖序・淺注》

　　且夫龍馬始負圖，〔注〕傳說之「龍馬負圖」。《禮記・禮運》說：「龍而形象馬，故云馬始負圖」，簡稱「龍圖」。出於羲皇之代，在太古之先。今存已合之位，或疑之〔注〕最早的「龍圖」未與八卦數字結合，未定方位，今「龍圖」已與八卦數理結合、定了方位。況更陳其未合之數耶！然則何以知之？答曰：于仲尼三陳九卦之義探其旨，所以知之也。〔注〕三陳即三陣，指「天地人」而言；九卦，按陳摶《正易心法注》云：「嘗審宣尼述九卦，以履為用九，謙用十五，復用二十四，皆『龍圖』大衍定數，則履在小畜上，為第九卦明矣。」況夫天之垂象，的如貫珠，〔注〕貫，穿也；珠，珍珠。就像珍珠似的穿連著，指宇宙萬物相互連接之意。少有差，則不成次序矣。故自一至於盈萬，皆累累然如絲之縷也。

　　且夫龍圖未合，則聖人不得見其象。所以天意先未合而形其象，〔注〕認為龍圖是一種「天意」，龍圖未與象數結合之先，人們是憑肉眼去觀察事物的形象。聖人觀象而明其用。是龍圖者，天散而示之，伏羲合而用之，仲尼默而形之。〔注〕默者默也，謂孔子作《易傳》，用墨蹟來探討八卦原理和萬物的形象。

始龍圖之未合也，惟五十五數，上二十五天數也，中貫三五九。〔注〕謂龍圖中貫穿了「天地人」三元、木火土金水「五行」五個物質基數及洛書九個基本要數。外包之十五。〔注〕指洛書九數的排列，無論從縱、橫、斜方位去看，其數皆等於十五，有包羅萬象之理在其中，所以言「外包之十五」。

盡天三、天五天九，並五十之位。〔注〕五十數為大衍之數。陳摶在《正易心法注》中說：「大衍之數五十，其用四十有九，掛一而不用。不用之義，學者徒知一為太極不動之數，而不知義實落處也。何則？一者，數之宗本也。」古人用五十根蓍草，先提出一根，用四十九根來演算預測事物之方法。

後形一六元位，〔注〕龍圖數理定位原則，以北方為「後形」，如指南針之方位，針尖指南為前，針柄在北為後。一為天數，六為地數。一六數定位北方，稱「元位」，元者始也，先定一六為北，次定二七為南，再定三七為東，次定四九為西，末定五十為中。又顯二十四之用也，〔注〕天數二十五，減去一的元位數，為二十四；地數三十減去六的元位數，亦為二十四。這樣，天數二十四演變為二十四節氣；地數二十四演變為八卦的二十爻。茲所謂天垂象矣。下三十地數也，亦分五位，皆明五之用也。〔注〕指「木火土金水」五行學說在萬事萬物的應用。

十分而為六，形地之象焉；六分而成四象，地六不配，〔注〕十分，指十數理在龍圖中的分佈；一六居北，二七居南，三八居東，四九居西，五十居中。六形，指易卦之六爻而言。六分而幾「六爻」代表「天地四方」。四象，幾，盡地。四象，指少陰、少陽、太陰、太陽。在下則六不用，亦形二十四，後概合也。天一居上為道之宗；地六居下為氣之本，〔注〕天的陽氣是萬物生長的宗始，地的陰形是萬物生長的根本。天三

幹，地二地四，為之用三。若在陽，則避孤陰；在陰，則避寡陽。大矣哉！〔注〕天為「天地人」三者為主幹，地為「天地人」三者的根基，人為「天地人」三者的作用。

此闡明人是「天地人」三元之中最具關鍵作用者。龍圖之變，歧分萬途。今略述其梗概焉。〔注〕此謂「龍圖」變生八卦，而研究八卦要著眼於「變」，以一變觀萬變，則可知事物的千變萬化之理。

第二節　陳摶《麻衣道者正易心法・序》

麻衣道者《羲皇氏正易心法》，頃得之廬山一異人。或有疑而問者，余應之云：「何疑之有？顧其議論可也。」昔黃帝《素問》、孔子《易・大傳》，世嘗有疑之。嘗曰：世固有能作《素問》者乎？固有能作《易・大傳》者乎？雖非本真，亦黃帝、孔子之徒也。

余於《正易心法》亦曰：固能有作之者乎？雖非麻衣，實乃麻衣之徒也。胡不觀其文辭議論乎！一滴真金，源流天造。前無古人，後無來者。翩然於羲皇心地馳騁，實物外真仙之書也！讀來十年方悟，浸漬觸類，以知《易》道之大如此也。得其人當與共之。

（錄自《藏外道書》五　南宋乾道木刻本）

第三節　陳摶《正易心法・注》

麻衣道人原著　陳摶注釋

【希夷注】正易者，正謂卦畫，若今經書正文也。據周孔經傳，亦是注腳。每章四句者，心法也。訓於其下，消息也。

羲皇易道，包括萬象；
須知落處，方有實用。（一章）

【希夷注】落處，謂知卦畫實義所在，不盲誦古人語也。
如震得乾初爻，故雷自天之下而發；坎得中爻，故月自天之中
而運；艮得上爻，故山自天之上而墜也。巽、離、兌得坤，三
爻亦然。又六爻相應，如一陽生於子月，應在卯月；二陽丑應
在三月，三陽寅應在四月是也。人事亦然。《易》道見於天地
萬物、日用之間，能以此消息，皆得實用。方知羲皇畫卦不作
紙上工夫也。

六畫之設，非是曲意；
陰陽運動，血氣流行。（二章）

【希夷注】陰陽運動，若一陽為復，至六陽為乾；一陰為
姤，至六陰為坤是也。血氣流行，若一六為腎，二為肺，三為
脾，四為肝，五為心，始生屯，屯而為蒙，養蒙為需之類是
也。卦畫，凡以順此理而已。

卦象示人，本無文字；
使人消息，吉凶嘿會。（三章）

【希夷注】羲皇始畫八卦，重為六十四，不立文字，使天
下之人嘿觀（嘿與默同）其象而已。能如象焉，則吉凶應；違
其象，則吉凶反。此羲皇氏作不言之教也，鄭康成略知此說。

易道不傳，乃有周孔；
周孔孤行，易道復晦。（四章）

【希夷注】上古卦畫明，易道行。後世卦畫不明。易道不
傳。聖人於是不得已而有辭。學者淺識，一著其辭，便謂易

止，於是而周孔遂自孤行。更不知有卦畫微旨，只作八字說，此謂之買櫝還珠。由漢以來皆然，易道胡為而不晦也。

六十四卦，無窮妙義；
盡在畫中，合為自然。（五章）

【希夷注】無窮妙義，若蒙必取次於艮，師必取次於坤，是大有旨意也。不止於貞，丈人吉童，蒙求我之義，合為自然，謂次艮、次坤，非是私意，乃陰陽運動、血氣流行，其所施為，皆自然之理也。

消思卦畫，無止於辭；
辭外見意，方審易道。（六章）

【希夷注】《繫辭》特繫以吉凶大略之辭而已，非謂六畫之義，盡於是也。如大有繫以元亨，大壯繫以利貞，此數字果足以盡二卦之義乎？要須辭外見意可也。

辭外之意，如乾九二，見龍在田，上九亢龍有悔，辟師之外不動，如地內趨變，如水無窮，好意如此類，不可概舉，皆是《辭》之所不能該也。

天地萬物，理有未明；
觀於卦脈，理則昭然。（七章）

【希夷注】卦脈，為運動流行自然之理也。卦脈審則天地萬物之理得矣。

如觀坎畫，則知月為地之氣；觀離畫，則知日為天之氣；觀艮畫，則知山自天來；觀兌畫，則知雨從地出；觀疊交，則知閏餘之數；觀交體，則知造化之原。凡此卦畫，皆所以寫天地萬物之理於目前，亦若渾儀之器也。

經卦重卦，或離或合；

縱橫施設，理無不在。（八章）

【希夷注】縱橫，謂若為諸圖，或有二氣老少之漸，或有三代祖孫之別，或有對待之理，或有真假之義，或有胎甲之象，或有錯綜之占，唯其施設，皆具妙理，無所往而不可。此所謂包羅萬象，而易道所大也。

乾坤錯雜，乃生六子；

六子則是，乾坤破體。（九章）

【希夷注】乾三畫奇，純陽也。一陰雜於下，是為巽，雜於中是為離，雜於上是為兌。巽、離、兌，皆破乾之純體也。坤畫偶，純陰也。一陽雜於下，是為震，雜於中是為坎，雜於上是為艮。震、坎、艮皆破坤之純體也。若更以人身求之，理自昭然。

粵乾與坤，即是陰陽；

圓融和粹，平氣之名。（十章）

【希夷注】凡陰陽之氣純而不駁，是為乾坤。《老子》曰：「天得一以清，地得一以寧。」正謂此也。因知能盡乾之道，是為聖人；能盡坤之道，是為賢人。

至於六子，即是陰陽；

偏陂反側，不平之名。（十一章）

【希夷注】乾健坤順，陰陽之純氣也。一失健順，則不平之氣作，而六子生，觀畫象可知。《莊子》曰：「陰陽錯行，天地大駭，有雷有霆，水中有火，乃焚乃塊。」正謂此耳。由是六子非聖賢比，特眾人與萬物而已，然由破體煉之，純體乃成。

健順動入，陷麗止說；

非特乾坤，六子訓釋。（十二章）

【希夷注】非特、訓釋，蓋謂不可專於八字上取也，當求之於畫象。健謂三畫純奇是，順謂三畫純偶是，動謂一陽在二陰下是，入謂一陰在二陽下是，陷謂一陽在二陰中是，麗謂一陰在二陽中是，止則一陽在二陰上是，說則一陰在二陽上是。凡有所訓，多見於畫象，如闔戶謂之坤，則姤之初爻是；闢戶謂之乾，則復之初爻是。

坎兌二水，明須識破；

坎潤兌說，理自不同。（十三章）

【希夷注】坎，乾水也、氣也，若井是也；兌，坤水也、形也，今雨是也。一陽中陷於二陰為坎，坎以氣潛行於萬物之中，為受命之根本。故曰「潤萬物者，莫潤乎水」。蓋潤液也，氣之液也。一陰上徹於二陽為兌，兌以形普施於萬物之上，為發生之利澤。故曰：「說萬物者，莫說乎澤。」蓋說，散也，形之散也。

坎兌二水，其理昭昭如此。學者依文解義，不知落處，其能得實用乎？自漢諸儒不得其說，故真人發其端。又，論且以井觀之，本是泰卦初爻易五是為井，則知一陽升而為坎水也。故月令云：仲冬水泉動，仲冬一陽生，至仲秋乃云「煞氣浸盛，陽氣日衰、水始涸」，信乎？

坎之為乾水也。道家有煉丹井；海外女國無男，窺井即生；醫經無子女男服，循井即生。其為乾陽，皆可明驗。若曰「天降時雨，山川出雲」；又曰「地氣上為雲，天氣下為雨」，此兌之所以為坤水也。

鑽木鑿井，人之坎離；

天地坎離，識取自然。（十四章）

【希夷注】乾，天也。一陰升於乾之中為離，離為日，則日本天之氣也。坤，地也。一陽下降於坤之中為坎，坎為月，則月本地之氣也。日為天，氣自西而下，以交於地；月為地，氣自東而上，以交於天。日月交錯，一晝一夜，循環三百六十度，而擾擾萬緒起矣。是為三百六十爻而諸卦生焉。坎離、日月、天地之中，氣也。仲尼特言水火而不言日月者，日月其體也。水火其用也。言其用而不言其體，蓋欲其設施之廣而無礙也。學者不悟，但求之於「鑽木鑿井」之間，所失益甚矣。又，論月上於天、日入於地，男女媾精之象，一往一來，卦畫有中通之象，此所謂觀於卦脈，理則昭然也。又謂理既昭然，若山者自天之墜。《傳》曰：「自有宇宙，便有此山。」又曰：「星隕為石。」推此意，即山自天墜無疑。而世曰「山者地之物」，以所見者言之耳。至月風雷雨，皆自地出也，而世曰「月風雷雨，天之物」，亦以所見者言之耳，世以所見如此。苟循其所見，則是天地萬物，皆所不曉審。知易者，所以窮理盡性也。學者不可不留意耶！

八卦不止，天地雷風；

一身一物，便具八卦。（十五章）

【希夷注】八卦，文王繇辭周公爻辭，皆未嘗指名，其物象以見。八卦不止「天地雷風、水火山澤」，無所不統也。是故，凡天下之所謂健者，皆乾也；順者皆坤也；動者皆震也；入者皆巽也；陷者皆坎也；麗者皆離也；止者皆艮也；說者皆兌也。一身一物便具此八卦之理。然宣父止以八物云者，特舉其大者為宗本，姑以入《易》，以便學者耳。

卦有反對，最為關鍵；

反體既深，對體尤妙。（十六章）

【希夷注】世雖知有反對之說，不能知聖人密意在是也。蓋二卦反而為二，對而為四，既列序之。又以雜卦推明其義者，以為天下之吉凶、禍福、貧富、貴賤，其實一體也。別而言之，其代謝循環，特倒正之間耳，未始有常也。然反體，則諸卦皆是對體，則乾、坤、坎、離、頤、大過、中孚、小過而已。此八卦與諸卦不同，在《易》道乃死生、壽夭，造化之樞機也。其體不變，故曰對體尤妙。

六十四卦，皆有取象；

其為名義，無不反對。（十七章）

【希夷注】《易》之取象，世所知者，數卦而已，如頤、如鼎、如噬嗑之類是。殊不知《易》者象也，依物象以為訓，故六十四卦皆有取象。如屯象草木、蒙象童稚、需象燕賓、訟象飲食、師象軍陣、比象翼戴、家人象家正、睽象覆家，餘卦盡然。一入諸卦名義，無不反對。如噬嗑，以貪饕，賁以節飾，履以蹈艱危；小畜以享尊富；臨以出而治人、觀以入而處已，豐以富盛、旅以困窮。自余推之，其名義反對，無不然者，但未知思索以精之，則云有不取象、有不反對者，此學，易之大病也。

諸卦名義，須究端的；

名義不正，易道懸絕。（十八章）

【希夷注】《易》卦名義，古今失其正者，二十餘卦：師、比、小畜、履、同人、大有、謙、豫、臨、觀、噬嗑、賁、無妄、大畜、頤、大過、漸、歸妹、豐、旅、中孚、小過是也。

蓋師以正眾、比以興王，二卦以武功創業，湯武之卦也。同人窮而在下、大有達而在上，二卦以文德嗣位，舜禹之卦也。履以陰德而蹈艱危，以致小畜之安富，人臣之事也。無妄以陰德而踐災眚，以致大富之喜慶，人君之事也。臨以陽來宜出而有為，觀以陰生宜入而無為。謙則止在象後而存義，豫則動在象前而知幾。中孚則始生，小過則夭折。頤則成人而養生，大過則壽終而喪死。漸以正而進，歸妹以說而合，噬嗑以貪而致罪，賁以義而致飾。豐則得所歸而富盛，旅則失所基而困窮。凡此二十餘卦，其名義顯然，見於畫象反對，有不可掩者如此，當諦觀之也。《大傳》曰：「開而當名。」苟名義不當，則一卦無所歸宿也。故曰「易道懸絕」也。

　　一卦之中，凡具八卦；
　　有正有伏。有互有參。（十九章）
　　【希夷注】正，謂上下二體也；伏，謂二體從變也；互，謂一卦有二互體也；參，謂二互體參合也。與本卦凡八，是謂一卦具八卦也。

　　然一卦何以具八卦？蓋一卦自有八變，如乾一變姤、二變遯、三變否、四變觀、五變剝、六變晉、七變大有、八變復乾是也。因其所然，以見天地萬物，理無不通也。《莊子》論久竹生青寧，青寧生程，程生馬，馬生人，人死反入於機，萬物皆出於機、入於機。其一節論變化之理，無所不通如此。

　　六十四卦，唯乾與坤；
　　本之自然，是名真體。（二十章）
　　【希夷注】太初者，氣之始，是為乾；太初者，形之始，是為坤。皆本之自然，無所假合也。故其卦畫純一不駁、倒正

不變，是名真體。

六子重卦，乾坤雜氣；
悉是假合，無有定實。（二十一章）

【希夷注】六子假乾坤以為體，重卦合八卦以為體。若分而散之，則六子重卦皆無有定體也。若今天地清明，陰陽不雜，則六子何在？六子不交，則品物何在？以是知人間萬事，悉是假合陰陽一氣。但有虛幻，無有定實也。

卦義未審，須求變復；
不唯辭合，義實通明。（二十二章）

【希夷注】變為一爻之變，復為一體之復。即復變之辭而觀之，自然之義無不與本卦吻合，以見陰陽之氣。如蒙，上九曰「擊蒙」，變為師，上六則云「小人勿用」。屯，初九曰：「以貴下賤，大得民也。」變為比初六則云：「有孚比之，無咎。」此一爻之辭合也。

如大有，上體復需「有飲食之燕」；下體復晉，有昭明之德，升上體復姤，姤一陰升下體復復，復一陽升比。一體之義合也。苟卦義未審。能以此求之，自然明矣。

古今傳易，舛訛為多；
履畜八體，最為害義。（二十三章）

【希夷注】按卦序，當先履而後小畜，今小畜在先，則二卦畫象反對文義繆亂，而不可考。又以八卦本對八體，獨闕其鼻，乃以巽言股，股即繫是也。若股可言，則又遺其肱，且與羲皇八卦不相應也。茲蓋傳者，舛誤耳！能不害義乎？試辯之，一柔自姤變同人，同人變履，履變小畜，小畜變大有，猶

之一剛自復變師，又變謙，又變豫，又變比，皆自然之序不易也：今謙既在豫上，則知履不當在小畜下。嘗審探宣尼述九卦，以履為用九，謙用十五，復用廿四，皆《龍圖》大衍定數，則履在小畜上，為第九卦也。明矣。又履與無妄對義，既以大畜反無妄而居下，則之小畜反履而居下，無疑矣。今字卦非宣尼旨，失其本真也。

八體乃艮為鼻，巽為手耳。《傳》曰：「鼻者，面之山也。」又曰「風能鼓舞萬物」，而手之所以舞也。蓋乾為首、坤為腹，天地定位也；坎為耳、離為目，水火相逮也；艮為鼻、兌為口，山澤通氣也；巽為手、震為足，雷風相薄也。此羲皇八卦之應矣，其理昭昭。但學者承誤效尤，見不高遠。其失至此。真人閔（閔：憂懼貌）之，故開其眼目。

畫卦取象，本為特物；

見於日用，無所不合。（二十四章）

【希夷注】羲皇畫卦，非謂出私意撰成，一易道於方冊上以誨人也。特以順時應物，則以見於日用之間耳。以粗跡言之，如以錢購六純字，乾也；六純背，坤也；蓋互六子也。若反則未勝，至純則乾坤成矣。又如優人呈伎，壯者任其難，六子也；老者斂其利，乾坤也。此皆理之自然，即此理以察其餘，則苧至蘭竺臥，纖悉舉天下皆易，無可揀擇者，但百姓昏昏日用之，而罔覺矣。

中爻之義，足以造化；

納音切腳，其理則一。（二十五章）

【希夷注】納音，甲為木、子為水，甲子交合則生金。切腳如德為父，紅為母。德紅反切即東字，卦體亦然。上體為

乾，下體為坤，交錯乃生六子，即中爻二三四五也。二三四五，造化之氣，參互成卦，如屯中有剝、蒙中有復。凡此一卦，每具於四卦中，皆得禍福倚伏之象。如屯比觀益中，皆有剝師臨損，蒙中皆有復是也。

反對正如，甲子乙丑；
有本有餘，氣序自然。（二十六章）

【希夷注】大凡一物，其氣象必有本有餘。餘氣者，所以為陰也，本其陽也。如十干甲乙，乙者甲之餘氣也；丙丁，丁者丙之餘氣也。如十二支子丑，丑者子之餘氣也；寅卯，卯者寅之餘氣也。卦亦由是，坤者乾之餘氣也；蒙者屯之餘氣也；訟者需之餘氣也；比者師之餘氣也；且乾而後坤、屯而後蒙、需而後訟、師而後比，雖故有其義，然其所以相次者，皆其餘氣也，自然之理耳。學者不悟，謂聖人固以此次之，是未知反對關鍵之鍵也，失之遠矣。

每卦之體，六畫便具；
天地四方，是為六虛。（二十七章）

【希夷注】初爻為地，上爻為天，二爻為北，五爻為南，四爻為西，三爻為東，天地四方，每卦之體，皆具此義，是為六虛。《大傳》「變動不拘，周流六虛」，正謂此耳。學者不悟，謂六虛天地四方，乃六畫也。殊不知六畫乃天地四方之象。此之謂紙上工夫，不知落處也。

乾坤六子，其象與數；
乾坤之位，皆包六子。（二十八章）

【希夷注】象謂坤卦上中下加三乾畫，便生三男；以乾卦

上中下加三坤畫，便生三女。乾坤之體皆在外，六子皆包於其中也。數謂若畫，乾數三，巽離兌四，震坎艮五，坤六；坤數六，震坎艮七，巽離兌八，乾九。乾坤之策皆在外，六子皆包於其中也。此象之自然，有不可得而容心者。

爻數三百，八十有四；
以閏求之，其數吻合。（二十九章）

【希夷注】爻數三百八十又四，真天文也。諸儒求合其數而不可得，或謂一卦六日七分，或謂除震離坎兌之數，皆附會也。倘以閏求之，則三百八十四數自然吻合，無餘欠矣。蓋天度或贏或縮，至三年乾坤之氣數，始足於此也。由漢以來不悟，惟真人得其說。

二十四爻，求之八卦；
畫純為疊，是為閏數。（三十章）

【希夷注】一歲三百六十，而爻數三百八十四，則是二十四爻為餘也。以卦畫求之是為疊數。何以言之？夫既有八卦矣，及八卦互相合體，以立諸卦，則諸卦者，八卦在其中矣，而別又有八純卦，則其合體八卦為重複，而二十四數為疊也。是以三百六十為正爻，與每歲之數合；而三百八十四，與閏歲之數合矣，則是閏數進，豈惟見於數，亦見於象。人知之者蓋鮮矣。

一歲之數，三百六十；
八卦八變，其數已盡。（三十一章）

【希夷注】乾、姤、遯、否、觀、剝、晉、大有，八變而復乾，則天之氣盡；坤、復、臨、泰、大壯、夬、需、比，八

變而復坤，則地之氣盡；震、豫、解、恒、升、井、大過、隨，八變而復震，則雷之氣盡；艮、賁、大畜、損、睽、履、中孚、漸，八變而復艮，則山之氣盡；坎、節、屯、既濟、革、豐、明夷、師，八變而復坎，則水之氣盡；離、旅、鼎、未濟、蒙、渙、訟、同人，八變而復離，則火之氣盡；巽、小畜、家人、益、無妄、噬嗑、頤、蠱，八變而復巽，則風之氣盡；兌、困、萃、咸、蹇、謙、小過、歸妹，八變而復兌，則澤之氣盡：凡此八卦各八變，八八六十四數，則天地雷風水火山澤之氣無餘蘊矣，是為一義。

數成於三，重之則六；
其退亦六，是為乾坤。（三十二章）

【希夷注】夫氣之數起於一，偶於二，成於三，無以加矣，重之則為六也。然三、少陽也；六、太陽也。三、春也；六、夏也，此乾之數也，是為進數。其退亦六，三、少陰也；六、太陰也。三、秋也；六、冬也，此坤之數也，是為退數。三畫為經卦，六畫為重卦者，凡以此而已。

凡物之數，有進有退；
進以此數，退以此數。（三十三章）

【希夷注】大抵物理，其盛衰之數相半。方其盛也，既以此數；及其衰也，亦以此數。若一歲十二月，春夏為進數，秋冬為退數；晝夜十二時，自子為進數。自午為退數；人壽百歲，前五十為進數，後五十為退數。以至甲為進數、乙為退數，子為進數、丑為退數。

細推物理，無不然。世儒論數，但衍為一律，殊不明陰陽進退之理，惟真人獨得其說。

凡具於形，便具五數；

五數既具，十數乃成。（三十四章）

【希夷注】凡麗於氣者必圓，圓者徑一而圍三。天所以有三時者，以其氣也。凡麗於形者必方，方者徑一而圍四。地所以有四方者，以其形也。天數三，重之則六；地數五，重之則十。何謂十？蓋有四方，則有中央為五；有中央、四方，則有四維，復之中央，是為十也。非特地為然。凡麗於形，便具十數，皆若此也。

大衍七七，其一不用；

凡得一數，理自不動。（三十五章）

【希夷注】大衍之數五十，其用四十有九，掛一而不用。不用之義，學者徒知一為太極不動之數，而不知義實落處也。何則？一者，數之宗本也。凡物之理。無所宗本則亂；有宗本焉則不當用，用則復亂矣。且如輪之運而中則止，如轄之行而大者後，如網之有綱，而綱則提之；如器之有柄，而柄則執之；如元首在上，手足為之。舉如大將居中，而士卒為之役；如君無為而臣有為，如賢者尊而能者使。是知，凡得一者，宗也、本也、主也，皆有不動之理。一苟動焉，則其餘錯亂，而不能有所施設者矣。

策數六八，八卦定數；

卦數占卦，之理自然。（三十六章）

【希夷注】八卦經畫二十四，重之則四十八，又每卦八變六八四十八，則四十八者八卦數也。大衍之數五十者，半百一進數也；其用四十九者，體用之全數也。五十除一者，無一也，《易》無形垿是也。四十九有掛一也者，有一也，《易》

變為一是也。一不用者，數之宗本也，可動也。用四十八者，取八數變以占。諸卦也，一變為七，七變為九，此之謂也。今筮者，於五十數先置一於前，乃揲之以四十九，或先去其一，卻於四十九數中除一而終合之，是二者皆全用四十九數，曾不知本卦之本數也，以致誤置一於八卦數中，遂有五與九之失也。且以揲之寄數，但論其多少，而五與九則無損益於多少之數，而於陰陽正數。亦自無礙。

揲法不取其正數而取其餘數，蓋從其簡便也。簡便謂一見多少即知正數，陰陽多少。若待視正數則繁難矣。又多少之說，無所經見，知古人但以記數也。

《大傳》曰：「大衍之數五十，其用四十有九。」謂大衍數本五十而止用四十九，則其一已先除矣，更無五十全數，分而為二，以象兩，謂止於四十九數中分而為二也。掛一象三，掛謂懸，謂於四十九數中懸掛其一而不用也。

筮法一揲得五與四，四謂之三少，得九與八，八謂之三多，二揲則五與九已矣。但得三個四，亦謂之三少；得三個八，亦謂之三多。方初得五與九也，而老陽之策三十六，老陰之策二十四，及次正得四與八也。而陰陽之策數如前則是五九，固無損益於多少之數，而於陰陽之策正數亦自無傷也。因知四十八數而悟用其九，斷然而明矣。或者又謂揲法得奇偶數，殊不知二揲則五與九已盡，所以觀其餘數而不觀其正數，特以從其簡便也。

五行之數，須究落處；
應數倍數，亦明特時。（三十七章）

【希夷注】天一生水，坎之氣孕於乾金，立冬節粵；地二生火，離之氣孕於巽木，立夏節也；天三生木，震之氣孕於艮

土，立春節也；地四生金，兌之氣孕於坤土，立秋節也；天五生土，離寄戊而土氣孕於離火，長夏也。凡此皆言其成象矣。天一與地六合而成水，乾坎合，而水成於金，冬至節也；地二與天七合而成火，巽離合而火成於木，夏至節也；天三與地八合而成木，艮震合，而木成於水，春分節也；地四與天九合而成金，坤兌合，而金成於土，秋分節也，天五與地十合而成土，離寄於己而土成於火也。凡此皆言其成形矣。

夫以五言相成數，雖兒童能誦，要其義實，縱老壯亦不知落處也，是之謂盲隨。古人何以見《易》乎，以至先天諸卦，初以一陰一陽相間，次以二陰二陽相間，倍數至三十二陰、三十二陽相間。

《太玄》諸首，初以一陰一陽相間，次以三陰三陽相間，倍數至二十七陰、二十七陽相間，此其理何在哉？以時物推之，自祖父子孫，有眾寡之漸，自正二三四五六月，有微盛之滋，皆數之所以明理也。

卦位生數，運以成數；
生成之數，感應之道。（三十八章）

【希夷注】生數，謂一二三四五，陰陽之位也，天道也；成數，謂六七八九十，剛柔之德也，地道也。以剛柔成數而運於陰陽生數之上，然後天地交感，吉凶葉應，而天下之事無能逃於其間矣。

一變為七，七變為九；
即是卦妄，宜究其實。（三十九章）

【希夷注】《沖虛經》曰：「《易》無形埒。」《易》變而為一，一變而為七，七變而為九，九者究也，復變而為一。

蓋卦爻自一變、二變、三變、四變、五變、六變至七變謂之歸魂，而本宮之氣革矣。更二變而極於九，遂復變為一而還本也。學者不悟經意，徒溺空泛說，失之甚矣。

名易之義，非訓變易；
陰陽根本，有在於是。（四十章）

【希夷注】《易》者，大易也。大易，未見氣也，視之不見，聽之不聞，循之不得，故曰易。易者，希微、玄虛、凝寂之稱也。及易變而為一，一變而為七，七變而為九，九復變而為一也。一者，形變之始也。清輕者上為天、重濁者下為地、沖和氣者中為人。謂知易者，知陰陽之根本，有在於是也。此說本於《沖虛真經》，是為定論。學者盲然不悟，乃作變易之易。是即字言之，非宗旨之學也。

唯揚雄為書擬之曰「太玄」，頗得之道家，亦以日月為古之易字，蓋其本陰陽而言也。

易道彌滿，九流可入；
當知活法，要須自悟。（四十一章）

【希夷注】《易》之為書，本於陰陽。萬物負陰而抱陽，何適而非陰陽也？是以在人，惟其所入耳。文王、周公以庶類入，宣父以八物入，斯其上也。其後。或以律度入，或以曆數入，或以仙道入，以此知《易》無往而不可也。苟惟束於辭訓，則是犯法也。良由未得悟耳。

果得悟焉，則辭外見意，而縱橫妙用，惟吾所欲，是為活法也。故曰：「學《易》者，當於羲皇心地中馳騁，無于周、孔言語下拘攣。」

世欲學解，浸漬舊聞；

失其本始，易道淺狹。（四十二章）

【希夷注】羲皇氏《正易》，《春秋》比也。周孔明《易》，作《傳》比也。左氏本為《春秋》作傳，而世乃玩其文辭，致左氏孤行而《春秋》之微旨泯矣。

《易》之有辭，本為羲皇發揚，學者不知借辭以明其畫象，遂溺其辭。加以古今訓注，而龔謬承誤，使羲皇初意不行於世，而《易》道於此淺狹矣。嗚呼！

第四節　陳摶《觀空篇》（並注）

欲究空之無空，莫若神之與慧，斯太空之蹊也。於是有五空焉。

其一曰頑空。何也？虛而不化，滯而不通，陰沉胚渾。清氣埋藏而不發，陰虛質樸而不止，其為至愚者也。

其二曰性空。何也？虛而不受，靜而能清。惟任乎離中之虛，而不知坎中之滿，局其眾妙，守乎孤陰，終為杳冥之鬼〔注〕深遠幽暗之意，是為斷見者也。

其三曰法空。何也？動而不撓，靜而能生。塊然〔注〕獨處學之貌，勿用於潛龍〔注〕語出《易經》乾卦初爻：「潛龍勿用。」《文言》注：「潛龍勿用，陽氣潛藏。君子以成德為行，曰可見之行也。潛之為言也，隱而未見，行而未成，是以君子勿用也。」乾位初通於玄谷〔注〕玄，指高遠莫測的「道」，也指萬物的本原。谷，谷神，亦指「道」。玄谷，即玄牝之源，《老子》說：「谷神不死，是謂玄牝。」牝，指生殖、母性。在乎無色、無形之中，無事也、無為也，合於天道焉，是為得道之初者也。

其四曰真空〔注〕真，身邊。《莊子山木》說：「見利而忘其真。」真即身也。以下「真道」，指人體養生之道；「真神」，指人體之心神、智慧的源泉。何也？知色不色，知空不空。於是真空一變而生真道，真道一變而生真神，真神一變而物無不備矣，是為神仙者也。

其五曰不空〔注〕不為丕的借字。丕者大也，「天地人」三才皆大也。所以陳摶以「天地人」分別立論。何也？天者，高且清矣，而有日月星辰焉；地者，靜且寧也，而有山川草木焉；人者，虛且無也，而為仙焉。三者出虛而後成者也。一神變而千神形矣，一氣化而九氣〔注〕五行之氣和四時之氣的總合。和矣。

故動者靜為基，有者無為本，斯亢龍〔注〕語出《易經》乾卦上九：「亢龍有悔。」《文言》注：「亢之為言也，知進而不知退，知存而不知亡，知得而不知喪；其為聖人乎，知進退、存亡，而不失其正者也。」又說：「貴而無位，高而無民，賢人在下位而無輔，是以動而有悔也。」回道之高真者也。

（原載《道藏‧道樞》）

第五節　陳摶《人倫風鑒》①

人之生也，受氣於水，稟形於火。水則為精為志，火則為神為心。精合而後神生，神生而後形全，形全而後色具。是知，顯於外者謂之形，生於心者謂之神，在於血肉者謂之氣，在於皮膚者謂之色。

形之在人，有金木水火土之象，有飛禽走獸之倫。金不嫌方，木不嫌瘦，水不嫌肥，火不嫌尖，土不嫌濁。似金得金，剛毅深；似木得木，資財阜；似水得水，文章貴；似火得火，

兵機大；似土得土，多櫃庫。似禽者，不嫌瘦；似獸者，不嫌
肥。禽肥則不飛，獸瘦則少力。如鸞鳳之形則眉目聳秀，與夫
形體清瘦；如犀虎之象，則頭角高聳，與夫頤腮豐滿。如此之
類皆貴矣，反此者皆賤矣。

　　形之在人，木形本瘦，其色青。瘦則不露，青則不浮。青
瘦則細而實，露浮則粗而虛。世之論木者，但知其瘦取形，不
知其有粗如松柏之木，其本以實，其葉愈青，謂之細實。至如
梧桐之木，其內本虛，其外不牢，謂之粗虛。然取木之形，安
可一概而論哉？木之形，非在其一，有帶金者，有帶水火土
者；水之形，非在其一，有帶土者，有帶金火木者；火之形，
非在其一，有帶水者，有帶金土木者；土之形，非在其一，有
帶木者，有帶火金土木者；金之形，非在其一，有帶火者，有
帶木水土者。帶其相生則吉，帶其相剋則凶。如人之始則瘦，
此木之形也；中則粗，是金形也；次而肥，是水形也；其次厚
實，是土形也始瘦次肥，為水生於木；次又厚實，此木之得土
也始若瘦，次粗，為滯也；始瘦，次肥厚，此為發也，庶人進
財，官員加職。②

　　神之在人，欲其深，不欲其淺。神深則智深，神淺則智
淺。用則開於眼，合則收於心。近觀則有媚，遠視則有威，其
瞻視有力，其睡臥易醒。譬如燈之火，其心之分，則謂之神；
其燈之花，則謂之神光；其四畔之光，則謂之魄；油乃精也，
油明而後燈明。此謂之著也。

　　氣之在人③，要其堅向清韻，而不在乎剛健強鳴。其內
平，則志篤；其外舒，則氣和。有清焉，有濁焉；有清中之
濁，有濁中之清。若以浙人、淮人之氣論之：浙人之氣，重而
不鳴；淮人之氣，鳴而不重；南人之氣，清而不厚；北人之
氣，厚而不清。陽氣舒，而山川秀茂；日月出，而天地光明。

此氣之著也。

色之在人，雖在皮膚之上，要其實，不要其浮；欲其聚，不欲基散。生於五藏之表面，飾於一身④之光潤。唐舉⑤先生曰：「光不足，為之色。」人之有得，則喜形於外；有失，則憂存於心。有老焉，有嫩焉。嫩者，謂年紀深而帶後生之色。色老者吉，色嫩者凶。然相法之中，不惟其色之如此者滯，凡形嫩者，亦如之。有三光焉，有五澤焉；有三暗焉，有五枯焉。

形神者，有形有餘而神不足者，有神有餘而形不足者。形有餘而神不足者，初見似威，久視而晦；神有餘而形不足者，初見似晦，久視愈明。形神俱有餘者，識與不識，見而悅之；形神俱不足者，不必更問，令人可惡。

形與神相照，氣與色相扶。神全則形全，氣全則色全。神能留氣，氣不能留神；氣能留色，色不能留氣。至於形，則載之而已。有厚焉，有薄焉。厚者吉，薄者凶。

世人有遇時得志者，其始皆欲有為也；及其中則滯，末則卒，皆由度量淺狹，不能容載也。牆薄則易穨，酒薄則易酸，紙薄則易裂，人薄則易亡，水土薄則不足以致陰雲之附。不度己短，專談人過；侵削人物，以為己恩；面前說是，背後說非；不睦親長，卻奉外人；本性輕率，佯為沉重；改常棄舊，忘恩忽人；未貴先盈，未富先驕；未學先滿，此大薄矣。若此者，不惟破相，又損其壽，殃及子孫。

然壽之相，非在乎形貌恢偉⑥、眼目浮凹，便童夭矣。形貌恢偉之人，若有時，情寬性厚，此謂之情氣相附也；若度量偏窄，此謂心不稱也。

世之人惟知其眉上兼耳內生毛者多壽；骨入耳兼人中深長、法令分明，便言在壽，然不知其所稟也。此蓋精氣內實，其骨乃從精髓而透出，然後毫毛方始生於眉耳，法令方始分

明，人中方始得深長。如樹之根本牢實，上面方始發生枝葉，似油盛燈明，精足則身安。

　　唐舉先生曰：「虎骨龍睛，世人皆知其吉；結喉露齒，世人皆知其凶。」然而吉者未必為吉，凶者未必為凶？結喉露齒，雖則劣相，有時，心地吉者又貴矣。

　　但利其身，不利妻子。如三尖五露⑦之人，貴者多矣。但其神氣深粹，皆可取也。神氣深粹之人，形安體靜，不隨語行，不隨默止，不隨財動，不隨色轉，安而定，祥而雅。如此之人，皆知分也。今之人，享富貴而心不足、不快者多矣。其神氣安靜之人，心地空閒，而所為放心。

　　形神氣色之於人，有滯者多矣。形滯八年則塵埃，神滯四年則身硬，氣滯三年則心傾，色滯一年則神困。⑧有陰有陽焉。陽者不可帶陰，陰者不可帶陽。若男帶女相，懦而無立；女懷男相，主失其夫。婦人要柔而順，男子要剛而正。良人之婦，有威而少媚；娼家之婦，有媚而少威。然世之論相者，但觀其面部者多，而不究其根本。如骨者，凡人於眉鼻兩頰之上皆有也。

　　在貴人，則有從精髓內生出，故其眉清秀而細；及貧賤之人，則浮於上而粗。如顴骨，上一位，庶人；人耳，不過有壽；不露，不過有富；至若作監司之人，生入兩鬢；兩府之人，則生人天倉；其作太守之人，則堆成峰而人兩眼之尾而已；至下輔，主倉庫、奴婢。若其地閣闊厚，自有倉庫奴婢。設使地閣缺陷，是無宅可居，安有奴婢之軀兼倉庫哉？

　　視遠，智遠；神高，智高；視下，智下；視斜，智毒；睛屢轉者，殺人或流；視迫上迫下，此瞻視不常之人，不可兼立事矣。有天者貴，有地者富，有人者壽。有天、有地，人事不修，是徒有相也。

（译）文

　①原名《龜鑒》。《續唐書》載：「《龜鑒》一卷，周處士陳摶堡。」《通志・藝文略》載「陳摶《人倫風鑒》一卷」，為五行相法書，今《易經與方術》（《船山學刊》增刊，湖南省社會科學界聯合會主編，1992 年 10 月版）稱《陳摶先生風鑒》。

　②此處原有「土滯木淺為知縣，土深為郡守。又或面方、背厚，此為有木有土，則作職司；或武則止於列職之官，文則止於選人。是木無土也。其在職司之上」。這五十四字疑為後人注文，故未錄入而附於此，供參考。

　③氣之在人：原為「氣之在神」。通觀全篇言「形、神、氣、色」四要，皆提在人，且「神」居人中，是物質與精神的統一體，是知為「氣之在人」，疑傳寫之誤矣。

　④身：原傳本為「日」。此言色之在人，故為「身」甚明。

　⑤唐舉：相傳為戰國時期從事相術活動的名人。

　⑥恢偉：即「恢桅」也，指奇異之相。

　⑦三尖五露：三尖，指頭形尖、鼻尖、地閣尖而言；五露，指雙眼瞳、雙鼻孔和牙齒外露。

　⑧此段中的「塵埃」、「身硬」、「心傾」、「神困「，皆指人體無生氣而言，以色滯最危。

第六節　陳摶《心相篇》注解

西昌後學李時品解

　佛言三界唯心。大地山河、諸天世界、諸佛國土、皆由心力差別之所構成。不獨人之相貌為然。而人之相貌、尤為顯而易見。相法有九等。上相有三，曰光曰神曰氣色。次三，曰影曰聲曰威儀。又次三，曰骨曰部位曰形狀。而皆不離於心。故

411

作心相篇。

心者貌之根，審心而善惡自見。

解：

譬之樹木，由種子出枝葉花果。人相亦然，心猶種子、貌猶枝葉花果。故云心者貌之根。有諸內必形諸外，故心善則貌善、心惡則貌惡。

行者心之發，觀行而禍福可知。

解：

生於其心，發於其事。行善者心欲人得安樂，天故降之福，使其自得安樂。行惡者心欲人受苦惱，天故降之禍，令其自受苦惱。

出納不公平，難得兒孫長育。

解：

貪夫不知因果，輕重入，損人利己。人有兒孫，不知須費幾多金錢。貪夫耗人之財，天故短折其兒孫，使其空費教。

言語多反覆，應知心腹無依。

解：

言多反覆者有三：無心之人、輕易其言，一也；己無信亦不信人，二也；知有己不知有人，三也。此三者利害之交，損人多矣。心腹無依可以豫知。

消阻閉藏，必是好奸之輩。

解：

消阻，謂良心有愧，見人氣餒。閉藏，謂行蹤詭密，不欲人知。格言云：蹤多歷亂，定有必不得已之私。言到支離，才是無可奈之處。吾輩於此須放寬一步。正為此輩奸貪者而言。

披肝露膽，決為英傑之人。

解：

英傑之人，其心如青天白日，關懷大局，不顧己私，無求於人，故能披肝露膽。格言云：肯規予者必肯助予。正為此等人物寫照。惜世之當局者，好諛惡直，偏執自用，事已敗壞，猶不知悔，雖有英傑，又何益哉。

心平氣和，可卜孫榮兼子貴。

解：

心氣平和者，無偏執之病。生機勃勃，故能榮貴子孫。

才偏性執，不遭大禍必奇窮。

解：

才偏者知一不知二。性執者聞諫而益甚。縱其心無他，而僨人之事，至於無可補救。正如格言云：其決裂有甚於小人時者。彼先已置人於危禍窘迫之地。其遭大禍奇窮固宜。

轉眼無情，貧窮夭促。

解：

本有情者忽然變為無情，不留餘地，頓失其常。天亦使其境遇頓失其常。本富者忽然貧窮。應壽者忽然夭促。

時談念舊，富貴期頤。

解：

故舊不遺，其情厚矣。其人必能上供下施，故富。能敬上愛下，故貴。能涵養本原，故壽。期頤，百年之壽也。

重富輕貧，焉可托妻寄子。

解：

托妻寄子，原為緩急之時，濟其貧乏。托妻子於重富輕貧之人，是猶與虎謀皮者也。

敬老慈幼，必能裕後光前。

解：

敬老者必有人敬其老，故能裕後。慈幼者必有人慈其幼，故能光前。

輕口出違言，壽元短折。

解：

此與上文轉眼無情，事理相同，比類可知。

忘恩思小怨，科第難成。

解：

一緣二命三風水四積陰功五讀書。此古人評論科第來歷之遺言也。其中實有至理。緣謂前緣，即宿世今生，有恩於人者是。科第之成，多由恩緣會合。人有恩於我而輕忘之，使其人之恩歸於無效，則我之恩於人者，亦必同歸無效，方為情理之平。

小富小貴易盈，刑災準有。

解：

禍盡則福至，福盡則災生，此天道盈虛消長之理。小富小貴，便覺盈滿，其為福盡之兆可知。刑災准有，自意中事。

大富大貴不動，萬福無疆。

解：

大人者與天地合其德。於富貴乎何有。福報豈足以盡之。

欺蔽陰私，縱有榮華兒不享。

解：

卉木之初生也勃然。若為荊棘蔓草，交相纏繞，則日月風雨之力，不能平均。柯理無由暢達，不久乾枯黤爛，欺蔽陰私者亦然，雖有榮華，豈能及於後人。

公平正直，雖無子息死為神。

解：

子息為接香煙。為神亦受香煙。金科例載，凡應賞延嗣者，若額在老獨，不能娶而生育，則改填寧幽。即是此意。

開口說輕生，臨大節決然規避。

解：

大不可奪，非不自愛其生也。情理之際，所欲有甚於生者。以不忍之心，行至忍之事。分所應為，其志已決。方且不露聲色。事可求全，仍當從容就義。豈有隨便輕生，動輒告人者哉。知其真則其偽者自可知矣。

逢人稱知己，即深交究竟平常。

解：

不悉人情，不知物理，神不守舍，言不由衷，畢生皆夢境耳。豈足與之論深淺乎？

處大事不辭勞怨，堪為棟樑之材。

解：

大人辦大事，小人辦小事。大人心量大，小人心量小。心量何以大，由為己之心，推而及於家國天下者是。心量何以小，只顧自己一身或一家及其私黨，不計其他者是。夫只知顧自己者，勞怨在所必辭，此人之恒情也。眾人皆如是，大事將焉托，而能任大事者，從可知矣。又不辭怨者，乃有容忍之量之謂。非上文才偏性執之可比，不可不辨。

遇小故輒避嫌疑，豈是腹心之寄。

解：

此等人亦是為己之心太重。故云云。

與物難堪，不但亡身還害子。

解：

與物難堪者，毫無愛人之心。夫人雖不愛人，莫不愛其身以及其子，人莫不有父，則莫非人之子。己身之與子，亦均是人，息息相通也。與物難堪者，致之於危亡禍害，毫無顧惜。豈知物類相感，不旋踵而己亦及之。

太上曰：又枉殺人者，是易刀兵而相殺也。即是此意。國家大辟之設，其理亦同。

待人有地，無端得福更延年。

解：

所謂待人有地者。他人已無地自容，而曲為之地之謂也。
夫人無地自容，已自瀕於禍境。因我曲為之地，使其轉禍為
福。在受者一面，即是無端得福。無端令人得福者，天亦作之
無端得福。又無地自容者，已自陷於死地。因我曲為之地。使
彼得慶再生。令人得慶再生者，天亦使之延生。

迷花戀酒，閨中妻妾參商。

解：

內典云，邪淫者得不如意眷屬，即此理。

利己損人，膝下兒孫悖逆。

解：

凡人今生所為，多帶有前生習氣。彼利己損人者，亦多由
前生習氣使然，悖逆兒孫，即是前生債主。此一說也。又兒孫
本不至於悖逆，以利己損人故，天遣魔改易心志，使之悖逆，
甚有將神魂移換者。此又一說也。又利己損人者，必人愚我
智，人弱我強，而後人方肯甘受其損。我方能卒得其利。而人
無如我何。兒孫之悖逆也，亦我甘受其損，讓彼實蒙其利，而
我無如彼何。陰作之而陽報之，天理之不爽如此。

賤買田園，決生敗子。

解：

賣田已不幸，又從而賤買之，何忍心如此乎。乘人之危，
抑勒其值而強取之何險很如此乎。若此者，實變相之強盜也。
天肯令坐享其利乎。其必有以處此矣。

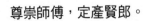
尊崇師傅，定產賢郎。

解：

以聖經賢傳教子弟者，師傅也。聖為天口，賢為聖譯，師傅之為聖賢與否，姑不必論。惟既遵聖賢之理，以教我子弟，即與聖賢一脈相承。我能尊崇師傅，亦即與聖賢一氣相感其產賢郎也必矣。

愚魯人說話，尖酸刻薄，既貧窮必損壽元。

解：

前世不信因果，或有能吝教，或妄用聰明害人，或從畜道中來，故稟賦愚魯。如能寬厚，尚可致富，若無忠厚之長必與貧窮。更益以尖酸刻薄，無福可折惟有損壽而已矣。此節貧窮乃花報，損壽乃果報。

聰明子語言，木訥優容，享安康且應封誥。

解：

聰明子秉天地之秀氣，亦由福報而來。然每有因溪刻以致僨僨者。木訥優容，則不予人以危苦，故享安康。以不損人之令名，故應封誥。此一節，安康乃花報，封誥乃果報。

患難中能守者，若讀書，可作朝廷柱石之臣。

解：

立國家之道，必有定見。方能防患未然，守成不替。必有定守，方能扶危定傾，保泰持盈。患難不渝。即其人也。故不讀書，可作克家之子。若讀書，可作柱石之臣。

安樂中能忘者，縱低才，豈非金榜青雲之客。

解：

此等人或從天道中來，或從大福中來，或從修持中來。安樂不動，的是貴品。

鄙吝勤勞，亦有大富小康之別，宜觀其量。

解：

此所謂鄙吝，乃儉嗇而不肯苟取，貌似鄙吝者。勤勞易明，此等人亦有益於人，無害於世。所謂量，乃為己為人之別。福報亦如之。

奢侈靡麗，寧無奇人浪子之分，必視其才。

解：

所謂奇人者，貌雖奢侈，所省大，而種福多。外靡麗而心恬淡。才謂濟世之才。浪子易解。

弗以見小為守成，惹禍破家難免。

解：

格言云，富貴家不肯從寬，必遭橫禍。所謂見小即此之類。

莫認惜福為慳吝，輕財仗儀盡多。

解：

可省則省，謂之惜福。不當省而省，謂之慳吝。此中差別，全在事理明昧，權衡輕重之閑。

處事遲而不急，大器晚成。

解：

世事多從忙裏錯了。小兒語云，一切言動，皆要安詳，十

差九錯，只為慌張。夫欲成事者，須善處事。尤貴先有見事之明。公生明，靜生明，誠生明。遲而不急則靜。靜中自得事理之公。至靜至公則誠生焉。而皆原於不急。則遲之為用大矣。且遲則鎮定。每因此解釋許多誤會。洞穿許多蒙蔽。潛消許多風波。無輕聽驟發，不可收拾之弊。遲之為用如此。然以不能迅赴事機之故，不克早就，而決當晚成也。

見機決而能藏，高才早發。

解：

見謂是非利害大小輕重緩急虛實賓主之別。機謂動靜明暗向背之端。決謂剎那毫釐之辨。藏謂慎密不出。高才謂智捷勇沈也。

有能吝教，己無成子亦無成。

解：

內典云：嫉妬者無成。吝教，嫉心為之也。生機暢旺，即身成就。有蓄不施，乃生哲人。彼嫉妬者，不願人之有成。傷天地之和，適足以賊其身。焉能成其身以及其子乎。

見過隱規，身可托家亦可托。

解：

見過能規，有忠愛之心。規而能隱，有曲全之心。仁智備矣，不可托以身家乎。

知足與自滿不同。一則矜而受災，一則謙而獲福。

解：

易曰：滿招損，謙受益。謙君子，卑以自牧。書曰：汝惟

不矜，天下莫與汝爭能。曾文正云：千古才人，以一傲字致敗，皆謂此。

大才與見才自別。一則誕而多敗，一則實而有成。

解：

見才，謂炫才以自表見。誕，謂誇誕。大才不炫才。才終不能掩。如花之不能自已其香然。大才之發見，多於艱巨當前之際。眾皆束手徬徨，遲疑莫決。彼獨遊刃有餘，當機立斷。蓋神智充溢，故舉重若輕，實而有成。所謂錐處囊中，其末立見者也。見才則外強中乾，溘可立待。

忮求念勝，圖名利到底遜人。

解：

名利非忮求可得之物。實至則名歸。利人斯利己。騖名者實必虧。實虧則名於何加。逐利者智必昏。智昏則利於何有。

惻隱心多，遇患難中途獲救。

解：

愛人者人恆愛之，敬人者人恆敬之。惻隱者亦復如是。人即不見憐，天亦必憐之。

不分德怨，料難至於遐年。

解：

不分德怨者，因其人秉天地雜戾之氣，而神志昏亂。飲食起居，好惡取捨，一切均異於常。彼尚不自惜，與己為難，何論乎人。甚至見人則嗔，遇物即恨。冒至危以僥倖。值禍敗而不悔。必逆理而後快於心。必害事而後舒其氣。若而人者。多

由前世今生曾作大昧心之事，致罹此報。故有福不知享，常招禍端，有樂不堪受，自尋苦惱。內典載餓鬼見水為火。即是此輩，雖有善緣，惜無善因。良可慨也。陰陽失位，生理日戕，方且自尋死路。尚何遐年之有哉。

較量錙銖，豈足期乎大受。

解：

見小忘大，斗筲之器也。可小知而不可以大受也。

過剛者圖謀易就，災傷豈保全無。

解：

氣能舉事，亦能僨事。當機則氣勝而事成。昧機則氣亂而招禍。

太柔者作事難成，平福亦能安享。

解：

久弱之國不亡。久貧之家不敗。久病之身不危。太柔者亦復如是。與人無爭，與無懺。莫或嫉之。亦莫或防之。故平福亦能安享。

樂處生愁，一生辛苦。

解：

此與居安思危者不同。蓋其性險，故所見皆險。其心疑，故所至多疑。其情薄，故所感常薄。總之一薄福之相而已矣。

怒時反笑，至老奸邪。

解：

怒時反笑者，殆欲中傷之也。此等人既非有容人之量。又無率性之真。奸私邪曲，深種性根。故至老而不變。

好矜己善，弗再望乎功名。

解：

格言云：有陰德者必有陽報，有隱行者必有昭名，故名者天之所以獎有實而人不知者也。矜己善以沽名，名已過於其實。安用獎為。何以望為。

樂摘人非，最足傷乎性命。

解：

樂摘人非者，不顧人之性命。猶之易刀兵而相殺。自傷何怪。

責人重而責己輕，弗與同謀共事。

解：

重己輕人。勢必損人利己。參觀上文心腹二條。

功歸人而過歸己，盡堪救患扶災。

解：

有功者未必立見其功，歸功而功自成。有過者未必無功可錄，任過而功自集。救患扶災，非此不可。昔有徵求負污辱之名，見笑之行，有治國用兵之術者。一時人才樂為之用。彼為一己之私，尚有過人之量。況宏濟艱難，一心救世者乎。夫糞在田則為肥，在衣則為污。良匠手中無棄材。亦視所以處之而已。此與上文不辭勞怨同例。參之。

處家孝弟無虧，簪纓奕世。

解：

孝也者所以事君也，弟也者所以事長也。克孝克弟，則能得君上之心，於是可以從政矣充之人人親其親、長其長，於是乎可以平天下矣。父兄如是，而子弟從。於是乎簪纓奕世矣。然須作到無虧二字，方可有此感應。蓋凡事必真積力久，任受磨折。我行我素。挫而愈堅，久而彌篤。善量充滿，自然果報成熟，不期自來。推之亦不去。若播種然。不問天道如何，我行我素。毋失其時，方是田家本分。若稍有旱潦，因而惰農，則未有能豐收者也。

與世吉凶同患，血食千年。

解：

孟子云：樂民之樂者民亦樂其樂。憂民之憂者民亦憂其憂。記云：有功於民則祀之；以死勤事則祀之；以勞定國則祀之；能禦大災則祀之；能捍大患則祀之。此條之意亦同。

曲意周全知有後。

解：

曲意周全者，謂於有過之中，力求無過。於無可生處力求其生。總是一片生生之意。厚之至也。有後二字，當活解。格言云：能以身任天下後世者，天莫能絕。上文云：與世吉凶同患，血食千年。此皆不就子孫立言。

又內典所載，果報有三。現受報，生受報，後受報。生受報謂來生。後受報謂來生之來生。蓋積善者，縱不享於今生，必異熟於來世。亦有後之類也。

任情激烈必凶亡。

解：

任情激烈者，如感應篇云：剛強不仁，很戾自用，以惡為能，忍作殘害，此乃得天地之戾氣者。凡人當大怒之時，或迅雷烈風之時，不謹容止多生此子。其人性喜破壞。心常猜忌，口好訐短，行多險惡。不近人情，暴殄天物，幸災樂禍，舉止失常。冒至危以僥倖。值禍敗而不悔。縱有缺失，不肯彌補。無事生事，決裂不惜。喜道人之不祥。自亦多不祥語。凶亡之兆，不一而足。

易變臉，薄福之人奚較。

解：

易變臉者，其人必惟知自己，惟務便利，不恤人情，不體物情。不知一事有一事之因果。

福由禍生。樂由苦出。未盈先虛。損而後益。先難後獲。久成久安。日在荒嬉之中。神無寧靜之時。器小易盈。滿而必覆。福焉得厚。

耐久朋，能容之士可宗。

解：

孔子云：吾聞君子與人交，避其短者，與其長者，故能久也。故知能容者雖在乎量，亦觀乎識。福寓其中矣。

好與人爭，滋培淺而前程有限。

解：

好與人爭者，其病亦惟知有己。眼光如豆。何問前程。

必求自反，蓄積厚而事業能伸。

解：

人非聖賢，孰能無過。必求自反者，恒常伺察己過，終必造於無過之地，所謂吉人也。夫人皆知避凶趨吉，然此事吉，彼事未必吉，人一吉，則無所往而不吉。譬如印版好，則所印之文無不好。蓄積厚矣，焉得不伸。

少年飛揚浮動，而立之限難過。

解：

驟盈之水易涸。燎原之火易滅。暴長之木易枯。精華外靈者易竭。少年浮躁飛揚，亦猶是也。根之不厚，其焉能壯。予曾親見數人矣。

壯歲冒昧昏迷，不惑之期怎免。

解：

少年血氣未定，故多冒昧。壯歲則血氣已足，陰陽宜分。至此而猶昏迷，則清濁混淆，衰徵已見。其焉能強。

喜怒不擇輕重，一事無成。

解：

輕重物之平也。不擇輕重，則凡事皆失其平。不平則不穩，立腳不住，其無成者理也。又此等人決不能用人，為所用必其利之者。人亦不願用彼，有所用必其弄之者。其無成者勢也。

笑罵不審是非，知交斷絕。

解：

此人幾無是非之心，與為知交，夫豈不危。人孰肯蹈危者。欲不斷絕能乎。

濟急拯危，亦有時乎貧乏，福自天來。
解：
青黃不接之際，造化亦有時而窮。然不終窮也。造物必有以處之。或且先以此試之。福自天來句，一本作天將福矣。

排難解紛，恐亦涉乎圄圉，名揚四海。
解：
此理同上文。名揚四海句，一本作神必佑之。

餓死豈在紋橫，拋衣撒飯。
解：
人主衣祿，皆有定數。暴殄之人，其祿早盡，故至餓死。紋橫者亦前世暴殄之符號耳。

瘟亡不由運數，罵地呪天。
解：
凡人境遇不順，不省業力所感，反謂天地無靈。其居心糊塗，故報以糊塗之病。罹瘟而亡。縱有運數，亦不外此理。又立心卑污，不求高明者，逆天。制行褊薄，不求博厚者，逆地。亦與呪　天地者同類。

甘受人欺，有子忽然大發。
解：
欺者。謊其不知，侮其不能之謂。甘受者。非有所為，非

有所畏，恬然受之也。恬然者，不與之較，不形於言，不慍於色，不介於心蓋純出於不忍之心，仁愛之心，無分別之心。其甚者如慈母之愛子。有重於己身者。凡諸移乾就濕，咽苦吐甘。皆此至仁之量為之也。眾生之所以得遂其生，生生不已者。咸賴有此慈母。不然，則在成童以前，一無所知，一無所能。靡親之財，費親之力，攖親之心，耗親之時，惟貽親憂，惟罥親累，惟損親志，其將成童也，多違親訓，多拂親心，多害親事，若非親慈。幾何不委而棄之。使為親者皆委而棄之。則人類之存也幾希。故孟子曰：中也養不中，才也養不才，故人樂有賢父兄也。

世有人焉，體天地之心，代父母之任。一切父母所不及顧惜者，仁人顧惜之。以補造化之窮。其恩過於父母。眾生之受其惠者尤廣。何以言之。親之不棄其子，而恩勤罔懈，猶可曰忍現在之苦，有厚望於將來。彼天地之覆載，日月之照臨，聖人之車殆馬煩，不遑寧處，則不然也。亦曰天地無心而行化，聖人有心而無為。天地之自性如是。

聖人之自性如是。法性之各從其類亦如是。聖人與天地合德，善人得聖人之一體。其所為善，人不知而天知。則天降其福。人不知而心知，則心種其福，甘受人欺，其理如是。子之發也。天為之，心為之。亦非天為之、心為之。法性之自性為之。有不期然而然者。此條甘字有字，均須著眼。有子忽然大發者，其言外之意，謂無子必然成神也。

常思退步，一身終得安閒。

解：

安與危對，閑與忙對，退步者解脫之方便。常思者不為前境所障。與執著之心。易曰懲忿窒慾。孟子曰養心莫善於寡

慾。素書曰絕嗜禁慾。所以無累即此義也。人惟取著前境，爭是非，惑利害，斯與忿慾為緣。蹈妄苦而不自惜。君子無所爭。反求諸己。自得於天。任在危亡擾亂之中。不愧不怍。終得安閒之樂。皆退步之益也。下附退步卮言以資參考。不恥惡衣惡食，簞瓢陋巷不改其樂，是飲食起居之退步。憂道不憂貧，貧而樂，是貧賤之退步。躬自厚薄責於人，犯而不校，是與人之退步。

安閒之境有三：一曰知止，於向前境不肯躁進；一曰知足，於現在境隨遇而安；一曰知退，於較遜境豫思順受。

安閒之理有三。至樂性餘，至靜性廉，君子之所以合天。正己無求，不怨不尤，君子之所以處人。消息盈虛，卑不可踰，君子所之以體物。素位而行。不願乎其外，是一切時中之安閒。信心內外平等，何妨蹇難災迍，是究竟之安閒。獨立不懼，遁世無悶，損之又損以至於無為，無為而無不為，是向上之安閒。遁世可以修身，外身可以正心，忘心可以全神，超神可以契不神之神。退出惡業，於人道中而得安閒。退出麤重欲，於天道中而得安閒。退出煩惱，於涅盤中而得安閒。退出所知，於廣大法相中而得安閒。退出微細之顯，於大覺中而得安閒。

寶王三昧論，是以聖人設教，以病苦為良藥，以患難為逍遙，云云。格言聯璧天薄我以福，吾厚吾德以將之。天厄我以遇，吾亨吾道以通之，云云。又能知足者天不能貧，能無求者天不能賤，云云。暗室燈知足歌，人生蓋有福，人苦不知足，思量勞碌苦，安閒便是福，云云。又羅狀元知足歌，茅屋是吾居，休想華麗的，畫棟的不久棲，雕樑的有壞時，云云。至理名言，略舉一二，欲知其詳，可考原文。

舉止不失其常，非貴亦須大富，壽可知矣。

解：

此得主而有常也。有常則有定。能權輕重，故可以貴。能持盈虛，故可以富。能操生死之機，故可以壽，有常則能久。日月得天而能久照，四時變化故而能久成。聖人久於其道而天下化成。觀其所恒。天地萬物之情尚可見。況下焉者乎？

喜怒不形于色，成名還立大功，奸亦有之。

解：

語云：自知者英，自勝者雄。喜怒不形，是能自勝者也。故足以立功名。至於為正為邪，乃心術之分耳。

無事失措倉皇，光如閃電。

解：

神乏則怯，怯則易驚，其何能久。

有難怡然不動，安若泰山。

解：

神足則定。定則不亂。是以能安。

積德累仁，百年必報。

解：

以有餘殃故，百年而後報。欲大其賞故，百年而乃報。其數已盈故，百年而必報。

大出小人，數世其昌。

解：

待人常有餘。處己常不足。孽易盡。福易積。積累至厚。
澤不驟斬。故昌可數世。

人事可憑，天道不爽。

解：

天道由法性而出。法性乃因果之田。即人事可見天道。觀
天道可驗人事。

如何殞刀飲劍。君子剛愎自用。小人行險僥倖。

解：

剛愎自用行險僥倖，皆足貽眾人以不測之危亡。而為之者
不曾之惜。故其報如此。吾鄉章令張匪故事，即此例。

如何投河自縊，男子才短蹈危，女子氣盛見逼。

解：

才短蹈危者。多因力小而任重，智小而謀大。氣盛見逼
者。多因不肯吃虧，不顧大體。自剛愎自用以下，至此，皆有
宿因，藉端發作。不可不知。

如何短折亡身，出薄言，做薄事，存薄心，種種皆薄。

解：

言薄行薄心薄，其命已薄。是以短折。此亦宿因。不可但
以今生所見為準。

如何凶災惡死，多陰毒，積陰私，有陰行，事事皆陰。

解：

陰以害人，使人罹不測之凶。故己亦如之。

如何暴病而歿，色欲空虛。

解：

精血已枯，生氣飄乎，是以暴歿。

如何毒瘡而終，肥甘凝膩。

解：

肥甘凝膩者，脈道壅腫，氣血不能周流，故以毒瘡死。

如何老後無嗣，性情孤潔。

解：

孤則不愛人。潔則常厭人。既乏情慾之感。復忌螟蛉之續。老後無嗣其本願使然。亦有夙世無緣。他故譴折者。

如何盛年喪子，心地欺瞞。

解：

人明以瞞之。天明以警之。殆欲其自新也。

如何多遭火盜，刻剝民財。

解：

貨悖而入者。亦悖而出。

如何時犯官符，調停失當。

解：

調停失當者，不分曲直，不審虛實。不別重輕，不察利害。離人骨肉，種人禍胎。令人擾攘不寧者。己亦纏訟不休矣。

如何端揆首輔，常懷濟物之心。如何拜將封侯，獨挾蓋世

之氣。

解：

治平首輔，多乘願而來。亂世封侯，其所秉亦異。

何知玉堂金馬，動容清麗。

解：

方以類聚，物以群分。有諸內必形諸外。其所遇亦從之。如鳳非梧桐不棲之類是也。

何知建牙擁節，氣概凌霄。

解：

義同拜將封侯節。

何知丞簿下吏，量平膽薄。

解：

量平則不肯吃虧。膽薄則不能任重。無容人之量。乏維世之心。是以日辦官事。不能長人。以下吏終。

何知明經教職，志近行拘。

解：

是守經而未能達權者。可以樹芳型，而不可以資政治。則教職其選也。

何知苗而不秀，非惟愚蠢更荒唐。

解：

昏其神，濁其氣，故不能立。

何知秀而不實，蓋謂自賢兼短行。

解：

泄其氣，戕其生，故不能成。

若論婦人，先須靜默。

解：

人之禍福根於心。心之發見為言行。靜默者，言行之主也。易曰，言行君子之樞機，樞機之發，榮辱之主也。言行君子之所以動天下也，可不慎乎。故必靜而後動。默而後語。有體此有用。有中乃有和。易曰，吉人之辭寡。大學曰，定而後能靜。故靜默則吉者，修身之通義。而婦人尤甚。坤體寧靜故也。

從來淑女，不貴才能。

解：

有真才者必不見才。有真能者必不矜能。婦人服於人者也。是故無專制之義。有三從之道。用才能則將自專。舅姑夫舉可藐視。非咎之招，無所不至。是以君子不貴也。

有威嚴，當應一品之封。

解：

威則重，重則鎮物，故主貴。

少修飾，準掌萬金之重。

解：

樸則儉，儉則積福，故主富。

多言好勝，若然有嗣必傷身。

解：

婦之多言者，非誇己長，即形人短。好勝者，惟欲伸己，不管屈人。其根已虧。分宜無嗣。若賴舅姑夫子之緣，幸而有嗣，必傷其身。

盡孝兼慈，不特助夫還旺子。

解：

孝以老老。慈以幼幼。處家之大端得矣。彌縫其闕曰助。生機不窮曰旺。

貧苦中毫無怨詈，兩國褒封。

解：

無詈難，無怨更難。毫無怨詈尤難。末世婦女，富貴中尚難之，況貧苦乎。能之，是真安分知足者也。安分則事皆盡分。知足則無往不足。天下惟安分知足者，得天獨厚。

惟安分知足者，根基穩固。惟安分知足者，深契因果。惟安分知者，不肯妄為。惟安分知足者，高尚其事。惟安分知者，守志不屈。惟安分知足者，可以進德。惟安分知足者可以修業。惟安分知足者，可以進德。惟安分知足者可以修業。惟安分知足者，高而不危。惟安分知足者，滿而不溢。總之，安分知足，為眾德之本，諸福之基。如甘受和。如白受采。偏畸之賞，固不足以盡之也。

富貴時常惜衣糧，滿堂榮慶。

解：

本厚福。而常惜福。所積常溢於所享。福福滋生。遍及其

第四章　陳摶易學著作集錦

餘。故應此報。

奴婢成群，定是寬宏待下。

解：

寬則得眾，故奴婢成群。然非必及生遽能臻此感應。殆宿福然也。寬宏待下，亦是宿習之見端。

貲財盈篋，決然勤儉持家。

解：

與少修飾條同義，易明。

悍婦多因性妒，老後無歸。

解：

悍而不妒，亦主孤。然悍未有不妒者，彼惟欲己之自便。情可斷，義可絕，大義不知，大害不顧。卒之己既悖其尊親，性與人殊，寧復有尊親之者。老後無歸，亦可憐矣。

奚婆定是情乖，少年浪走。

解：

奚婆，官媒之類。情乖，乖忤尊親之類。此等人少年不安于室。走東串西。卒至驅使於人，頭露面。業力所感，彼昏不知，歎哉。

為甚欺夫，顯然淫行。

解：

格言云：蹤多歷亂，定有必不得已之私。言到支離，才是無可奈何之處。皆為欺人者寫照。

緣何無子，暗裏傷人。

古者七出之條，無子居一。內典載諸不淨，無子女人亦居其一。殆皆指無出言。非產故不育者。然產而不育，金科已列為罰款。若本來無出，則女子之德相有虧。訓女寶箴已詳言之。

此篇獨歸過於暗裏傷人者。蓋有子必得陰相。暗傷人者亦暗受傷。此一說也。己暗以虧人，天明以虧己。此又一說也。

合觀前論，歷試無差。

解：

因果之律，毫釐不爽。陳祖靜觀有得，欲喚愚蒙使之共信，故其言如此。

勉教後來，猶期善變。

解：

相由心生，亦由心轉。非一成不變者。在人之轉念何如耳。

信乎骨格步位，相輔而行。

解：

骨格步位，形也。舉念善噁心也。今生相品，種於前生。前生氣習，現於今生。由相以驗心。審心以定相。心為主則相為輔。

允矣血氣精神，由之而顯。

解：

法由無形生有形。精神有強弱，有定亂。血氣有盈虛，有純雜。如此之類，皆由心生。

知其善而守之，錦上添花。

解：

譬如平地，雖覆一簣，進吾往也。善而能積。繼長增高，未可量也。

知其惡而弗為，禍轉為福。

解：

過而能改，善莫大焉。要在能知。知之一字，眾妙之門。凡無心之惡，雖可末減。然永無懺悔改易之日，其事似微，業障彌重。如鐵丸雖小，立沉海底。自知之惡，雖受苦報，然有刻責制止之情。其事雖重，業障究輕。如鐵片雖大，祇浮水面。是以惡貴能知。知之貴於弗為。須戒自暴自棄自滿自是自欺五者之病。堅決無疑。則放下屠刀徑趨佛地矣。

※第五章※
陳摶詩歌精選

　　陳摶的一生作了大量的詩詞，據《宋史‧陳摶傳》所載：陳摶撰有《指玄篇》八十一章。《三峰寓言》、《高陽集》、《釣潭集》、《入室還丹詩》均為陳摶詩集，及詩六百餘首，這些詩詞著作多已失傳。考《太華希夷志》，尚有陳摶《睡歌》等詩作十九首。這十九首詩主要是他在應宋太宗之詔時寫下或進獻的。

　　在他的詩作之中，道家的思想很濃，表達了看破紅塵、超脫人世、避開現實的人生哲學，故在詩歌創作上，表現出一種無拘無束的風格。他有不少描寫自然山色歌頌祖國河山的詩文，生動自然，熱情豪放，但有一部分詩詞也顯示了濃厚的睡意。

　　本書收錄了陳摶的詩詞四十餘首，他的詩詞境界很高，迥脫塵家，用樸實自然的語言反映社會弊端和民間疾苦，語言流暢，詞句淺近，雅俗共賞，通俗易懂，言簡意深，生動感人。

題畫詩
莫貪枝葉已成龍，要悟從頭到底空。
已于神仙施筆力，風霜不可軾磨礱。
（錄自《亳州志》）

這卷墨竹上的題畫詩，據《亳州志》記載，被陳摶的亳州
同鄉，明代嘉慶年間考功司郎中薛蕙得之，收入所著《考功集》
中，後題陳圖南作。

題石水澗

銀河灑落翠光冷，一派迴環淡晚暉，
幾恨欲為頑石礙，琉璃滑處玉花飛。
（錄自《宋藝圖集》）

此詩可能是陳摶「舉進士不第」之後所作。

無　題

平生不作皺眉事，天下應無切齒人，
斷送落花安用雨，裝添舊物豈須春。
幸逢堯舜為真主，且效巢由作外臣，
六十病夫宜揣分，監司無用苦開陳。

武當山詩

萬事若在手，百年聊稱情。
他時南面去，記得此山名。
（錄自《五代詩話》）

所謂「南面」，借指帝位，古代以坐北朝南為尊位，陳摶
把自己的名字也取為「圖南」，顯現了他圖南王天下的政治抱
負。然而他雖有圖南之志，卻無圖南之力，陳摶是明智的，選
擇修大道當了神仙。

清人王士禎《五代詩話》云：「本朝張鄧公改南面為南嶽，

並題其後云：『鮮壁題詩志何大？可憐今老華圖南』。」張鄧公可能當時與陳搏同學，張已居官而陳搏不願做官，故張以可憐諷刺之。

題落帽

我愛武當好，將軍曾得道。
升舉入雲霄，高嶺名落帽。

無　題

若得心空若便無，有何生死有何拘。
一朝脫下胎州襖，作個逍遙大丈夫。
（錄自《指玄篇》）

內丹詩

訪師求友學煉丹，精選朱砂作大還。
將謂外丹化內藥，原來金石不相關。
（錄自《指玄篇》）

此是說，煉外丹只是一種比喻，目的是教人煉內丹。

修　心

渾渾淪淪始氣中，山河日月正西東，
一碗大米由滋湛，貫徹玄台悟性功。
（錄自《玉詮》）

《指玄篇》詩

涕唾精津氣血液，七者原來盡屬陰。
若將此物為仙質，怎得飛神貫玉京。

採　藥

窈冥才露一端倪，恍惚未曾分彼此，
中間主宰這些兒，便是世人真種子。

還虛境界

童光晃朗似明蟾，雲去雲來體不纏，
掃盡葛藤心自瑩，存胎胎就聖功圓。

無　題

雪為肌體玉為腮，深謝君王送得來。
處士不生巫峽夢，空煩雲雨下陽臺。

（錄自《太華希夷志》）

藥方歌一首

豬牙皂角及生薑，西瓜升麻熟地黃，
木律旱蓮槐角子，細心荷蒂要相當。
青鹽等分同燒煆，研細將來使最良，
揩齒牢牙髭鬢黑，誰知世上有仙方。

石刻詩並序

我謂浮雲真是幻，醉來舍轡謁高公。
因聆元論冥冥理，轉覺塵寰一夢中。

因攀奉縣尹尚書水南小酌回，舍轡，特叩松扃謁高公。茶話移時，偶書二十八字。

道門弟子陳摶上

邛州天慶觀，石刻希夷詩，末書太歲丁酉，蓋蜀孟昶時，當後晉天福中也。文與可跋云：「高公者，此觀都威儀何昌一也。希夷從之，學鎖鼻術。」

（錄自《老學庵筆記》）

睡　歌

臣愛睡，臣愛睡，不臥氈，不蓋被。

片石枕頭，蓑衣覆地。南北任眠，東西隨睡。

轟雷掣電泰山摧，萬丈海水空裏墜。

驪龍叫喊鬼神驚，臣當恁時正鼾睡。

閑想張良，悶思范蠡，說甚曹操，休言劉備。

兩三個君子，只是爭些閒氣。

爭似臣，向青山頂上，白雲堆裏，

展開眉頭，解放肚皮，且一覺睡。

更管甚，玉兔東升，金烏西墜。

（錄自《太華希夷志》卷上）

這首詩的節奏頗為靈活，三言、四言、五言、六言、七言相交替，過渡也很自然，表現了作者「唯變所適」的審美情趣。在這種睡功描寫之中，他對毛氈、棉被之類常人睡用必需品不屑一顧，卻對山石和蓑衣懷有特別深厚的情感。一代梟雄曹操，還有滿口仁義的劉備都不在他的話下，而張良、范蠡這些深通黃老之學潛心修成丹道、獨善其身、兼善天下、功成身

退之士卻受到他的高度讚揚。

此詩以通俗的口語，表達了陳摶高道的人生觀，詩中反映了黃帝老子思想中「道法自然」規律、「天人合一」生活，進而修成大道的大境界。

《辭朝歎世詩》

南辰北斗夜頻移，日出扶桑又落西。

人世輕飄真野馬，名場爭擾似醯雞。

松篁鬱鬱冬猶秀，桃李紛紛春漸迷。

識破邯鄲塵世夢，白雲深處可幽棲。

（錄自《太華希夷志》）

當周世宗封陳摶為諫議大夫時，他賦此詩。在陳摶看來，人世就像野馬狂奔，塵土飛揚；名場就像邯鄲美夢，迷離恍惚。既然如此，就用不著在其中角逐爭奪。所以，他抱著一種無所謂的態度，安心地還山去煉他的丹道睡功。

華 山

半夜天香入嚴谷，西風吹落嶺頭蓮。

空愛掌痕侵碧漢，無人曾談巨靈仙。

（錄自《回樹屋書影》）

絕 句

華山高處是吾宮，出即凌空跨曉風。

台殿不將金鎖閉，來時自有白雲封。

（錄自龐覺《希夷先生傳》）

西　峰

為愛西峰好，吟頭盡日昂。

岩花紅作陣，溪水綠成行。

幾夜愛新月，半山無斜陽。

寄言嘉遯客，此處是仙鄉。

　　　　　（錄自《詩人玉屑》）

　　這首五言律詩，寫的就是陳摶自己隱居華山事，全詩雖無華麗的辭藻，但卻寫得含蓄深沉、令人神往。

詠毛女

曾折松枝為寶櫛，又編栗葉作羅襦。

有時問著秦宮事，笑撚仙花望太虛。

　　　　　（錄自《翰府名談》）

與毛女遊

藥苗不滿筥，又更上危巔。

回指歸去路，相將入翠煙。

　　　　　（錄自《翰府名談》）

冬日晚望

山鬼暖或呼，溪魚寒不跳。

晚景愈堪觀，危峰露殘照。

　　　　　（錄自《翰府名談》）

第五章　陳摶詩歌精選

贈張詠

征吳入蜀是尋常，歌午筵中救火忙。

乞得金陵閑養老，也許憂恫鬢邊瘡。

（錄自《詩林廣記》）

附記：

《古今詩話》云：張詠年少時謁華山陳圖南，圖南贈詩一絕，詠不喻其意。三年後張詠進士及第，奉命到杭州撲滅僧紹倫的妖蠱之亂，後又入蜀任益州知州。晚年發瘡於鬢，移守金陵，卒。悉如其言。因為張詠長期與胭花美人廝混，其胭脂的毒素會引起生瘡，又因張是金陵人，晚年必歸里養老，可見陳摶懂醫學，知五行，會相法，故能預知其一生規律矣。

贈金勵二首

（一）

常人無所重，惟睡乃為重。

舉世皆為息，魂離神不動。

覺來無所知，貪求心愈動。

堪笑塵中人，不知夢是夢。

（二）

至人本無夢，其夢本遊仙。

真人亦無夢，睡則浮雲煙。

爐中長存藥，壺中別有天。

欲知睡夢裏，人間第一玄。

（錄自《詩林廣記》）

附記：

元太常博士胡助《純自齋類稿》，題希夷像云：「天下事已定，先生睡正濃。」

無　題

問君世上何事好，無過曉起睡當早。

庵前亂草結成衣，饑餐松柏常令飽。

因玩山石腳絆倒，不能起得睡到曉。

時人盡道臣憨癡，臣自憨癡無煩惱。

（錄自《太華希夷志》）

太平興國元年（西元 976 年），宋太宗派朝臣陳宗顏帶著詔書和御詩，前往華山詔陳摶。陳宗顏於四月十五日抵達華山雲台觀，向陳摶宣詔並接了御詩。陳摶對使臣說：「貧道棲真物外，修煉山間，無意求名，有心慕道，不願仕也。」因而寫下此詩，以明其志。

赴詔答葛守忠

鶴氅翩翩即散仙，蒲輪爭忍利名牽。

流連華岳傷心別，回顧雲台望眼穿。

涉世風波真險惡，忘機鷗鳥自悠然。

三峰才欲和衣倒，又被天書下日邊。

（錄自《五代詩話》）

宋太宗第三次選能言善辯的葛守忠為使臣，攜太宗御筆詔書和《復詔陳摶詩》前往華山詔陳摶，陳摶接過詔書和御詩，實感為難，故寫下此詩。

別麻衣道者

華岳峰前兩路分，數間茅屋一溪雲。
師言耳贖持知久，人是人非聞未聞。

（錄自《因樹屋書影》）

陳摶奉詔進京面君時，其師麻衣道者囑咐：好自為之，逢人莫說人事。陳摶特作此詩，表示牢記尊師教誨。

建隆觀聞鐘

（一）

千門萬戶鎖重關，星斗排空靜悄然。
塵世是非方欲歇，六街禁鼓漏初傳。
銀河斜轉夜將闌，枕上人心算未閒。
堪歎市塵名利者，多應牽役夢魂間。

（二）

玉漏將殘月色沉，一聲清響透寒音。
能催野客思鄉切，暗看離人起恨深。
窗下驚開名利眼，枕前喚覺是非心。
皇王帝伯皆經此，歷代興亡直至今。

（錄自《太華希夷志》）

這是陳摶初進京時因聞鐘聲有感而作的。他從星斗排空、銀河斜轉的夜景變遷聯想到塵世的是是非非，更感到醉心名利、夢魂不定的痛苦。

延英殿上答宋太宗

臣今得道幾經年，每日常吞二氣丹。
仙醸飲時添漆鬢，蟠桃食後注童顏。
夜深只宿雲台觀，曉起齋登法籙坦。
陛下問臣修養法，華山深處可清閒。

（錄自《太華希夷志》）

口答宋太宗

昨夜三更夢魂驚，一聲鐘響萬人行。
多應又是朝金闕，臣自無官睡到明。

（錄自《太華希夷志》）

一日早起，陳摶與宋太宗遊覽時，同登宮院角樓，太宗吟詩一首贈陳摶，他遂賦此詩。

如果說日理萬機的宋太宗對日高未起的富民生活產生了羨慕之心，那麼，陳摶則不但對安心而睡的生活感到滿足，而且還流露出獨自欣賞的情調來。

退官歌一首

道能清，道能靜，清靜之中求正定。
不貪不愛任浮生，不學愚迷多慳吝。
時人笑臣不求官，官是人間一大病。
官卑又被人管轄，官高亦有人趨佞。
或經秦，或經鄭，東來西去似繩紉。
直至百年不曾歌，算來爭似臣清靜。
月為燈，水為鏡，長柄葫蘆作氣命。
出入雖無從者扶，左有金龜右鶴引。

朝日醉，長不醒，每每又被天書請，

時人見臣笑呵呵，臣自心中別有景。

（錄自《太華希夷志》）

陳摶在朝作客時，宋太宗欲封陳摶為「諫議大夫」，但陳摶牢記老師「不話人間事」的教誨，堅辭不受並作此《退官歌》，以表志向。

他把當官看做一種束縛手腳的繩索，只希望幽棲白雲深處，過著「左有金龜右鶴引」的自由生活。

辭上歸進詩

草澤吾皇詔，圖南摶姓陳。

三峰十載客，四海一閒人。

世態從來薄，詩情自得真。

氣全麋鹿性，何處不稱臣。

（錄自《宋詩記事》）

附記：

《澠水燕談》：太平興國初，召赴闕，賜號希夷先生，久之辭歸作。

歸 隱[1]

十年蹤跡走紅塵[2]，回首青山入夢頻，

紫陌縱榮爭及睡，朱門雖富不如貧[3]；

愁聞劍戟扶危主[4]，悶聽笙歌聒醉人[5]，

攜取舊書歸舊隱，野花啼鳴一般春。

附記：

宋人邵伯溫《易學辯惑》云：「陳摶隱居華山，自此以來，每聞一朝革命，顰蹙數日，人有問者，瞪目不答，一日乘驢遊華陰市，聞太祖登極，大笑墜驢，人問其故，曰：『天下自此定矣。』遁跡之初作此詩云，豈淺丈夫哉。」

注釋

〔1〕歸隱——隱居的地方。

〔2〕紅塵——人世間，指仕途功名。

〔3〕朱——朱紅漆的大門，指富貴人家。

〔4〕戟——古代兵器，把矛和戈合成一體，既能直刺又能橫擊，劍戟——指能征善戰。危主——指亂世中的皇帝。

〔5〕聒（音郭）——喧擾，聲音嘈雜，使人厭煩。

無 題

元氣充餐草結衣，等閒無事下山稀；
不侵織女耕夫利，猶自傍人說是非。

贈種放

事不關身皆是累，心願未了幾時閑；
須將未了並身累，吩咐他人入歸山。

（錄自《詩林廣記》）

附記：

種放隱居終南山，聞希夷之風，扮樵夫往見之，希夷曰：「君豈樵夫者，後當有顯官。」後真宗詔見，待以殊禮，授諫議大夫，拜工部侍郎。

451

無　題

求仙不識真鉛汞，閑讀丹書千萬篇；

內裏明來是至真，外邊入者即非親。

（錄自《詩林廣記》）

❋第六章❋

陳摶丹法當代傳人百歲道醫李靜甫
收集《華山古方精編》

第一節　華山百歲道醫李靜甫簡介

李靜甫，俗名李文龍，生於 1910 年，浙江東陽人。新中國成立後，曾任鄉人民代表、鄉委員、華山道教協會會長、省道協常務理事等職，現任華山道教協會名譽會長。

他出生在一個農民家庭，兄弟三人，家境貧寒，小學沒上完就到竹器社學編織，後被國民黨抓了壯丁，到山西閻錫山部隊當醫務兵。

1942 年，李靜甫隨部隊到西嶽廟，後於東峰出家，在純陽觀修道。入道三年，拜老道長雷清志為師，係華山派第三十二代弟子，他隨道友誦經學道，作好早晚功課。因生性聰敏，又勤奮好學，師父教的經典一學就會，故深得師父喜愛。

他又愛好學醫，他認為：「自古醫道不分家。」1944 年，他開始從青柯坪靈官殿醫道周至斌學醫。周已從醫多年，醫術頗深。他邊學邊挖掘道家醫學知識寶庫，繼承道家祖傳秘方，不斷提高自己水準。華山本身就是一個藥材庫，中峰細辛坪產的細辛，歷代皆為上奉皇帝的貢品。

第六章　陳摶丹法當代傳人百歲道醫李靜甫收集《華山古方精編》

他多年居住華山，對華山中草藥材知識掌握極為豐富。為了能採集到大量藥材，他不辭勞苦，跋山涉水，翻山越嶺，足跡踏遍全山各個險峰，將採集到的藥材，以道家祖傳秘方加工炮製成中成藥，為病人治病。他研製的膏藥，很是神奇，不管病情如何嚴重，只要敷上它，就立即見效，腫退痛消，藥到病除。

其醫術遠近聞名，看病者絡繹不絕。他不僅醫術高明，而且醫德高尚，在華山五十餘年，治病舍藥，分文不取。人說李會長是：「醫道兼修，濟世渡人。」他從醫多年，從中總結出不少經驗。

1980 年，李靜甫同華陰縣衛生局同仁共同編寫《華山藥物志》，全書共收集了中草藥標本 926 種，其中就有他採集的 700 多種。此書 1985 年由陝西科學技術出版社出版，現已發至各地，成為中國醫學上一大瑰寶。

「文化大革命」開始後，各地大搞破四舊，當時縣上派到華山的工作組提出，將各廟現有的法衣、經卷等全部清理燒毀。李靜甫挺身而出，予以阻止，儘管工作組否決了他的意見，將華山僅存的經卷《道藏輯要》、法衣，還有一尊用楠木精雕的斗姥神像一併燒毀，但李靜甫會長不隨波逐流，敢於堅持正義的大無畏精神，至今還令人敬佩。

「文革」後，他任華山道教協會第一屆會長，任職期間，積極貫徹黨的宗教政策，堅持「自力更生，以廟養廟」的原則，整頓道風，開展創收節支活動，大抓經營效益，總收入由 1985 年的十一萬元增加到 1988 年的二十多萬元。收入年年增長，才有條件對玉泉院、仙姑觀、西峰等處進行修整，工程從 1985 年開始，到 1988 年結束。尤其是玉泉院的修建工作更全面、細微，其中新建旅社一棟（八間）、三聖母殿三間、望河

亭、東長廊等，並對院內的殿、亭、石船、長廊進行了雕樑彩畫等修繕工作，使玉泉院面貌煥然一新。

此外，又在二門前護坡平臺上新建了百獅台，台長達百餘公尺，有小獅 164 個，獅下漢白玉石欄板上雕有竹木花卉，飛禽走獸，其工藝精良，形態各異，栩栩如生，為遊人增添了不少樂趣。

1994 年，他退出領導崗位，雖已年逾九旬，但身體健康，仍懷一顆濟世活人之心，平時除了繼續誦習經典，潛心修道之外，還苦心鑽研醫學知識，為更多的患者治病，解除了許多患者的痛苦。

李靜甫道長平生收集不少道醫和中醫古方驗方，特經實踐靈驗後整理抄錄成《華山古方精編》一書傳世濟人。

2010 年夏初李靜甫道長在華山羽化，住世百年，其精神與道風將與世長存。

第二節　《華山道醫古方精編》

1.華佗神膏

【主治】傷科、外傷骨傷。

【處方】沒藥 6 克、乳香 6 克、血竭 6 克、兒茶 6 克、冰片 3 克。

【製法】桐油 250 毫升、黃蠟 30 克、熬開三次兒茶研細粉下入膏藥基質內攪拌均勻，再下血竭，之後下沒藥、乳香，共研細末，文火中下藥，火強易於破壞藥性味。

【用法】傷癒收口，加骨碎補 30 克、傷熱加黃連 3 克、煆狗骨 6 克、傷口腐爛加官粉 2 克。　　　　（來源後漢華佗傳）

2.治類風濕、上半身

【主治】各類類風濕。

【處方】雷公藤 250 克、生二烏各 65 克、當歸、紅花、桂皮、羌活、地楓皮各 18 克。

【製法】上藥加水 2500 毫升，煎至 1000 毫升，過濾棄渣加冰糖 250 克、白酒 1000 克、二劑裝瓶泡 3 天可備用。

【用法】成人每次 30～50 毫升，每日三次，老人和兒童酌減。

3.桑柳膏、白金膏

【主治】傷科、外傷、骨折。

【處方】當歸 30 克、乳香 30 克、黃丹 480 克、羌活 30 克。柳根白皮 80 克、桑根白皮 90 克、槐白皮 60 克、蔥白 1 把、白芷 30 克。

【製法】上藥各細切，用麻油 1000 毫升，以慢火煎油，再次下三種白皮並蔥油，冷黃去渣，即下諸藥，煎半日取渣，次下黃丹以柳枝攪冷，黑色成膏，以瓷盒貯。

【用法】每用時即可細布上攤貼於疼痛損處。

（來源《太平聖惠》）

4.柒生膏、接骨膏

【主治】損傷外傷。

【處方】生川烏 60 克、生南星 60、生半夏 60、生大黃 60 克、生香附 60、生草烏 60、生麻黃 60、桂枝 60、大皂菜白芥子 60、五加皮 60、全當歸 60、杜紅花木鱉子（切片待用）螃蟹 4 個，升麻 120 克、官粉 120 克、寸香 30、甘松 120、乳香

120、沒藥 120、丁香 60 克、芸香 120、一枝蒿 30 克、研細末待用。

【製法】先將 14 味藥切片，並螃蟹 4 個、浸入麻油 500 毫升、春、秋季浸五日、冬季十日。盛入鐵鍋內熬枯去渣，加入松香碾末 120 克、黃丹夏天用 240 克、冬天用 210 克、頻頻下放，用手攪拌以有黏力為度，下黃丹時火須去用楊柳粗枝攪，冷後將 10 味藥末放入攪勻。半小時後，將膏傾入冷水中凝結成塊。

【用法】用時貼患部。

（來源祖國醫學采風錄）

5.蜂香膏、保膚膏

【主治】燙火燒及臁瘡禿瘡燙傷、深部膿包瘡。

【處方】大蜂房 1 個，香油 250 克、血餘 15 克、黃蠟 60 克、大黃末 60 克、潮腦末 30、後二味研細末後加入。

【製法】油沸入大蜂房血餘煎消煉枯濾去渣，再入黃蠟熔化待溫，最後和入大黃末潮腦，膏成儲之備用。

【用法】用時攤貼創面。

（來源《外科大成》）

6.二山膏慈

【主治】消渴糖尿病。

【處方】山萸肉 6 克、山藥 6 克、熟地 6 克、茯苓 6 克、澤瀉 6 克、丹皮 6 克、牛膝 6 克、車前子 6 克、太子參 6 克、白术 6 克。

【製法】以上 10 味藥用水煎熬成汁濾過渣，用冰糖適量熬藥成糊狀收膏。

【用法】1 日 3 次，每次服 7 克，忌澱粉類食物。

（來源《濟生方》）

7.寒硝膏、寒水石膏

【主治】癰瘡並關節瘀結成腫，瘍癰膿腫。

【處方】寒水石 60 克、硝石 30、羊蹄根 30 克、切碎川大黃 30 克，白及 1 克、木香 1 克、附子 1 克去皮、黃連去鬚 30 克、丁香 1 克、榆白皮 1 克、荊芥草 1 克、赤小豆 60 克、漢防己 30 克、半夏 1 克、玄參 30 克、甘草 30 克。

【製法】以上 16 味藥切碎研為細末，用時以生蜜 70 克、地黃 70 克、調成膏。

【用法】攤於生絹上貼敷患處。

（來源外科《啟玄濟生方》）

8.蓼草膏

【主治】背癰。

【處方】鮮蓼草 5000 克曬乾燒灰存性，淋灰汁熬膏至半碗，風化蜜腦 30 克即石灰。

【製法】二味調均入瓷罐收貯封固。

【用法】如遇腫毒將筆蘸，沾在患處 2 次、出黑水血盡，再將藥膏貼之。

（來源《外科啟玄》）

9.薑桂軟膏、回陽玉龍膏

【主治】癰瘡痛、腳氣、鶴膝風、關節炎。

【處方】煨薑 90 克、肉桂 15 克、赤芍炒 30、南星煨 30、草烏炒 90 克、白芷 30 克。

【製法】共為細末。

【用法】用熱酒和藥敷患處。

（來源《外科啟玄》）

10.閻茹膏、雄黃閻茹膏

【主治】乳癰乳腺膿腫。

【處方】閻茹切碎 0.3 克、雄黃 0.3 克、白蘞 0.3 克、雌黃 0.3 克。

【製法】各藥以豬脂 250 克合煎三沸去渣而成膏。

【用法】塗瘡上。

（來源《外台秘要》）

11.連皮膏

【處方】黃連 15 克，黃皮去粗皮煨焦 15 克、海螵蛸 15 克、五倍子 9 克、輕粉 3 克。

【製法】上藥研極細末，與豬脂「治」50 克和均。

【用法】貼患處。

（來源《外台秘要》）

12.桑極膏、白金膏

【主治】傷折外骨折。

【處方】桑根白皮 90 克、柳白皮 60、槐白皮 60 克、蔥白一把、白芷 30 克、當歸 30 克、乳香 30、黃丹 390、羌活 480 克。

【製法】上藥各細切用麻油 1000ml，以慢火油煎，次下三種白皮並蔥令黃去渣，即下諸藥煎半日又去渣，次下黃丹以柳枝攪令黑色成膏以瓷盒貯。

【用法】每用時即細布攤貼於疼痛損處。

（來源太平聖惠方）

13. 黃當軟膏、黃蓍膏

【主治】損傷外傷。

【處方】黃蓍 20 克、當歸切焙 30、附子炮製去皮臍 30 克、白芷 30 克、川芎 30、續斷 30 克、細辛去苗葉 30 克、薤白切細 30 克、豬脂 500 克切。

【製法】以上九味除豬脂外搗碎，以酒 35 毫升拌一宿焙於次日，先煎豬脂，沸下諸藥，色變濾去渣，以盒盛之。

【用法】不拘多少塗患傷處。

（來源《外科大成》）

14. 天花膏、截止血膏

【主治】損傷外傷。

【處方】天花粉 90 克、薑黃 30 克、赤芍 30 克、白芷 30 克。

【製法】上藥為末用清茶調服敷。

【用法】如傷頭部面部，出血不止者，藥塗傷處周圍、傷手足者藥塗傷處周圍。如無水出（即風襲者）倍加南星和敷。如傷口肉硬不消者、風襲者之加獨活，用熱酒調敷。如不消風入深處，加紫金皮和敷自消。

15. 三脂軟膏、止痛膏

【主治】燙火所損、湯燒、燒傷。

【處方】羊脂 9 克、松脂 90、豬脂 9 克、黃蠟 15 克。

【製法】取羊脂、豬脂同於鍋中煎令沸，次下松脂、黃

蠟，令熔化盡攪勻，傾乾瓷盒內盛。

【用法】1日3次塗之。

（《來源太平聖惠》今華山玄壺道士李靜甫實踐錄）。

16. 梔子軟膏

【主治】湯潑火傷燙傷燒傷。

【處方】梔子仁13克、黃連去鬚0.3克、生地黃60克、蔥白10克連根，白芷13克、黃蠟15克、清麻油20毫升。

【製法】上藥細切於油鍋內煎，以地黃焦 為度，綿濾去渣澄清即於鍋內入蠟，慢火熬候蠟消，傾乾瓷盒內。

【用法】每用時用毛筆塗抹患處。

（來源《太平聖惠》）。

17. 白芷軟膏、玉紅膏

【主治】活血解毒消腫止疼痛，冬日凍瘡水火燙傷。

【處方】白芷12克、當歸12克、紫草12克、紅花12克。

【製法】以上藥料用香油1000毫升，炸枯去渣濾淨，加黃蠟180克收膏，每15克重裝盒。

【用法】塗抹患處。

18. 白地軟膏、白芷膏

【主治】金瘡生肌槍刀傷肉芽生長。

【處方】白芷45克、生乾地黃45克、甘草15克、當歸9克、白斂9克、附子9克、川椒14克。

【製法】上藥細切，以綿重裹，用豬脂1500克、煎白芷焦、黃膏成，濾去渣收瓷器內。

【用法】塗於瘡上。　　　　　　　　　（來源《太平聖惠》）

19. 赤石軟膏、生肌膏

【主治】生肌，長肉，肉芽，生肌。

【處方】赤石脂 3 克、麻油 500、煆龍骨 30 克、黃蠟 3 克、熟豬油 3 克、乳香 3 克、沒藥 3 克、煆象皮 3 克、輕粉 3 克。

【製法】俱為細末入油內攪勻成膏攤貼。

【用法】先將瘡用鹽水洗 3 次貼膏，1 日 1 換。

（來源《患難內編》）

20. 木香軟膏

【主治】清熱除火、火眼、結膜炎。

【處方】木香 30 克、附子 30、炮製去皮臍、朱砂 0.13 克，龍腦 15 克、青鹽 45 克、牛酥 60 克、鵝酥 120 克。

【製法】以上附子木香搗為細末，入朱砂後下五味，同研均以慢火熬成膏。

【用法】每少許不計時候頭上抹之。

（來源《太平聖惠方》）

21. 旌白軟膏、七寶膏

【主治】火眼、結膜炎。

【處方】旌仁去油膜 100 克、白硼砂 15 克、朱砂 03 克、片腦 3 克。

【製法】共研細粉蜜調成膏。

【用法】點眼。

（來源《丹溪心法》）

22.羖蜂膏、草花膏

【主治】赤眼結膜充血。

【處方】羖羊膽 3 克、蜂蜜 10 克。

【製法】蜜入膽中蒸熟，候乾細研為膏。

【用法】每口含少許或點眼。

【又法】臘月蜜入膽中，紙籠套住，懸屋簷下，待露出掃取點眼。

（來源《膏藥方集》）

23.一黃軟膏、黃連膏

【主治】消炎、止痛、火眼、紅腫、怕光、羞明。

【處方】黃連 750 克。

【製法】將黃連熬汁收膏，以不洇濕紙為度，每 30 克汁對煉蜜 30 克。

【用法】用涼開水將眼洗淨，以藥膏少許點入眼。

（來源《全國中藥成藥處方集》）

24.黃風軟膏、黃連膏

【主治】明目止痛，暴發火眼，紅腫痛癢、流淚怕光、眼邊紅爛。

【處方】黃連 240 克、黃柏 300 克、防風 120 克、菊花 60 克、當歸 240 克、甘草 240 克、生地 50 克、薑黃 120 克。

【製法】上藥共煎去渣濃縮，每 60 毫升濃汁加蜜 150 克，入冰片 1.5 克。

【用法】用玻璃滴管蘸取少許點眼角，禁忌刺激食物。

（來源《全國中藥成藥處方》）

25. 油石軟膏

【主治】疰腮熱紅腫痛、腮腺炎、耳下腺炎。

【處方】桐油 15 毫升，生石灰 30 克。

【製法】用水溶生石灰 30 克，等石灰沉澱後取其水以桐油和水調勻。

【用法】塗敷患處。

（來源中醫實效方）

26. 旦胡軟膏、鼻蟲蝕膏

【主治】鼻室塞、發癢、慢性鼻炎等。

【處方】五倍子研末 5 克，胡麻油 50 克。

【製法】熬成軟膏。

【用法】塗患處。

（來源《湖南省中醫單方驗方》）

27. 連薑軟膏、黃連膏

【主治】潤燥消炎止痛，肺胃火盛，鼻孔生瘡乾燥結痂。

【處方】川黃連 9 克、薑黃 9 克、川黃柏 9 克、當歸尾 15 克、生地 30 克、麻油 560 毫升、黃蠟 120 克。

【製法】麻油 560 毫升，將藥煎枯去渣，下黃蠟 120 克、熔化淨盡，用細布將油濾淨，傾入瓷盒內以柳枝不時攪之，候凝結為度。

【用法】每用少許搽敷患處。

（來源《全國中藥成藥集處方》）

28. 巴朱膏、巴豆朱砂膏

【主治】咽喉丹咽喉炎。

【處方】巴豆 0.2 克去殼、朱砂 0.5 克。

【製法】放入乳缽內研磨成粉。

【用法】將該粉放入普通膏藥中，貼在印堂穴與天突穴。

（來源《福建中醫驗方》）

29. 橘餅膏、滋潤肺膏

【主治】肺氣虛慢性氣管炎，咽嗆乾咳，或咳黏痰等症。

【處方】桔餅 240 克、沙參 500 克、麥冬 500 克、天冬 500 克、花粉 500、川尖貝 120 克。

「研細後調入」枇杷葉去毛，甜杏仁 500 克、核桃末 500 克、冰糖 500 克研細後下。

【製法】上藥煮取濃汁去渣，再加入川貝末、冰糖末，以白蜜 6000 克收成膏。

【用法】成人量每服 15 克用開水沖服，每日 2 次，小兒酌減，禁忌：痰多者，而大便滑瀉者禁服。

（來源《全國中藥成藥方集》）

30. 芥穗膏、銀翹解毒膏

【主治】清熱解表、散風，退燒、咽喉腫痛、流行感冒，發冷發燒、頭痛咳嗽、兩腮紅腫。

【處方】荊芥穗 12 克、銀花 30 克、苦桔梗 18、薄荷 18 克、竹葉 15 克、甘草 15 克、淡豆豉 15 克、連翹 30 克炒、大力子 18 克。

【製法】以上各藥熬汁濾渣，再將汁熬沸，收清膏 500

克，對蜜 1000 克收膏裝瓶。

【用法】每次 30 克、白開水沖服。

（來源全國中藥成藥處方集）

31. 黃升軟膏、黃連膏

【主治】火口瘡慢性口腔炎。

【處方】黃連 30 克去鬚，升麻 30 克、槐白皮 30 克、大青葉 30 克、竹葉 30 克。

【製法】上五味藥細切，以水 140 毫升，煎至 35 毫升，去渣取汁入龍膽蜜，攪勻煎成膏。

【用法】塗患處 1 日 3 次。

（來源《聖集總錄》）

32. 地黃膏

【主治】牙齒搖動、牙齦腫痛、牙周炎。

【處方】生地黃汁 36 毫升，當歸 15 克，「切焙」、白芷 15 克、青鹽 6 克、細辛 0.5 克「去苗葉」。

【製法】五味藥搗碎四味為末，以地黃汁銀器中慢火熬成膏。

【用法】塗患處 1 日 3 次。

（來源《聖濟錄》）

33. 蜂露膏、治牙露方

【主治】牙露萎縮性齒齦炎。

【處方】蜂房 9 個、大黃 30 克，蜂蜜 90 克。

【製法】把露蜂房烙黃和大黃研成細末，用蜜調成膏。

【用法】塗貼患處。　　（來源《西安醫學院祖國醫學集》）

34. 松酒膏

【主治】風火牙、神經炎。

【處方】松香5克。

【製法】將藥研末拌酒，攤油紙上。

【用法】貼外面牙齦上。

35. 耒（ㄌㄟˇ）服膏

【主治】疰腮風火牙痛、腮腺炎、牙神經炎痛。

【處方】萊菔服30克、核桃2個。

【製法】搗粘膏。

【用法】敷腮上患處。

（來源《山東中醫驗方集》）

36. 水銀軟膏

【主治】瘡深部膿、疱瘡。

【處方】水銀9克、文蛤9克、鉛粉15克、松香9克、蜜佗僧3克、銀珠1.5克、樟腦12克、珍珠6克、大楓子3個、核桃30個。

【製法】共搗勻加香油。

【用法】調敷患處。

（來源《外科大成》）

37. 丹芷膏

【主治】治爛腿、臁瘡，深部膿疱瘡。

【處方】飛丹15克、白芷6克、焙研細末。

【製法】以麻油調勻攤油紙上雙折並用針刺細孔。

【用法】貼於患處，兩端用帶紮住，不可使包裹透氣，1 日1 換。

（來源《外科大成》）

38. 綠梨膏

【主治】瘡深部膿疱病。

【處方】銅綠 9 克、梨 2 個、豬板油 1000 克、麻紙 7 張。

【製法】先將豬板油放鐵鍋內熬去渣，將梨去皮切片放油鍋內炸後去渣，再放銅綠熬成老黃色，而後將紙放入鍋內炸之，炸透取出放竹竿上涼之。

【用法】用此紙貼患處。

（來源《外科大成》）

39. 蜜油膏

【主治】治腳底爛、腳底流黃水、黃水瘡。

【處方】蜜陀僧 12 克、桐油 10 克。

【製法】蜜陀僧 12 克研末、桐油調。

【用法】搽患處

（來源《中醫驗方》）

40. 血竭軟膏

【主治】腳底流黃水、黃水瘡、腳底爛。

【處方】血竭 6 克、明雄黃 3 克、蜜陀僧 6 克、輕粉 3克、冰片 3 克、漳丹 6 克、乳香 4.5 克、銅綠 3 克。

【製法】共為細末香油調和，若用松柏油調更佳。

【用法】敷患處。

（來源《外科大成》）

41. 皂雄軟膏

【主治】瘑瘡、疥瘡

【處方】皂莢 30 克、雄黃 30 克。

【製法】上二味研搗篩為末，以醋 140 毫升熬成膏。

【用法】塗瘡，1 日 3 次。

（來源外科大成）

42. 銀礬軟膏、水銀膏

【主治】瘑瘡、癬瘡、疥瘡、頭癬、小兒頭癬。

【處方】水銀 10 克、白礬 30 克、蛇床子 30 克、雄黃 30 克、閭茹 30 克『末』。

【製法】上藥煉過加豬油 250 克，都研候水星兒盡。

【用法】敷之。

（來源《外科大成》）

43. 三香軟膏

【主治】白禿癬、血風頭、白癬、皮膚搔癢。

【處方】陵雲香 60 克、藿香 60 克、沉香 30 克、蔓荊子 60 克、附子 60 克去皮，澤蘭 60 克、防風 60 克、杏仁 60 克、芎蕌 60 克、天雄 60 克、辛荑 60 克。松葉枝 30 克、熊脂 30 克、白芷 60 克、生麻油 280ml、松脂 60 克。

【製法】上 16 味藥，以酒苦浸一宿，以脂等緩火煎、候白芷色黃膏成，去渣收貯。

【用法】塗發及皮膚 1 日 3 次。

（來源孫思邈《千金翼方》）

44. 百部軟膏

【主治】牛皮癬，銀屑病。

【處方】百部 30 克、白鮮皮 30、鶴風 30、蓖麻子仁 30 克、生地黃 30 克、全當歸 30 克、黃柏 30 克。

【製法】酥油 250 毫升入藥熬枯去渣再熬，加黃蠟 60 克，試水中不散為度，拿起鍋入雄黃末和勻，稍冷便入瓷鉢中收貯，退火後用。

【用法】敷之

（來源《丹方精華》）

45. 吳杏軟膏、乳香膏

【主治】風濕皮膚瘙癢，過敏性搔癢。

【處方】乳香細研 0.3 克、膩粉 0.3 克、硫磺 0.3 克、細研，杏仁 15 克、去皮尖研，吳茱萸 15 克搗末、巴豆 15 克去皮心。

【製法】上藥先以豬脂 500 克煎巴豆 10 餘沸、去巴豆，納諸藥末攪勻更煎 10 沸，傾於瓷器內候冷。

【用法】塗之

（來源《中醫驗方集》）

46. 牛柏軟膏、三油膏

【主治】鵝掌風、手掌黴菌病。

【處方】牛油 30 克、柏油 30、麻油 30 克。

【製法】前藥共入鍋火化開，加入銀珠 9 克、鋁粉 9 克、蜜陀僧 6 克、寸香末 3 克，攪勻成膏。

【用法】搽患處。　　　　　　　　（來源《驗方選靈》）

47. 牡蠣軟膏、男女陰瘡病

【主治】男女陰部瘙癢瘡，男女陰部濕疹。

【處方】米粉一酒杯，芍藥 25 克、黃芩 25、牡蠣 25、附子 25 克、白芷 25 克。

【製法】以上六味藥，以不入水豬脂 500 克煎之，微火三上三下，候白芷色黃膏成，絞去渣。

【用法】敷患處瘡上。

（來源《太平聖惠方》）

48. 參鹽軟膏、苦參膏

【主治】白癜風。

【處方】苦參 0.3 克、鹽 0.3 克。

【製法】上二味藥搗篩為末，先以酒 70 毫升煎至 30 毫升，入藥二味攪勻慢火熬成膏。

【用法】每用前先以生布搓患處塗之。

（來源《太平聖惠方》）

49. 硫薑軟膏、硫黃膏

【主治】紫癜風。

【處方】生硫磺、不拘多少。

【製法】上一味藥研末，用生薑汁同煎成膏。

【用法】洗淨患部以藥搓之。

（來源《驗方選錄》）

50. 粉砂軟膏

【主治】鵝掌風手掌黴菌病。

【製法】共研細末用麻油 120 克加黃蠟 30 克，以蠟熔化為度。

【用法】塗用。

（來源《驗方選錄》）

51.蜂房膏

【主治】乳腺癌。

【處方】露蜂房 6 克、天冬 15 克、枸杞子 9 克、醋炒柴胡 6 克、蚤體 15 克、當歸 9 克、杭芍 9 克、玉金 6 克、黨參 6 克、焦白朮 8 克、茯苓 6 克、生苡仁 20 克、川斷 12 克、桑寄生 15 克、女貞子 12 克、金銀花 12 克、生地 12 克、栀子 6 克、黃柏 6 克、元參 20 克、夏枯草 9 克、生牡蠣 20 克、山慈姑 3 克。

【製法】上藥用水煎熟成汁，用糖適量熬焦收膏。

【用法】日服 3 次每次 5 克。

（來源《太平聖惠方》）

52.天葵膏滋

【主治】乳岩、乳癌、消化道癌。

【處方】天葵 15 克、丹參 120 克、當歸 60 克、桃仁 60 克、乳香 30 克、五靈脂 30 克、甲片 60 克、白及 60 克、蚤休 30 克。

【製法】將上藥用水煎熟濾渣，用冰糖適量，熬焦糊狀收膏。

【用法】每天服 2 次每次 6 克。

（來源《丹方精華續集》）

53. 四味膠囊

【主治】帶狀疱疹。

【處方】龍膽草 50 克、板藍根 50 克、當歸 100 克、元胡 50 克。

【製法】用法共為細末裝入膠囊。

【用法】每日服 3 次，四至六粒治帶狀疱疹。

54. 疱疹合治劑

【主治】治帶疱。

【處方】大青葉 30 克、板藍根 30 克、蒲公英 30 克、胡黃連 6 克、生地 15 克、赤芍 15 克、二花 15 克、野菊花 15～30 克、馬齒莧 15～30 克。

【製法】水煎服。

【用法】每日分 2 次服。

55. 二味拔毒散

【主治】各種瘡毒。

【處方】雄黃、明礬。

【製法】共為末。

【用法】用茶水調服敷患處。

56. 二烏酒精液

【主治】治牛皮癬。

【處方】生草烏 10 克、生川烏 10 克、生南星 10 克、生半夏 10 克、白芷 10 克、大黃 10 克、雄黃 10 克、冰片 1 克、蜈蚣 4 條。

【製法】共為末加酒精 500 克浸泡 2 週。

【用法】用時藥液塗患處。

57. 治疣湯

【主治】尋常疣。

【處方】杏仁 9 克、紅花 9 克、生地 9 克、歸尾 9 克、赤芍 9 克、白芍 9 克、川芎 9 克、白朮 6 克、甲珠 6 克、首烏 6 克、板藍根 15 克。

【製法】用法水煎服。

【用法】服藥前用白酒沖服。

58. 平疣湯

【主治】各種疣。

【處方】土茯苓 35 克、生苡仁 35、敗醬草 15 克、紫草根 15 克、板藍根 15 克、連翹 15 克、大青葉 15 克、蒲公英 15 克、蚤休 10 克。

【製法】水煎服。

【用法】每日一劑。

59. 除疣湯

【主治】根治各種疣。

【處方】苡仁 30 克、大青葉 30 克、板藍根 30 克、牡蠣粉 30 克、敗醬草 15 克、夏枯草 15 克、赤芍 10 克。

【製法用法】水煎服，藥渣又煎洗患處。

60. 扁平疣瘊子

【製法用法】鮮蒲公英洗淨泥土，放陰處涼乾，揉成團在

皮膚上搽。鮮狼毒，用熱水洗患處數次，用狼毒白乳汁，搽患處。

61. 膿疱瘡

【處方】野菊花 20 克、紫花地丁 20、蒲公英 20 克、銀花藤 20 克、夏枯草 20 克、赤芍 10 克、黃芩 10 克、丹皮 10 克。

【製法用法】水煎服。

62. 頭癬蜂礬散

【主治】治頭癬。

【製法】蜂房 1 個、蜈蚣用火燒化。

【用法】用麻油調敷患處。

63. 硫枯散

【主治】體癬和股癬。

【處方】硫磺 15 克、枯礬 6 克、花椒 2 克、大黃 2 克、蜜陀僧 2 克。

【製法】共為末。

【用法】與米醋塗患處。

64. 硫樟散

【主治】體癬和股癬。

【處方】硫磺 0.5 克、樟腦 2 克、大楓子 6 克、生杏仁 6 克、輕粉 2 克、豬油 25 克。

【製法】前藥打成糊。

【用法】塗患處。

65. 硫雄散

【主治】治疥瘡。

【處方】硫磺 20 克、雄黃 50 克、枯礬 15 克、大楓子 15 克、銀珠 15 克、青黛 20 克。

【製法】共為末用凡士林 200 克調合。

【用法】搽患處。

66. 當歸芍藥湯

【主治】皮膚瘙癢。

【處方】當歸 10 克、芍藥 10 克、元參 10 克、黨參 10 克、棗仁 10 克、丹皮 10 克、天冬 10 克、麥冬 10 克、丹參 15 克、茯苓 9 克、柏子仁 9 克、遠志 9 克、生地 25 克、水牛角 30 克。

【製法用法】水煎服。

67. 三月湯

【主治】皮膚瘙癢。

【處方】當歸 15 克、白芍 15、首烏 15、生地 15、甘草 15 克、丹皮 15 克、白薇 20、白蒺藜 20、秦艽 10 克、紅花 5 克。

【製法用法】水煎服。

68. 止癢洗劑搽洗方

【主治】皮膚瘙癢。

【處方】蒼耳草 50 克、艾葉 50、蜂房 30 克、白鮮皮 30 克、苦參 30 克、地膚子 30 克、川棟皮 30 克、川椒 20 克、白礬 20 克。

【製法用法】水熬去渣洗浴。

69. 沖洗方

【主治】皮膚瘙癢。

【處方】艾葉 90 克、雄黃 10 克、花椒 10 克、防風 30 克。

【製法用法】水煎沖洗。

70. 硫梅散

【主治】治白癜風。

【處方】硫磺 6 克、梅片 3 克、蜜陀僧 6 克、枯礬 6 克、雄黃 6 克、蛇床子 6 克。

【製法】為末合凡士林調和。

【用法】塗患處

71. 雙白散

【主治】手足破裂。

【處方】白芨 50 克、白蘞 50 克、黃連 30 克、冰片 0.5 克。

【製法】三藥研細末後兌入冰片蜜調和。

【用法】敷患處。

72. 二礬泡洗方

【主治】皮膚止癢、殺蟲、止癢、收斂。

【處方】生白礬 10 克、地骨皮 10 克、皂礬 10 克。

【用法】煎水泡洗。

73. 止癢粉

【主治】止癢除濕、痱子、濕疹，其他瘙癢症全用。

【處方】滑石粉 30 克、寒水石 9 克，冰片 6 克。

【製法】共為末，裝袋。

【用法】用時麻油調合外塗患處。

74. 止癢粉

【主治】去濕收斂殺蟲止癢。

【處方】老松香 30 克、官粉 30、枯礬 30 克、乳香 60 克、輕粉 1.5 克、冰片 6 克、蜜陀僧 1.5 克、爐甘石 30 克。

【製法】共為末，裝袋。

【用法】用時麻油調合外塗患處。

75. 頭癬

【主治】頭癬。

【處方】川椒 25 克、紫皮大蒜 100 克。

【製法】混合搗成泥。

【用法】用水洗淨患部外敷患處。

76. 黃連解毒散

【主治】治鵝掌風。

【處方】黃連 60 克、黃芩 30 克、黃柏 30、山梔 30 克。

【製法】上藥為末。

【用法】每日服 2 次每次 6 克。

77. 益牙散

【主治】固齒止痛補腎明目烏髮。

【處方】生地 60 克、地骨皮 60 克、川芎 60 克、青鹽 60 克、香附 60 克、破骨紙 60 克、細辛 75 克、防風 75 克、白蒺

藜 15 克、五加皮 15 克、石膏 15 克、川椒 6 克、豬牙皂 6 克。

【製法】共為末。

【用法】每日早洗面時用藥搽牙,用白開水咽下。

78. 龍眼核

【主治】各種癬。

【製法】桂圓核去皮為末用米醋調。

【用法】散塗患處。

79. 二礬洗

【主治】治鵝掌風。

【處方】白礬 30 克、皂礬 30、兒茶 15 克、側柏葉 15 克。

【用法】煎水先薰後洗。

80. 丁香花椒湯

【主治】足癬。

【處方】丁香 12 克、花椒 12 克、苦參 30 克、地膚子 30 克、黃柏 30 克、生大黃 30、枯礬 30、五倍子 30 克、黃芩 30 克、烏賊骨 30 克。

【製法】水煎加醋。

【用法】外洗。

81. 雙粉散

【處方】輕粉 20 克、紅粉 20 克、銀珠 10 克、冰片 10 克、凡士林 3000 克。

【製法】前四味為末。

【用法】調醋敷患處。

陳摶丹法當代傳人百歲道醫李靜甫收集《華山古方精編》

82. 二粉散

【主治】各種黃水瘡。

【處方】紅粉 6 克、官粉 6 克、冰片 2 克、黑礬 10 克。

【製法】前藥乾末。

【用法】每日 2 次。

83. 腳氣散（紅色）

【處方】輕粉 6 克、膽礬 1 克、黃丹 12 克、蜜陀僧 6 克、煆石膏 6 克。

【製法】前藥為末。

【用法】用麻油調和搽患處。

84. 吳茱散

【主治】治癬症。

【處方】吳茱萸 50 克、烏賊骨 50 克、硫磺 10 克。

【製法】研為乾末。

【用法】用豬油調濕搽敷。

85. 腳氣粉、散白色

【處方】枯礬 50 克、白芷 50 克、爐甘石 6 克、龍骨 3 克、梅片 2 克。

【製法】前藥為末。

【用法】用麻油調濕搽腳。

86. 玉容粉

【主治】面部風癢乾燥粗黑不潤。

【處方】綠豆粉 60 克、滑石粉 60 克、元胡粉 30 克、白丁香 30 克、白附子 30 克、白芷 30 克、僵蠶 30 克、硃砂 40 克、鋁粉 5 克、澱粉.24 克、冰片 15 克。

【製法】前藥為細末。

【用法】每早晚洗面洗淨後 1～3 克，用人乳敷面上。無人乳可用雞汁。

87. 治各種癬症

【處方】枯礬 30 克、狼毒 30 克、硫磺 10 克、斑毛蝻 10 克。

【製法】上藥為末用芝麻炒糊搗成膏。

【用法】貼患處。

88. 腳趾縫流水

【處方】滑石粉 20 克、煆石膏 20 克、枯礬 20 克。

【製法】搗為細末。

【用法】敷患處。

89. 玉肌散

【主治】面部皮膚瘢點粉刺。

【處方】綠豆粉 500 克、滑石粉 6 克、白芷 6 克、白附子 6 克。

【製法】前藥為末。

【用法】每日早晚洗面時，用藥末 30 克調敷患處。

90. 七香丸

【主治】除臭香身止煩潔口臭。

【處方】豆蔻 30 克、丁香 30 克、藿香 30 克、零陵香 30 克、青木香 30 克、白芷 30 克、柱心 30、甘松 15 克、香附子 60、當歸 15 克、檳榔 2 個。

【製法】前藥為末煉蜜為丸豆大。

【用法】每次 1 粒咽汁每日 3 次。

91. 固齒秘方

【主治】牙火、牙鬆動、胃火牙痛、養血補腎、清胃火、固牙齒。

【處方】生大黃 30 克、熟大黃 30 克、生石膏 30 克、熟石膏 30 克、骨碎補 30 克、銀桂仲 30 克、青鹽 30 克、食鹽 30 克、明礬 15 克、枯礬 15 克、當歸 15 克。

【製法】前藥為末。

【用法】早起先用藥搓牙根，後洗面部，一定冷水漱口吐出。

92. 五仁丸

【主治】便秘。

【處方】杏仁 10 克、桃仁 10 克、松子仁 10 克、柏子仁 10 克、鬱李仁 10 克。

【製法】前藥為末煉蜜為丸。

【用法】每服 6 克。

【功效】潤腸通便。

93. 玉容粉

【主治】消除面部瘢點粉刺。

【處方】白牽牛 12 克、白芷 15 克、甘松 15 克、零陵香 30

克、川芎 15 克、細辛 8 克、阿膠 8 克、天花粉 22 克、皂角 60 克、藿香 15 克、楮桃几 60 克、藁本 15 克。

【製法】上藥共為末。

【用法】每天早晚各用 3 克洗面。

94. 吳茱萸散

【主治】治療陰袋濕瘡、瘙癢不止。

【處方】吳茱萸 15 克、寒水石 9 克、黃柏 6 克、樟腦 15 克、蛇床子 15 克、輕粉 3 克、白礬 9 克、硫磺 6 克、檳榔 9 克、白芷 9 克。

【製法】前藥為末。

【用法】用吳茱萸煎水洗患處，清熱燥濕祛風止癢。

95. 雄硃散

【主治】疱瘡。

【處方】雄黃 15 克、蛇蛻 6 克、梅片 3 克、硃砂 10 克。

【製法】前藥為末。

【用法】用麻油調敷。

96. 雄血散

【主治】治疱瘡。

【處方】雄黃 50 克、枯礬 50 克、血餘 50 克、梅片 5 克。

【製法】前藥為末。

【用法】用雞蛋清調搽，疱瘡流水乾用。

97. 蛤粉散

【主治】黃水瘡。

【處方】蛤粉煅 50 克、石膏煅 50、輕粉 25 克、黃柏 25 克。

【製法】上藥為末。

【用法】涼水調搽，冬季麻油調搽。

98. 火丹散

【主治】治帶狀疱症、蛇患腰、蛇丹毒。

【處方】大黃 30 克、黃柏 30 克、滑石 30 克、青黛 30 克、梅片 5 克、甘草 15 克。

【製法】上藥研末。

【用法】用凡士林調搽患處。

99. 冰硼散

【主治】治紅白口瘡。

【處方】石膏煅 50 克、硼砂 25 克、梅片 15 克、薄荷霜 2 克、龍骨 5 克。

【用法】洗淨手用食指沾貼。患處不宜過多，以免藥重中毒，藥研細。

100. 二礬散

【主治】治鵝掌風。

【處方】白礬 120 克、皂礬 120 克、兒茶 120 克、柏葉 240 克。

【用法】水拾碗煎開後，用桐油搽患處用紙敷桐油浸透，火點向患處先薰，後洗。

101. 繡球鳳

【處方】朴硝 50 克、食鹽 50 克。

【用法】水熬沖洗，先薰後洗，女陰部瘙癢，薰法用乾艾葉點燃少撒二藥，用紙筒或竹筒薰患處。

102. 地骨皮散

【主治】治耳聾流水膿不止、鼓膜穿孔、中耳炎。

【處方】地骨皮 15 克、五倍子 75 克。

【用法】治清熱收斂。

103. 香礬散

【主治】中耳炎，祛風活血燥濕，解毒、風毒入耳、久患聽耳不癒，流膿水發癢。

【處方】白礬 20 克、膽礬 20 克、紅花 20 克、寸香 6 克、蛇蛻 15 克。

【製法】前藥研成細末後入寸香拌匀。

104. 珠黛散

【主治】清熱解毒、燥濕收斂、化膿性中耳炎。

【處方】珍珠 6 克、硼砂 30 克、寒水石 50 克、青黛 6 克、梅片 20 克。

【製法】藥研細末。

【用法】敷患處。

105. 清耳膏

【主治】耳癢耳痛流膿水。

【處方】附子生 50 克、石菖蒲 50 克、蟬蛻 50 克。

【製法】藥研細末耳痛用麻油調和做棗核大丸。

【用法】塞入耳內耳癢用生薑調汁塞耳。

106. 耳聾閉方

【主治】清熱通竅療耳聾。

【處方】甘草 30 克、生地 30 克。

【製法】藥研為細末麻油調和、做棗核形。

【用法】外用胭脂包塞入耳內，白天塞夜取去。

107. 聰耳棉方

【主治】耳鳴耳聾。

【處方】石菖蒲 1.5 克、連翹 1.5 克。

【製法】上為末每 2 克。

【用法】用棉包，塞入耳內。

108. 平肝清熱

【主治】肝熱上蒸、兩耳諸悶、聽力減退。

【處方】龍膽草 15 克、醋炒柴胡 15 克、川芎 15 克、甘菊 3 克、生地 3 克。

【用法】代茶飲。

109. 疥癬、惡瘡方

【主治】治疥癬，惡瘡等症。

【處方】硫黃 50 克、雄黃 100、蜜陀僧 100、乙醇 500 克。

【製法】上藥為末。

【用法】75%酒精泡 7 天後塗患處，每天 3 次。外用不可

內服。

110. 治口眼歪抖

【**處方**】黃耆 10 克、當歸 10 克、人參 12 克、白芍 12 克、桂枝 8 克、升麻 8 克、葛梗 10 克、秦艽 10 克、白芷 10，防風，黃柏 8 克、蘇木 4 克、紅花 5 克、甘草 5 克、蔥白 3 根。

【**製法**】水酒各半。

【**用法**】煎服。

111. 五苓散

【**主治**】治漆瘡。

【**處方**】杭粉 30 克、石膏 30 克、輕風 15 克、管仲 35 克。

【**製法**】上藥研成細末，輕風後入藥，成麵後把輕風拌勻，以韭菜汁調。

【**用法**】敷患處。香油合用效果更佳。

112. 生軍散

【**主治**】腰扭傷。

【**處方**】生大黃 500 克為末，先用蔥白搗爛熱塗痛處紅。

【**製法**】上藥同生薑汁調。

【**用法**】塗患處。

113. 綠袍散

【**主治**】清熱解毒、消腫止痛、治舌腫生瘡。

【**處方**】薄荷 9 克、青黛 9 克、冰片 6 克、硼砂 15 克、兒茶 3 克、黃柏 15 克。

【**製法**】為末。

【用法】用少量塗抹患處、吐咽均可。

114. 全身麻木

【處方】黃蓍 12 克、白芍 12 克、陳皮 10 克、蔓荊子 12 克、黃柏 9 克、人參 12 克、甘草 9 克。
【用法】水煎內服。

115. 治眼失明

【處方】生地 10 克、麥冬 10 克、北五味 7 粒。
【用法】水煎服。

116. 治火丹

【處方】桑白皮 60 克、乾菊花 45 克、丹參 30 克、芥草 4 克。
【用法】水煎服。

117. 治乳癰

【處方】全蠍 5 個。
【用法】用為末陳酒沖服。

118. 鼻子紅腫方

【處方】防風 6 克、穿山甲 3 克、連翹 6 克、茯苓 3 克、土茯苓 6 克，水煎服。
【又方】硫磺 6 克、以白豆腐煮 3 次用輕風 3 克、白芷 3 克、蜜陀僧 3 克、白凡 3 克。
【製法】共研細末以津唾調。
【用法】晚搽早去數日而癒。

119. 鼻疱、赤疱

【處方】蜜陀僧 60 克，研細人乳每早晚洗，早洗晚塗。

【又方】枇杷葉、梔子等量、藥末溫酒調。服 6 克，1 日 3 次。或用白鹽常擦之。又方：荊芥穗 120 克，防風 60 克、杏仁 60 克去皮尖，白蒺藜 60 克炒、僵蠶 60 克炒、炙甘草 60 克。

【用法】每服 6 克，食後清茶服用。

120. 鼻赤酒糟粉刺

【處方】硫磺 5 克、皮硝 6 克研末，細度比麵細、臨臥塗，又方雄黃、陀僧各 6 克、硫磺 3 克、白附子 3 克。

【製法】研末，人乳調。

【用法】敷，早中晚 3 次。

121. 流鼻血

【主治】流鼻血。

【處方】麥冬 15 克、生地 15 克，水煎內服立止。又方：薄荷塞鼻血亦止。又方：大蒜一個去皮研如泥，作錢大餅子，如左鼻出血貼右腳足心，右鼻孔流血貼左足心。

122. 兩鼻孔出血

【處方】白及末用唾液，調塗貼鼻上山根立止。

123. 耳鼻流血不止

【主治】不急救即死。

【處方】生地 120 克、麥冬 120 克、淨水煎服。

124. 流鼻血

【處方】青笤放囟門穴上頂之立止。

【又方】頭髮燒灰研末吹鼻中，內服 3 克、清水沖服。

125. 蜓蚰入耳

【方治】生香油，調鮮雞血滴入耳中蜓蚰自出。或用胡麻油作餅枕臥自出，或羊乳滴入耳內。

126. 百蟲入耳

【方治】雄黃用紙捲燒燻之。或花椒末 3 克、醋半杯浸良久少許滴入，蟲自出。

【又方】貓尿滴入耳中即出，用生薑擦鼻即有尿。

127. 風寒鼻塞

【方治】川芎 30 克、藁本 30 克、細辛 30 克、白芷 30 克、羌活 30 克、蒼朮 30 克、炙甘草 30 克。米泔水浸 3 天，每服 9 克、水 2 杯薑 3 片、蔥 3 寸煎服。

128. 肺虛鼻塞

【主治】凡治肺虛為四氣所干，鼻內壅塞涕出不已，或氣不通不聞香臭。

【處方】辛夷 15 克、川穹 15 克、細辛 15 克、白芷 15 克、升麻 7 克、防風 15 克、羌活 15 克、藁本 15 克、炙甘草 10 克、木通 15 克、蒼耳子 8 克。

【用法】水煎服。

129. 鼻中息肉

【處方用法】白礬燒末豬脂和綿裹塞之數日息肉隨藥出，又方蚯蚓一條炒，牙皂一片。

【製法】共為細末蜜調。

【用法】塗患處。

130. 耳鳴耳聾

【方治】甘草、胭脂、包甘遂、白棉包日夜換塞，兩耳其自通。

【又方】龍腦 1 克、椒目 5 克、杏仁去皮 2 克。搗拌均勻，棉包塞耳中，日二易之。

131. 烏子肝丸

【方治】能烏髮、黑髮、聰耳明目、顏如童子：用黑羊肝一劑，竹刀切片擺在瓷盆內；用羊膽塗於肝上曬乾又塗，塗了又曬，約塗去 100 次膽汁為佳，至少亦須塗百個、曬及乾後，用當歸 120 克、生地 180 克酒洗、白芍酒炒 120 克、川芎 120 克、何首烏九蒸九曬 120 克、旱蓮草 120 克酒蒸、山萸肉 120 克酒蒸、白茯苓 120 克，覆盆子 120 克、血餘灰 120 克。

【製法】藥不用鐵器，為末、再用大熟地 360 克酒煮爛入前藥，蜜煉為丸桐子大。

【用法】每服百丸，早晚白湯下。

132. 聤耳

【處方】桃仁炒研、綿塞耳內，日日塞之，生地切斷紙包火煨塞之，頻易之。

第六章　陳摶丹法當代傳人百歲道醫李靜甫收集《華山古方精編》

133. 耳瘡

【處方】五倍子末、水調塗，如有膿水用乾末摻。

134. 腎虛耳聾

【處方】烏骨雄雞一隻洗淨，以無灰酒三大碗煮熟食用之。三至五隻神效。婦人用烏骨母雞如法同前。

【又方】巴戟去心「乾薑炮製」、白芍、山茱萸、人參、黃蓍、當歸、熟地黃、遠志、肉蓯蓉「酒浸」、菟絲子「製」，蛇床子、牡丹皮、附子「炮」、石斛、細辛、澤瀉、桂心、甘草、各 100 克、石菖蒲 50 克、茯苓 25 克、防風 75 克、羊腎 2個、前藥為末，將羊腎酒煮研爛仍加酒煮，麵糊為丸桐子大。每服 50～70 丸，空心鹽湯水送下。

【又方】黃蓍 3 克、人參 2 克、甘草 2 克炙、當歸酒洗、白朮 2 克、橘紅 2 克、菖蒲 2 克、防風 2 克、荊芥 2 克、升麻1 克、柴胡 1 克水煎服。

【又方】鯉魚腦隨 100 克、粳米三合和鹽醬煮粥食。

135. 氣閉耳聾

【處方】青皮 120 克、橘紅 120 克、炙甘草 9 克、連翹去心 30 克。

【功效】凡治諸氣閉止耳聾，及腹痛便痛，瘡痛醫頭者，能止痛消腫。

【製法】共為末。

【用法】熱紹酒調服，每服六克。

136. 風閉耳聾

【處方】官桂 30 克、川芎 30 克、當歸 30 克、石菖蒲 30 克、細辛 30 克、木通 30 克、木香 30 克、白蒺藜炒去刺、麻黃去節、炙甘草 15 克、白芷梢 5 克、天南星 5 克煨製。

【製法】上藥用 2 盅，蔥白 2 根，紫蘇 5 克、玉葉 50 克、薑五片。煎八分鐘。

【用法】食後服用。

【一方】加全蟲『去毒』三克。

137. 風眼下淚

【方治】冬月不落桑葉日日煎水溫洗。

【又方】海螵蛸 2 克、冰片少許、爐甘石 3 克、研極細末點大眼角，淚即收。二藥以燥濕、醒腦以卒散。

138. 火眼方

【方治】黃連 2 克、黃柏 3 克、白礬 3 克、銅青 3 克，煎濃露一夜蘸抹眼梢。

【又方】生薑切片四圍貼上。

【又方】凡眼暴法，赤腫、疼痛流淚、隱澀難觀：大黃末 20 克、新汲水調，塗二目正中及兩眼胞。乾，用水再潤。

【又方】三七磨濃水塗眼眶。

139. 點諸眼病

【功效】凡目不能遠視、但能近視、成並不視、乃陰元不足也、宜用此方。

【方治】生地黃 120 克、天冬 60 克、枳殼 60 克「麥麵

炒」、甘菊花 60 克、煉蜜為丸桐子大。

【用法】每服百丸。青茶或酒沖服。

140. 眼皮生珠

【方治】黃丹 15 克、鯉魚膽汁和如膏，點三五次即癒。

【方治】硼砂 30 克、海螵蛸 30 克去殼，蘆甘石 30 克煅沭童便泡水飛一兩、朱砂半兩。

【製法】共為末細，磁瓶收貯。

【用法】臨用加冰片點眼。

141. 目赤腫熱

【方治】用人乳浸黃連頻點眼皆可，抱朴子云：治目中百病。

【又方】黃連 20 克、生白礬 40 克，人乳浸煮，點眼角大見效，用五倍子煎水洗。

142. 眼皮生瘤

【方治】櫻桃核磨水塗之。

143. 飛絲入目

【方治】刀刮甲爪末用津液點之其絲自聚可出。或芥菜汁點之，或白菜汁點之，或磨濃墨點之，或以散毛筆拌眼中眼淚如雨，其滯墨者即絲也。

144. 赤眼痛不能開

【方治】甘草水磨白礬，敷太陽穴。乾則易之，一夜即癒。

145. 眼捲毛倒睫

【方治】無名異為末，摻捲紙內燃點火吹自以焵燃之立起摛去。或用蝨子血點眼中數次即癒。或青鹽火煆以破，合地上出火氣。研細每用五分、熱湯半盞泡濕。

146. 眼中生星

【方治】鵝不食草，左眼塞右鼻，右眼塞左鼻。

147. 去星方治

【方治】胡椒、韭菜根、桔葉、菊葉、皆可研爛為丸，用綿包裹塞鼻中過夜，則星自退。

148. 眼針（俗名偷針珠）

【方治】生於眼皮上、如赤珠，由脾經風熱：方治：鹽湯熱洗。或以雞蛋清調和加明礬敷即消。風熱盛者，色赤多腫痛洗之不消，即用川芎 6 克、青皮 6 克、白菊 6 克。

【製法】水煎服。

【用法】服數次即癒。

149. 眼生桃針方

【方治】即於鼻尖上燒火一壯，服蒼朮 1 克、防風 1 克、茯苓 1 克、白芍 1 克、白芷 1 克、粉蒿 1 克、前胡 1 克，生薑 1 克，洗為引自癒。

150. 洗熱風爛眼

【方治】白礬 10 克、銅綠 9 克、花椒 10 克、槐樹條 6 寸

長、水煎熬後涼洗。又方：蘆甘石 10 克、黃連 10 克、銅綠 8 克、共槌碎，清水泡露一宿頻洗。

151. 天絲入眼

【方治】取桑漿點之，石菖蒲汁灌鼻內。

152. 眼目不明

【方治】黃連 12 克、桑葉 20 克、生薑 20 克、三味煎水洗。

153. 眼目昏花

【方治】白菊花 1 升、紅椒 6 兩去籽。

【製法及用法】共為末地黃汁為丸，如梧桐籽大。睡時服 50 粒，清茶送下。又方：甘菊花用童便煎，涼冷洗眼。

154. 目障初起

【主治】凡自目中內障初起，視覺昏花神水淡綠色或淡白色，久則不覩，漸變純白或視物成二等症；並治耳聾耳鳴。

【方治】人參 15 克、黃蓍 15 克、升麻 12 克、葛根 12 克、甘草 12 克、芍藥 15 克、黃柏 15 克、蔓荊子 15 克。研為細末，用法每四至五錢，水二杯煎成一杯夜服，五更服。

155. 內障眼病

【主治】凡治勞倦飲食不節內障眼病。

【方治】蔓荊子 8 克、人參 30 克、黃蓍 30 克、甘草 3 克、黃柏、黃酒炒 12 克、白芍酒炒 6 克。水煎夜服。

156. 眼生蘿蔔花

【方治】大蘿蔔一個留根葉，於中間挖空，單用雞蛋清貯滿一蛋殼，安放在蘿蔔內，仍將外皮補之；以竹釘釘好種原土內，待其開花結子後取出，用蛋清曬乾研細末加爐甘石 3 克，熊膽 6 克、冰片 3 克、研勻和蜜點眼角 1 日 1 次、七日見效。戒食螺螄鱔魚。

157. 青盲內障

【方治】白羊肝 1 個、黃連 30 克、熟地 60 克，製治為末為丸，梧桐籽大，食後茶服，每服 10 粒，1 日 3 次。

158. 青盲不見

【方治】雄鼠膽 1 個、鯉魚膽 1 個和勻滴眼。

159. 治牛皮癬方

【方治】醋泡半毛。

華山玄和道人李靜甫　乙酉年純陽觀抄

※第七章※
陳摶傳《六合八法拳》

華岳心意六合八法溯源

陳摶，字圖南，自號扶搖子，亳州真源人。始四五歲戲渦水岸，側有青衣嫗乳之。自是聰悟日益及長讀經、百家之言，一見成誦，悉無遺忘，以詩名。後唐中興舉進士不第，遂不求仕祿，以山水為樂，隱居武當九室岩。服氣辟穀。移居太華雲台觀。先師好讀易，端拱初，自言死期，呼弟子賈德升，鑿石為室。石室成，化形蓮花峰張超谷中。著有《指玄篇》、《高陽集》、《釣潭集》、《三峰寓言》、《六合八法》、《二十四氣導引法》等延年健身之術。

圖南之後，李東風居隱山。距鹿邑東南十三里，崎嶇起伏，望之常有雲氣。李氏隱居於此，精心意六合，為希夷門之衣鉢。繼傳關傑、劉韻聲，流傳燕豫間矣。

宋道人元通，法心意六合，入太華學劍，為中條老姆派，曰法劍以術治成。必得英豪絕俗，正直無私者而傳之。

王得威，咸陽大魏邨人。六合八法，易名水拳，傳道人圓融，習元通八法，傳川陝間。葉李兩姓，不知居址，房山楊景群，以心意六合醫病，亦名先天十二勢。

清道光，先師陳光第，河北昌平黃花鎮人，釋達遠之弟子也。心意六合之正宗，喜遨遊自慰。幼年經商，客開封，遇李道人靜然，習心意神功。相識范固國者，居黃河北岸黑壈口范家灘。先生精技擊，凡鄉里之拳勇著稱者，無不留之於家款待。嗣見來者技無精深，不足所欲，乃挾資走江湖，期有所遇。行抵關中，結識李蟬道人，攜往南陽玄妙觀，學心意六合，內外神功及大乘、小乘、玉川等劍法。凡五載技術大精進，得其三昧。

陳師與劉養真至南陽，邂逅李師蟬，縱談古今，甚相得，乃執為弟子，與范氏固國朝夕相從，凡李之所傳，更視為金科玉律。

吳師翼翬先生，東北鐵嶺籍，寄居北京，年 77 歲。以過去半封建情形之中國論。出身為詩書舊家，性豪任俠，崇師尊道，且天才特具。潛心修養，溫文雅齋，和靄可親。先生精書善畫，負濟世才，懷絕技，不為人知，亦不求人知。張之江慕先生之高雅，聘為國術館教務處處長，並編教委員會主任，先生晚年又號逸叟。茲將先生習學拳術簡史，略陳於後。

吾師於前清光緒 21 年，隨父宦遊汴梁，任河道事。設行台，寓黑壈口黃河北岸之三教莊，距河五里許。延聘張如燕，筆臣先生，家塾課讀。昆李三人，佩卿居長，東皋次之。

先生時年九齡，從張公習詩書。天生慧穎，11 歲通經史，能詩文，性剛，喜技擊劍術。豫魯燕趙，多慷慨悲歌之士。村鄉市鎮習武之風，巍然大觀，到處林立場所。耳濡目染，益曾尚武之心。時與同學友好至鐵佛寺，觀僧侶習拳棒，薰陶漸染，似有所得。惜於清末重文學，輕武功，即教育文弱，以訓墨守成規，亦復如斯。蓋明清以來，未克有移風易俗者，是以吾師之先公雅不喜武道，亦不知武術為何物也。吾師習練拳

術，實乏此機會，而有志未逮。

　　光緒 22 年冬，吾師先公華誕，同寅諸好友來賀，有范老固國者亦至。范為前清貢生也，忠厚誠樸，精技擊，善星相數理。先公與之莫逆，款之至殷。飯後茶餘，談及拳術，范老對於南北拳術理論，頗能道其三昧。言中肯綮，精詳至微。先公許為理正辭嚴。然仍未允吾師學習此道也，豈非固執而守積俗，至此亦難釋其成見之深。吾師雖年在弱冠，而好武之志堅定，期必有志竟成，但心性急不能待。

　　吾師遂與范老固國不介自薦願執之為弟子。范老笑答少安勿躁，云拳一道，以養涵性情，健術身心為上，切勿草草。俟遇機緣當為物色人選為之謀。范老謙不肯收。又云不投名師枉學藝也。自此之後杳無消息。

　　吾師先公河工事畢，即返省垣，卜居老官街。方擬接篆理事廳任事，有陳君介紹閻師國興，自光山縣來，並攜胡鳳翔、陳福成、張吉順、韓玉春皆燕趙拳術巨手，濟濟群英，會聚一堂。吾師先公參觀各家名拳及刀劍槍棍，精彩超群。自此始悉古代講武，確有其事也。吾師練習拳術之機會，亦由此而生。

　　閻師對於拳術理論，滔滔不絕，詳述其攻守健衛之功能，至微至妙，及剛柔並用之法，陰陽互應之機。因是乃得先公贊許學藝。遂於光緒廿二年冬季，開始練習拳術。韋馱功、三盤十二勢、六合八法及劍術刀槍棍法等長短器械，靡不練習。吾師先公此際，方知文事必有武備。所謂文經武緯，為國干城，不負男兒壯志耳。

　　光緒廿四年，范老固國，攜友陳光第先生，自黃河北岸范家灘來省垣，謁訪吾師先公，敘談離懷。知閻師方授吾師技，初未便與閻師談拳學，亦因拳術家之門戶派別，成見甚深。是以不欲多所論列。迨見吾師拳術精熟，出入有節，進退得法，

窈窈冥冥，超卓絕倫，稱讚不已。遂請閻師談。甚相得，詎為華岳希夷門心意法之弟子也，益增欣幸，殊途同宗，各臻妙境。從此陳師寄寓開封與閻師分時教授。承兩老諄諄教誨，冀吾師集於大成。

閻師因公出差潢川，乃由陳師竭誠相教。吾師朝夕砥磨，細心研究，頗多進益，漸能應變知方。出神入化。光緒廿七年秋，吾師隨同太君及兩兄返京都。照閻陳二老之衣砵，薈萃精研，動靜卒然明奇正，知虛實，得生生不已之妙。昔當清末之際，世界風雲日亟，內憂外患，多事之秋。吾師常云寧為武愚，勿為文弱也。於光緒 31 年，由北京願學堂，考入保定北洋武備學堂。課餘之暇，不忘鍛鍊拳術，每逢星期休假，性喜獨往散步郊外。

保之城鄉有下閘觀音庵，清靜幽僻，恒往練習武功。以此僻靜幽閒之區，期有所遇，以償夙願。時值春夏之交，綠樹陰濃，天朗氣清。見二叟危坐石邊，舉手著棋，意極瀟灑，隱逸之士也。每遇必寒溫，惟言不多談，內有一年長者，鬚髮蒼白，精神矍鑠。睹吾師勤苦鍛鍊，不厭不倦，深嘉許之，久而詢其名姓籍貫。談及拳理，頗多精深之學，所謂經典以外傳授之法，心法玄妙也。甚感其奇，問其姓字。潘致和先師之弟子陳鶴侶也。陳師為心意八法之翹楚，隱居保陽，不期而遇。陳師以吾師苦其心志，所學尚未能盡其善。因係嫡傳，一系同門，願完成其志。使所學得以健全。

吾師遂執之為弟子禮，復從之教。經兩載，術益進，更非乎凡可能為，亦不偶然也。先生寄居京師多年，凡都門名家拳術，往來甚殷。向無偏無倚，不分門宗派別，最重武德，以躋大同耳。自道咸間，燕趙魯豫，拳師鏢客，乃相卒而宗。難其間變化互異，然各地巨手名家，參合融化同出一宗，各具高

妙。不可以剛柔快慢而判定是非也。夫拳勇之為術，萬匯分流，皆朝宗于大海。其理皆一，神而明之，超手寰中得其象外也。內養心性，外修形體。八法為先天之學，主於誠，至理之學，誠則明。所謂心正而意誠，意誠可以通神明。習之有卻病健身之功，返老還童之效。謹以六合八法之根源，　述大概，而貢後學者之參考。

六合八法要義

吾宗心意法，六合為體，八法為用。能悟其義，妙盡此矣。

六合
（一）體合於心　（二）心合於意　（三）意合於氣
（四）氣合於神　（五）神合於動　（六）動合於空

八法
（一）氣　行氣習神　（二）骨　骨勁內斂
（三）形　化象模形　（四）隨　圓通政策
（五）提　頂懸虛空　（六）還　往來返復
（七）勒　定靜守一　（八）伏　隱現藏機

六合八法歌訣

六合八法始於心　心意源頭神主之　虛無自在靜中動
靜中養息調精氣　精氣相交依日月　行工火候崑崙頂
剛柔進退意相隨　趨動形骸無遲滯　往來順逆煉陰陽
綿綿密密在胎息　築基無欲養元神　學得此法永於世
無拘無束得自然　我與乾坤為表裏　欲知有象原無象
固守虛無運坎離

六合八法拳譜　上路

起式

1. 停車問路	2. 臨崖勒馬	3. 閉門推月	4. 撥雲見日
5. 臨崖勒馬	6. 摘星換斗	7. 鴻雁雙飛	8. 閉門推月
9. 孤雁出群	10. 野馬追風	11. 川流不息	12. 伏虎聽風
13. 聲東擊西	14. 青龍採爪	15. 丹成九轉	16. 撥雲見日
17. 順水推舟	18. 圖馬回頭	19. 瓶花落硯	20. 高山流水
21. 兒童送書	22. 樵夫擔柴	23. 天官指星	24. 五雲捧日
25. 托天蓋地	26. 燕子抄水	27. 朝陽貫耳	28. 截手雙推
29. 薰風掃葉	30. 燕子啣泥	31. 靈猿摘果	32. 猛虎回頭

收式

六合八法拳譜　下路

33. 旋轉乾坤	34. 風擺荷葉	35. 掩手沖拳	36. 琵琶掩面
37. 流星趕月	38. 燕子斜飛	39. 丹鳳朝陽	40. 翻江攪海
41. 倒騎龍背	42. 狸貓撲蝶	43. 抽樑換柱	44. 風捲殘雲
45. 蟄龍現身	46. 烏龍擺尾	47. 平分秋色	48. 走馬觀花
49. 魁星獻斗	50. 燕子穿雲	51. 提手七星	52. 雁字橫斜
53. 黃龍轉身	54. 五聖朝天	55. 葉底藏蓮	56. 鳳凰展翅
57. 白鶴啄食	58. 月掛松梢	59. 倒揭牛尾	60. 童子抱琴
61. 犀牛望月	62. 鷂子穿林	63. 赤龍攪水	64. 風動浮萍
65. 氣升崑崙	66. 存氣開關		

收式

六合八法拳　上路　圖說

起　式

是圖為初練習時之首式，起點面正，兩手下垂，兩足分開與肩平，兩手大指向前，四指輕靠在兩胯下，頂心如同線繫，不前傾，不後仰，全體虛無自在，身不著力，心內空空洞洞，無思無意，絪絪縕縕，此式是順天地自然之理，乃調氣養神主要姿勢，築基煉己之初步功夫。如第 1 圖。

（1）

承上式，身法由靜而動，不可前俯，不可後仰，不可右斜左歪，立身中正，和而不流，兩手掌心向前如第 2 圖。輕輕而起，兩肩鬆開垂肘，由胯下起，兩掌徐徐向前而上，成半圓形，掌心朝上，起至頂上，兩掌心相對如第 3 圖，再由上成半圓形由胸前而下至胯處，下時掌心向下，項要直堅，如第 4 圖。

（2）

（3）

（4）

此勢心要安靜，忌用努氣拙力，身形如同平地立竿一樣，不偏不倚，則心氣自然平靜，即拳訣謂之體合於心，心合於意，意合於神也，學者宜深索之，如第4圖。

第一式　停車問路

承上式，身體勿搖動，左手由胯處從心前向上提起與肩平，右手藏腰蓄勢。此是六合八法之守中法，假想敵人向我喉部來襲，來勢提左腕，以截其來手。如第5圖。

承上式，右手由腰際往前而上，左手同時徐徐撒內，兩掌相對如抱球式。假想敵人向我喉部來襲，我用上式提左腕往上抄托，截其來勢，乘勢穿右掌對敵喉部反擊，此乃乘勢取勢之法如第6圖。

承上式，兩掌往右擰勁，由中而上畫成半圓形，兩掌心全右向，身體仍是陰陽相合，抽住勁不移動，手起時兩眼看兩掌。此勢想定敵方向我右上部來攻，即起右手搖轉由上而擰成半圓形，將其來拳攢化，左手在右肘下，以防敵乘勢抄兜，如第7圖。

承上式，兩掌一齊由上而下，畫一大圓形，從右至左，兩

（5）　　　　　　（6）　　　　　　（7）

掌與肩平，兩掌前後相對，指尖全向左，眼看左掌。由前勢撥去敵方來拳，便乘勢還擊。如第8圖。

　　承上式，左手撤回胸前，手心朝下，右手緩緩鑽上，手心朝裏，左足同時撤回，足尖著地，後跟吊起。此勢是靜觀敵變，測緩急以應對，分虛實以攻守之法。但左肘需略沉，以肘骨端向地為合。如第9圖。

　　　　　（8）　　　　　　　（9）　　　　　　　（10）

　　承上式，立身宜平穩，胯坐而膝曲，右足膝曲至與足尖相對，左足尖著地，足跟吊起，襠要內開，右掌微曲，指尖向前，左前手宜平，肘則要沉。如第10圖。

　　承上式，左足墊步前進，右手往前推出，左手緊隨在右肘後，兩手同時發出，手足起落要俱齊。兩指尖俱向前。

　　　　　　　　　　　　　　（11）

　　假如敵方以左拳攻我中部，順勢以左手接敵，同時進左步，以右掌向其中部還擊，乘勢以取其勢。如第11圖。

第二式　臨崖勒馬

承上式，右手撤回，左掌豎起由心往左前衝撥，兩肘下沉，右手如拉弓形，同時右足尖稍移右側，兩腿膝曲，前占四，後占六，成 L 形，眼望左手尖。如 12 圖。

想定敵方向我右掌搦截，我即撤回右掌，復以左掌正向敵方面部用勁。

（12）

第三式　閉門推月

承上式，左手向上擰勁，手心朝裏，右手向左肘推按，緊貼於左肘下，如 13 及 14 圖。

此勢連貫二式，分為左右，動作相同，互相穿轉，兩手纏繞不離，練習久則心竅開，生機巧，防敵不至變化無方。想定敵方以疾雷不及掩耳之手，向我任何部位來攻，如敵左來則以

（13）

（14）

左去，右來則以右迎，此勢是避敵之重力，防敵應變之法。如第 13、14 兩圖。

第四式　撥雲見日

承上式，兩手由右向中而按，兩掌心朝下。如第 15 圖。

承上式，按至胸前隨即分開，左手心朝內，右手心朝外，足仍不動。如第 16 圖。

（15）

承上式，左手從心下按，右手由右側成半圓形而上，兩手心朝下，兩手上下相對成一直線，兩肩往下垂勁，又須暗含往外開勁之意，兩手起落，均要相齊如一，不可參差，腰極力塌勁，兩眼往前看。如第 17 圖。

此勢面正對敵方，兩掌上下分段與敵面部用勁，如敵取我上中二部時，上下分段接敵之手，乘勢破勢之法。

（16）

（17）

第五式　臨崖勒馬

　　此勢是右式，與左式動作相同，分作左右二式，俾學者初習時，兩手互用，易於身手純熟。如第 18 圖。

第六式　摘星換斗

　　承上式，兩掌心朝前而上，左右手從頂前分開，由頂而下至膝，如同畫一大圓形，如第 19、20 兩圖。到膝時兩掌合抱，慢慢從心前而提起與肩

（18）

齊，兩足合併緊貼內踝，身直腰塌頸豎而藏襠，手分開時，兩足隨手而曲，手提起時，兩足隨手而起。如第 21 圖。

（19）　　　　　　　　　（20）

　　承上式，兩手往右轉身橫撥，右足同時移步往右，膝與足尖相對，即前四後六之式如 L 形。如第 22 圖。

　　此勢如敵方來襲我右側，我即順勢轉身進步，兩手撐勁往右橫撥，即勁由此而換，勢由此而歸偏，此勢變化無窮，有獨到巧妙，好研究者可細味之。

承上式，兩手復斜向左上橫架，左腳同時跟住縮回右腳跟處，立即復向左邁進一步。

（21） （22） （23）

此勢如敵在我左方頭部攻打，即將身微縮，左腳亦撤至右足跟處，復向左邁進，兩手隨勢斜向左掛上，將對方來拳拋開，迫貼敵體，則敵重心已失，勢必向後仰跌。如第 23 圖。

承上式，兩掌同時撤回，斜進右步，向右側轉身雙掌推出，如虎撲形。

此勢接上式敵方已失重心，乘機進步，發勁向敵撲進，則對方極難抵擋，一觸即跌，對方果成此勢，消解極難。如第 24 圖。

第七式　鴻雁雙飛

（24）

承上式，兩手撤回下按，轉身向後，左手由下穿上，右手緊隨。如第 25 圖。承上式，再右手由下穿上，左手緊隨，穿右手則右足跟上。如第 26 圖（按此圖為側觀）。

此勢是截擊敵之來手，蓄勢以待之法。

（25）　　　　　　　　　　　　（26）

　　承上式，右足曲膝坐胯，左足尖微吊，兩手向下，塌腕挺項提穀道，即提起臀部力貫四梢之法，太低則氣散，故宜稍高，習此式時，覺腹中汩汩有聲，一氣直透丹田，臍輪間似覺燃燒之狀，此圖是抽撤提轉，蓄勢以待之法，有一定之勢，無一定之形，觀審敵形而尋其破綻，乘其勢擊顧之法。如第 27 圖。

　　承上式，兩掌左右分開，右腳不動，左腳從左側邁步前進眼看左前方。如第 28 圖。

（27）　　　　　　　　　　　　（28）

第八式　閉門推月

承上式，左手撤回向右側橫撥，右手同時從肋下向前推出。如第 29 圖。

此勢假如敵方以掌或拳攻我中部，則用左手順其來勢在敵之肘後掩撥，隨出右手向敵肘間還擊，此時對方之手及身腿，已被我整個壓擊，經此一撥，必失重心，而向後傾仆矣。

（29）

第九式　孤雁出群

承上式，兩手左右相搭成又形，後徐徐分開下按，如畫一大圓圈，頂心領起，兩掌心，兩足心，同時用意內視，頓時覺頂心掌心足心有熱氣發出，此式名為五心相印。如第 30 圖。

承上式，先穿右手，小指向上穿擰，左手附於右肘旁，兩手指尖向前，與右足成一直線，由前勢將敵手纏出，急進右足，同時右手向前穿打，眼望前手。如第 31 圖。

（30）

（31）

此勢因臂伸過高，故左手附於右肘旁掩護，以防偷襲。

承上式，右手覆掌撤回，左手從右肘下穿出，向前擰勁，指尖向前，與左足成一直線，同時右前手隨附于左肘下。如第32圖。

此勢面對敵方，上式我穿右掌時，如敵方挑接我手，立即將右手撤回，隨即進左步穿左掌，向敵上部穿去。

承上式，左手覆掌撤回，右手向前插出，同時進右步，動時手腳要齊到，不分先後，如33圖。

此勢如敵接我左手，我即將手一覆，換勁往後拉，隨出右手，以還擊敵方。

（32） （33）

第十式　野馬追風

承上式，右手掌心朝內，向上擰至掌心朝外，身形與步，隨手轉時而變換，即起手時正面向南，則轉身向北，兩掌上下相對，左手緊隨右手，無有間隙，務宜緊湊。如34及35圖。

假想敵人向我正面攻來，我則以右手向上擰轉，消其來勢，下手緊隨防顧，同時身轉步換，即每與敵手接觸，則轉身換勢，在敵之背後，此勢乃換影法。

（34）　　　　　　　　　　　（35）

　　此式左右相同，是連貫互演。

　　承上式，兩手輕輕提起，成一圓形，十指相對過頂，立體立正，左足尖微吊起。如第 36 圖。

　　承上式，兩掌指尖全移向左方，兩掌由左側而下至腰處，向右側雙掌一齊推出，同時左腳發勁伸後蹬，雙掌向右側推出時，應先兩掌在左側腰部，橫掌蓄勁，一齊向右側推出。如第 37 圖。

（36）　　　　　　　　　　　（37）

此勢如敵從右側來襲，即轉身借勢以取敵之胸部，右手架於敵之左肋下，右掌則在其胸前，兩手用勁向右側橫推，使敵方仰後跌出。

第十一式　川流不息

承上式，而變左右連環掌法，身體向左側微偏，左手隨身向左側挑攢，右掌緊隨在左肘下，與左掌上下相對，此式分為左右式三勢，連貫合演，左手在前，則上左步，右手在前，則進右腿。如第 38 及 39 圖。

此勢是連環護身掌，如敵方以左拳攻我，則上左步，出左掌向上挑攢，右掌貼於敵之左腰處，如敵方以右拳來攻，則進右步，出右手在敵之右肘下向上挑攢，左掌則貼敵之右腰部，使敵重心傾斜，向側橫跌。

承上式，右掌反轉覆掌，向左側橫撥，左掌同時在右肘下向左側橫插，此時右掌隨即撤至左肘後，身體從右側轉移至面對左方。如第 40 圖。

此勢如敵方以左掌撥我右掌，我即轉身變勢，右掌立即收回，左手則由肘下向前直插，使對方腋下受創。

（38）　　　　　　（39）　　　　　　（40）

承上式，左步縮回，同時左手移至正中，身體微向左側，右手暗藏肘後，如第 41 圖。

此勢是隱現藏形，待機而發。

承上式，右手從左手肘下轉身進右步，向側橫穿，左手往下按。如第 42 圖。

此勢如敵從我右側來犯，我即轉身上步，出右手橫穿，此乃截消來手，連消反擊之法。

（41） （42） （43）

第十二式　伏虎聽風

承上式，右手往下按，左手向前穿，掌心朝上，右步在前。如第 43 圖。

此勢如敵方以左拳直衝，攻我中部，隨以右手掩蓋其手，穿左掌以刺其喉。

第十三式　聲東擊西

承上式，轉身向左，左手向左側連翻帶橫出去，右手亦向右側橫壓。如 44 圖。

此勢身體端正，兩臂橫壓要沉實，蓄勁有力，進步要足跟

著地，足指抓地，即所謂腰伸足指扣，自能步法穩固。

　　承上式，仍與上式動作相同，兩眼看所翻之左右手食指，兩手之分合，總是一氣連環不斷之意，上下均勻，出入一致，即一動俱動，一伸皆伸。如第45圖。

　　承上式，上右步，右手向前攢上，左手下按，兩手向前穿攢，如炮直沖，起右手右腳緊隨進步，起左手，左腳亦隨而進，如46及47圖。

（44）

（45）

（46）

（47）

此勢分左右貳式，是連貫動作，是左右穿挑敵之來手，如敵左來則左挑，右來則右挑，是截取敵手之法。

第十四式　青龍探爪

承上式，左手撤回胯部，意取抽按，右手由心前探出，足仍不動。如第 48 圖。

此勢想定敵方以左拳來攻，我以左手下按消解，順勢出右掌探去敵之面部。

承上式，右手由上撤回至心前，左手再向前探去，右腳由後向前提起，膝與胯平。如第 49 圖。

（48）

（49）

此勢上式我以右掌向敵面部探去，敵方如截接我手，趁其未著之前，順勢抽回，即伸左手向其臉部用勁，趁勢提腿，膝部用勁頂其肋下。即拳經所謂手到腳也到，打人如撾草也。

承上式，向後轉身，右腿與右手向前衝出，右手與左手成一字形，兩肘下沉，眼看右前手。如第 50 圖。

此勢上式我以左掌向敵探去，同時提腿暗以膝襲，對方勢必閃退，此時乘其撤避未竟之際，轉身進步，利用全身衝力，

手腳齊出，伸右掌向敵衝擊。即拳經所謂三回九轉是一勢，總要一氣為主宰也。

承上式，兩手由下右而上斜架，右足在前曲至膝部與足尖相對，左足挺直蹬勁。如第 51 圖。

此勢如敵方乘我向下撐擊，或以拳偷襲我之上部，我則縱身而起，兩手向上迎架，此乃六合八法之橫攔側進法。

（50） （51）

第十五式　丹成九轉

承上式，進左步，右手伸出向後微按，左手同時亦向後拉按之意，兩掌心朝下。如第 52 圖。

此勢面對正敵方，兩掌前後分段攔截敵手，所謂手欲動而步亦早為之摧迫，腳踏中門搶地位，就是神仙也難防，則制敵有術也。

承上式，兩手同時撤回至胸前，右手隨撤隨翻，翻至手心朝上，向前衝出，左手則蓋於右掌上，如抱物狀，如第 53 圖。

此勢接敵之手，乘勢送出，用此法時兩手骨節宜對，不對則無力，手要靈活，不活則對方容易生變，習時宜注意之。

（52）　　　　　　　　　　（53）

第十六式　撥雲見日

　　承上式，兩手上下分開，右手之勁則向前衝，左手則朝上展，如第 54 圖。承上式，隨即進左步，左掌由上蓋下，右掌由陰反陽，掌心朝上，再左掌豎起，向右側橫勁推送。如第 55 圖。

（54）　　　　　　　　　　（55）

承上式，兩掌稍向後撤，左掌隨即穿上，隨穿隨攢而轉，至額前繞一小圈從左側而落至腰間，掌心朝上，右手由下從右側橫繞半小圈至右肩上。如第 56 圖。

此勢是纏繞敵手之柔綿法，牽引揭取之意，即向外擠物排去之法，練習時運使務求均勻。

承上式，右手由額前蓋下，左手向上穿打，掌心朝內，小指擰勁，以截敵之左手來拳，順勢左手穿上還擊，步隨手到，即手足齊到定要贏，此之謂也。如第 57 圖。

（56）　　　　　　　　　　（57）

第十七式　順水推舟

承上式，身向右轉，面對敵方，兩掌上下分段向敵面部用勁，合時緊湊無間隙，其勢以接敵之右手，敵取我中部時，乘勢而推移向敵攻出，借力發力，乘勢取勢之法，但不拘泥於成規，此勢分左右連貫二式。如第 58、59 圖。

承上式，雙手縮回至心前，向前推出，右步同時邁進。如第 60 圖。

此勢雙手推出時，勇往直前，勿生遲疑之念，膽大心細，

一觸力即發，使敵難於回避。

（58） （59） （60）

第十八式　圖馬回頭

　　承上式，兩手同時撤至心前，右
手在前，左手居後，向前平線插去，
手動時右足微曲站穩，左腿提起，移
步轉身向後，即原站之位置向南，轉
身則身體向北，目注視右方。如第 61
圖。

　　此勢乘上式向敵撲出，復縮身蓄
勢，回身轉步，雙掌向右平插。

（61）

第十九式　瓶花落硯

　　承上式，兩手撤回右手在下，左手在上，兩手環抱如十字
式，兩手撤至到而未到時，兩掌同時分開，如第 62 圖。承上
式，配合左步向後撤之勢，兩掌分開，如第 63 圖。承上式，
配合右步向後撤之勢，兩掌分開，如第 64 圖。連貫一共三
式，勢分左右。

此勢是截敵之來勢，以敵手將及，稍一含胸，或一斜身即解，亦吞吐呼吸之法，推用吐呼，挽用吞吸，上下往還運截，去若螺旋，如循環之無端，奇中有正，正中有奇，人不得而窺，神妙莫測。

（62）　　　　　（63）　　　　　（64）

第二十式　高山流水

承上式，兩手分段前後一合，左腿尖著地，後跟起，右足微曲，如第 65 圖。

承上式，右足屈膝胯坐，左足吊起，左右二手乘上式推出時，隨推隨坐，兩掌反轉，前後相對下按。如第 66 圖。

承上式，左手慢慢撤至兩膝之中，右手同時提起，左足微吊。如第 67 圖。

承上式，左手由胸前攢上，右手由心前推出，左腿一齊進步，前曲後直左式相同，如 68 及 69 圖。

此式是連貫一共三式，即左手推出，則進右腿，右手推出，則進左腿，乃順勢取勢，借力發力之法，出掌要觸敵成拳，工用久而自然，練此法先從其規矩，後順其自然，外不乖於形式，內不悖於神氣，外形一順，內則神氣必和，故誠於

內，而形於外，所謂內外合而為一也。

　　承上式左手由前按下，右手撤回在胯間。如第 70 圖。

　　此勢是蓄勢待機而發之意。

（64）　　　　　　（64）　　　　　　（67）

（68）　　　　　　（69）　　　　　　（70）

第二十一式　兒童送書

　　承上式，兩手向右，互相橫裏纏繞，是纏托敵手之柔綿包裹法，操演時起前手後手緊隨，粘敵起落，乘勢相隨，練之純熟，則身手齊落，無往不利。如第 71 圖。

　　承上式，兩手及腿同時撤回，兩掌互相合抱，如右式則向

右側纏繞，橫攢而上，抽回至胸前，隨即兩掌反轉，再向右側送出，此勢演習時，兩掌上下相距，約離五寸如抱物狀，如兩掌送出時，右勢則進右步，左足緊隨，左勢送出，則進左步，右足緊跟。如第72至76圖。

　　此勢一共四式，分為左右各二式，是側身包裹纏托法，兩手橫裏纏繞，兩手上下相依，其勢以接敵之右手或左手，纏粘托連，使敵肘腕二部無法解消，敵方二節被掣，重心必失，則容易吃跌。

（71）　　　　　　（72）　　　　　　（73）

（74）　　　　　　（75）　　　　　　（76）

第二十二式　樵夫擔柴

　　承上式，兩手向前連撥帶按，右手在前，左手在後，手起時左腿同時進半步，足尖著地吊起，右膝微曲，如 77 圖。隨進右腿，右手向前推，左手向上拉，如 78 圖。

　　此勢是審敵之虛實，乘勢而擊頸、願之法。

　　接上式，兩手及足同時撤回至腰部，兩掌背相對向上而穿，隨即進左步，兩手由上平分開而下按，如圖 79。

　　此勢是八合八法之分截按打法。

（77）

（78）

（79）

第二十三式　天官指星

　　承上式，上右步，右手由左掌下穿上，如 80 圖。左手隨
即分開，左步立即撤回至右足內踝旁，隨即轉身向後，左腳亦
隨而大步向左側進步，左手隨步出而橫揮成一大圓圈向左橫
掃。（足成仆腿）如 81 圖。

　　此勢敵取我上部時，我則提左手消其來勢，立即進步穿右
手還擊，此時敵方或側身從我左側下偷襲，我即一縮左腿，順
勢復進左腿，同時左手向左下橫掃。

（80）

（81）

（82）

承上式，左手將掌一覆由左下向左側肩前橫撥，右手從腰側經左手背向左上方插出。眼看右手。如 82 圖。

此勢敵方再以右拳掛我面部，我則以左掌橫抹敵之右肘上，順勢出右手側擊敵面。

第二十四式　五雲捧日

承上式，右腿縮回靠於內踝旁，左手提起與頂平，右手由下托上，兩掌上下相對如捧物狀，見 83 圖。承上式，進右腿半步，右手提起過頭，復踏進左腿半步，足尖微吊，左手向前衝出，如 84 圖。

此勢想定對方向我左前方以腿或拳來攻，即以左手提起攔截，右手往下抄托，以擊敵之左肋或小腹，動時四杪用勁，縮身使掌向前挺勁，兩腿彎曲，（如 83 圖）如再向我右前方來攻，即用右手提挑，左手向前衝托，以擊敵之右肋，目視敵方，如第 84 圖。

（83）　　　　　　　　（84）

第二十五式　托天蓋地

　　承上式左手提至額前，右手向前穿，如85圖。承上式，復轉身後轉，右手由頂經額前蓋下，左手穿上，進左步，再上右腿半步，左手由頭頂經額前蓋下，復穿右手，此式分為左右兩勢，此為左勢，右勢相同，如86及87圖。

　　此勢是轉身連環抄托，動作靈活，而主於步，步法乃一身之根基，運動之樞紐，以對敵應戰，皆本於身腰，而實所以為身之砥柱者，在於步，隨機應變，制敵有方在於手，而所以為手之轉移者，亦在步，進退反側，非步何以作鼓蕩之機，抑揚伸縮，非步何以示變化之妙也。

（85）

（86）

（87）

第二十六式　燕子抄水

　　承上式，右手在心前穿上，隨穿隨撐，撐至掌心朝外，左手緊隨在後，兩掌心向下，指尖向前，右步隨手一齊跟進，如88圖。承上式，轉身向後，兩手跟隨向下抄向後便，兩手提起與肩平，身體扭轉之時，兩手如同畫一半圓形，與身合成一氣，左腿貼於腹下，再往前進步，如89圖。

　　此勢是轉身換影，在治技為最靈巧之躍身法，在腹內能調心藏氣，在拳中能束身縮體，活動腰肢，其拳勢純熟，則精神充足，其拳謬，則身拙而腰腿發滯，氣亦隨之不暢，學者尤當加謹之。

（88）

（89）

（90）

第二十七式　朝陽貫耳

承上式，上左步兩手向外裏勁向前橫貫，前手與耳珠平線，眼看兩手之中，如 90 圖。

此勢乘敵之虛，而得機得勢時，以雙拳還擊對方頭部。

第二十八式　截手雙推

承上式，兩手撤回，向裏蓄勁成十字式，掌心朝上，如 91 圖。承上式，在停而未停時，隨即上半步，雙手縮至兩胯間，如 92 圖。承上式，復上右步，兩掌同時推出。如 93 圖。

此勢是截擊敵手，乘勢推移之法。

（91）　　　　　（92）　　　　　（93）

第二十九式　薰風掃葉

承上式，兩掌平向左側下橫掃後，撤至胯間，左足同時撤至右腿內側，足尖吊起，如 94 圖。承上式左腿復向前邁進，兩手上下相對同時推出，如 95 圖。

承上式，右手一翻，左掌提起，右足同時亦提至左膝旁，足底向膝，如 96 圖。此勢左右相同連貫一共六式。左二見 97 至 99 圖。

　　此勢乃左右旋掌法，歌曰：旋掌護膝腿腰堅，勢分左右正與偏，獨立尋搜手腳整，抽撤全憑提固圓，前足落地腰身換，掌復出擊守丹田。

　　即氣由此而換，勢由此而歸，六合八法之正偏轉換勢也。

（94）　　　　　（95）　　　　　（96）

（97）　　　　　（98）　　　　　（99）

第三十式　燕子啣泥

承上式，兩手向右側平推而上，如 100 圖。承上式，由右上繞一大圓圈至左肩上，兩手握拳向左拋去，拋拳時左腿亦同時隨拳而向左側進步，到終點時，兩掌放開，如 101 圖。承上式，右手向前推出，右足亦同時跟至右腿內踝旁，兩腿靠貼，如 102 圖。承上式，復而對右側，兩手同時握拳，向右方由上而右拋去，拋去時右足亦同時向右方進步，如 103 圖。

（100）

　　此勢拋擊敵方上部，連消帶打之法，用時皆須手足相隨，身步合一，至於出手之先，宜占正門，發手要快，心動快似馬，臂動去如風，要存打倒還嫌遲之意。

（101）

（102）

（103）

第三十一式　靈猿摘果

承上式，右手撤至胯上，左手向右側橫抹，如 104 圖。上左步，右手由左腕下向右側穿上，如 105 圖。右手復向左側橫抹，如 106 圖。左手再從右腕下穿上，右腳同時側進一步，如 107 圖。

此勢一共四式，分左右各二式，其法以接敵來手，乘勢在其肘後穿打，此乃橫攔側進法，蓋猿為獸之最精巧者，有縮力及從山之能，此形之技，人固不能仿及，然格致斯技之理，而身能力行之，則可以輕靈身軀，學者幸勿忽視。

（104）

（105）

（106）

（107）

第三十二式　猛虎回頭

　　承上式，兩手從左向上拉下至胸前，兩手複向右平按，按至十指尖全向右時，如 108 圓。兩手由下向左上斜架，左腿曲至膝與足尖相合，右腿撐直，如 109 圖。隨即右步跟進與左腳平立，兩手由上輕輕而下，與初演手時式相同。如 110 圖。

（108）　　　　　　（109）　　　　　　（110）

收　式

　　此拳由第一式停車問路起，演至第三十二式猛虎回頭止為半段，可於此收式，亦可與下段之三十三式起連貫一致合演。

六合八法拳　下路　圖說

第三十三式　旋轉乾坤

承上式，兩掌從下由左而上，經面前由上向右而下至右側，連接而繞兩個大圓圈，兩掌繞圈時掌心朝外，如 111 圖。

此勢是攔截對方手法，練之純熟，則肩膀靈活，應變自生也。

（111）

第三十四式　風擺荷葉

承上式，右足曲膝坐胯，左足尖吊起，兩手蓄勢在右側，如 112 圖。進左步，兩手向前橫推出，如 113 圖。再進右步，兩手向上復從左側向前推出。如 114 圖。

此勢是接敵之手，乘勢推移之法，而手為先行，根基在於膊，肩不送，則發勁無力，此所以膊貴手進，意在於腕，機關在於腰，腰不進則氣餒而不實，學者尤加注意。

（112）　　　　　（113）　　　　　（114）

第三十五式　掩手沖拳

　　承上式，左腿進半步，左手在前掩蓋，右手握拳貼於胯旁，如 114 圖。再將左手向後撤至右手之肘下，右拳向前衝出，如 115 圖。

　　沖拳為八法之首，拳力為勢之主，力不能擊發，則諸法不能行，故沖拳一勢，重在於攻，學習時，將拳緊緊握好，如螺絲形，將胳膊伸直向前衝，左右一往一來，式如連珠箭，苦練成熟，則應變自生，即拳經所謂拳打三節不見形，如見形影不為能，學者細研究之。

（115）

（116）

第三十六式　琵琶遮面

　　承上式，左手由心前穿上，右手同時拉回，如 117 圖。

　　兩掌接上式迅即將掌反轉一陰一陽往下拉按，如 118 圖。左手再撤回至腰處，右手即向左面側遮抹，如 119 圖。

　　此勢是左右掩肘，雙手掩護法，敵右來左掩，左來右遮，連顧帶打，時時操演，勿惧朝夕。

（117） （118） （119）

第三十七式　流星趕月

　　承上式，上左步，左手穿上，右手附於肘後。如 120 圖。
右手隨即在左肘下穿上成十字形，如 121 圖。右足微曲站穩，
回身一轉，兩手立即分開成圓形，右足尖微吊，如 122 圖。兩
手向上從右側雙手向前推出，此時右腿向後發勁撐出，眼看前
方，如 123 圖。

　　此勢是轉身換影法，夫與敵作戰，首重身法，審其之來
勢，觀其之虛實，或一觸手，領其氣而回轉伏勢，或遇人多，

（120） （121）

（122）　　　　　　　　　（123）

則三搖四旋，當進則進，當退則退，膽大心細，眼顧四方。

第三十八式　燕子斜飛

　　承上式，雙掌縮回在左腰處，轉身向後，左右手同時分前後一齊伸展，右足曲至膝與足尖平對，左腿撐直，如 124 圖。復左手微曲，右手彎而下沉，初式眼觀右手，二式眼看左手，身隨手換，如 125 圖。

（124）　　　　　　　　　（125）

（126）

（127）

第三十九式　丹鳳朝陽

　　承上式，左腿及兩手同時撤回，右手過頂，左手蓄勢在右頰側，如 126 圖。

第四十式　翻江攪海

　　承上式，左腿向左側邁進，右手由頂向下插，此時左手暗藏於右肘下，右手插下時，兩手立即分開，如 127 圖。

第四十一式　倒騎龍背

　　承上式，右手向左側頰邊一抹，左手立即同時縮回，藏於左大腿上，如 128 圖。右腿即跟上一步，左手隨即在右肘下穿上，如 129 圖。左手復向下撥而上過頂，右手同時向下插出，如 130 圖。

　　此勢假想敵方直衝右拳攻我胸部，隨勢以左手下按，連隨伸右手撩上，如 128 圖。如對方將我右掌撥解，復出左拳來攻，我即側身上右步，左手從右肘下穿上還擊，如 129 圖。上

（128）　　　　　　（129）　　　　　　（130）

式我向左回身，如敵以左拳向我左側頭部來擊，隨勢左手向上招，轉身以右掌由右側運至頭上向下劈落，如圖130圖。

第四十二式　狸貓撲鼠

　　承上式，上右步，右手撤至右胯前，左手向前衝出，如131圖。再上左半步，左手撤回左胯前，右手在左手腕上向前衝出，如132圖。

　　此勢一共二式，左右循環一去一返，其法是敵如右手來，

（131）　　　　　　　　（132）

我則以左手順其來勢之便，在其背面連截帶衝，倘其右手來攻，亦以右手在其左手中段攔截，連招帶打。第四十三式　抽樑換柱

承上式，進左步，左手在右肘下向左側而挑上，兩手同時左右分開，眼看左前方，如 133 圖。再將左前手一覆，右手向左肘下伸出，向右側而挑上，同時進右步，步隨手到，如 134 圖。

此勢是乘敵之來拳，如左來則以左手在其肘後，進步一挑，右來則以右手在其肘後，進步穿挑，使敵失其重心，向側而跌。

（133）

（134）

第四十四式　風捲殘雲

承上式，右手反轉向右腿下插，左手同時上提，掌心向右，眼看右前方，如 135 圖。左手即向右肘後，右手向上一翻，兩手隨翻隨拉，如同握物狀，如 136 圖。

此勢如敵以拳或腿向我下部來攻，我即以右手向下插，以

（135）　　　　　　　　　　（136）

截其來勢，如 135 圖。此時敵方如再以左手來撥我右肘，我即出左手暗藏右肘下，右手隨即將手向上一翻而扣，則敵之手，已被我手握掣矣，如 136 圖。

第四十五式　蟄龍現身

　　承上式，右手向上招，左手向前直衝，右腿同時進右步，如 137 圖。承上式，腰胯鬆回，坐左腿，右步虛點，兩掌同時掌心向下按，如 138 圖。

　　左腿再踏進半步，右手撤至胯上，左手向前橫撥，如 139 圖。再上右半步，右手向左側上抹，如 140 圖。左手隨即在右肘下穿上，如 141 圖。續進左腿半步，側身擰勁，左手隨上隨擰，擰至左掌朝外，右手在左肘旁向左側而推送，如 142 圖。出右手向前一搭，左手一圖，拉後帶踩勁，如 143 圖。

（137）

此勢如敵方以左手向我左額而落，我急挑右臂架之，速隨
一伸左手刺其頸部，如 137 圖。對方見我左手來刺，勢必以右
手來迎，我即左腿上半步，將手先縮後向外橫抹，覆蓋其手，
右手撤回在胯上蓄勢以備應變，如 139 圖。對方右手被我左手
蓋住，勢必以左手在其肘下穿上，以圖消解，在其手將穿未穿
之時，急進右半步，左手即撤回，復再穿上，則我左手已在敵
之左肘後，如 141 圖。乘勢將左手一撐，手心朝外，身微轉
左，如 142 圖。右手微曲向其左手一搭，左手一圈，此時我之
右手已握對方之左肘後，左手則握其左腕上，向後發勁一拉，
敵則偏身而跌，如 143 圖。

（138）　　　　　（139）　　　　　（140）

（141）　　　　　（142）　　　　　（143）

第四十六式　烏龍擺尾

承上式，上右步，雙手合勢向前擠出，如144圖。

此勢敵方被我兩手握掣，乘其重心一失，及時左手壓於右手腕內，發勁向其推出。

承上式，兩手左右同時分開，如145圖。此勢假想敵方迎面攻來，我急將左腿微坐，兩手分截其手。

承上式，左手向前蓋下，右手同時撤回，如146圖。再右手往前撩蓋。左手同時亦撤至胯旁，如147圖。

（144）

右手垂下手背轉上向前一掛，隨即垂下，左手向前插出，如148圖。右手再由下撤後，復從頭上冚下，右腳同時往後撐勁，如149圖。

左手即向前斬出，右手提起，同時右足坐馬，左足微曲，如150圖。

（145）

（146）

（147）

此勢如敵以右拳攻我中部，我即以左手蓋下，右手撤回，身形略含，如 146 圖。如再以左拳沖來，我則以右手蓋其拳上，左手撤回，彎身蓄勢，審敵之虛實，準備還擊，如 147 圖。此時敵手如即收回，我則因利乘便，將右手一翻，以手背掛其面部，如敵閃身側避，復出左拳向我中部來攻，我即用左手蓋下，握其左手，如 148 圖。乘勢由下而上發勁㩙下，如 149 圖。敵方勢將重創，我則乘勝追擊，以左手向其面部劈去，如 150 圖。

（148）　　　　　（149）　　　　　（150）

第四十七式　平分秋式

承上式，旋身後轉，隨用腰力帶右手向上翻鑽，左手先向下垂伸，勁將盡時，左手與右手同時分開，右足站穩，左腳向右側橫勾踢出，如 151 圖。

此勢以分敵之來手，乘勢踢其腿，使其向側傾倒。

（151）

第四十八式 走馬觀花

承上式，右足落地，向左側邁進一步，兩手分開，眼看右手，如 152 圖。右腿縮回，右手向左側推上，眼看右側，如 153 圖。復進右步，兩手同時蓋下，如 154 圖。再進左步，左手往前穿，如 155 圖。

此勢假想敵方以拳或腿向我右側打來，我即以右手往下一撥，如 152 圖。

（152）

隨即急退右步從身束勢，俟機而動，如 153 圖。但對方再以右拳衝來，立即上右步，左手一按，伸右手還擊，如 154 圖。如敵退避，同時進左步，即用左掌穿上，打擊對方右側乳下要害部位，如 155 圖。

（153）

（154）

（155）

第四十九式　魁星獻斗

　　承上式，上右步，兩掌由左拉落，從右側圈上右耳旁上，曲肘握拳蓄勢，左足一齊撤回，如156圖。

　　此勢假想敵人由我右側，攻我中部，立即向右回身，隨勢掛上兩拳，由左側掛過右側，將來拳抹開。

（156）

第五十式　燕子穿雲

　　承上式，左足向左進步，坐右膝，左足成假虛式，曲肘左手與肩平，隨即右腿踏實，左腿一提，回身一轉，全神注於左側，如157圖。收左足，兩掌分左右，右手由前提起，左手縮回左胯旁，左足尖著地，眼觀前方，如158圖。

　　此勢假想敵人從後右腿踢來，我轉身左手撩腿，如157圖。同時以右掌穿其下襠，如158圖。

（157）

（158）

第五十一式　提手七星

承上式，右手向下劈，左手由左側提起，身體宜正要含胸，眼看前方，如 159 圖。右手由胸前挑上，左手撤回胯端，同時提右腿撩陰踢出，如 160 圖。連隨進左步，左拳衝出，右手在肘內掩護，如 161 圖。

（159）　　　　　　（160）　　　　　　（161）

提手七星第一式全神注於前方，以逸待勞，蓄勢待變，如158 圖。如敵以右拳攻我下部，我即曲身以右掌向前下劈，左手在對方之下頸處，向上一挑，如 159 圖。故對方應見我左手挑打時，頭部必向後閃，免被打著，此時我右手復進拳前衝，同時乘其防不勝防之際，提起右腿撩陰踢出，如 160 圖。對方必退後閃讓，我即趁勢上左步，發左拳再進攻，如 161 圖。

第五十二式　雁字橫斜

承上式，踏進右步，兩手分兩側平穿，如 162 圖。兩掌隨即反轉，立即壓落，如 163 圖。跟住進右步，右手向前衝，左手附於右肘下。如 164 圖。

此勢敵左拳來攻，我即踏進右步，兩手分兩側平穿，如162 圖。兩掌隨即反轉壓敵手上，如 163 圖。立即跟進右步，

（162） （163） （164）

右手向前衝出，如 164 圖。

第五十三式　黃龍轉身

承上式，右手往後一拉，隨即將手一翻，掌心朝裏，左手在後護隨，如 165 圖。右手連隨反轉往右腿前插下，左掌向上提，眼看右手前，如 166 圖。

此勢假想敵手被我蓋住，順勢將右手一翻，向其推出，如 165 圖。對方或會及時閃避，復出右腿向我踢來，我乃將腿坐膝，右手往下撩插，如 166 圖。

（165） （166）

第五十四式　五聖朝天

　　承上式，縮回右步，兩手同時撤至腹前，握拳由下直衝而上，如167圖。隨即踏進右步，將右手由上蓋下，左掌向上提，如168圖。復進左步，左手往下按，右手往前推，如169圖。同時即將左步一撤，與右腿之內踝處緊貼，兩手立即撤至腹前，握拳由下直沖而上，如170圖。

（167）

　　此勢一共左右二式，是以曲制直攻敵法，力之發也愈曲，其激蕩之勢愈大，所以制敵，重於懂勁知法，貴在乎攻，攻不致，則守不可保，故守附於攻，故應敵重在攻也。

（168）　　　　　　（169）　　　　　　（170）

第五十五式　葉底藏蓮

　　承上式，坐胯曲腿，左手在前，右手藏於左肘後，眼看左方，如171圖。接上式，全身向右方擰轉，兩手亦隨身轉，轉至右手與足在前，左手藏後，如172圖。

此勢是左右連環穿掌，動轉須靈活，穿掌快如風，身要如活蛇，即擊首則尾應，擊尾則首應，擊中而首尾皆應，上下左右相連，如雲龍飛行，隱現無定。習之久，則靜中自得也。

（171）

（172）

第五十六式　鳳凰展翅

承上式，左腳上半步，足尖吊起，右腳微曲，左手在右肘後穿上隨即左右分開，如 173 圖。

此勢是招敵之來手，順勢分截其手之法。

第五十七式　白鶴啄食

承上式，右腿上一步，與左足並齊，雙手一合，左手在前，右手在後，隨即右手向上推，左手向下壓，兩掌上下相對，掌心向外，如 174 圖。

第五十八式　月掛松梢

承上式，兩手同時向上一翻，兩掌向外，如 175 圖。

（173）　　　　　　　　（174）　　　　　　　　（175）

第五十九式　倒揭牛尾

　　承上式，左手向左側一圈向後拉，左腳同時順左側撤後一步，右手向右側橫壓，如 176 圖。右手複向右側向上一圈再向後拉，左手複向左側橫壓，右步同時順右側撤後一步，如 177 圖。左手隨即握拳右手同時放開，如 178 圖。

　　此勢如敵以左拳來攻，我即左手向上一圈，將敵手握住，順勢向後一拉，同時以右手向其面橫撞，如 176 圖。為對方以

（176）　　　　　　　　（177）　　　　　　　　（178）

右拳來攻，我以右手向上一圈，將其拳握住，亦順勢拉後，以左手向敵面部用勁，如 177 圖。如對方接截我之來手，即將手一抖，握拳再向前衝去，如 178 圖。

第六十式　童子抱琴

　　承上式，右手握拳在左肘下橫攢而上，左手藏於右肘下，如 179 圖。再進右步，左手在橫肘下，向左側橫攢而上，右手在左肘後暗藏，如 180 圖。接上式，先將左足尖向外扭，斜橫著朝前墊步，足心欠起，右足扭直，足尖著地，足後跟欠起，兩手往下直落，再由臍往上鑽到口，手如同托下額狀，右手向前出去，左手抽回，兩胯雷根鬆開勁，身體伏下，小腹全放在左腿上，如 181 圖。

　　接上式，挺身而起，踏進左步，左手蓋下，右手向前直衝，如 182 圖。

　　童子抱琴分左右兩勢，左勢與右勢全同，如 183 及 184 圖。

　　此勢假想我以左掌向對方正面插去，勢必以左手招架，我迅即將左手撤回，右手由左肘下橫鑽而上，照敵面部用勁，如

（179）　　　　　（180）　　　　　（181）

（182）　　　　　（183）　　　　　（184）

179 圖。如對方能及時避開再出如手來招，我即將右手縮回，左拳由右肘下橫鑽向敵面部衝擊，如 180 圖。此時對方或將左拳撥開，連沖左拳，攻我胸部，我則順勢將手一翻，將來拳一壓，立即伏下以右掌向前直衝，如 181 圖。對方如側退，複出右拳來襲，我即跟上左步，左手蓋其之手，出右掌向前衝打，如 182 圖。

第六十一式　犀牛望月

承上式，踏進左步，左手向橫下按，右手向右側橫壓而帶前伸之勁，如 185 圖。

此勢上式我以右手向前沖打，如對方以手挑開，並出右手以橫拳側擊我之肋部，我則順勢以左手橫按，進左步，復出右手向前衝打。

第六十二式　鷂子穿林

承上式，右手撤回，再在右肘下從右側平穿進右腿半步，足尖著地，左手附於右肘內側，如 186 圖。再從左側進半步，足尖著地，足後跟欠起，左手從右肘下平穿向左側而上，如 187 圖。

（185） （186） （187）

　此勢我出左手穿打，如對方以左手挑解，順勢進右步，收
拳回腰，以右手平穿插其中部，如 186 圖。對方如以右手來
解，則右手即收，復進左半步，以左手平穿插出。如 187 圖。

第六十三式　赤龍攪水

　承上式，左步向左側邁進一步，兩手同時分開，如 188
圖。左腿撤回，合膝。左右兩手同時撤回交抱，如 189 圖。再
從右側邁進一步，兩手迅即左右手分開，如 190 圖。

（188） （189） （190）

此勢是攔截敵手，乘勢推進，練習伸縮起伏之法，出入務宜均勻，上下左右前後各種打法，皆須手足相隨，身步合一，自能進退得宜，攻守得機，至於出手之先，宜占正門，發手須快，勿存遲疑之心，膽大心細，張合無跡，則敵察不易也。

第六十四式　風動浮萍

承上式，左腳一曲，右腳撐直，左手曲回腰間，右手向前橫斬，如 191 圖。接上式，進右步，左手藏腰蓄勢，右手覆掌向右側橫攔，如 192 圖。接上式，上左步，右手縮藏腰間，左手向前橫斬，立即覆掌復向左側橫攔，如 193 圖。

此勢如敵左手來攻，我以右手橫截其勢，順勢覆掌，向其腰部橫斬，如對方再以右拳來攻，我則以左手橫截其勢，順勢在其腰部橫斬。

（191）　　　　　（192）　　　　　（193）

第六十五式　氣升崑崙

承上式，右步踏上一步，兩足與肩平，兩手從右側而上，

（194） （195）

掌心朝前，進左步，兩手由上從左側經心前繞一圓圈而上，右
手在上，指尖向前左手向前上升，如 194 圖。再進右步，左手
上提，右手一圈即向前直衝，如 195 圖。

　　此勢想定敵人向我右前方中部擊打，即用左手向前插，右
手由膝處向上抄托，以擊敵人之肋或小腹，動時縮身挺勁，右
腿足尖著地，後跟欠起。

第六十六式　存氣開關

　　承上式，兩手提起，身體正立，掌心朝外，如 196 圖。兩
手從左而下至右肩平，右手平插右方，左手曲肘，雙足平立，
如 197 圖。左腳從左側進一步，左手同時亦從左側前插出，右
手在後，與前手同平，如 198 圖。承上式，右手從左肘下而穿
上，兩掌互相交抱成十字形，由胸直上而過頂，再徐徐兩手下
垂，如 199 及 200 圖。

　　存氣開關，是息息歸根之法，息能歸根，則還於靜，自然
神氣合一，心息相依，則久致長生也。

（196）　　　　　（197）　　　　　（198）

（199）　　　　　（200）

❊第八章❊
紀念陳摶、研究陳摶

紀念陳摶、研究陳摶

——為籌備陳摶辭世千年祭而作

牛力達

　　陳摶是我國五代、北宋初期一位傑出的易學家。在學術思想史上是一位很值得紀念的偉大人物。然而，我們對他的瞭解、研究，實在太少了。

　　據《宋史‧陳摶傳》：陳摶，字圖南，亳州真源人。有人說，真源即今安徽省之亳縣。[1]有人說，不對，陳摶的籍貫為普州之崇龕，在今之四川省安岳縣。[2]我曾為此徵詢華山玉泉院意見。他們來信說：宋史記載正確，但真源不在亳縣，而在河南省鹿邑縣。看來，這個籍貫的問題，有待進一步考察。

　　又據《宋史》本傳：陳摶於宋太宗端拱 2 年（西元 989 年）7 月 22 日化形於華山蓮花峰下張超谷中。明年恰是他辭世一千周年，我們應該舉行一些必要的紀念活動。

　　根據元朝人趙道一和張輅的記載：陳摶年壽 118 歲。[3]當生於唐懿宗咸通 12 年（西元 871 年）。這是一個農民大起義的暴風雨時代。其家世無考。據《群談採餘》：「陳圖南，莫知所

出。有漁人舉網，得物甚巨，裹以紫衣，如肉球狀，攜以還家，溉釜蒸薪，將煮食之。俄雷電繞室大震，漁人驚駭，取出擲地。衣裂兒生，乃從漁人姓陳。」[4]看來，這位傑出的思想家很可能是一個被父母遺棄了的私生子，在他成名以後，人們尊敬他、熱愛他，從而敷衍出這麼一篇神話。

任何一個傑出人物都是時代的產物。誕生在農民大起義的暴風雨中的陳摶，成年以後又經歷了頻繁的改朝換代。短短半個世紀，經歷了五代十國的興亡，只是中原一帶就走馬燈似地換了八姓 13 個人做皇帝。他走過了這個時代貧苦知識份子都經歷過的艱難道路。《邵氏聞見錄》說他是「長興進士」。《宋史》本傳說：「長興中，舉進士不第。」究竟有無中舉，也有待進一步考察。然而，他「熟讀經史百家之言，頗有詩名」，確是大家公認的。

後唐長興年間（930～933），他已經年屆花甲，於仕途絕望以後，入武當山學道。棄儒入道，這是他一生的重要轉捩點。後晉天福年間（937～944）又西遊四川，從道士何昌一學鎖鼻術。（按即精深玄妙「內丹修煉術」）大約在後漢、後周換代之際，移居華山雲台觀。周世宗顯德三年（西元九五六年），曾被「召至闕下，拜右拾遺，摶不就，堅乞歸山」。（《五代史補》）周世宗死後，陳摶「乘白色驢，從惡少年數百，欲入汴州」，（《聞見首錄》），中途聽說趙匡胤發動陳橋兵變、廢周立宋的消息，「大笑墮驢」，並宣稱「天下於是定矣」，返回華山去繼續過他的道士生活。後來，趙匡胤和趙光義都曾多次召見陳摶。他為了老百姓能過太平日子，也給趙宋王朝出過一些主意。但是始終拒絕在朝做官。太平興國九年（西元九八四年），他曾寫下一首《辭朝》詩，形象地概括了他傳奇般的經歷，也可以說是他的一篇政治宣言書：

「百年蹤跡踏紅塵，[5]愁聞劍戟扶危主，
為憶青山入夢頻。悶聽笙歌聒醉人。
紫陌縱榮爭及睡，攜取舊書歸舊隱，
朱門雖貴不如貧；野花啼鳥一般春。」

　　關於陳摶在中國思想史上的地位，近代著名學者蒙文通教授曾經這樣指出：「圖南不徒為高隱，而實博學多能；不徒為書生，而固有雄才大略；真人中之龍耶！方其高臥三峰，而兩宋之道德文章，已繫於一身。」「觀其流風所被，甄陶群傑，更足驗也。」[6]研究道教的學者王家佑先生更具體地說：「他潛心於精神領域的探索，精研《易》學玄機，務求宇宙造化之秘。他開創了一代學術新風，一個以種放、邵雍、周敦頤、劉牧、陳景元、劉海蟾為代表的三教合一的陳摶學派，形成綿延於宋明時期，成為當時思想界一股不可忽視的重要力量。」[7]

　　我原則上同意蒙、王二先生的看法。需要指出的是：第一，種放並不夠格。朱熹在《易經》卷首有意不提種放的名字是對的。第二，這個學派的思想家中，許多人深受程朱理學影響，沒有能夠真正繼承、發揚陳摶易學中的革命傳統。[8]

　　「於羲皇心地上馳騁，而不于周、孔腳跡下盤桓。」這是陳摶一生最基本的治學態度。在封建專制主義的淫威下，很少有人能夠有陳摶這樣的態度和膽略。

　　陳摶還是一位政治家。綜觀他的一生，似乎較少參與政治活動，但他深明易理，洞察世情，通曉治國安民之道。宋太宗趙光義在一次詔令中說他「懷經綸之長策，不說王侯；蘊時相之奇才，未朝天子。」這是完全符合事實的，而且有力地說明陳摶始終是屬於人民的。

　　《宋史》本傳說：「摶好讀易，手不釋卷。常自號扶搖子，

第八章　紀念陳摶、研究陳摶

著《指玄篇》八十一章，言導養及還丹之事。」「摶又有《三峰寓言》及《高陽集》、《釣潭集》，詩六百餘首。」《宋史·藝文志》經部，易類載：陳摶《易龍圖》一卷；子部，道家載：陳摶《九室玄玄篇》一卷；五行類載：陳摶《人倫風鑒》一卷；集部，別集載：陳摶《釣潭集》二卷。

然而，在清朝皇帝御修的《四庫全書》中竟然找不到陳摶的著作。這又從另一個方面證明，陳摶思想確實為封建官方所不容。明人筆記《焦氏筆乘》載有一則《陳摶易說》，文不長，照錄如下：

象卦示人本無文字，使人消息吉凶嘿會。希夷先生曰：「羲皇始畫八卦，重為六十四，不立文字，使天下人嘿觀其象而已。如其象則吉凶應，違其象則吉凶反。此羲皇氏不言之教也。《易》道不行，乃有周、孔；周、孔孤行，《易》道復晦。蓋上古卦畫明，《易》道行；後世卦畫不明，《易》道不行。聖人於是不得已而有辭。學者一著其辭，便謂《易》止於是，而周、孔遂自孤行，更不知有卦畫微旨。此之謂買櫝還珠，由漢以來皆然。《易》道胡為而不晦也。」

這段文字的可貴之處，闡明了陳摶對易學的基本觀點，對「於羲皇心地上馳騁，而不于周、孔腳跡下盤桓。」這句話做了很好的注釋。陳摶在人體科學研究上所取得的成就，還需要做深入的探討、發掘；他不只是對內功有很高的造詣，而且精通「麻衣相法」。

林朗暉著《手紋與健康》一書中說：「陳摶曾被稱為五術名家，他是繼孫思邈以後的有名道家修士，少時攻讀經史百家，對天文、地理、易數、觀相、醫學等皆有研究。他集諸家之大成，撰著《紫微斗數》及《河洛理數》、《麻衣神相》等書，書中對手紋也有詳述。」〔9〕這就使他有可能從內部（內功、醫

學）和外部（麻衣相、手相）以及其聯繫上來探索人體奧秘，把人體作為一項系統工程來研究。

陳摶還是一位優秀的書法家。1925 年上海書局影印的《名人楹聯真跡大全》第一冊第 19 頁載有陳摶書：「開張天岸馬，奇逸人中龍」[10]人、中二字間偏右處署名一「摶」字。蒼勁有力，獨具一格。附有三則跋語：其一寫于宋仁宗康定元年（西元 1040 年），距陳摶辭世只 51 年，跋文為一首七言古詩：

> 「希夷先生人中龍，天岸夢逐東王公。
> 酣睡忽醒骨靈通，腕指拂拂來天風；
> 鸞舞廣莫鳳翔空，俯視羲獻皆庸工。
> 投筆再拜稱技窮，太華少華白雲封。」

對陳摶及其書法的頌揚，可說是無以復加了。另一跋語敘說此聯發現、流傳經過。其中說到陳摶書法對近代著名改良主義思想家康有為的影響。對比同書刊載的康有為幾副楹聯，確有臨摹陳摶的痕跡。

總結以上極不完整的描述，紀念陳摶、研究陳摶，實在應該成為當前學術界關注的重要課題。

注釋

〔1〕見林朗暉：《手紋與健康》
〔2〕見王家佑：《道教論稿》，李建國：《陳摶籍貫小考》
〔3〕見《太華希夷志》。轉引自《中國道教》1987 年第 2 期 53 頁。
〔4〕轉引自《宋人軼事彙編》，下同。
〔5〕「百年」《千家詩》等書所載為：「十年」。題目與字句

也不全同。《千家詩》注稱「先生于五代時會應進士舉，既而悔悟，乃棄名巋隱，而作是詩也。」（原詩見《古易新編》22頁）若非傳抄有誤而是一人所寫，則先生重寫此詩時已有113歲高齡，稱「百年」是合理的。

〔6〕轉引自《中國道教》1987年第二期50頁。

〔7〕《道教論稿》184頁。

〔8〕參見王贛、牛力達、劉兆玖：《古易新編》。

〔9〕山東省淄博市第二棉紡廠薛世貴同志告訴我：他曾從一位老人那裏手抄了一部《麻衣相法》，約六萬字，確為陳摶手著。

〔10〕據華山玉泉院朋友來信，華山石刻為：「開張天挽馬，起義人中龍。」待考。

1988年5月29日

※ 第九章 ※

特別附錄：華山陳摶老祖平生崇敬的張良、范蠡兩位高真傳記

第一節　司馬遷《史記・留侯（張良）世家》

　　留侯張良者，其先韓人也。大父開地，相韓昭侯、宣惠王、襄哀王。父平，相釐王、悼惠王。悼惠王 23 年，平卒。卒 20 歲，秦滅韓。良年少，未宦事韓。韓破，良家僮三百人，弟死不葬，悉以家財求客刺秦王，為韓報仇，以大父、父五世相韓故。

　　良嘗學禮淮陽。東見倉海君。得力士，為鐵椎重百 20 斤。秦皇帝東遊，良與客狙擊秦皇帝博浪沙中，誤中副車。秦皇帝大怒，大索天下，求賊甚急，為張良故也。良乃更名姓，亡匿下邳。

　　良嘗間從容步遊下邳圯上，有一老父，衣褐，至良所，直墮其履圯下，顧謂良曰：「孺子，下取履！」良愕然，欲毆之。為其老，彊忍，下取履。父曰：「履我！」良業為取履，因長跪履之。父以足受，笑而去。良殊大驚，隨目之。父去里所，復還，曰：「孺子可教矣。後五日平明，與我會此。」

　　良因怪之，跪曰：「諾。」五日平明，良往。父已先在，怒

曰：「與老人期，後，何也？」去，曰：「後五日早會。」五日雞鳴，良往。父又先在，復怒曰：「後，何也？」去，曰：「後五日復早來。」

五日，良夜未半往。有頃，父亦來，喜曰：「當如是。」出一編書，曰：「讀此則為王者師矣。後十年興。13 年孺子見我濟北，谷城山下黃石即我矣。」遂去，無他言，不復見。旦日視其書，乃太公兵法也。良因異之，常習誦讀之。

居下邳，為任俠。項伯常殺人，從良匿。

後十年，陳涉等起兵，良亦聚少年百餘人。景駒自立為楚假王，在留。良欲往從之，道遇沛公。沛公將數千人，略地下邳西，遂屬焉。沛公拜良為廄將。良數以太公兵法說沛公，沛公善之，常用其策。良為他人言，皆不省。良曰：「沛公殆天授。」故遂從之，不去見景駒。

及沛公之薛，見項梁。項梁立楚懷王。良乃說項梁曰：「君已立楚後，而韓諸公子橫陽君成賢，可立為王，益樹黨。」項梁使良求韓成，立以為韓王。以良為韓申徒，與韓王將千餘人西略韓地，得數城，秦輒復取之，往來為遊兵潁川。

沛公之從雒陽南出轘轅，良引兵從沛公，下韓十餘城，擊破楊熊軍。沛公乃令韓王成留守陽翟，與良俱南，攻下宛，西入武關。沛公欲以兵二萬人擊秦嶢下軍，良說曰：「秦兵尚彊，未可輕。臣聞其將屠者子，賈豎易動以利。願沛公且留壁，使人先行，為五萬人具食，益為張旗幟諸山上，為疑兵，令酈食其持重寶啗秦將。」秦將果畔，欲連和俱西襲咸陽，沛公欲聽之。良曰：「此獨其將欲叛耳，恐士卒不從。不從必危，不如因其解擊之。」沛公乃引兵擊秦軍，大破之。

逐北至藍田，再戰，秦兵竟敗。遂至咸陽，秦王子嬰降沛公。

沛公入秦宮，宮室帷帳狗馬重寶婦女以千數，意欲留居之。樊噲諫沛公出舍，沛公不聽。良曰：「夫秦為無道，故沛公得至此。夫為天下除殘賊，宜縞素為資。今始入秦，即安其樂，此所謂『助桀為虐』。且『忠言逆耳利於行，毒藥苦口利於病』，願沛公聽樊噲言。」沛公乃還軍霸上。

項羽至鴻門下，欲擊沛公，項伯乃夜馳入沛公軍，私見張良，欲與俱去。良曰：「臣為韓王送沛公，今事有急，亡去不義。」乃具以語沛公。

沛公大驚，曰：「為將奈何？」良曰：「沛公誠欲倍項羽邪？」沛公曰：「鯫生教我距關無內諸侯，秦地可盡王，故聽之。」良曰：「沛公自度能卻項羽乎？」沛公默然良久，曰：「固不能也。今為奈何？」良乃固要項伯。項伯見沛公。沛公與飲為壽，結賓婚。令項伯具言沛公不敢倍項羽，所以距關者，備他盜也。及見項羽後解，語在項羽事中。

漢元年正月，沛公為漢王，王巴蜀。漢王賜良金百溢，珠二斗，良具以獻項伯。漢王亦因令良厚遺項伯，使請漢中地。項王乃許之，遂得漢中地。漢王之國，良送至褒中，遣良歸韓。良因說漢王曰：「王何不燒絕所過棧道，示天下無還心，以固項王意。」乃使良還。行，燒絕棧道。

良至韓，韓王成以良從漢王故，項王不遣成之國，從與俱東。良說項王曰：「漢王燒絕棧道，無還心矣。」乃以齊王田榮反，書告項王。項王以此無西憂漢心，而發兵北擊齊。

項王竟不肯遣韓王，乃以為侯，又殺之彭城。良亡，間行歸漢王，漢王亦已還定三秦矣。復以良為成信侯，從東擊楚。至彭城，漢敗而還。

至下邑，漢王下馬踞鞍而問曰：「吾欲捐關以東等棄之，誰可與共功者？」良進曰：「九江王黥布，楚梟將，與項王有

郯;彭越與齊王田榮反梁地:此兩人可急使。而漢王之將獨韓信可屬大事,當一面。即欲捐之,捐之此三人,則楚可破也。」漢王乃遣隨何說九江王布,而使人連彭越。及魏王豹反,使韓信將兵擊之,因舉燕、代、齊、趙。然卒破楚者,此三人力也。

張良多病,未嘗特將也,常為畫策臣,時時從漢王。

漢三年,項羽急圍漢王滎陽,漢王恐憂,與酈食其謀橈楚權。食其曰:「昔湯伐桀,封其後於杞。武王伐紂,封其後于宋。今秦失德棄義,侵伐諸侯社稷,滅六國之後,使無立錐之地。陛下誠能復立六國後世,畢已受印,此其君臣百姓必皆戴陛下之德,莫不鄉風慕義,願為臣妾。德義已行,陛下南鄉稱霸,楚必斂衽而朝。」漢王曰:「善。趣刻印,先生因行佩之矣。」

食其未行,張良從外來謁。漢王方食,曰:「子房前!客有為我計橈楚權者。」具以酈生語告,曰:「於子房何如?」良曰:「誰為陛下畫此計者?陛下事去矣。」漢王曰:「何哉?」

張良對曰:「臣請藉前箸為大王籌之。」曰:「昔者湯伐桀而封其後於杞者,度能制桀之死命也。今陛下能制項籍之死命乎?」曰:「未能也。」

「其不可一也。武王伐紂封其後于宋者,度能得紂之頭也。今陛下能得項籍之頭乎?」曰:「未能也。」

「其不可二也。武王入殷,表商容之閭,釋箕子之拘,封比干之墓。今陛下能封聖人之墓,表賢者之閭,式智者之門乎?」曰:「未能也。」

「其不可三也。發鉅橋之粟,散鹿台之錢,以賜貧窮。今陛下能散府庫以賜貧窮乎?」曰:「未能也。」

「其不可四矣。殷事已畢,偃革為軒,倒置干戈,覆以虎皮,以示天下不復用兵。今陛下能偃武行文,不復用兵乎?」

曰：「未能也。」

「其不可五矣。休馬華山之陽，示以無所為。今陛下能休馬無所用乎？」曰：「未能也。」

「其不可六矣。放牛桃林之陰，以示不復輸積。今陛下能放牛不復輸積乎？」曰：「未能也。」

「其不可七矣。且天下遊士離其親戚，棄墳墓，去故舊，從陛下遊者，徒欲日夜望咫尺之地。今復六國，立韓、魏、燕、趙、齊、楚之後，天下遊士各歸事其主，從其親戚，反其故舊墳墓，陛下與誰取天下乎？其不可八矣。且夫楚唯無彊，六國立者復橈而從之，陛下焉得而臣之？誠用客之謀，陛下事去矣。」漢王輟食吐哺，罵曰：「豎儒，幾敗而公事！」令趣銷印。

漢四年，韓信破齊而欲自立為齊王，漢王怒。張良說漢王，漢王使良授齊王信印，語在淮陰事中。

其秋，漢王追楚至陽夏南，戰不利而壁固陵，諸侯期不至。良說漢王，漢王用其計，諸侯皆至。語在項籍事中。

漢六年正月，封功臣。良未嘗有戰鬥功，高帝曰：「運籌策帷帳中，決勝千里外，子房功也。自擇齊三萬戶。」良曰：「始臣起下邳，與上會留，此天以臣授陛下。陛下用臣計，幸而時中，臣願封留足矣，不敢當三萬戶。」乃封張良為留侯，與蕭何等俱封。

上已封大功臣 20 餘人，其餘日夜爭功不決，未得行封。上在雒陽南宮，從復道望見諸將往往相與坐沙中語。上曰：「此何語？」留侯曰：「陛下不知乎？此謀反耳。」上曰：「天下屬安定，何故反乎？」留侯曰：「陛下起布衣，以此屬取天下，今陛下為天子，而所封皆蕭、曹故人所親愛，而所誅者皆生平所仇怨。今軍吏計功，以天下不足遍封，此屬畏陛下不能

盡封，恐又見疑平生過失及誅，故即相聚謀反耳。」上乃憂曰：
「為之奈何？」留侯曰：「上平生所憎，群臣所共知，誰最甚
者？」上曰：「雍齒與我故，數嘗窘辱我。我欲殺之，為其功
多，故不忍。」留侯曰：「今急先封雍齒以示群臣，群臣見雍齒
封，則人人自堅矣。」於是上乃置酒，封雍齒為什方侯，而急
趣丞相、御史定功行封。群臣罷酒，皆喜曰：「雍齒尚為侯，
我屬無患矣。」

劉敬說高帝曰：「都關中。」上疑之。左右大臣皆山東人，
多勸上都雒陽：「雒陽東有成皋，西有殽黽，倍河，向伊雒，
其固亦足恃。」留侯曰：「雒陽雖有此固，其中小，不過數百
里，田地薄，四面受敵，此非用武之國也。夫關中左殽函，右
隴蜀，沃野千里，南有巴蜀之饒，北有胡苑之利，阻三面而
守，獨以一面東制諸侯。諸侯安定，河渭漕輓天下，西給京
師；諸侯有變，順流而下，足以委輸。此所謂金城千里，天府
之國也，劉敬說是也。」於是高帝即日駕，西都關中。

留侯從入關。留侯性多病，即道引不食穀，杜門不出歲餘。

上欲廢太子，立戚夫人子趙王如意。大臣多諫爭，未能得
堅決者也。呂后恐，不知所為。

人或謂呂后曰：「留侯善畫計筴，上信用之。」呂后乃使建
成侯呂澤劫留侯，曰：「君常為上謀臣，今上欲易太子，君安
得高枕而臥乎？」留侯曰：「始上數在困急之中，幸用臣策。
今天下安定，以愛欲易太子，骨肉之間，雖臣等百餘人何益。」
呂澤彊要曰：「為我畫計。」留侯曰：「此難以口舌爭也。顧上
有不能致者，天下有四人。四人者年老矣，皆以為上慢侮人，
故逃匿山中，義不為漢臣。然上高此四人。今公誠能無愛金玉
璧帛，令太子為書，卑辭安車，因使辯士固請，宜來。來，以
為客，時時從入朝，令上見之，則必異而問之。問之，上知此

四人賢，則一助也。」

於是呂后令呂澤使人奉太子書，卑辭厚禮，迎此四人。四人至，客建成侯所。

漢十一年，黥布反，上病，欲使太子將，往擊之。四人相謂曰：「凡來者，將以存太子。太子將兵，事危矣。」乃說建成侯曰：「太子將兵，有功則位不益太子；無功還，則從此受禍矣。且太子所與俱諸將，皆嘗與上定天下梟將也，今使太子將之，此無異使羊將狼也，皆不肯為盡力，其無功必矣。臣聞『母愛者子抱』，今戚夫人日夜待禦，趙王如意常抱居前，上曰『終不使不肖子居愛子之上』，明乎其代太子位必矣。君何不急請呂后承間為上泣言：『黥布，天下猛將也，善用兵，今諸將皆陛下故等夷，乃令太子將此屬，無異使羊將狼，莫肯為用，且使布聞之，則鼓行而西耳。上雖病，彊載輜車，臥而護之，諸將不敢不盡力。上雖苦，為妻子自彊。』」於是呂澤立夜見呂后，呂后承間為上泣涕而言，如四人意。

上曰：「吾惟豎子固不足遣，而公自行耳。」於是上自將兵而東，群臣居守，皆送至灞上。留侯病，自彊起，至曲郵，見上曰：「臣宜從，病甚。楚人剽疾，願上無與楚人爭鋒。」因說上曰：「令太子為將軍，監關中兵。」上曰：「子房雖病，彊臥而傅太子。」是時叔孫通為太傅，留侯行少傅事。

漢十二年，上從擊破布軍歸，疾益甚，愈欲易太子。留侯諫，不聽，因疾不視事。叔孫太傅稱說引古今，以死爭太子。上詳許之，猶欲易之。及燕，置酒，太子侍。四人從太子，年皆八十有餘，鬚眉皓齒，衣冠甚偉。

上怪之，問曰：「彼何為者？」四人前對，各言名姓，曰東園公，角里先生，綺里季，夏黃公。上乃大驚，曰：「吾求公數歲，公辟逃我，今公何自從吾兒遊乎？」四人皆曰：「陛

下輕士善罵，臣等義不受辱，故恐而亡匿。竊聞太子為人仁孝，恭敬愛士，天下莫不延頸欲為太子死者，故臣等來耳。」上曰：「煩公幸卒調護太子。」四人為壽已畢，趨去。上目送之，召戚夫人指示四人者曰：「我欲易之，彼四人輔之，羽翼已成，難動矣。呂后真而主矣。」戚夫人泣，上曰：「為我楚舞，吾為若楚歌。」歌曰：「鴻鵠高飛，一舉千里。羽翮已就，橫絕四海。橫絕四海，當可奈何！雖有矰繳，尚安所施！」

歌數闋，戚夫人噓唏流涕，上起去，罷酒。竟不易太子者，留侯本招此四人之力也。

留侯從上擊代，出奇計馬邑下，及立蕭何相國，所與上從容言天下事甚眾，非天下所以存亡，故不著。

留侯乃稱曰：「家世相韓，及韓滅，不愛萬金之資，為韓報仇彊秦，天下振動。今以三寸舌為帝者師，封萬戶，位列侯，此布衣之極，於良足矣。願棄人間事，欲從赤松子遊耳。」乃學辟穀，道引輕身。會高帝崩，呂后德留侯，乃彊食之，曰：「人生一世間，如白駒過隙，何至自苦如此乎！」留侯不得已，彊聽而食。

後八年卒，諡為文成侯。子不疑代侯。

子房始所見下邳圯上老父與太公書者，後十三年從高帝過濟北，果見谷城山下黃石，取而葆祠之。留侯死，並葬黃石。每上塚伏臘，祠黃石。

留侯不疑，孝文帝五年坐不敬，國除。

太史公曰：學者多言無鬼神，然言有物。至如留侯所見老父予書，亦可怪矣。高祖離困者數矣，而留侯常有功力焉，豈可謂非天乎？上曰：「夫運籌策帷帳之中，決勝千里外，吾不如子房。」余以為其人魁梧奇偉，至見其圖，狀貌如婦人好女。蓋孔子曰：「以貌取人，失之子羽。」留侯亦云。

第二節　張良修道史話

子房姓張名良，助西漢高祖成帝業，功成，辭高祖歸山修道時，高祖曰：你因不見韓信，入山修行，那修行甚苦，怎比得做官好。良曰：人生無常、到來何計。詩曰：

> 修行慕道在岩泉，無是無非散誕仙。
> 淡飯粗衣由自己，芒鞋草履得安然。

高祖問卿去那裏修行，良曰：臣有詩奏上：

> 我去修行不做官，每日朝朝只在山。
> 渴飲葡萄香醪酒，饑食神仙不老丹。
> 閑去觀書並看景，一時悶坐把琴彈。
> 我主問我歸何處，身心只在白雲間。

高祖曰：卿修行去了，朕的江山靠誰扶助。張良吟詩曰：

> 十年爭戰起干戈，虎鬥龍爭相蕩磨。
> 今日辭君臣去也。駕前無我待如何。

張良又詩曰：

> 一輪日月走如梭，四季光陰漸漸挪。
> 身在朝中爭名利，名利到底是非多。

高祖曰：朕不是管事，只是隨伴寡人如何。
張良曰：臣有詩奏上：

> 榮華富貴終歸土，一旦無常怎奈何。

臣今趁早還山去，得蹉跎處且蹉跎。

高祖曰：卿不要入山，只在家修行也罷，良又吟詩：

日月如梭架不高，時光就是斬人刀。
清風明月朝朝有，忠烈賢臣無下稍。

高祖勸不轉，辭駕出朝吟詩：

遊遍天涯海角州，人心不似水長流。
重恩深處宜先退，得意濃時便好休。
莫待是非來入耳，從前恩愛反為仇。
莫道微臣情太寡，臨時恐主有相饒。

張良辭主出朝回家作詩曰：

兔走鳥飛曉夜催，光陰似箭古人稀。
勸君休要爭名利，急早歸山莫待遲。

當時眾官齊到府前勸曰：正好在朝為官，安享榮華富貴，先生怎就要去修行，張良微作詩曰，

列位請聽：

漢世張良吟楚歌，八千兵散走奔波。
霸王也為江山死，悔不當初莫渡河。

眾官苦勸不聽而散，良送出，入內辭別夫人，我要入山修道去，夫人好生理家，撫養孩子。夫人聽後，眼中流淚苦勸，你如何要去修道。良曰，夫人不知，因吟詩曰：

生死輪廻幾萬遭，迷人不省半分毫。
世人不行善良事，三途地獄苦難熬。

夫人曰：兒女不曾嫁娶，但等圓成去也不遲。良曰，大限
來到，如何留得住，吟曰：

一旦無常萬事休，半床席薦不曾留。
榮華富貴終歸了，愛子貪妻不到頭。
受盡人間名和利，屍離骨散做骷髏。
人人都是癡呆漢，難免荒郊土一丘。

張良辭了夫人時，高祖傳旨不許張良入山，良競自行長行
去了，高祖差眾趕尋不見，只見朱砂盤內一首詩云：

懶把兵書去展開，我王無事斬賢才。
腰間金印無心掛，怕似韓侯劍下災。

高祖自張良去後，每思想見面，乃出掛榜文，如有知張良
下落者，來報定賞高官厚爵。有一樵夫揭榜，云臣見張良在白
雲山修行，高祖聽說大喜，即排駕往訪，及至白雲山，遍尋不
見，只見一所草庵，庵中題詩曰：

白雲庵中字兩行，張良端坐拜君王。
紅顏愛色貪心死，紫草連枝帶葉亡。
蜂採百花人吃蜜，牛耕荒草鼠偷糧。
世上百般冤苦事，花殘月缺少年亡。

高祖吟罷，眼中流淚作詩一首：

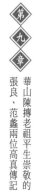

寡人排駕到荒山，不見賢臣空見庵。
日映桃花驚眼赤，風吹竹葉透人寒。
爐中閃爍應猶暖，桌上題詩墨未乾。
書籍琴棋依然在，子房何處把身安。

高祖題畢吩咐起駕回朝，至半山忽見張良手執漁鼓檀板，頭挽雙丫鬟，身穿百衲衣，腳踏芒鞋，腰繫呂公絛，口唱詩歌，前來接駕，高祖見了大喜，口吟詩曰：

十度宣卿九不朝，關山阻隔路途遙。
明知你有神仙法，點石成金不用燒。
朝中缺少擎天柱，殿上無人掛紫袍。
賢臣若肯回朝去，朕的江山始得牢。

張良奏曰，古人修行在山，豈有退悔之理，臣有詩奏主供參詳：

白雲山下任逍遙，勝過朝中爵祿高。
閑向窗前縫舊衲，悶走岑上採靈苗。
齊王空有功勞大，觸犯龍顏定不饒。
非是微臣情太寡，恐像韓侯沒下稍。

張良曰：臣若回去，恐有齊王劍下災，我王不信，臣有詩為證：

狡兔身亡走狗烹，宮中無事斬賢才。
太平原是將軍定，不許將軍見太平。
癡人貪祿刀頭死，志士全身隱姓名。

從今打破酸瓦罐，跳出人間大火坑。

高祖曰，韓侯之事，朕已悔之晚矣，再三苦勸良不從，奏道，主公且到庵中吃茶，高祖鸞駕前行，良暗差土地化一條大澗，上面橫著壞木為橋，請高祖先過，高祖心驚不能過去，張良乃騰空而起曰，萬歲恕臣無罪，乃指獨木橋為詩：

> 澗上橫擔木一根，不知誰是過橋人。
> 擎天玉柱渾相似，如海金樑無二形。
> 傍無依手欄杆靠，下有翻波白浪深。
> 君主不識真神仙，唬住龍車不敢行。

高祖不能過橋，心中又不能捨眾文武，便掉淚，張良在澗邊對面拜辭君主並眾官，吟詩曰：

> 今日辭君不自由，白雲山下渡春秋。
> 青山林內三生舍，紅蓼灘頭一小舟。
> 玉帶解還天子去，芒鞋竹杖是吾儔。
> 乾坤笑我心無辱，雲水茫茫任我遊。

張良題罷騰空而去，高祖只得整駕還朝。張良遂再尋黃石公師父，道號赤松子，隱姓埋名一心修行有詩為證：

> 不戀功名避世塵，泉邊林下自怡情。
> 野花結子知春去，溪草萌芽識歲更。
> 涉澗過時鷗自熟，採芝來去鶴來迎。
> 青泉止渴饑食松，聞誦黃庭一卷經。

張良修道已成功，為明心見性作詩一首：

參透先天道理詳，尾閭關內煉純陽。
牽得白馬南山養，鎖住青龍北海藏。
姹女遊行須謹慎，金公不放性顛狂。
偃月爐中鉛汞合，自然丹熟遍身香。

張良功成行滿白日飛升作詩一首：

九轉丹成道果全，三千功滿作神仙。
金書玉簡來宣詔，足踏祥雲謁九天。
誰識個中玄妙訣，須知火裏好種蓮。
群陰剝盡金丹熟，駕鶴瑤池會眾仙。

張師山，原名白雲山，位於湖南省平江縣南江鎮板江鄉境內，相傳為漢代張良修行的地方，民間傳說頗多，現特錄子房先生入山詩以資紀念。

二〇〇〇年八月

第三節　司馬遷《史記‧貨殖列傳‧范蠡傳》

老子曰：「至治之極，鄰國相望，雞狗之聲相聞，民各甘其食，美其服，安其俗，樂其業，至老死不相往來。」必用此為務，輓近世塗民耳目，則幾無行矣。

太史公曰：夫神農以前，吾不知已。至若詩書所述虞夏以來，耳目欲極聲色之好，口欲窮芻豢之味，身安逸樂，而心誇矜執能之榮。使俗之漸民久矣，雖戶說以眇論，終不能化。故善者因之，其次利道之，其次教誨之，其次整齊之，最下者與之爭。

夫山西饒材、竹、穀、纑、旄、玉石；山東多魚、鹽、

漆、絲、聲色；江南出楠、梓、薑、桂、金、錫、連、丹砂、犀、玳瑁、珠璣、齒革；龍門、碣石北多馬、牛、羊、旃裘、筋角；銅、鐵則千里往往山出棋置：此其大較也。皆中國人民所喜好，謠俗被服飲食奉生送死之具也。故待農而食之，虞而出之，工而成之，商而通之。此寧有政教發徵期會哉？人各任其能，竭其力，以得所欲。故物賤之徵貴，貴之徵賤，各勸其業，樂其事，若水之趨下，日夜無休時，不召而自來，不求而民出之。豈非道之所符，而自然之驗邪？

周書曰：「農不出則乏其食，工不出則乏其事，商不出則三寶絕，虞不出則財匱少。」財匱少而山澤不闢矣。此四者，民所衣食之源也。原大則饒，原小則鮮。上則富國，下則富家。貧富之道，莫之奪予，而巧者有餘，拙者不足。故太公望封于營丘，人民寡，於是太公勸其女功，極技巧，通魚鹽，則人物歸之，至而輻輳。故齊冠帶衣履天下，海岱之間斂袂而往朝焉。其後齊中衰，管子修之，設輕重九府，則桓公以霸，九合諸侯，一匡天下；而管氏亦有三歸，位在陪臣，富於列國之君。是以齊富彊至於威、宣也。

故曰：「倉廩實而知禮節，衣食足而知榮辱。」禮生於有而廢於無。故君子富，好行其德；小人富，以適其力。淵深而魚生之，山深而獸往之，人富而仁義附焉。富者得執益彰，失執則客無所之，以而不樂。夷狄益甚。諺曰：「千金之子，不死於市。」此非空言也。故曰：「天下熙熙，皆為利來；天下壤壤，皆為利往。」

夫千乘之王，萬家之侯，百室之君，尚猶患貧，而況匹夫編戶之民乎！昔者越王勾踐困於會稽之上，乃用范蠡、計然。計然曰：「知鬥則修備，時用則知物，二者形則萬貨之情可得而觀已。故歲在金，穰；水，毀；木，饑；火，旱。旱則資

第九章 華山陳摶老祖平生崇敬的張良、范蠡兩位高真傳記

舟，水則資車，物之理也。六歲穰，六歲旱，十二歲一大饑。夫糶，二十病農，九十病末。末病則財不出，農病則草不闢矣。上不過八十，下不減三十，則農末俱利，平糶齊物，關市不乏，治國之道也。積著之理，務完物，無息幣。以物相貿，易腐敗而食之貨勿留，無敢居貴。論其有餘不足，則知貴賤。貴上極則反賤，賤下極則反貴。貴出如糞土，賤取如珠玉。財幣欲其行如流水。」

修之十年，國富，厚賂戰士，士赴矢石，如渴得飲，遂報彊吳，觀兵中國，稱號「五霸」。

范蠡既雪會稽之恥，乃喟然而歎曰：「計然之策七，越用其五而得意。既已施於國，吾欲用之家。」乃乘扁舟浮於江湖，變名易姓，適齊為鴟夷子皮，之陶為朱公。朱公以為陶天下之中，諸侯四通，貨物所交易也。乃治產積居。與時逐而不責於人。故善治生者，能擇人而任時。十九年之中三致千金，再分散與貧交疏昆弟。此所謂富好行其德者也。後年衰老而聽子孫，子孫脩業而息之，遂至巨萬。故言富者皆稱陶朱公。

子貢既學於仲尼，退而仕於衛，廢著鬻財於曹、魯之間，七十子之徒，賜最為饒益。原憲不厭糟糠，匿於窮巷。子貢結駟連騎，束帛之幣以聘享諸侯，所至，國君無不分庭與之抗禮。夫使孔子名布揚於天下者，子貢先後之也。此所謂得埶而益彰者乎？

白圭，周人也。當魏文侯時，李克務盡地力，而白圭樂觀時變，故人棄我取，人取我與。夫歲孰取穀，予之絲漆；繭出取帛絮，予之食。太陰在卯，穰；明歲衰惡。至午，旱；明歲美。至酉，穰；明歲衰惡。至子，大旱；明歲美，有水。至卯，積著率歲倍。欲長錢，取下穀；長石斗，取上種。能薄飲食，忍嗜欲，節衣服，與用事僮僕同苦樂，趨時若猛獸摯鳥之

發。故曰：「吾治生產，猶伊尹、呂尚之謀，孫吳用兵，商鞅行法是也。是故其智不足與權變，勇不足以決斷，仁不能以取予，彊不能有所守，雖欲學吾術，終不告之矣。」蓋天下言治生祖白圭。白圭其有所試矣，能試有所長，非苟而已也。

猗頓用鹽起。而邯鄲郭縱以鐵冶成業，與王者埒富。

烏氏倮畜牧，及眾，斥賣，求奇繒物，間獻遺戎王。戎王什倍其償，與之畜，畜至用谷量馬牛。秦始皇帝令倮比封君，以時與列臣朝請。而巴寡婦清，其先得丹穴，而擅其利數世，家亦不訾。清，寡婦也，能守其業，用財自衛，不見侵犯。秦皇帝以為貞婦而客之，為築女懷清台。夫倮鄙人牧長，清窮鄉寡婦，禮抗萬乘，名顯天下，豈非以富邪？

漢興，海內為一，開關梁，弛山澤之禁，是以富商大賈周流天下，交易之物莫不通，得其所欲，而徙豪傑諸侯彊族於京師。

關中自汧、雍以東至河、華，膏壤沃野千里，自虞夏之貢以為上田，而公劉適邠，大王、王季在岐，文王作豐，武王治鎬，故其民猶有先王之遺風，好稼穡，殖五穀，地重，重為邪。及秦文、德、繆居雍，隙隴蜀之貨物而多賈。獻公徙櫟邑，櫟邑北卻戎翟，東通三晉，亦多大賈。孝、昭治咸陽，因以漢都，長安諸陵，四方輻輳並至而會，地小人眾，故其民益玩巧而事末也。南則巴蜀。巴蜀亦沃野，地饒卮、薑、丹沙、石、銅、鐵、竹、木之器。南禦滇僰，僰僮。西近邛笮，笮馬、旄牛。然四塞，棧道千里，無所不通，唯褒斜綰轂其口，以所多易所鮮。天水、隴西、北地、上郡與關中同俗，然西有羌中之利，北有戎翟之畜，畜牧為天下饒。然地亦窮險，唯京師要其道。故關中之地，於天下 1/3，而人眾不過三；然量其富，什居其六。

　　昔唐人都河東，殷人都河內，周人都河南。夫三河在天下之中，若鼎足，王者所更居也，建國各數百千歲，土地小狹，民人眾，都國諸侯所聚會，故其俗纖儉習事。楊、平陽陳西賈秦、翟，北賈種、代。種、代，石北也，地邊胡，數被寇。人民矜懻忮，好氣，任俠為姦，不事農商。然迫近北夷，師旅亟往，中國委輸時有奇羨。其民羯羠不均，自全晉之時固已患其慓悍，而武靈王益厲之，其謠俗猶有趙之風也。故楊、平陽陳掾其間，得所欲。溫、軹西賈上黨，北賈趙、中山。中山地薄人眾，猶有沙丘紂淫地餘民，民俗懁急，仰機利而食。丈夫相聚遊戲，悲歌慷慨，起則相隨椎剽，休則掘塚作巧姦冶，多美物，為倡優。女子則鼓鳴瑟，跕屣，遊媚貴富，入後宮，遍諸侯。

　　然邯鄲亦漳、河之間一都會也。北通燕、涿，南有鄭、衛。鄭、衛俗與趙相類，然近梁、魯，微重而矜節。濮上之邑徙野王，野王好氣任俠，衛之風也。夫燕亦勃、碣之間一都會也。南通齊、趙，東北邊胡。上谷至遼東，地踔遠，人民希，數被寇，大與趙、代俗相類，而民雕捍少慮，有魚鹽棗栗之饒。北鄰烏桓、夫餘，東綰穢貉、朝鮮、真番之利。

　　洛陽東賈齊、魯，南賈梁、楚。故泰山之陽則魯，其陰則齊。

　　齊帶山海，膏壤千里，宜桑麻，人民多文采布帛魚鹽。臨菑亦海岱之間一都會也。其俗寬緩闊達，而足智，好議論，地重，難動搖，怯於眾鬥，勇於持刺，故多劫人者，大國之風也。其中具五民。

　　而鄒、魯濱洙、泗，猶有周公遺風，俗好儒，備於禮，故其民齪齪。頗有桑麻之業，無林澤之饒。地小人眾，儉嗇，畏罪遠邪。及其衰，好賈趨利，甚於周人。

夫自鴻溝以東，芒、碭以北，屬巨野，此梁、宋也。陶、睢陽亦一都會也。

　　昔堯作於成陽，舜漁於雷澤，湯止於亳。其俗猶有先王遺風，重厚多君子，好稼穡，雖無山川之饒，能惡衣食，致其蓄藏。

　　越、楚則有三俗。夫自淮北沛、陳、汝南、南郡，此西楚也。其俗剽輕，易發怒，地薄，寡於積聚。江陵故郢都，西通巫、巴，東有雲夢之饒。陳在楚夏之交，通魚鹽之貨，其民多賈。徐、僮、取慮，則清刻，矜己諾。

　　彭城以東，東海、吳、廣陵，此東楚也。其俗類徐、僮。朐、繒以北，俗則齊。浙江南則越。夫吳自闔廬、春申、王濞三人招致天下之喜遊子弟，東有海鹽之饒，章山之銅，三江、五湖之利，亦江東一都會也。

　　衡山、九江、江南、豫章、長沙，是南楚也，其俗大類西楚。郢之後徙壽春，亦一都會也。而合肥受南北潮，皮革、鮑、木輸會也。與閩中、幹越雜俗，故南楚好辭，巧說少信。江南卑濕，丈夫早夭。多竹木。豫章出黃金，長沙出連、錫，然堇堇物之所有，取之不足以更費。九疑、蒼梧以南至儋耳者，與江南大同俗，而楊越多焉。番禺亦其一都會也，珠璣、犀、玳瑁、果、布之湊。

　　潁川、南陽，夏人之居也。夏人政尚忠樸，猶有先王之遺風。潁川敦願。秦末世，遷不軌之民於南陽。南陽西通武關、鄖關，東南受漢、江、淮。宛亦一都會也。俗雜好事，業多賈。其任俠，交通潁川，故至今謂之「夏人」。夫天下物所鮮所多，人民謠俗，山東食海鹽，山西食鹽鹵，領南、沙北固往往出鹽，大體如此矣。

　　總之，楚越之地，地廣人稀，飯稻羹魚，或火耕而水耨，

果隋蠃蛤，不待賈而足，地埶饒食，無饑饉之患，以故窳偷生，無積聚而多貧。是故江淮以南，無凍餓之人，亦無千金之家。沂、泗水以北，宜五穀桑麻六畜，地小人眾，數被水旱之害，民好蓄藏，故秦、夏、梁、魯好農而重民。三河、宛、陳亦然，加以商賈。齊、趙設智巧，仰機利。燕、代田畜而事蠶。

由此觀之，賢人深謀於廊廟，論議朝廷，守信死節隱居岩穴之士設為名高者安歸乎？歸於富厚也。是以廉吏久，久更富，廉賈歸富。富者，人之情性，所不學而俱欲者也。故壯士在軍，攻城先登，陷陣卻敵，斬將搴旗，前蒙矢石，不避湯火之難者，為重賞使也。其在閭巷少年，攻剽椎埋，劫人作奸，掘塚鑄幣，任俠並兼，借交報仇，篡逐幽隱，不避法禁，走死地如騖者，其實皆為財用耳。今夫趙女鄭姬，設形容，揳鳴琴，揄長袂，躡利屣，目挑心招，出不遠千里，不擇老少者，奔富厚也。遊閑公子，飾冠劍，連車騎，亦為富貴容也。弋射漁獵，犯晨夜，冒霜雪，馳阬谷，不避猛獸之害，為得味也。博戲馳逐，鬥雞走狗，作色相矜，必爭勝者，重失負也。醫方諸食技術之人，焦神極能，為重糈也。吏士舞文弄法，刻章偽書，不避刀鋸之誅者，沒於賂遺也。農工商賈畜長，固求富益貨也。此有知盡能索耳，終不餘力而讓財矣。

諺曰：「百里不販樵，千里不販糴。」居之一歲，種之以穀；十歲，樹之以木；百歲，來之以德。德者，人物之謂也。今有無秩祿之奉，爵邑之入，而樂與之比者。命曰「素封」。封者食租稅，歲率戶二百。千戶之君則二十萬，朝覲聘享出其中。庶民農工商賈，率亦歲萬息二千，百萬之家則二十萬，而更徭租賦出其中。衣食之欲，恣所好美矣。故曰陸地牧馬二百蹄，牛蹄角千，千足羊，澤中千足彘，水居千石魚陂，山居千章之材。安邑千樹棗；燕、秦千樹栗；蜀、漢、江陵千樹橘；

淮北、常山以南，河濟之間千樹萩；陳、夏千畝漆；齊、魯千畝桑麻；渭川千畝竹；及名國萬家之城，帶郭千畝畝鐘之田，若千畝厄茜，千畦薑韭：此其人皆與千戶侯等。

然是富給之資也，不窺市井，不行異邑，坐而待收，身有處士之義而取給焉。若至家貧親老，妻子軟弱，歲時無以祭祀進釀，飲食被服不足以自通，如此不慚恥，則無所比矣。是以無財作力，少有鬥智，既饒爭時，此其大經也。今治生不待危身取給，則賢人勉焉。是故本富為上，末富次之，奸富最下。無岩處奇士之行，而長貧賤，好語仁義，亦足羞也。

凡編戶之民，富相什則卑下之，伯則畏憚之，千則役，萬則僕，物之理也。夫用貧求富，農不如工，工不如商，刺繡文不如倚市門，此言末業，貧者之資也。通邑大都，酤一歲千釀，醯醬千瓨，漿千甔，屠牛羊彘千皮，販穀糶千鍾，薪稿千車，船長千丈，木千章，竹竿萬個，其軺車百乘，牛車千兩，木器髹者千枚，銅器千鈞，素木鐵器若厄茜千石，馬蹄躈千，牛千足，羊彘千雙，僮手指千，筋角丹砂千斤，其帛絮細布千鈞，文采千匹，榻布皮革千石，漆千斗，蘗麴鹽豉千荅，鮐鮆千斤，鮿千石，鮑千鈞，棗栗千石者三之，狐貂裘千皮，羔羊裘千石，旃席千具，佗果菜千鍾，子貸金錢千貫，節駔會，貪賈三之，廉賈五之，此亦比千乘之家，其大率也。佗雜業不中什二，則非吾財也。

請略道當世千里之中，賢人所以富者，令後世得以觀擇焉。蜀卓氏之先，趙人也，用鐵冶富。秦破趙，遷卓氏。卓氏見虜略，獨夫妻推輦，行詣遷處。諸遷虜少有餘財，爭與吏，求近處，處葭萌。唯卓氏曰：「此地狹薄。吾聞汶山之下，沃野，下有蹲鴟，至死不饑。民工於市，易賈。」乃求遠遷。致之臨邛，大喜，即鐵山鼓鑄，運籌策，傾滇蜀之民，富至僮千

人。田池射獵之樂，擬於人君。

程鄭，山東遷虜也，亦冶鑄，賈椎髻之民，富埒卓氏，俱居臨邛。宛孔氏之先，梁人也，用鐵冶為業。秦伐魏，遷孔氏南陽。大鼓鑄，規陂池，連車騎，遊諸侯，因通商賈之利，有遊閑公子之賜予名。然其贏得過當，愈於纖嗇，家致富數千金，故南陽行賈盡法孔氏之雍容。

魯人俗儉嗇，而曹邴氏尤甚，以鐵冶起，富至巨萬。然家自父兄子孫約，俯有拾，仰有取，貰貸行賈遍郡國。鄒、魯以其故多去文學而趨利者，以曹邴氏也。齊俗賤奴虜，而刀間獨愛貴之。桀黠奴，人之所患也，唯刀間收取，使之逐漁鹽商賈之利，或連車騎，交守相，然愈益任之。終得其力，起富數千萬。故曰「寧爵毋刀」，言其能使豪奴自饒而盡其力。

周人既纖，而師史尤甚，轉轂以百數，賈郡國，無所不至。洛陽街居在齊秦楚趙之中，貧人學事富家，相矜以久賈，數過邑不入門，設任此等，故師史能致七千萬。

宣曲任氏之先，為督道倉吏。秦之敗也，豪傑皆爭取金玉，而任氏獨窖倉粟。楚漢相距滎陽也，民不得耕種，米石至萬，而豪傑金玉盡歸任氏，任氏以此起富。富人爭奢侈，而任氏折節為儉，力田畜。田畜人爭取賤賈，任氏獨取貴善。富者數世。然任公家約，非田畜所出弗衣食，公事不畢則身不得飲酒食肉。以此為閭里率，故富而主上重之。

塞之斥也，唯橋姚已致馬千匹，牛倍之，羊萬頭，粟以萬鐘計。吳楚七國兵起時，長安中列侯封君行從軍旅，齎貸子錢，子錢家以為侯邑國在關東，關東成敗未決，莫肯與。唯無鹽氏出捐千金貸，其息什之。三月，吳楚平，一歲之中，則無鹽氏之息什倍，用此富埒關中。

關中富商大賈，大抵盡諸田，田嗇、田蘭。韋家栗氏，安

陵、杜杜氏，亦巨萬。

此其章章尤異者也。皆非有爵邑俸祿弄法犯奸而富，盡椎埋去就，與時俯仰，獲其贏利，以末致財，用本守之，以武一切，用文持之，變化有概，故足術也。若至力農畜，工虞商賈，為權利以成富，大者傾郡，中者傾縣，下者傾鄉里者，不可勝數。

夫纖嗇筋力，治生之正道也，而富者必用奇勝。田農，掘業，而秦揚以蓋一州。掘塚，奸事也，而田叔以起。博戲，惡業也，而桓發用富。行賈，丈夫賤行也，而雍樂成以饒。販脂，辱處也，而雍伯千金。賣漿，小業也，而張氏千萬。灑削，薄技也，而郅氏鼎食。胃脯，簡微耳，濁氏連騎。馬醫，淺方，張裏擊鍾。此皆誠壹之所致。

由是觀之，富無經業，則貨無常主，能者輻輳，不肖者瓦解。千金之家比一都之君，巨萬者乃與王者同樂。豈所謂「素封」者邪？非也？

彩色圖解太極武術

定價220元

定價220元

定價220元

定價220元

定價350元

定價350元

定價350元

定價350元

定價350元

定價350元

定價350元

定價350元

定價350元

定價220元

定價220元

定價220元

定價350元

定價220元

定價350元

定價350元

定價220元

定價220元

定價220元

太極武術教學光碟

太極功夫扇
五十二式太極扇
演示：李德印 等
(2VCD)中國

夕陽美太極功夫扇
五十六式太極扇
演示：李德印 等
(2VCD)中國

陳氏太極拳及其技擊法
演示：馬虹(10VCD)中國
陳氏太極拳勁道釋秘
拆拳講勁
演示：馬虹(8DVD)中國
推手技巧及功力訓練
演示：馬虹(4VCD)中國

陳氏太極拳新架一路
演示：陳正雷(1DVD)中國
陳氏太極拳新架二路
演示：陳正雷(1DVD)中國
陳氏太極拳老架一路
演示：陳正雷(1DVD)中國
陳氏太極拳老架二路
演示：陳正雷(1DVD)中國
陳氏太極推手
演示：陳正雷(1DVD)中國
陳氏太極單刀・雙刀
演示：陳正雷(1DVD)中國

郭林新氣功
(8DVD)中國

本公司還有其他武術光碟
歡迎來電詢問或至網站查詢
電話：02-28236031
網址：www.dah-jaan.com.tw

原版教學光碟

國家圖書館出版品預行編目資料

華山陳摶丹道修真長壽學 / 陳摶原著、蘇華仁總主編
——初版，——臺北市，大展，2013 [民 102.10]
　面；21公分—（道家養生與生命科學；11）
　ISBN　978-957-468-978-1（平裝）
1.道教修鍊
235.2　　　　　　　　　　　　　　　102015808

華山陳摶丹道修真長壽學

原　　著/陳　　摶

總主編/蘇華仁

責任編輯/趙志春

發行人/蔡森明

出版者/大展出版社有限公司

社　　址/臺北市北投區（石牌）致遠一路 2 段 12 巷 1 號

電　　話/（02）28236031，28236033，28233123

傳　　真/（02）28272069

郵政劃撥/01669551

網　　址/www.dah-jaan.com.tw

E-mail/service@dah-jann.com.tw

登記證/局版臺業字第 2171 號

承印者/傳興印刷有限公司

裝　　訂/承安裝訂有限公司

排版者/菩薩蠻數位文化有限公司

授權者/山西科學技術出版社

初版 1 刷/2013 年（民 102 年）10 月　　　　　定價/450 元

大展好書　好書大展
品嘗好書　冠群可期

大展好書　好書大展
品嚐好書　冠群可期